DIE LEHRE DER ALTEN, I

ARBEITEN ZUR LITERATUR UND GESCHICHTE DES HELLENISTISCHEN JUDENTUMS

HERAUSGEGEBEN VON

K. H. RENGSTORF

IN VERBINDUNG MIT

G. DELLING, R. G. HAMERTON-KELLY, H. R. MOEHRING,
B. NOACK, H. M. ORLINSKY, H. RIESENFELD,
A. SCHALIT, H. SCHRECKENBERG, A. WIKGREN,
A. S. VAN DER WOUDE

XIII

ECKHARD VON NORDHEIM

DIE LEHRE DER ALTEN, I

LEIDEN

E. J. BRILL

1980

DIE LEHRE DER ALTEN

I. DAS TESTAMENT ALS LITERATURGATTUNG IM JUDENTUM DER HELLENISTISCH-RÖMISCHEN ZEIT

VON

ECKHARD VON NORDHEIM

LEIDEN

E. J. BRILL

1980

ISBN 90 04 06053 7

PRINTED IN GERMANY

INHALTSÜBERSICHT

VORWORT

Die vorliegende Untersuchung bildet den 1. Teil der Arbeit, die unter dem Titel „Die Lehre der Alten. Das Testament als Literaturgattung in Israel und im Alten Vorderen Orient" im Jahr 1973 von der Evang.-Theol. Fakultät der Universität München als Dissertation angenommen wurde. Ihres großen Umfanges wegen wurde sie für den Druck geteilt. Der vorliegende 1. Teil beschränkt sich auf die Beschreibung und Bestimmung der Gattung zur Zeit ihrer Hochblüte in der hellenistisch-römischen Epoche. Er wurde für die Drucklegung überarbeitet, teilweise erweitert und auf neuere Literatur hin ergänzt. Der 2. Teil soll unter dem Titel „Die Lehre der Alten II. Das Testament als Literaturgattung im Alten Testament und im Alten Vorderen Orient" das Vorkommen der Gattung in der apokryphen Literatur und im Alten Testament untersuchen und die Gattung in die Literatur des Alten Orients hinein zurückverfolgen.

Die Dissertation wurde noch von Herrn Prof. Dr. G. v. Rad angeregt, der sie auch über Jahre hinweg betreut und mit stetigem, freundlichem Rat begleitet hat. Leider hat er die Fertigstellung der Arbeit nicht mehr miterlebt, doch hat er das Konzept im ganzen gekannt und gebilligt. Nach seinem Tode hat Herr Prof. Dr. K. Baltzer, bei dem ich von 1969 bis 1974 Assistent war, die werdende Dissertation als Doktorvater übernommen und auch das Referat erstellt. Das Korreferat übernahm Herr Prof. Dr. Jörg Jeremias. Beiden möchte ich an dieser Stelle dafür danken.

Die Drucklegung des 1. Teiles hat sich vor allem wegen meines Wechsels an den Fachbereich Religionswissenschaften der Universität Gießen bedauerlicherweise über Gebühr hinausgezögert. Andererseits konnte ich so in den vergangenen Jahren noch mancherlei Anstöße und Hinweise zum Thema dankbar aufnehmen und verarbeiten.

So hatte ich Gelegenheit, die wesentlichen Thesen dieser Arbeit während der Junitagung 1977 des „Rhein-Main-Exegetentreffens" in Frankfurt vorzutragen. Die sich anschließende rege Diskussion veranlaßte mich, einige strittige Punkte (z. B. die Funktion des Todes) klarer darzustellen und meine Meinung dazu zu verdeutlichen.

All denen, die darüberhinaus die Arbeit durch Anregung und Kritik weitergebracht haben, besonders in der Zeit seit der Annahme als Dissertation bis heute, möchte ich dafür herzlich danken: Herrn Prof. Dr. R. Knierim für viele Hinweise im Bereich der Formkritik, Herrn Prof. Dr. A. Schalit für die Durchsicht des Paragraphen über die AssMosis, Herrn Doz. Dr. D. Zeller, der mich auf das Test'Amram aufmerksam machte, und vor allem auch Herrn Prof. Dr. K. H. Rengstorf D. D. für seine freundliche Bereitschaft, die Arbeit in die Reihe „Arbeiten zur Literatur und Geschichte des hellenistischen Judentums" aufzunehmen, für vielerlei Ratschläge und Hin-

weise und für seine große Geduld, mit der er die Fertigstellung des druck-
fertigen Manuskriptes abgewartet hat. Nicht zuletzt möchte ich schließlich
auch meiner Frau danken für die vielen großen und kleinen Hilfen, mit
denen sie mich bei der Fertigstellung dieser Arbeit vom ersten Tag an unterstützt hat.

Der Evangelischen Kirche von Hessen und Nassau, der Evangelisch-Luthe-
rischen Kirche in Bayern, der Gießener Hochschulgesellschaft und meinen
Eltern danke ich für einen Druckkostenzuschuß.

Gießen, im Juli 1979   Eckhard v. Nordheim

EINLEITUNG

Schon im Jahr 1953 hat G. v. Rad auf den Mangel hingewiesen, daß noch keine formgeschichtliche Analyse der Testamente der Zwölf Patriarchen (TestXIIPatr.) zur Verfügung stehe [1]. 1971 mußte J. M. Robinson noch immer nach einer Untersuchung Ausschau halten, die die Entwicklung der Gattung der „Testamente" in der Zeit des sogenannten Spätjudentums im einzelnen verfolgen könne [2]. Diese Aufgabe soll hiermit nun in Angriff genommen werden, genauer: Ausgehend von dem weitaus bekanntesten Vertreter der Gattung, den TestXIIPatr., soll gefragt werden: 1. Gibt es überhaupt eine Gattung „Testament" oder ist die Form der TestXIIPatr. nur eine stilistische Besonderheit, auf diese Schrift beschränkt und ad hoc entworfen? 2. Wenn sich wirklich eine echte Gattung „Testament" bestimmen läßt, welches sind zunächst ihre äußeren stilistischen Merkmale? 3. Welches sind sodann die inneren Charakteristika dieser Gattung: Welches Ziel verfolgt sie beim Leser/Hörer (Intention)? Auf welchem Wege sucht sie dieses Ziel zu erreichen (Argumentationsweise)? Wie begründet sie sich, d. h. in diesem Fall: Wieso spricht gerade ein Sterbender (Motivation)? 4. Welches ist der soziale Ort, an dem diese Gattung zuhause ist, der berühmte „Sitz im Leben"?

Nun ist es durchaus nicht so, daß sich niemand bisher Gedanken über die Form der TestXIIPatr. und ihre Herkunft gemacht hätte:

F. Schnapp vermutet in der Einleitung zu seiner Übersetzung der Test XIIPatr., diese Schrift sei von der Form her dem Jakobssegen Gen 49 nachgebildet [3].

R. Eppel erkennt zwar in den TestXIIPatr. wegen ihrer durchgängigen Dreigliederung (Lebensbericht der Patriarchen, Paränese, Weissagung) in Verbindung mit dem stereotypen Rahmen (Rede des sterbenden Patriarchen an seine Söhne) eine eigene, ausgeprägte Literaturgattung [4]. Er vermutet auch, daß dieses Schema nicht ad hoc von einem Verfasser entworfen, sondern im Laufe mehrerer Jahrhunderte aus Einzelelementen zusammengewachsen sei. Trotzdem aber hält auch er daran fest, daß sich die Form

---

[1] G. v. Rad, Die Vorgeschichte der Gattung von 1. Kor 13, 4—7, in: GesSt, München, 1961, S. 281—296, hier S. 295.

[2] J. M. Robinson, LOGOI SOPHON: Zur Gattung der Spruchquelle Q, in: H. Köster — J. M. Robinson, Entwicklungslinien durch die Welt des frühen Christentums, Tübingen, 1971, S. 70—106, hier S. 100.

[3] F. Schnapp, in: E. Kautzsch, Die Apokryphen und Pseudepigraphen des Alten Testaments, Band II, Tübingen, 1900, S. 458. Ebenso A. Meyer, Das Rätsel des Jacobusbriefes, Gießen, 1930, S. 181 f.

[4] R. Eppel, Le piétisme juif dans les Testaments des Douze Patriarches, Paris, 1930, S. 4.

1

der TestXIIPatr. aus dem Jakobssegen Gen 49 und dem Mosesegen Dt 33 herausentwickelt habe [5].

In seiner ausführlichen Studie über den Text, die Komposition und den Ursprung der TestXIIPatr. [6] widmet M. de Jonge den Anfangs- und Schlußpassagen aller zwölf Testamente einen ganzen Paragraphen und kommt zu dem Ergebnis — im Zuge seiner Grundthese, die TestXIIPatr. seien von einem Christen verfaßt —, dieser Christ habe in einem Wurf den einheitlichen Rahmen seines Werkes geschaffen, um auf diese Weise über dessen sonst so heterogenen Charakter hinwegzutäuschen. Als Vorbild (pattern) für diesen Rahmen habe er Gen 49/50 verwendet [7]. Daneben postuliert de Jonge aber auch noch ein ursprüngliches Testament Levi und ein ursprüngliches Testament Naphtali, ältere jüdische Schriften, die der christliche Autor gekannt und als Quellen aber auch als literarische Modelle für die Ausarbeitung seiner eigenen zwölf Testamente benutzt habe [8]. Über die äußere Form dieser Urtestamente sagt de Jonge allerdings nichts Näheres aus; er nennt sie lediglich „Testamente".

In einer eindrucksvollen, fundierten Schrift hat sich H. Aschermann [9] mit den TestXIIPatr. und speziell mit der These de Jonges befaßt. Er erkennt bereits — im Gegensatz zu den oben aufgeführten Autoren — den Zusammenhang der TestXIIPatr. mit der spätjüdischen Testamentsliteratur, mit der sie von der Form her gesehen eng verwandt seien. Dieser Literatur weist er ohne genauere Definition den „Topos der Abschiedsrede" zu, aus dem heraus sich die „selbständige Gattung der Testamente" entwickelt habe [10]. Aschermann hat mit diesen Erkenntnissen ohne Zweifel einen großen Schritt in Richtung auf eine Bestimmung und Erforschung des Testamentes als literarischer Gattung getan. Leider hat er sich mit dem Problem der Form nur am Rande beschäftigt, so daß er letztlich doch bei der Schlußfolgerung stehenbleibt, der Rahmen der TestXIIPatr. sei den Berichten vom Tode Jakobs und Josephs in Gen 48—50 bis ins einzelne nachgebildet [11].

Unter dem starken Eindruck der Schriftfunde vom Toten Meer hat sich M. Philonenko [12] gründlich mit allen wesentlichen Thesen, die im Laufe der Zeit zu den TestXIIPatr. geäußert wurden, beschäftigt, dabei besonders

---

[5] Ebd., S. 22—24. Ebenso J. Munck, Discours d'adieu dans le Nouveau Testament et dans le littérature biblique, in: Melanges offerts à M. M. Goguel, Neuchâtel-Paris, 1950, S. 155—170.

[6] M. de Jonge, The Testaments of the Twelve Patriarchs. A study of their text, composition and origin, Diss. Assen, 1953.

[7] Ebd., S. 110 f.

[8] Ebd., S. 117.

[9] H. Aschermann, Die paränetischen Formen der „Testamente der zwölf Patriarchen" und ihr Nachwirken in der frühchristlichen Mahnung, Diss. Berlin, 1955.

[10] Ebd., S. 27 f. 156.

[11] Ebd., S. 5.

[12] M. Philonenko, Les interpolations chrétiennes des Testaments des Douze Patriarches et les manuscrits de Qoumrân, Paris, 1960.

auch mit der These de Jonges. Er kommt weitgehend zu ähnlichen Ergebnissen wie dieser, stellt dessen Hauptthese aber auf den Kopf: Nicht ein Christ sondern ein dem Kreis der Qumrangemeinde nahestehender Jude sei der Verfasser der TestXIIPatr. gewesen. In einer bestimmten Richtung allerdings glaubt Philonenko weiter vorstoßen zu können, als de Jonge es getan hat: Während dieser sich bei der Entstehungsgeschichte der TestXII Patr. auf zwei Urtestamente, Levi und Naphtali, als Vorläufer beschränkt, deren Ursprung aber im Dunkeln beläßt, will Philonenko dieses Dunkel lichten: Zwei Urtestamente, diesmal aber Juda und Naphtali, gehen seiner Meinung nach ihrerseits wieder auf ein hebräisches Testament Levi als den Ausgangspunkt der ganzen Entwicklung zurück. Diesem verlorengegangenen Testament aber, nach dem die anderen alle gestaltet worden seien, habe der Jakobssegen als Modell gedient [13]. Eine interessante Beobachtung steuert er noch bei: Er erkennt die Formähnlichkeit zwischen den TestXIIPatr. und dem Testament Hiobs, deutet sie aber als direkte literarische Abhängigkeit des letzteren vom ersten [14].

Alle bisher zitierten Autoren verwiesen in der Frage der äußeren Form der TestXIIPatr. auf den Jakobssegen Gen 49/50 als stilistisches Vorbild. Die einen nahmen diese Abhängigkeit direkt an, die anderen, vor allem Aschermann, unter starken Modifikationen. In jedem Fall bleibt aber festzuhalten, daß eine wirklich formkritische Analyse nicht unternommen wurde; denn der Rückbezug auf ein stilistisches Modell verbaut die Frage nach der allgemeinen Gattung „Testament" und einem ihr zugehörigen Sitz im Leben.

Dieser Vorwurf trifft einige andere Autoren nicht: In der bisher ausführlichsten Untersuchung über die TestXIIPatr. hat J. Becker [15] eine Reihe von Formmerkmalen, die zur Erhellung der Gattung „Testament" beitragen sollen, exakt herausgearbeitet. Da aber seine Studie ausschließlich auf die TestXIIPatr. abhebt, muß man doch manches bei den von ihm beschriebenen Formmerkmalen der Eigenheit eben dieser Schrift zuerkennen. Das fällt dann für eine generelle Gattungsbestimmung aus. Für die Geschichte der Gattung „Testament" hat Becker eine eigene Untersuchung angekündigt. Bis zu deren Erscheinen beschränkt er sich auf den Hinweis, daß sich das Gliederungsprinzip, das den TestXIIPatr. im großen und ganzen zu eigen sei (Dreischritt: Lebensgeschichte, Paränese, Zukunftsankündigung), vom Bundesformular herleite [16].

Becker bezieht sich dabei ausdrücklich auf eine schon zehn Jahre ältere Arbeit K. Baltzers [17].

Dieser hatte die Testamentsform (Test.-Form) als eine Sonderentwicklung des Bundesformulars bestimmt und dabei eine ganze Reihe ernstzunehmen-

---

[13] Ebd., S. 4.

[14] Ebd., S. 6, Anm. 26.

[15] J. Becker, Untersuchungen zur Entstehungsgeschichte der Testamente der zwölf Patriarchen, Leiden, 1970.

[16] Ebd., S. 157.378.

[17] K. Baltzer, Das Bundesformular, Neukirchen, 1. Aufl. 1960.

der Beobachtungen vorgetragen. Da diese These sich zum erstenmal auf
eine echte formkritische Analyse der Gattung „Testament" stützen kann
und von daher auch eine Geschichte dieser Gattung nachzuzeichnen vermag,
muß sie als eine mögliche Lösung des eingangs aufgeworfenen Problems
ernstgenommen und auf ihre Stichhaltigkeit hin untersucht werden [18].

Mit der These Baltzers und ihrer Unterstützung durch J. Becker setzt
sich J. Thomas [19] kritisch auseinander: Er warnt zunächst vor dem Ver-
lockenden und zugleich Gefährlichen einer derart glatten Gattungsgenea-
logie über mehrere Jahrhunderte hinweg. Erkennbare Entsprechungen in
der Form zwischen Bundesformular und Testament möchte er lieber analog und nicht genealogisch erklären. Allenfalls habe die Bundesformular-
tradition anregend auf das Kompositionsprinzip der TestXIIPatr. gewirkt. Thomas bezieht sich statt dessen auf eine Gattung „zwischenge-
meindlicher Sendschreiben", die C. Andresen festgestellt und bestimmt
hatte [20], und versucht von daher, die Form der TestXIIPatr. als „Dia-
sporasendschreiben" in den Griff zu bekommen. Dabei nimmt er die von
C. Andresen herausgestellten inhaltlichen Merkmale auf und wendet sie
auf die TestXIIPatr. an. Weil er sich jedoch ausschließlich auf diese Schrift
konzentriert und außerdem die Kriterien der Form zugunsten der des Inhaltes fast gänzlich vernachlässigt, gelingt es ihm nicht, eine über die Test
XIIPatr. hinausführende, allgemein gültige Form des Testamentes herauszuarbeiten.

Auch A. Kolenkow [21] unterwirft Baltzers These einer kritischen Prüfung.
Sie erkennt, daß Baltzers Herleitung der Form des Testamentes vom Bundesformular nicht für alle Testamente hilfreich und weiterführend ist. Sie
bejaht zwar unter Berufung auch auf Becker Baltzers These für die Test-
XIIPatr., lehnt sie jedoch für die allgemeine Form des Testamentes ab. So
muß sie bei der Gattungsbestimmung notgedrungen zwei Typen von Testamenten postulieren: den Sonderfall TestXIIPatr. („ethical testaments")
und die allgemeine Form („blessing — revelation testaments") — m.
E. eine unglückliche Annahme. Wo lassen sich überzeugende Gründe für
die Doppelentwicklung *einer* Form finden? Oder sollen die TestXII
Patr. mit den übrigen pseudepigraphen Testamenten von der Form her
überhaupt keine Gemeinsamkeiten aufweisen? Auch ist sehr fraglich — und
im Rahmen dieser Arbeit noch genauer zu untersuchen —, ob die Behauptung Kolenkows, Ziel der allgemeinen Test.-Form sei die Offenbarung des
Zukünftigen: „The genre serves particularly as a vehicle for literature
forecasting the future, written in the name of a patriarch" (S. 57), das

---

[18] Mit der These Baltzers wird sich ein eigener Abschnitt in „Die Lehre der
Alten II" auseinandersetzen; vgl. in der masch. Diss. S. 414—440.

[19] J. Thomas, Aktuelles im Zeugnis der zwölf Väter, in: Chr. Burchard — J.
Jervell — J. Thomas, Studien zu den Testamenten der zwölf Patriarchen, Berlin
1969, S. 62—150, hier vor allem S. 133—148: „Die gattungsgeschichtliche Frage".

[20] C. Andresen, Zum Formular frühchristlicher Gemeindebriefe, in: ZNW 56,
1965, S. 233—259.

[21] A. B. Kolenkow, The genre testament and forecasts of the future in the
hellenistic jewish milieu, in: JSJ 6, 1975, S. 57—71.

Wesen und die Intention dieser Gattung auch wirklich trifft. Ihre Frage: „What is the aim of such literature?" ist aber grundsätzlich wichtig. Sie kommt der Suche nach der Intention der Form „Testament" in dieser Arbeit sehr entgegen.

Nicht von der Literatur der zwischentestamentlichen Zeit sondern vom NT aus unternimmt H.-J. Michel [22] den Versuch einer Gattungsbestimmung der „Abschiedsrede". Zwar steht bei ihm die Exegese des Textes Apg 20,17 bis 38 in allen ihren Aspekten im Vordergrund, so daß die Gattungsfrage nur einen Teilaspekt seiner Untersuchung ausmacht, doch stimmen erfreulicherweise seine Ergebnisse in der Gattungsbestimmung in manchen grundsätzlichen Punkten mit den meinigen überein, so in der Feststellung einer eigenständigen Gattung „Abschiedsrede", in der Bewertung der Paränese als Wesen und Mitte dieser Gattung, in der Konstatierung einer gewissen Variabilität der Form (Ablehnung eines „fixen Schemas") und in der Abgrenzung der Abschiedsrede vom Bundesformular, die allerdings nicht klar genug ausfällt, da hier Michel zu sehr inhaltlich und zu wenig von der Form her argumentiert. Diese seine Eigenart hindert ihn auch daran, das Verhältnis der einzelnen Formelemente zueinander und ihre Funktion im Rahmen des Ganzen der Form näher zu untersuchen. So bleiben letztlich die Definitionen der jeweiligen Formelemente zu unscharf, zu mehrdeutig, so daß Überschneidungen in den einzelnen Formbestimmungen vorkommen, die nicht erklärt werden. Da Michel überdies rein descriptiv vorgeht, entgehen ihm die „inneren Kriterien" der Form (Motivation, Intention, Argumentationsweise) fast völlig. Das führt ihn schließlich zu einer Definition eines Sitzes im Leben, der gar keiner ist: Wenn er „die deuteronomistische Schule als Ausgangspunkt unserer Abschiedsreden" [23] in den Blick nimmt, so hat er damit zwar sicher zutreffend die theologischen Grundlinien vieler später Abschiedsreden charakterisiert — vordeuteronomistische muß er als Ausnahmen deklarieren —, doch sind das inhaltliche Festlegungen und keine formalen. Zum Sitz im Leben der *Form* ist damit noch gar nichts ausgesagt. Dieser Punkt bleibt bei ihm völlig offen.

Ausschließlich die Gattungsfrage der „Abschiedsrede", ihre Definition und ihre Geschichte, untersucht E. Cortès in einem umfangreichen Werk [24]. Um die im Neuen Testament auftretenden Abschiedsreden (1. Tim 4,1 ff.; 2. Tim 3,1—4,10; 2. Petr; Apg 20,17—38; Joh 13—17) sachgerechter beurteilen zu können, will er ihre Vorgeschichte als Gattung überprüfen. Dabei widmet er den Hauptteil seiner Arbeit den TestXIIPatr., wobei er auch literarkritische Fragen in ständiger Auseinandersetzung mit J. Becker behandelt; andere pseudepigraphe Schriften in der Form der Abschiedsrede (Teile aus Jub und äthHen, TestHiob, syrBar 43—46, TestMose = Ass Mosis, slavHen Kap. 14—17 nach Vaillant, TestJak, TestIsaak, TestAdam)

[22] H.-J. Michel, Die Abschiedsrede des Paulus an die Kirche Apg 20, 17—38. Motivgeschichte und theologische Bedeutung, München, 1973.

[23] S. 56.

[24] E. Cortès, Los discursos de adiós de Gn 49 a Jn 13—17. Pistas para la historia de un género literario en la antigua literatura judía, Barcelona, 1976.

kommen vergleichsweise recht kurz weg. Ausführlicher widmet sich Cortès
dagegen den in der Tat aufschlußreichen Targumim zu Gen 49 und Dt 33.
Im Alten Testament selbst (1. Kön 2,1—10; Jos 23; Gen 49; Dt 33) und
in den Apokryphen (1. Makk 2,49—70 und Tobit 4; 14) findet er mit
Ausnahme von Tobit keine ausgeführten Abschiedsreden sondern nur einzelne Elemente dieser Gattung, die erst später, in den Targumim und in
der zwischentestamentlichen Literatur, ihre feste Form als Abschiedsrede
gefunden hätten (S. 104 f.). Weil Cortès also in den genannten alttestamentlichen Texten keine echten Abschiedsreden sondern nur Vorformen
davon sieht, besteht für ihn auch keine Notwendigkeit, über das Alte
Testament hinauszugehen in den Bereich des Alten Orients, um dort
nach weiteren Vorläufern der Gattung zu suchen. Die Weisheitslehren
Ägyptens streift er zwar kurz, stellt auch Ähnlichkeiten im Äußerlichen
fest, bestreitet aber jedwede inhaltliche wie intentionale Verwandtschaft
(S. 67).

Cortès definiert die Gattung „Abschiedsrede" generell nach drei „moti-
vos literarios" (S. 54):

1. Der Sterbende ruft die Seinen, um zu ihnen zu sprechen.

2. Er ermahnt sie, am häufigsten zu Barmherzigkeit, Liebe oder brüder-
licher Gemeinschaft.

3. Einige Sätze über die Zukunft der Gemeinschaft oder das Ende der
Zeiten beschließen die Rede.

Zu diesen drei Elementen treten noch drei „fórmulas estilísticas" (S. 56
bis 61):

1. Der Sterbende *ruft* die Seinen (קְרָא, καλέω).

2. Der Sterbende *trifft Anordnungen* im Sinne von *Ermahnungen* (צוּה,
ἐντέλλομαι).

3. Der Sterbende wendet sich an seine Zuhörer mit der Anrede *„meine
Söhne"* (בְּנִי, τέκνα μου).

Von geringerer Bedeutung als Charakteristikum der Gattung sei der
häufig anzutreffende Wunsch des Sterbenden, *bei seinen Vätern* bestattet
zu werden (S. 61).

Aufgrund der durch diese Motive und stilistischen Formeln gewonnenen
Definition der Gattung „Abschiedsrede" beschreibt Cortès als Intention der
Gattung („el elemento intencional o finalístico de nuestro género") die
Absicht des Autors, eine traditionelle Lehre herauszuheben und besonders
zu unterstreichen oder neue Ideen in die Tradition Israels einzuführen mit
Hilfe der — fiktiven — Legitimation vergangener Autoritäten [25]. Im ein-
gelegten Faltblatt, auf dem Cortès die Ergebnisse seiner Arbeit kurz zu-

---

[25] S. 487: „... que, a veces, hayamos podido individuar el elemento intencional
o finalístico de nuestro género: una doctrina tradicional que quiere subrayarse
especialmente o nuevas ideas que el autor del discurso quiere introducir — con
la autoridad del patriarca ficticio — en el curso de la tradición de Israel."

sammenfaßt, fügt er als ein weiteres Element der Intention der Gattung noch die vaticinia ex eventu hinzu.

An der Arbeit von Cortès ist verdienstvoll, daß auch er auf ein festes, unvariables Schema für die Gattung der „Abschiedsrede" verzichtet. So besteht für ihn keine Notwendigkeit, Schriften, die deutlich den Charakter einer Abschiedsrede zeigen, aber nicht in allen Punkten einem vorgefaßten Schema entsprechen, literarkritischen Operationen zu unterziehen. Andererseits läßt sich die Abschiedsrede bzw. das Testament in seinen einzelnen Formmerkmalen durchaus deutlicher und präziser bestimmen (schon durch die Aufteilung in Anfangsrahmen, Mittelteil und Schlußrahmen mit ihren jeweiligen Unterteilungen), als es die drei Motive und die ihnen zugeordneten drei stilistischen Formeln, die Cortès heranzieht, ermöglichen. Doch selbst innerhalb der drei Motive wird nicht geklärt, in welchem Verhältnis das zweite und dritte Motiv, die Mahnung und die Zukunftsansage, zueinander stehen. Einen Rückblick auf die Vergangenheit erkennt Cortès als Wesensmerkmal einer Abschiedsrede gar nicht an. Aufgrund dieser Ungenauigkeit bei der Bestimmung der äußeren Wesensmerkmale der Gattung fällt es Cortès auch so schwer, innere Kriterien festzulegen. Als einziges Charakteristikum dieser Art versucht er, die *Intention* der Abschiedsrede herauszuarbeiten. Aus der Anrede „meine Söhne" und dem Interesse an Belehrung schließt er zutreffend auf weisheitlichen Einfluß (S. 486 f.). Weil Cortès von dieser Erkenntnis aus aber nicht nach weiteren inneren Kriterien einer weisheitlichen Gattung fragt (dem Ziel beim Leser/Hörer, der Art und Weise der Argumentation, dieses Ziel zu erreichen, und der Rechtfertigung des Zieles, der Motivation), kommt er zu dem eigenartigen Schluß, die Intention der Gattung sei es, eine bestimmte traditionelle Lehre zu betonen oder eine neue Lehre einzuführen. Eine solche Bestimmung der Intention führt aber auf dogmatisches Gebiet, in einen Bereich also, der der Gattung Testament mit Sicherheit wesensfremd ist. Wenn Cortès dann der Intention noch die vaticinia ex eventu zuordnet, so läßt er den Leser ganz im unklaren, was diese Prophezeiungen mit der Unterstreichung bestehender oder der Einführung neuer Lehren zu tun haben, ob ein Zusammenhang zwischen beiden besteht. Außerdem *sind* vaticinia ex eventu in sich selbst nicht Intention, sie *dienen* einer solchen. Der Autor will mit ihrer Hilfe beim Leser/Hörer erst ein bestimmtes Ziel erreichen. Worin dieses Ziel besteht, darüber macht Cortès jedoch keine weiteren Aussagen.

Insgesamt muß man konstatieren, daß die von Cortès festgelegten Charakteristika zu vage sind und zu wenig aufeinander bezogen, als daß sie dazu verhelfen könnten, zum Wesenskern der Gattung Testament vorzudringen. Seine Beschreibung bleibt an der Oberfläche. Sie leistet es nicht, die Gattung in so scharfen Konturen zu beschreiben, daß sie von *echten* anderen Gattungen (nicht nur vom „género apocalíptico" und vom „género sapiencial") abgegrenzt werden kann.

Erstaunlicherweise hat schon vor über hundert Jahren der englische Gelehrte E. H. Palmer für sich in Anspruch genommen, die Herkunft der

Test.-Form genau zu kennen: [26] „Now the fashion of inculcating moral precepts or promulgating philosophical speculations under the form of Testaments delivered by the illustrious personages of antiquity has long been prevalent in the East; it is with the Oriental Philosopher as much a stereotyped rhetorical artifice as the Dialogue was with the Greeks." [27] Als Beispiel führt er das Jāwīdān Khirad des Abu'ali Maskawi (Ibn Miskawaih) an. In diesem Buch seien nicht nur bestimmte moralische Vorschriften in den Mund von Hosheng, eines der ersten Könige Persiens, gelegt; er enthalte obendrein noch eine Vielzahl von Testamenten, die nahezu allen weisen Männern der Antike zugeschrieben seien [28].

Palmer irrte sich jedoch in zwei entscheidenden Punkten: Einmal hatte er die Zeiten falsch angesetzt. Die TestXIIPatr. datierte er in das 2. Jhdt. n. Chr.; vom Jāwīdān Khirad verschweigt er die Abfassungszeit. Es wird jedoch von Badawi [29], dem letzten Herausgeber der Schrift des Ibn Miskawaih, in das 6. Jhdt. n. Chr. verlegt. Das jeweilige Schrifttum trennten also Jahrhunderte.

Zum anderen lassen die TestXIIPatr. und die Testamente aus diesem Buch durchaus jenen „exactly similar plan" [30] vermissen, den Palmer konstatiert. Eines der Testamente aus dem Jāwīdān Khirad z. B. beginnt: „Was ich ausgewählt habe von den Testamenten des Luk-män an seinen Sohn". Es folgen sofort direkte Mahnungen in kurzen Sentenzen, die stets mit „Du sollst" beginnen [31]. An anderer Stelle lautet die Überschrift nur kurz „Das Testament des His ibn Saida". Der Text beginnt auch hier sogleich mit Mahnungen, die mit „Wisse, mein Sohn, daß..." eingeleitet werden [32]. Oft steht auch einfach nur etwa „Sokrates sagte in seinem Testament" [33] oder „Plato in seinem Testament an Aristoteles" [34]. Ein ausgearbeiteter Anfangs- oder Schlußrahmen, wie wir ihn in den TestXIIPatr. haben, fehlt völlig. Nun erscheint zwar sehr häufig der Begriff wasiyah (Testament), aber im Arabischen ist daraus allein noch nicht zu ersehen, ob es sich auch um letzte Worte eines Sterbenden handelt. Wasiyah muß

---

[26] E. H. Palmer, The eastern origin of the christian pseudepigraphic writings, in: JPh III, 1870, S. 223—231, ohne nähere Stellungnahme zitiert bei M. R. James, Apocrypha anecdota II, Cambridge, 1897, S. LXXXIV; E. Lohmeyer, Diatheke. Ein Beitrag zur Erklärung des neutestamentlichen Begriffs, Leipzig, 1913, S. 39; D. Rahnenführer, Das Testament des Hiob und das Neue Testament, in: ZNW 62, 1971, S. 68—93, hier S. 69 Anm. 8; E. Cortès, Discursos, S. 488 f. Anm. 5.

[27] E. H. Palmer, Origin, S. 227.

[28] Ebd., S. 227 f.

[29] Al-Hikmat al khālidah. Jāwīdān khirad. A treatise on the philosophy of Persia, India, Arabia and Greece. Edited with an introduction by Abd al Rahmān Badawi, Kairo, 1952.

[30] E. H. Palmer, Origin, S. 227.

[31] Badawi, Al-Hikmat, S. 127.

[32] Ebd., S. 155.

[33] Ebd., S. 211.

[34] Ebd., S. 217.

durchaus nicht unbedingt eine solche Sterberede bezeichnen. Es kann auch einfach für die Gesamtheit der Überlieferung der Lehren eines berühmten Mannes stehen (etwa „Gesammelte Worte" o. ä.). Ein Hinweis auf den unmittelbar bevorstehenden oder baldigen Tod ist bei dieser Literaturart nicht Bedingung, um eine Sammlung von Weisheitssprüchen eines Mannes mit wasiyah zu überschreiben [35].

Palmer hat in seinem Aufsatz den allgemeinen Charakter des Begriffes wasiyah unbeachtet gelassen, unter dem sich Bedeutungen ganz unterschiedlicher Natur verbergen können. Der Lösungsvorschlag Palmers hat also nicht zu dem von ihm gesteckten Ziel geführt. Wohl aber ist der umgekehrte Weg denkbar: Die Gattung „Testament" hat über die jüdischen und christlichen Schriften der hellenistisch-römischen Zeit bis in das arabische Schrifttum hinein gewirkt, wenn auch dann schon in einer sehr aufgelösten Form. So hat Palmer zwar nicht den Ursprung der Test.-Form aufdecken können, wie er es dachte, doch hat er ein interessantes Stück der Wirkungsgeschichte dieser Form ans Tageslicht gebracht.

Um nun eine fundierte formkritische Analyse der TestXIIPatr. und darüber hinaus der gesamten Testamentsliteratur Israels in der gewünschten Art leisten zu können, sind mehrere, aufeinanderfolgende Schritte nötig:

I. a) Zunächst ist es die Frage, ob tatsächlich alle zwölf Einzeltestamente der TestXIIPatr. eine gemeinsame, einheitliche Form aufweisen und, wenn ja, wie diese Form zu bestimmen ist. Dabei gilt es, der Versuchung nicht zu erliegen, allzu schnell ein „Grundschema" herauszuarbeiten, das dann umgehend bei den Testamenten, die sich diesem Schema nicht sogleich fügen wollen, zu Textemendationen zwingt.

b) Diese Aufgabe wird sich am sinnvollsten lösen lassen, wenn zunächst einmal die einzelnen Formelemente als Bausteine der Gesamtform möglichst genau beschrieben und bestimmt werden, um so zu einer Definition der Gesamtform gelangen zu können. Da die äußere Untergliederung der Testamente in Rahmen (Anfangs- und Schlußrahmen) und Rede (Mittelteil) schon beim ersten Blick ins Auge fällt, wird sich auch ihre Untersuchung dieser Unterteilung zunächst anschließen. Des weiteren soll auch von vornherein davon abgesehen werden, Prioritäten unter den Einzeltestamenten zu setzen: Auf eine vorherige Festlegung von „ursprünglicheren" und „erweiterten" oder „veränderten" Formen wird bewußt verzichtet. Daher hindert auch nichts, bei der Prüfung der Form der Einzeltestamente an ihrer natürlichen Reihenfolge entlangzugehen — von Ruben angefangen bis zu Benjamin.

Bei alledem soll nicht aus den Augen gelassen werden, daß es wenig sinnvoll ist, eine Form alleine anhand ihrer stilistischen Merkmale zu beschreiben und zu definieren. Stiluntersuchungen sind wichtig und notwendig, aber man verschenkt manche tiefergehende Erkenntnis, wenn man bei

---

[35] Wie allgemein der Beriff wasiyah auch heute noch gebraucht werden kann, zeigt sich etwa darin, daß im Sprachgebrauch der Drusen die zehn Gebote als die „Zehn Testamente" bezeichnet werden.

ihnen stehenbleibt. In der Folge einer solchen beschränkten Methodik stellen sich oft unaufgeklärte Mehrdeutigkeiten ein, die Anlaß zu Mißverständnissen geben. Zu den äußeren, stilistischen Kriterien müssen innere treten, um eine Gattung wirklich zu verstehen. Der Gattungsforschung wäre sicherlich sehr gedient, wenn sie häufiger, als es bisher geschieht, innere Kriterien bei der Formbestimmung anwenden bzw. sie überhaupt erst entwikkeln würde, um dem Vorwurf, sie treibe lediglich Stilkritik, der sie doch oft mit Recht trifft, wirksam entgegentreten zu können. Solche inneren Kriterien können sein: 1. die Frage nach der *Intention* einer Form: Was bezweckt sie? Welches Ziel will sie beim Lesenden/Hörenden erreichen? 2. die Beachtung der *Argumentationsweise* innerhalb einer Form: Auf welchen Wegen, mit welchen Mitteln erreicht sie dieses Ziel? 3. die Frage nach der *Motivation* des Redenden/Schreibenden: Warum erscheint ihm das angepeilte Ziel als erstrebenswert? Wie rechtfertigt er es?

Mit Hilfe dieser Fragen sollen die stilkritisch gewonnenen Einzelelemente auf ihr Verhältnis zueinander und ihre Position im Rahmen der Gesamtform hin geprüft werden.

Dieser erste Teil der Arbeit wird etwas mehr Raum beanspruchen dürfen als die folgenden Teile; denn es handelt sich ja doch um einen wichtigen Anfangsschritt, auf dem alles Weitere aufbauen kann.

c) Als Ergebnis wird sich zeigen, daß sich in den TestXIIPatr. tatsächlich eine gemeinsame Form aufweisen läßt, die allerdings äußerlich recht frei und offen ist. Intention, Argumentationsweise und Motivation halten sich durch; sie gestatten jedoch im Fall der Test.-Form eine gewisse Variabilität im Äußeren.

II. a) Sodann wird zu fragen sein, ob die gefundene Form ein Einzelfall ist, aus dem Augenblick heraus nur für diese eine Schrift, die TestXIIPatr., geschaffen und etwa nach dem Modell des Jakobssegens gestaltet, oder ob in ihr wirklich eine selbständige Literaturgattung zu sehen ist.

b) Zur Beantwortung dieser Frage sollen zum Vergleich mit der Form des Testamentes, wie sie anhand der TestXIIPatr. gewonnen wurde, alle anderen uns bekannten jüdischen Testamente der Spätzeit (Test 'Amram, TestHiob, TestAbr/TestIsaak/TestJak = TestIIIPatr., TestAdam, TestSal) herangezogen werden, weiterhin auch die Schriften, die Test.-Form aufweisen, obwohl dieser Terminus nicht in ihrem Titel erscheint (TestMose = Assumptio Mosis, TestHis als Teil der Ascensio Isaiae). Da sich zeigen wird, daß die Test.-Form nicht nur ganzen, vollständigen Schriften das Gepräge geben sondern auch als Teilform innerhalb größerer Schriften auftreten kann, sollen exemplarisch dafür zwei „Teiltestamente" (slavHen 55—67 und LibAntBibl 33) zum Vergleich dienen. Eine umfassende Prüfung aller Testamente in Teilform würde zuviel Raum einnehmen und erübrigt sich auch.

c) Als Ergebnis dieses Vergleiches wird sich herausstellen, daß die Form des Testamentes tatsächlich als eine echte Gattung angesehen werden kann. Zwar läßt sich nicht *die* Test.-Form schlechthin erheben als Ur- und Grundform, aus der heraus sich dann spezielle Einzelformen entwickelt haben, vielmehr begegnet die Form des Testamentes in jedem einzelnen Fall als eine spezielle, den besonderen Gegebenheiten angepaßte Ausprägung. Das heißt jedoch nicht, daß die Test.-Form dann jeweils nur noch vage umschrieben werden kann, doch stellt sich die Aufgabe, genau zu prüfen, ob sich die wesentlichsten konstitutiven Merkmale der Gattung und ihre Intention, Argumentationsweise und Motivation erhalten haben. Erst dann kann das Gattungsurteil gefällt werden.

III. Dazu, daß die Test.-Form als eine echte Gattung gewertet werden kann, gehört aber auch notwendig, den sozialen Ort, den „Sitz im Leben", ausfindig zu machen, an dem sie zuhause ist. Das ist jedoch erst möglich, wenn das Vorkommen dieser Form während seiner ganzen zeitlichen Erstreckung untersucht ist und nicht nur in seiner Hochblüte zur hellenistisch-römischen Zeit. Ohne diese Gesamtbetrachtung könnte etwa Baltzers These, die Test.-Form sei eine eigenständige späte Seitenentwicklung des Bundesformulars, kaum befriedigend diskutiert werden. Wenn aber Bundesformular und Test.-Form als gleichzeitig existierende Gattungen erkannt sind, ist es erheblich leichter, das „Testament" einerseits vom Bundesformular aufgrund der Verschiedenheit von Intention und Argumentation abzugrenzen und es andererseits einer tatsächlich verwandten Gattung innerhalb der weisheitlichen Belehrung, der Lehr- und Mahnrede, zuzuordnen. Da diese Abgrenzung und Zuordnung erst im zweiten Teil der Untersuchung ihren sinnvollen Platz hat[36], sind im ersten nur andeutende Vorgriffe möglich. Sie finden sich bei der Charakterisierung der einzelnen Formelemente der TestXIIPatr. in der Zusammenfassung (bes. S. 99—103) und am Schluß (S. 239 f.).

Um den Umfang der vorliegenden Arbeit zu begrenzen, wurde darauf verzichtet, das Vorkommen der Testamentsform auch im Neuen Testament und in frühen christlichen Schriften zu untersuchen. Für das NT sei verwiesen auf J. Munck, Discours d'adieu dans le Nouveau Testament et dans la littérature biblique, und vor allem auf H.-J. Michel, Die Abschiedsrede des Paulus an die Kirche. Für die frühen christlichen Schriften mit Testamentscharakter, deren Form dann in die Heiligenlegenden ausmündet, fehlt m. W. noch eine eigene Untersuchung.

Im folgenden wird bei den Angaben zu Text und Übersetzung der jeweiligen Schriften in der Regel nur die jeweils neueste bzw. brauchbarste Literatur genannt.

---

[36] Vgl. masch. Diss. S. 414—442.

§ 1. DIE TESTAMENTE DER ZWÖLF PATRIARCHEN [1]

Text: griech.:

R. H. Charles, The greek versions of the Testaments of the Twelve Patriarchs, Oxford, 1908 (Nachdruck Darmstadt 1960).

M. de Jonge (ed. in coop. with H. W. Hollander, H. J. de Jonge, Th. Korteweg), The Testaments of the Twelve Patriarchs. A critical edition of the greek text, Leiden, 1978 (PsVTGr I, 2).

(Zu den Textausgaben in anderen Sprachen vgl. J. Becker, Die Testamente der zwölf Patriarchen (JSHRZ III, 1), S. 29, und J. H. Charlesworth, The Pseudepigrapha and modern research, Missoula/Mont., 1976 (SCS 7), S. 211—220.) [2].

Übersetzung:

Fr. Schnapp in: E. Kautzsch, Die Apokryphen und Pseudepigraphen des Alten Testaments, Bd. II, 2. Aufl. Darmstadt, 1962, S. 458—506.

J. Becker, Die Testamente der zwölf Patriarchen, Gütersloh, 1974 (JSHRZ III, 1).

Es wird am zweckmäßigsten sein, die Einzeltestamente erst einmal der Reihe nach auf ihre einzelnen Formbestandteile hin zu untersuchen und danach in einem Vergleich das jeweils Besondere und Einmalige einzelner Testamente innerhalb der TestXIIPatr. abzuheben, um so zu der allgemeinen Form „Testament" zu finden, wie sie uns in den TestXIIPatr. entgegentritt.

Um einer größeren Übersichtlichkeit willen werden Anfangs- und Schlußrahmen getrennt vom Mittelteil betrachtet. Die offensichtlich nachträglich über die einzelnen Testamente gesetzten Überschriften, die die Tugenden

---

[1] Textüberlieferung und Textgeschichte zusammengestellt (Lit.) und diskutiert bei J. Becker (JSHRZ III, 1), S. 18—21. Dazu siehe auch H. J. de Jonge, The earliest traceable stage of the textual tradition of the Testaments of the Twelve Patriarchs, in: M. de Jonge (ed.), Studies on the Testaments of the Twelve Patriarchs. Text and Interpretation, Leiden, 1975, S. 63—86, und M. de Jonge (ed.), The Testaments of the Twelve Patriarchs. A critical edition of the greek text, S. XXXIII—XLI.

[2] Den jüdischen Grundcharakter der Schrift halte ich gegen M. de Jonge, Testaments, für unabdingbar (so auch A. S. van der Woude, Die messianischen Vorstellungen der Gemeinde von Qumrân, Assen, 1957; A. Hultgård, Croyances messianiques des TestXIIPatr. Critique textuelle et commentaire des passages messianiques, Uppsala, 1971 (masch. Diss.); K. H. Rengstorf, Herkunft und Sinn der Patriarchen-Reden in den Testamenten der zwölf Patriarchen, in: W. C. van Unnik (Hrsg.), La littérature juive entre Tenach et Mischna, Leiden, 1974, S. 29—47, u. a. m.).

oder Laster des jeweiligen Patriarchen hervorheben, bleiben unberücksichtigt [3].

1) *Das Testament Rubens*

a) *Anfangsrahmen* [4]

Der 1. Vers mutet ebenfalls wie eine, diesmal textinterne, Überschrift an: Er beginnt wie ein Buch*titel:* „'Αντίγραφον διαθήκης 'Ρουβήμ", um den Anschein zu erwecken, als habe der Sterbende sein Testament schriftlich verfaßt bzw. einer der Söhne die letzten Worte seines Vaters schriftlich niedergelegt, wovon hier eine Abschrift vorliege. Dem folgt: 1) eine kurze Angabe der *Adressaten,* zu denen der Patriarch spricht, seiner Söhne — in den folgenden Versen werden auch noch Enkel und Brüder dazu gerechnet; 2) eine Notiz über seinen *unmittelbar bevorstehenden Tod* und 3) die Angabe seines *Lebensalters.*

Die Verse 2—5 bieten eine ausführliche Schilderung der *Situation* des Sterbenden im Kreise seiner Angehörigen: Angabe der Zeit der Handlung in Form einer *Vergleichsdatierung* (zwei Jahre nach Josephs Tod); Ruben erkrankt; seine Söhne und Enkel kommen, ihn zu besuchen. Er selbst kündigt ihnen und seinen Brüdern zweimal mit verschiedenen Worten seinen *nahenden Tod* an, um ihnen noch schnell zuvor alles mitzuteilen, was er auf dem Herzen hat. Dann erhebt er sich, küßt sie und beginnt klagend seine Rede, und zwar mit einer typischen *Einleitungsformel,* die auch im AT am Anfang von Reden begegnen (zweigliedrig: Gen 49,2; aber auch Gen 4,23; Nu 23,18; Ri 5,3; eingliedrig: Nu 12,6; Ri 9,7; Jos 3,9).

Schlußrahmen

Er ist sehr viel kürzer gehalten als die Einleitung. Kap. 7,1 verzeichnet kurz den *Tod* Rubens, verbunden mit einer knappen *Redeabschlußformel,* die bezeichnenderweise alles Vorangegangene, also auch Vision und Zukunftsansage, als Verhaltensanweisung versteht. Das entspricht dem Sinn der Redeeinleitungsformel am Anfang (v. 5 b ὅσα ἐντέλλομαι ὑμῖν).

Der zweite und zugleich letzte Vers berichtet nur noch von seiner *Bestattung durch seine Söhne* in der Doppelhöhle von Hebron (siehe Gen 23; 49,29—32).

b) *Mittelteil*

Nach der seine Rede einleitenden Formel beschwört Ruben seine Söhne, sich von Hurerei fernzuhalten, und untermalt diese *Verhaltensanweisung* durch einen *Rückblick auf die Vergangenheit,* indem er eine eigene Verfeh-

Marginalien:
T. + N.
Adr.
Hinw. a. d. bev. Tod (bericht.)
Altersang.
Sit.
Vergl.
Hinw. a. d. bev. Tod (pers.)
Redeeinl.
Tod
Redeabschl.
Best. d. d. S.
Verh.
R. a. d. V.

---

[3] Ebenso außer Betracht bleiben im folgenden christliche Bearbeitungen innerhalb des Textes, solange sie die Grundelemente im Aufbau der TestXIIPatr. nicht stören oder verändern.
Auch die Varianten der einzelnen MSS werden nur im Fall von Veränderung, Zufügung oder Weglassung von Formbestandteilen — vor allem im Rahmen — mitgeteilt.

[4] Zur Definition und Charakterisierung der einzelnen Formelemente siehe die Zusammenfassung S. 89—107.

lung dieser Art als abschreckendes Beispiel ausführlich darstellt (1,6—10). Zwei lange Reihen über je acht Geister des Irrtums, die deutlich sekundär zusammengearbeitet und erst nachträglich durch die Überschrift in 2,1 notdürftig als Vision stilisiert wurden [5], schließen sich in Kap. 2 und 3 an. Auch ihr Sinn ist es, die jugendlichen Söhne zu warnen und zur Wahrhaftigkeit aufzurufen. Den größten Teil seiner Ausführungen (3,8—6,4) widmet Ruben den Frauen und ihren Verführungskünsten. Durch mehrmals

R. a. d. V.   zwischengeschobene *Rückblicke auf die Vergangenheit* (seine eigene Verfehlung, die Standhaftigkeit Josephs gegenüber Potiphars Frau, die Sünde der

Verh.   Himmelswächter vor der Flut) untermauert er seine *Verhaltensanweisung* zu diesbezüglicher Zurückhaltung, ja fast zur Askese [6].

Zuk.   Zum Schluß (6,5—12) entwirft Ruben noch ein teils düsteres, teils verheißungsvolles Bild der Zukunft. Er *prophezeit* seines Söhnen Hochmut gegenüber den Nachkommen Levis und als Strafe dafür Untergang. Trotz-

Verh.   dem *ermahnt* er sie zur Wahrheit gegen jedermann und zur Demut gegen

Zuk.   Levi. Ihm und Juda *weissagt* er Segen und fortdauernde Herrschaft über Israel und die Völker bis zur Vollendung der Zeiten (Dt 33,10 und Gen 49,8.10) [7].

2) Das Testament Simeons

a) *Anfangsrahmen*

T. + N.   Auch hier findet sich das *titelartig* anmutende „᾽Αντίγραφον λόγων Συμεών“, nur daß jetzt „διαθήκης“ durch „λόγων“ ersetzt ist. Wie beim

Adr.   TestRub folgen die Angabe der *Adressaten* des Testamentes, seiner Söhne,

Hinw. a. d.   der *Hinweis auf den unmittelbar bevorstehenden Tod* [7a] und die Mitteilung

bev. Tod   des *Lebensalters* des Sterbenden, der die *Vergleichsdatierung* [7b] nach dem

(bericht.)   Todesjahr Josephs gleich angehängt ist.

Altersang.

Vergl.

---

[5] Nach P. Rießler, Altjüdisches Schrifttum außerhalb der Bibel, 2. Aufl. Darmstadt, 1966, S. 1335, und N. Walter, Der Thoraausleger Aristoboulos. Untersuchungen zu seinen Fragmenten und zu pseudepigraphischen Resten der jüdischhellenistischen Literatur, Berlin, 1964, S. 69 Anm. 4, sind 2,3—3,2 (die 1. Geisterreihe) ein stoisch beeinflußter Einschub. J. Becker, Untersuchungen, S. 188—190, schließt sich dem an und beurteilt auch die 2. Geisterreihe als ein dem TestRub im Grunde fremdes Element. C. Colpe, Parthische Religion und parthische Kunst, in: Kairos 17, 1975, S. 118—123, vermutet bei beiden Geisterreihen iranischen Einfluß (S. 120).

[6] J. Becker, Untersuchungen, S. 190—195, grenzt hier 4,6—6,4 als ein eigenes, vom TestRub ursprünglich unabhängiges Traditionsstück aus, das nach der Form einer synagogalen Homilie der jüdisch-hellenistischen Diaspora gestaltet sei. Ihm widerspricht E. Cortès, Discursos, S. 174 f., der das Stück für ursprünglich hält.

[7] J. Becker, Untersuchungen, S. 178—182, nimmt in der Nachfolge von M. de Jonge, Testaments, und H. Aschermann, Formen, die Levi-Juda-Stücke als ein eigenes, in der Überlieferung des nachexilischen Judentums verankertes Element aus dem übrigen Text der TestXIIPatr. heraus und untersucht sie gesondert.

[7a] Fehlt in den MSS d c h i j.

[7b] Fehlt in den MS l.

Nur in einem kurzen Vers (1,2) wird die *Rahmensituation* angegeben: Simeons Söhne kommen, ihren kranken Vater zu besuchen. Er küßt sie und spricht zu ihnen. Wieder beginnt die Rede mit einer zweigliedrigen *Einleitungsformel*, einem Ruf zur Aufmerksamkeit für die folgende Belehrung.

Sit.

Redeeinl.

Schlußrahmen

Nicht ganz so formelhaft wie am Ende des TestRub aber im gleichen Sinn wird der *Abschluß der Rede* Simeons vermerkt (8,1), anschließend ebenso kurz sein *Tod* und noch einmal sein *Lebensalter*, das ja schon im Anfangsrahmen angegeben wurde. Der Bericht fährt fort mit der *Sarglegung* des Patriarchen *durch seine Söhne*, damit sie ihn später in Hebron, der „Traditionsgrabstätte" der Väter (v. 2a), bestatten könnten. Ohne tieferen Zusammenhang, nur als Erklärung, wie und wann der Transport des Sarges von Ägypten, dem fiktiven Ort der Handlung, nach Hebron vor sich ging, folgt eine eigenartige Überlieferung (v. 2 b—4): Die Ägypter bewachen scharf die Gebeine Josephs, weil ein Orakel ihnen Finsternis und Unglück für den Tag angekündigt habe, an dem die Gebeine Josephs aus Ägypten fortgeführt würden. Die Söhne Simeons befürchten wohl Ähnliches auch für die Gebeine ihres Vaters und nützen einen Krieg, den die Ägypter führen, um ihren toten Vater heimlich außer Landes — nach Hebron — zu bringen. In diesen Versen einen nur notdürftig motivierten späteren Einschub zu vermuten, liegt nahe[8].

Redeabschl.
Tod
Altersang.

Best. d. d. S.

Die Rahmenerzählung schließt mit der *Trauer* der Söhne und dem Mißverständnisse ausschließenden Vermerk, daß sie natürlich bis zum Exodus weiterhin in Ägypten geblieben seien.

Trauer

b) *Mittelteil*

In einem längeren *Rückblick auf die Vergangenheit* (2,1—5,1) erinnert Simeon an seine Geburt, seine Namensgebung, seinen wilden Charakter in der Jugend und vor allem an sein großes Verschulden, den von ihm gebilligten Verkauf Josephs. Dieser lange, in sich geschlossene Rückblick wird dreimal von *Verhaltensanweisungen*, sich vor Irrtum, Neid und Eifersucht zu hüten, unterbrochen[9].

R. a. d. V.

Verh.

Zwei weitere, aufeinander abgestimmte *Verhaltensanweisungen* zum aufrichtigen Lebenswandel in 5,2 f. und 6,2 umrahmen eine *Zukunftsansage* über einen vergeblichen Kampf der Nachkommen Simeons gegen Levi und Juda (Typ des noch häufiger wiederkehrenden „Levi-Juda-Stückes"), und

Verh.
Zuk.

---

[8] So auch J. Becker, Untersuchungen, S. 162 f. Siehe auch TestBen 12,3—4 (S. 82) und TestJos 20,20 b, ebenfalls Test'Amran, Mittelteil.

[9] J. Becker, Untersuchungen, S. 328, hält diese Warnungen für spätere Zusätze; dagegen mit guten Gründen E. Cortès, Discursos, S. 181—183.

zwar unter Berufung auf eine Schrift Henochs [10] und auf den Jakobssegen
Gen 49.

Auf die auffallende zweimalige Angabe der Motivation, aus der heraus
der sterbende Patriarch weissagt und ermahnt (6,1; 7,3), wird noch näher

Zuk.   einzugehen sein [11]. Den Rest des 6. Kap. nimmt eine längere *Zukunftsan-sage* ein: Wenn Simeons Nachkommen seine Mahnungen aufnehmen und
danach handeln, wird Segen über Israel, Unheil aber über die Völker kom-

Verh.   men. Kap. 7 steht in enger Beziehung zum „Levi-Juda-Stück" in Kap. 5:
Zuk.   „Erhebt euch nicht gegen Levi und Juda; denn von ihnen wird Heil für
Israel kommen", ist sein Tenor. Mit der oben schon erwähnten 2. Motivationsangabe für seine Zukunftsansagen und Verhaltensanweisungen beschließt Simeon seine Rede.

3) Das Testament Levis

a) Anfangsrahmen

Das TestLevi hat neben dem TestJuda den größten Umfang innerhalb
der TestXIIPatr. Das ist auch gar nicht weiter verwunderlich, wenn man
berücksichtigt, welch starken Nachdruck gerade die TestXIIPatr. auf die
Vorrangstellung Levis, des Priestertums, und Judas, des (jerusalemischen)
Königtums, legen: Levi und Juda werden oft zusammengenommen und
den anderen 10 Stämmen gegenübergestellt, die zum Gehorsam ihnen gegenüber aufgerufen werden, da das Heil Israels aus ihnen käme [12].

T. + N.   Auch das TestLevi beginnt mit einem *überschriftartigen* Satz: „'Αντίγραφον λόγων Λευί" — entsprechend dem TestSim auch hier „λόγων" statt

Adr.   „διαθήχης" —, danach in einem Nebensatz die Nennung der *Adressaten*
seiner Rede, seiner Söhne [12a]. Dann aber kommt mit dem angehängten Zusatz „... gemäß allem, was sie tun werden und was ihnen begegnen wird bis
zum Tag des Gerichts" ein neues Element ins Spiel: eine Inhaltsangabe, die
— wenn nicht das ganze Testament so doch einen wesentlichen Teil davon
— als *Zukunftsansage* deklariert. Das ist — im Vorgriff — einzigartig
gegenüber allen anderen Testamenten in den TestXIIPatr., die von ihrer
ganzen Abzweckung her die Verhaltensanweisung in den Mittelpunkt stel-

---

[10] Die Vermutung J. Beckers, Untersuchungen, S. 174 Anm. 2, hier sei ein
Testament Henochs gemeint, läßt sich durch nichts belegen. Eine bessere Erklärung
für den verhältnismäßig häufigen Rückbezug gerade auf Henoch bietet M. de
Jonge, Testaments, S. 120, an: Der Autor der TestXIIPatr. habe die Tradition
gekannt, nach der Henoch der erste Schreiber gewesen sei, der der Menschheit
göttliche Offenbarungen mitgeteilt habe. Die Patriarchen leiteten nun ihr Wissen
von Henoch her, um sich so göttlicher Autorität zu versichern.

[11] Siehe S. 19 f., 35 f., 52, 75 f., 88, vor allem S. 97 f.

[12] TestRub 6,8; 6,10—12; TestSim 7,1—3; TestJuda 21,1—5; TestIss 5,7—8;
TestNaph 8,2—3; TestGad 8,1; TestJos 19,11. Ausführlicher von J. Becker, Unter-
suchungen, S. 179, als Sondergruppe behandelt: TestRub 6,5—7; TestSim 5,4—6;
TestDan 5,4.

[12a] Die Nennung der Adressaten fehlt in den MSS h i j. Die MSS g l m d e f n
fügen noch einen Hinw. a. d. bev. Tod (bericht.) hinzu.

len, der dann die anderen Elemente des Mittelteiles untergeordnet sind. Nur in TestAss 1,2 findet sich noch eine Inhaltsangabe, die aber auf Erkenntnis ausgerichtet und damit dem Bereich Verhaltensanweisung zugeordnet ist. Es ist daher sehr zu vermuten, daß hier im TestLevi ein Interpolator am Werk war, der den Weissagungsteil als wesentlich und den Verhaltensanweisungen nicht untergeordnet herausstellen wollte [13].

Im 2. Vers wird knapp die schon bekannte *Situation* geschildert: Der Patriarch im Kreise seiner ihm zuhörenden Söhne, nur wird hier — als kleine Variation — vermerkt, daß Levi noch ganz gesund war, als er seine Söhne zu sich rief, ihm allerdings sein *bevorstehender Tod* [13a] offenbart worden war.

Im Mittelteil diesmal findet sich, angehängt an eine kurze Toledoth-Reihe, innerhalb einer Zahl von Jahresangaben für die wichtigsten Daten im Leben Levis auch eine *Vergleichsdatierung* zum Tode Josephs (12,7) [13b].

Schlußrahmen

Der eigentliche Schlußrahmen beginnt in 19,4 mit einer einfachen Bemerkung über den *Abschluß* [13c] der Rede, die alles Vorhergehende — wie schon in TestRub und TestSim — als Verhaltensanweisung versteht. Dem schliessen sich ein Vermerk über den *Tod* Levis und eine Angabe seines *Lebensalters* an. Ein knapper Bericht über die Sarglegung und die *Bestattung* des Patriarchen durch seine Söhne in Hebron bilden den Abschluß dieses Testamentes.

b) *Mittelteil*

Die Rede (2,1) beginnt mit einem *Rückblick auf die Vergangenheit*, der aber diesmal gar nicht breit ausgeführt wird. Er springt von der Geburt sogleich über auf die alttestamentliche Erzählung von der mit Simeon gemeinsam ausgeübten Rache an Sichem wegen der Schändung ihrer Schwester Dina (Gen 34). Diese Geschichte wird jedoch schon mit v. 3 abrupt abgebrochen und erfährt ihre logische Fortführung erst in 6,3 — 7 [14]. Damit ist dieses Thema aus den Vätergeschichten für das TestLevi abgeschlossen.

Der mit der Sichem-Erzählung unverbundene Zwischenteil 2,3—6,2 enthält den 1. Bericht einer apokalyptischen Vision, der Himmelsreise Levis. Sie dient einmal dazu, Levi ins Priesteramt einzusetzen (5,2); zum zweiten hat sie aber auch den Zweck, die Ungerechtigkeit der Welt und aller Menschen gleichsam von höherer Warte aus aufzuzeigen und den (sinngemäß bald eintreffenden) Tag des Gerichts mit allem Ernst vor Augen zu stellen [15]. Der Sinn dieser Vision liegt demnach neben der Einsetzung Levis

Sit.

Hinw. a. d.
bev. Tod
(bericht.)

Vergl.

Redeabschl.

Tod
Altersang.
Best. d. d. S.

R. a. d. V.

---

[13] Ganz ähnlich die Interpolation in Gen 49,1b, siehe S. 381—384 (masch. Diss.).
[13a] Fehlt in MS g.
[13b] Fehlt in MS g.
[13c] Fehlt in den MSS h i j.
[14] Zu den hier anstehenden literarkritischen Fragen siehe J. Becker, Untersuchungen, S. 257 f., und E. Cortès, Discursos, S. 190—194.
[15] Das ist die gleiche Funktion, die auch den Himmelsreisen in den TestIIIPatr. zukommt, siehe § 4, Anm. 42.

Zuk.
Verh.

ins Priesteramt in den beiden schon bekannten Elementen *Zukunftsansage* (des nahenden Gerichtstages) und *Verhaltensanweisung* (= Warnung vor ihm). In das Ende der Vision reichlich zusammenhanglos eingearbeitet finden sich ein Auftrag des Engels zur Rache an Sichem (5,3 f.) — zu beurteilen als Entschuldigung des überharten Vorgehens der beiden Brüder ganz ähnlich wie Jub 30,5 f. — und die Vorstellung des angelus interpres, dessen Name zugleich seine Funktion angibt: „Fürbitter für das Geschlecht Israels" (5,5 f.) [16]. Mit einer kurzen Ätiologie des Namens des Berges, auf dem die Vision stattfand (6,1 in Rückbezug auf 2,5), und einer Formel, die das Ende des Abschnittes anzeigt (6,2), schließt dieser Teil ab.

Den größten Teil des Kap. 8 füllt der 2. Visionsbericht aus, der ausführlicher als der 1. die Einsetzung Levis ins Priesteramt schildert, und zwar mit Hilfe zweier Reihen: Die erste Reihe (v. 2 f.) zählt Eigenschaften des Priestertums auf (δικαιοσύνη, σύνεσις, ἀλήθεια usw.), die zweite (v. 4—10) symbolische Handlungen der Einsetzung und die Übergabe von Statussymbolen (Salbung, Waschung mit reinem Wasser etc. — Gürtel, Ölzweig, Diadem u. a.) [17].

Beschreiben nach der These J. Beckers [18] die folgenden Verse 11—15 die Aufgliederung des Priestertums in die drei Teilbereiche Hoherpriester, Priester, Leviten — später umgedeutet auf die drei Ämter König, Priester und Prophet und messianisch ausgelegt —, dann würden die Verse 16 f. gut als Ergänzung dazu passen, wenn man sie als Bestimmung der Existenzgrundlage (Lebensunterhalt) des Stammes Levi und als Ankündigung seiner Zukunftsaussichten bzw. Zuständigkeitsbereiche (priesterlicher, richterlicher Dienst und Schriftauslegung) versteht [19].

Von echter Weissagung im Sinne von umfassender Zukunftsansage kann daher in dieser ganzen Vision nicht die Rede sein. [20].

In v. 18 f. erwacht Levi aus seiner Schau, verkündet aber niemandem etwas von dem Gesehenen und Gehörten (er „verbirgt es im Herzen", siehe 6,2 und TestRub 1,4).

---

[16] Eine ins einzelne gehende literarkritische Untersuchung dieser Vision gibt J. Becker, Untersuchungen, S. 258—269. Eine Zusammenstellung der alttestamentlichen Vorläufer des „Deuteengels" findet sich bei V. Hirth, Gottes Boten im Alten Testament, Berlin, 1975, S. 101—104.

[17] Die Einheit und Zusammengehörigkeit beider Einsetzungsberichte unterstreicht A. Caquot, La double investiture de Lévi (Brèves remarques sur Testament de Lévi, VIII), in: Ex Orbe Religionum. Studia Geo Widengren oblata, ed. J. Bergman — K. Drynjeff — H. Ringgren, Leiden, 1972, S. 156—161.

[18] Untersuchungen, S. 276 f. Eine Übernahme prophetischer Tradition durch die priesterliche notiert hier K. Baltzer, Die Biographie der Propheten, Neukirchen, 1975, S. 183 f.

[19] Anders J. Becker, Untersuchungen, S. 279 f., und D. Haupt, Levi, S. 59—62, die beide — mit unterschiedlichem Ergebnis — die Einheit von v. 11—17 bestreiten.

[20] Sie ist hier vielmehr Bestandteil des Rückblickes auf die Vergangenheit. Ihre Funktion dürfte darin bestehen, die hohe Ehre und Verheißung des Priesteramtes breit auszumalen, um sie dann um so stärker zu kontrastieren mit dem von Levi geweissagten Mißbrauch und Abfall des Priestertums in der Zukunft.

In Kapitel 9 blendet der Patriarch wieder *seine eigene Vergangenheit*   R. a. d. V.
ein — diesmal ohne inhaltlichen Bruch, sondern thematisch gut mit dem
Vorhergehenden verbunden: Jakob erkennt Levis Priesterschaft an, indem
er durch ihn dem Herrn den Zehnten opfert, und Isaak belehrt Levi über
die grundlegenden Vorschriften des Kultes. Keine inhaltliche Verbindung
damit haben die zwischen die Kultanweisungen eingeschobene *Verhaltens-*   Verh.
anweisung betreffs Hurerei, die *Zukunftsansage* (Befleckung des Heilig-   Zuk.
tums) und die Heiratsvorschriften (v. 9 f.) [21].

Kap. 10 verändert die Situation: Nicht mehr Isaak unterrichtet Levi,
sondern Levi *weissagt* seinen Söhnen Sünde, Abfall und Verführung Israels   Zuk.
und als Strafe dafür Fluch und Zerstreuung unter die Heiden [22].

Diese Situation ist aber die alte, durch den Anfangsrahmen gegebene:
Der Patriarch im Kreise seiner Söhne. Was nun aber zwischen Kap. 9 und
10 fehlt, ist der Übergang zwischen beiden Situationen, d. h. der Abschluß
der ersten, zum Rückblick auf die Lebensgeschichte gehörigen, um den Rekurs auf die zweite, die Ausgangssituation, zu ermöglichen [23].

Der Eindruck eines Bruches zwischen diesen beiden Kapiteln wird noch
verstärkt durch den Eingangsvers 10,1: „Nun also bewahrt, was ich euch
befehle, Kinder! Denn was ich von meinen Vätern gehört habe, habe ich
euch verkündigt." Dieser Vers könnte ohne weiteres die Sterberede beschließen. Die Söhne werden vom Vater ermahnt, alle soeben von ihm vorgetragenen Verhaltensanweisungen und Lebensregeln zu beachten; denn nur
auf Verhaltensanweisungen nicht aber auf Weissagungen oder Visionen
oder kultische Belehrungen, wie E. Cortès, Discursos, S. 194, annimmt,
kann sich dieser Satz beziehen. Dieses Bezugsobjekt aber fehlt in den
vorhergehenden Kapiteln. Das Fazit dieser Beobachtungen kann nur sein,
daß entweder der 2. Visionsbericht eine Serie von ursprünglichen Verhaltensanweisungen verdrängt hat oder aber, daß Kap. 10 ursprünglich nicht
an seinem jetzigen Platz stand sondern an einer anderen Stelle, wenn
nicht am Schluß des ganzen Testamentes. Christliche Textbearbeitung, die
man sicher auch in Kap. 10 finden kann, wird dieses Problem allerdings
nicht lösen können [24].

Ganz abgesehen von dieser literarkritischen Frage ist die Motivation bemerkenswert, die der Sterbende hier für seine lange Rede angibt (v. 1 f.):

---

[21] In Jub 31 f. liegt eine bemerkenswerte Parallelüberlieferung zu TestLevi 8 f.
vor. Ihr literarisches Verhältnis zueinander hat D. Haupt, Levi, S. 49.60 f. 66—71
eingehend untersucht.

[22] Textteile dieses Inhalts werden seit de Jonge, Testaments, SER-Stücke (Sin-
Exile-Return) genannt. Hier allerdings fehlen die Elemente der Umkehr und des
Heils.

[23] Das Thema von Kap. 9 müßte entweder weitergeführt oder abgeschlossen
werden. Nur wenn sich diese Fortsetzung oder dieser Abschluß in den nächsten
Kapiteln fände, könnte man den Text, der dann dazwischen stünde, als Interpolation ansehen. Beides fehlt aber im weiteren Kontext des TestLevi, so daß man
von dieser Argumentation her Kap. 10 nicht für eine Interpolation halten kann.

[24] Dem stimmt letztlich auch J. Becker, Untersuchungen, S. 282, zu.

2*

Er sage das alles nur deshalb, um an den späteren Verfehlungen seiner Söhne unschuldig zu sein [25] oder, wenn man es positiv wendet, um seinen Söhnen Prinzipien und Lebensregeln an die Hand zu geben, anhand deren sie ihr Leben zum Guten gestalten können [26] (wenn das auch, wie in unserem Fall, vergeblich sein wird, wie der Patriarch vorhersieht). Bezeichnenderweise sind diese Regeln von den Vätern ererbt — eine Generation gibt sie der anderen weiter. Diese Beobachtung wird noch hilfreich sein, wenn es gilt, den Skopus, d. h. die eigentliche Antriebskraft, den Kern der Gattung „Testament", zu bestimmen [27].

R. a. d. V.   Kap. 11—12 liest sich wie ein *Lebenslauf:* Die wichtigsten Daten im Leben Levis werden mitgeteilt, so seine Heirat, die Namen seiner Frau und seiner Kinder — deren Namen gedeutet und auf eine bestimmte Situation im Leben der Familie bzw. auch auf die Zukunft des Kindes bezogen werden. Weiter folgen in kurzen Toledoth-Reihen die Namen der Söhne und Enkel. Eine Vergleichsdatierung zu Josephs Tod bildet den Abschluß [28].

Verh.   Ausführliche *Verhaltensanweisungen* folgen in Kap. 13: Mahnungen zu Gottesfurcht und einem Leben nach dem Gesetz (v. 1—4), Mahnungen, Gerechtigkeit zu üben und das Gute zu säen (v. 5—6), schließlich ein lang ausgeführtes Lob der Weisheit (v. 7—8). Stil und Form entsprechen der weisheitlichen Paränese. Man könnte diese Verhaltensanweisungen ohne weiteres z. B. ins Spruchbuch übertragen.

Zuk.   Kap. 14—18 enthält eine ununterbrochene Kette von *Zukunftsansagen;* allerdings literarisch einheitlich ist diese Passage nicht. Zwar tappt hier die literarkritische Analyse noch ziemlich im Dunkeln [29], doch lassen sich mit einiger Sicherheit folgende Feststellungen treffen:
Die Kap. 14—15/16/17—18 bilden gegeneinander abgegrenzte, geschlossene Einheiten, die in sich ganz ähnlich aufgebaut sind: Alle behandeln sie die Zukunft des Priestertums Levis in Israel innerhalb des schon bekannten SER-Schemas: Abfall, Strafe, Heil [30], wenn auch mit bemerkenswerten Variationen:

---

[25] Entsprechend, aber als Motiv einer Zukunftsansage, TestSim 6,1.

[26] Sinngemäß ebenfalls in TestSim 7,3.

[27] Zur Motivation siehe die Zusammenfassung S. 97 f.

[28] Dazu siehe S. 17.
Dieser „Rückblick auf die Vergangenheit" fällt etwas aus dem Rahmen derartiger Stücke: Dienten diese bisher immer als Vorbild für gutes oder als Abschreckung vor schlechtem Verhalten, so gibt sich dieser Lebenslauf gewissermaßen wertfrei: Die bloßen Fakten werden berichtet — ohne Urteil und Wertung. Das mag bedingt sein durch die Sucht des Verfassers nach Legitimation: Eine Vielzahl von Daten aus der Tradition soll der Rahmenhandlung historische Glaubwürdigkeit verleihen. Dafür nimmt er selbst eine logische Härte in Kauf: Der Patriarch zählt auf und deutet die Namen seiner Söhne, wo doch — laut Rahmenhandlung — eben diese Söhne seine Zuhörer sind! Nach 12,6 wären die Zuhörer seine Enkel, aber auch die kennen wohl die Namen ihrer Väter.

[29] J. Becker, Untersuchungen, S. 283, referiert die Forschungsgeschichte zu diesem Textabschnitt, vgl. auch E. Cortès, Discursos, S. 196 f.

[30] Zu Sinn und Funktion der SER-Stücke innerhalb der Test.-Form siehe Seite 103—105.

a) Kap. 14—15 will seine Kenntnisse dessen, was ἐπὶ τέλει [31] geschehen wird, aus einer Schrift Henochs beziehen [32]. Breit wird der Abfall der Nachkommen Levis vom reinen Priestertum geschildert: Sie, die wie die Himmelslichter Sonne und Mond leuchten sollten, beflecken jedes Gesetz des Herrn (vgl. Mal 1,6—2,9). Darauf folgt als Strafe die Verödung des Tempels und die Zerstreuung der abgefallenen Priester.

Nur ein kleiner Hinweis auf Heil, keinesfalls eine grundlegende Revison der Strafe, mag darin liegen, daß um der Erzväter willen nicht alle Nachkommen Levis ausgerottet werden.

b) Kap. 16 beginnt gleichfalls mit dem Rekurs auf ein Buch Henochs. Dann folgt ganz ähnlich aber kürzer die Beschreibung des Abfalls, die erweitert ist durch den Vorwurf der Mißachtung eines Mannes, der das Gesetz erneuert in der Kraft des Höchsten (ἀνακαινοποιοῦντα νόμον ἐν δυνάμει ὑψίστου). Die Strafe gipfelt ebenfalls in der Verödung des Heiligtums und der Zerstreuung der Priester unter die Heiden. Dies aber wird wiederum in Erbarmen wiederaufgehoben werden.

c) Sehr viel variierter bietet sich Kap. 17—18 dar. Es liest sich anfangs wie ein Abriß der Geschichte des Priestertums in Israel, aufgegliedert in 7 Jubiläen, denen je ein Priestertum zugeordnet ist: Ausgehend vom ersten, vollkommenen, werden die Verhältnisse, unter denen die Priestertümer herrschen werden, immer schlechter, bis der Tiefpunkt beim 5., 6. und 7. erreicht ist.

Erst vom 7. wird aber auch eigener Abfall, Befleckung vermerkt, dem als Strafe Gefangenschaft, Plünderung, Vertreibung folgen.

Als deutlicher Einschub erscheint eine unvollständige Zählung nach (vermutlich 7) Wochen: In der 5. Woche Heil (Rückkehr, Erneuerung des Tempels), in der 7. wieder Abfall (Priester werden im Zusammenhang mit Götzendienern, Streitsüchtigen etc. genannt).

Ausführlich beschreibt dann Kap. 18 das endliche Heil: Ein „neuer Priester" (mit königlichen Vollmachten — v. 3?) wird ein „Gericht der Wahrheit" auf der Erde halten, so daß „Friede auf der ganzen Erde" sein wird. Himmel, Erde und alle Völker werden sich darüber freuen. Die Gottlosen werden aufhören, Böses zu tun. Die Endzeit wird wieder der Urzeit, dem Paradies, gleich sein. Beliar wird gebunden werden.

Wie wir gesehen haben, hält sich also das SER-Grundschema in allen drei Komplexen im wesentlichen durch. Einige Abweichungen davon werden nicht zuletzt durch unzweifelhafte christliche Bearbeitungen verursacht bzw. verstärkt worden sein.

Für die Untersuchung der Form des TestLevi mögen diese knappen Feststellungen genügen; denn wenn auch in den Kap. 14—18 so viel verändert und zugefügt wurde, daß sich der „Urtext" nicht mehr herausschälen läßt,

---

[31] Das entspricht TestLevi 10,2.

[32] K. Baltzer, Bundesformular, nennt das die „Grundformel" zur Einleitung des eschatologischen Teils.

so wird doch die Form dieses Stückes (Zukunftsansage) durch keine Veränderung durchbrochen oder umgedeutet.

Den Abschluß des Mittelteils 19,1—3 hat J. Becker mit vielen Argumenten als nachträglichen Zusatz erkannt [33]. Er ist nach der Form des Bundesformulars gestaltet, wobei der Verfasser dieses Teilstückes sicherlich Jos 24 besondere Beachtung geschenkt hat [34].

4) Das Testament Judas

a) Anfangsrahmen

T. + N.
Adr.
Hinw. a. d.
bev. Tod
(bericht.)
Sit.
Redeeinl.

Der textinternen Überschrift „'Αντίγραφον λόγων 'Ιούδα" folgt im Nebensatz die Angabe der Hörer, seiner Söhne [34a], dann der Hinweis auf den bevorstehenden Tod des Patriarchen (1,1). Nach ganz knapp gehaltener Situationsschilderung (v. 2) beginnt der Sterbende seine Rede. Nur eine Handschriftengruppe [35] verzeichnet noch eine Redeeinleitungsformel hier am Anfang, die wohl sekundär hinzugekommen ist, da sie bei allen anderen MSS erst in 13,1 als Einleitung zu Mahnungen auftaucht.

Schlußrahmen

Der Text des Abschlusses des TestJuda ist sehr unterschiedlich überliefert, ohne daß man seinen ursprünglichen Zustand wiederherstellen könnte [36]. In allen MSS — mit Ausnahme einer einzigen, d — ist der Beginn des Schlußrahmens (26,2) durch ein neu einsetzendes Καὶ εἶπεν gut gekennzeichnet. Dieser bisher nicht beobachtete Neueinsatz, der die vom An-

---

[33] J. Becker, Untersuchungen, S. 283 f.

[34]

TestLevi 19,1—3	Bundesformular	Jos 24
v. 1a versteht alles Vorhergehende als Vorgeschichte	Vorgeschichte	v. 2—13
v. 1a καὶ νῦν	Überleitungsformel zur Grundsatzerklärung	v. 14a: ועתה
v. 1b Aufforderung zur Entscheidung	Grundsatzerklärung	v. 14a—15
v. 2 Entscheidung	(Gegenstück zur Grundsatzerklärung)	v. 16.18b
v. 3a Anrufung der Zeugen	Anrufung der Götter als Zeugen	v. 22a
v. 3b Bekräftigung der Zeugen	(Eidesformel)	v. 22b

Die Wesensmerkmale des Bundesformulars sind benannt nach K. Baltzer, Bundesformular.

[34a] Fehlt in MS d.

[35] MSS c h i j.

[36] Siehe J. Becker, Untersuchungen, S. 164 Anm. 4.

fangsrahmen geforderte und den ganzen Mittelteil über durchgehaltene direkte Rede unterbricht, ist hier notwendig, um den Mittelteil gegenüber dem nun einsetzenden Abschluß des Testamentes genügend abzusetzen. Diese Funktion übernimmt sonst die Redeabschlußformel, die hier aber erst später erscheint (s. u.). Alle MSS fahren fort mit einer *Altersangabe*, die in den MSS c h i j mit 118 Jahren, in allen anderen MSS mit 119 angegeben wird [37]. Ebenfalls in allen MSS folgt dann der *eigene Hinweis auf den nun unmittelbar bevorstehenden Tod*, begleitet von den unterschiedlichen, mal kürzeren, mal ausführlicheren *Bestattungsanweisungen*. Ihr Tenor ist in jedem Fall die Forderung nach einem einfachen, schmucklosen Begräbnis ohne Prunk und ohne Einbalsamierung. Zu den Bestattungsanweisungen gehört auch noch der — schon bekannte — Wunsch, der Leichnam möge nach Hebron überführt werden. Außer der armenischen Version holen danach alle MSS die *Redeabschlußformel* nach, die man eigentlich am Beginn des Schlußrahmens erwartet hätte. Den *Tod* des Patriarchen berichten wieder alle MSS, wenn auch in der Formulierung nicht ganz einheitlich. Die folgende Schilderung der *Bestattung* zerfällt deutlich in zwei Teile: Teil 1 enthält den Gehorsam der Söhne gegenüber den Anweisungen ihres Vaters, d. h. gegenüber der vorausgehenden Bestattungsanweisung, Teil 2 die auftragsgemäße Beerdigung in Hebron. Die armenische Version kürzt auch hier und läßt Teil 2 weg.

Überblickt man diese zahlreichen Varianten, so kann man feststellen, daß die einzelnen MSS zwar fast jede Einzelheit unterschiedlich berichten, daß aber die jeweiligen Formelemente — abgesehen von einer Kürzung der armenischen Version (Redeabschlußformel) — keine Veränderung erfahren haben. Auffällig bleibt, daß hier nicht nur die Altersangabe sondern auch der eigene Hinweis auf den bevorstehenden Tod im Schlußrahmen erscheinen [38].

b) *Mittelteil*

Die Unterteilung in Rückblick auf die Vergangenheit, Verhaltensanweisung und Zukunftsansage fällt im gesamten Mittelteil direkt ins Auge, wenngleich das natürlich nur grobe Gliederung sein kann. In den kleinen Einzelstücken können jedoch diese drei Elemente erneut auftauchen, dabei ihre Reihenfolge ändern und sich wiederholen. Darin herrscht offensichtlich kein strenger Formzwang.

Kap. 1,3 — 12 enthalten einen stark aufgeblähten *Rückblick auf die Vergangenheit:* Im 1. Kap. berichtet Juda von seiner Geburt und Namensgebung, charakterisiert sich selbst in seiner Jugendzeit (nur positiv: Tapferkeit und Gehorsam gegen die Eltern) und erinnert an eine Verheißung

Marginal notes (right column):
Altersang.
Hinw. a. d. bev. Tod (pers.)
Best.
Redeabschl.
Tod
Best. d. d. S.
R. a. d. V.

---

[37] Eine slawische Handschrift spricht anfangs sogar von 159 Jahren, berichtigt sich aber dann am Ende von v. 4 auf 119. Diese Zahl dürfte denn auch die ursprüngliche sein.

[38] Über die Vertauschbarkeit der Stellung einzelner Formelemente im Anfangs- oder im Schlußrahmen siehe die Zusammenfassung der TestXIIPatr., spez. S. 91 f.

seines Vaters Jakob, er — Juda — werde später König sein — wohl in Bezug auf Gen 49,10—12. Weiten Raum nehmen dann jugendliche Kraft-taten ein: a) in der Natur: Juda bezwingt alle wilden Tiere — an Samson erinnernd (Kap. 2); [39] b) im Kampf: Juda besiegt Könige und Helden der Kanaanäer (Kap. 3) [40].

Die kurzen Kapitel 4—7 erzählen weitere Heldentaten im Kampf, an denen nun aber die anderen Brüder gleichermaßen beteiligt sind. Damit ist das Thema „Kanaanäerkämpfe" beendet.

Juda fährt fort mit der Schilderung der Umstände seiner Heirat, er nennt die Namen seiner Söhne und ihr Lebensschicksal (Kap. 8) [41].

Den Kampf Jakobs und seiner Söhne gegen Esau schildert Kap. 9. In den folgenden drei Kapiteln (10—12) ist wieder Familiengeschichte an der Reihe — in Anknüpfung an Kap. 8, das wie eine Einleitung zu diesen drei Kapiteln anmutet. Ihr Inhalt: Vermählung der Juda-Söhne Ger und Onan nacheinander mit Thamar, die aber trotzdem bald wieder Witwe ist. Eine Verheiratung des dritten Sohnes Sela mit Thamar verhindert Jakobs Frau Batschua aus Vorurteil gegen sie (Nicht-Kanaanäerin). Deswegen muß auch Batschua bald sterben.

Nicht fehlen darf schließlich noch die bekannte Geschichte von Juda und Thamar.

Bezeichnend für die Art des Erzählens der TestXIIPatr. und der ihnen verwandten Literatur ist, daß negative Züge an berühmten biblischen Ge-stalten ausgebügelt oder entschuldigt werden, soweit nicht die Patriarchen selbst diese Fehler ausdrücklich eingestehen und damit bereuen.

Das Material dieses gesamten Rückblickes stammt zum größten Teil aus Jub 34.37 f. 41 und Gen 38. Warum es der Verfasser in so ausführlicher Weise aufgenommen und verarbeitet hat, so daß der Leser direkt den Ein-druck bekommt, eine Autobiographie vor sich zu haben, wird nicht recht klar [42].

---

[39] Nach M. Philonenko, Juda et Héraklès, in: RHPhR 50, 1970, S. 61—62, sind hier dem Juda die Züge des griechischen Heroen Herakles verliehen worden.

[40] Die Verse 2,1 und 3,9 f. müssen wohl als Umrahmung dieses Stückes gesehen werden. Ihr Zweck wäre dann eine gewisse „Theologisierung" der Heldentaten Judas: Er konnte das alles nur tun, weil Gott ihm Gnade gegeben hatte (2,1) bzw. der „Engel der Macht" immer bei ihm war (3,10).

[41] Dabei werden kurioser-, aber logischerweise aus den angeredeten Söhnen Judas Enkel! Nach den im TestJuda mitgeteilten Daten kann Juda zum Zeitpunkt seines Todes nur noch einen lebenden Sohn haben, dem er sein „Testament" anver-trauen könnte. Der Formzwang innerhalb der TestXIIPatr. ist aber so groß, daß auch Juda wie die anderen Patriarchen im Anfangsrahmen „seine Söhne" als Adres-saten nennt. So müssen eben im Mittelteil die Söhne zu Enkeln umerklärt werden. Auch dabei ist wieder — wie in TestLevi 11—12 — die Härte in Kauf genommen, daß die Zuhörer über ihre eigene Identität belehrt werden (siehe S. 20 Anm. 28).

[42] Als mögliche Erklärung bietet sich wieder nur das bereits zu TestLevi 11 f. Gesagte an (siehe S. 20 Anm. 28). Eine weitere Parallelität zu diesem Stück liegt darin, daß in TestLevi 12,5—7 und TestJuda 12,11 f. die Wiedergabe der Lebensdaten beide Male am fiktiven Ort der Handlung, Ägypten, endet. Mög-

Die Redeeinleitungsformel in 13,1 steht am Anfang des zweiten großen Komplexes des TestJuda, der *Verhaltensanweisungen*. Sie zielen auf Gehorsam gegenüber den Geboten Gottes (13,1b), Beherrschung der Begierden (13,2a), Bescheidenheit (13,2b), besonders aber — in ausdrücklicher Anknüpfung an negative Züge seiner Lebensgeschichte — auf Mäßigung beim Weingenuß, weil Trunkenheit zur Unzucht verführe (14—16). Zwischen der Mahnung zu Bescheidenheit und der Warnung vor Trunkenheit stellt der erste eingestreute *Rückblick auf die eigene Vergangenheit* (13,3—8) die Verbindung her: Juda prahlt mit seinen Heldentaten und mit seiner sexuellen Beherrschung gegenüber seinem Bruder Ruben im Hinblick auf dessen Verfehlung mit Balla. Daraufhin befällt ihn selbst der Geist der sexuellen Begierde, so daß er Batschua heiratet, obwohl sie eine Kanaanäerin ist, und sich einer Dirne, Thamar, zuwendet. Beides aber konnte nur geschehen, weil der Wein ihm die Augen verblendete. Der zweite (14,5 f.) und der vierte Rückblick (16,4) variieren diese Thematik nur ein wenig, der dritte (15) warnt vor den weiteren Folgen: In der Unbeherrschtheit seiner Begierde gibt Juda sogar die Zeichen seiner Königswürde preis, wie die der Thamar gegebenen Pfänder (Gen 38,18) gedeutet werden [43].

Kap. 17 fügt den bisherigen *Verhaltensanweisungen* die weitere hinzu, nicht das Geld zu lieben und nicht auf die Schönheit der Frauen zu sehen (v. 1a). Ganz neu ist diese Thematik allerdings nicht; sie ist schon im ersten Rückblick 13,4b—5 angelegt: Der Vater der Batschua wirbt mit einer Menge Gold für seine Tochter, deren Schönheit Gold- und Perlenschmuck noch besser zur Geltung bringen. Genau darauf nimmt nun auch der zweite Teil von 17,1 ausdrücklich Bezug. V. 2 verlängert diese Mahnung in die Zukunft: Der Sterbende weiß, daß seine Nachkommen sich nicht an seine

(Marginalien am rechten Rand:) Verh. — R. a. d. V. — Verh. — R. a. d. V. Zuk.

---

licherweise ist auch die gesamte Lebensgeschichte 1,3 — 12 ein späterer Nachtrag, so daß nach dem Anfangsrahmen sogleich die Redeeinleitungsformel in 13,1 und die Mahnungen folgen würden. Das Element des Rückblickes auf die Vergangenheit wäre damit nicht eliminiert, sondern auf die in die Folge der Mahnungen mehrfach eingestreuten Rückblicke beschränkt. Diese Hypothese könnte die meisten der von J. Becker, Untersuchungen, S. 308—315, gegen die Einheitlichkeit des Paränesenkomplexes vorgebrachten Argumente entkräften.

[43] Es ist nicht einzusehen, warum Kap. 15 ein Nachtrag sein sollte (J. Becker, Untersuchungen, S. 309). Sicher wird hier ein Sonderaspekt der Erzählung Juda-Thamar breit ausgemalt und überraschend gedeutet, trotzdem aber bleibt doch der Zusammenhang mit dem Kontext deutlich und einsichtig (vgl. auch E. Cortès, Discursos, S. 203). Würde man dem Verfasser der TestXIIPatr. alles absprechen wollen, was auch nur etwas aus dem Rahmen strenger Logik und konsequenter Komposition fiele, so würde man der Vielfalt und Variationsbreite seines erzählerischen Stils sicher nicht gerecht werden. Vgl. dazu auch die grundsätzliche Kritik von J. Thomas, Aktuelles im Zeugnis der zwölf Väter, S. 65 Anm. 8, an der Berechtigung der umfangreichen literarkritischen Operationen, mit deren Hilfe J. Becker den Text auf die von ihm postulierte Grundschrift reduziert. Zu Kap. 13 ist Ähnliches wie zu Kap. 15 zu sagen, obwohl dort die Übergänge von einem Thema zum anderen nicht so glatt sind, wie es hier in der Zusammenfassung erscheinen mag.

mahnenden Worte halten und deswegen ins Unglück geraten werden. Über
die Art des Unglückes und sein Zustandekommen gibt v. 3 Auskunft: Sogar
die weisen Männer unter den Nachfahren Judas werden vom Rest des
Stammes umgestimmt (zur Torheit, dem Kontext nach), so daß das Königreich Judas verkleinert wird. Woher aber stammt dieses Königreich? Jakob
hat es seinem Sohn Juda wegen dessen ununterbrochenen Gehorsam ihm
gegenüber verliehen (v. 3b. 4). Außerdem existieren ein entsprechender
Segen Abrahams und Isaaks [44] (v. 5). Daher kann Juda abschließend der
Gewißheit Ausdruck geben, daß das Königtum aus ihm erstehen werde
(v. 6).

An diesem Kapitel kann man deutlich sehen, wie Verhaltensanweisung,
Rückblick auf die Vergangenheit und Zukunftsansage zusammengehören
und welche Funktion sie aneinander haben: Die *Verhaltensanweisung* muß
sich legitimieren. Sie greift daher beständig zurück auf das *Vorbild* (neg.
oder pos.) der *Vergangenheit*, aber leider sind alle Mahnworte vergeblich,
wie sich der Patriarch im gleichen Atemzug sagen muß, da seine Nachkommen nicht auf sie hören werden, wie er *voraussieht*. Ob dennoch Hoffnung
für sie besteht — die Anweisungen doch nicht ganz in den Wind gesprochen sind (welchen Sinn verfolgten sonst die TestXIIPatr.?) —, wird sich
am Ende nach einem Überblick über alle Zukunftsansagen der TestXII
Patr. und ihre Struktur zeigen müssen [45].

Wenn man das nachfolgende Kap. 18 betrachtet, fällt auf den ersten
Blick auf, daß v. 1 nicht zu den folgenden Versen paßt. Er könnte allerdings den Abschluß von 17 bilden, das wäre — in Anlehnung an 17,2 —
inhaltlich durchaus vertretbar: Juda sieht voraus, was seine Nachkommen
ἐπ᾽ ἐσχάταις ἡμέραις [46] Übles tun werden. Sinnvoller ist es aber wohl doch,
mit Becker [47] in 18,1 die typische Einleitung eines SER-Stückes, einer neuen
Einheit also, zu sehen [48]. Nur wo ist dann der Hauptteil dieser Passage zu
suchen? 18,2 ff. kann es nicht sein, darüber besteht kein Zweifel. 1. Möglichkeit: Der eigentliche SER-Inhalt ist weggebrochen und durch die jetzt
an seine Stelle getretenen Verse ersetzt worden, so daß vom ursprüng-

---

[44] MSS d c h i j lesen hier fälschlicherweise „Jakob". Das dürfte sich von Gen
49,8—12 her erklären lassen. Dort ist es Jakob, der — der Rahmenhandlung nach
— Juda ewiges Königtum verheißt, während ein ähnlicher Segen Isaaks ansonsten
unbekannt ist.

[45] Siehe S. 97 f., 101—106.
Alle Versuche, die Uneinheitlichkeit von Kap. 17 mit Hilfe literarkritischer Argumente wahrscheinlich zu machen, können daher keine Zustimmung finden. Das
gleiche gilt von dem ebenfalls nur mit literarkritischer Argumentation geführten
Generalangriff Beckers (Untersuchungen, S. 308—315) auf die Einheitlichkeit des
gesamten paränetischen Teils 13—19. Seine Vorbehalte gegen den Text sind nicht
ausreichend begründet, sein Rekonstruktionsversuch ist gewagt. Gleichfalls nur mit
literarkritischen Argumenten kommt E. Cortès, Discursos, S. 203—207, zu ganz
anderen Ergebnissen als J. Becker.

[46] So schon TestLevi 10,2.
[47] Untersuchungen, S. 313.
[48] Bisher schon in TestSim 5,4; TestLevi 14,1; 16,1.

lichen Text nur noch die Einleitung übriggeblieben ist. 2. Möglichkeit: 18,1 gehört zu dem SER-Stück in 23, wobei allerdings ungeklärt bleibt, aus welchen Gründen der Einleitungsvers von seinem Hauptteil getrennt und an seinen jetzigen Platz versetzt wurde [49]. Auch steht dem entgegen, daß 23,1 für sich ebenfalls Einleitungscharakter besitzt [50] und durch die Erwähnung des Königtums eine passable Stichwortverbindung zum vorhergehenden Text schafft.

Welcher dieser beiden Lösungsmöglichkeiten aber nun abschließend der Vorzug zu geben ist, oder ob gar neue, andere Lösungen gefunden werden können, läßt sich hier nicht endgültig entscheiden.

In Kap. 18 und 19 werden die *Verhaltensanweisungen* zu Ende gebracht: War es in 17 Liebe zum Geld und zur Schönheit der Frauen, vor der der sterbende Patriarch seine Söhne warnte, so sind es nun Habgier und Hurerei, also Laster, die mit denen von Kap. 17 fast identisch sind. In zwölf negativen Aussagen — die Form dieser Aussagen erinnert an die sog. negative Bekenntnisreihe [51] — beschreibt Juda das Übel, das beide Untugenden im Leben der Menschen anrichten können und das in der Mißachtung des Gesetzes Gottes gipfelt (18). *Verh.*

Nur noch von der Habsucht handelt Kap. 19: Habsucht führt zu Götzendienst. Das untermauert der Patriarch wiederum durch einen *Rückblick auf die eigene Vergangenheit:* Die Liebe zum Geld sei schuld am Tode seiner Kinder. Nur die erneute Hinwendung zum Gott seiner Väter, Buße und Demütigung hätten die völlige Kinderlosigkeit verhindert. Er beschließt seine Gedanken, indem er in einem schönen Kreis wieder auf die anfängliche Warnung vor Prahlerei zurückkommt: „Und ich erkannte meine eigene Schwachheit, da ich meinte, unbesiegbar zu sein" (19,4b). *R. a. d. V.*

Wohl nur durch das Stichwort ὁ ἄρχων τῆς πλάνης in 19,4 mit dem vorhergehenden Kapitel verbunden ist die Weisheitsrede (Kap. 20) über die zwei Geister, den der Wahrheit und den des Irrtums. Zwischen beiden aber stehe der Geist der Einsicht des Verstandes (τὸ (sc. πνεῦμα) τῆς συνέσεως τοῦ νοός) im Menschen, der zwischen den beiden anderen Geistern die eigene Position abwäge. Es handelt sich also nicht um einen strengen sondern zumindest um einen erheblich gemilderten Dualismus. Außerdem steht über allem natürlich Gott selbst, dem nichts — weder Wahres noch Falsches — verborgen bleibt [52]. Eingeleitet wird dieser ganze Abschnitt durch eine Formel, die ankündigt, daß jetzt Erkenntnis, Wissen mitgeteilt wird (Ἐπίγνωτε, οὖν, τέκνα μου). Aufgrund ihrer Form und ihrer Abzweckung kann es sich bei dieser Weisheitsrede wohl nur um eine

---

[49] Diese Lösung hat zuletzt J. Becker, Untersuchungen, S. 318, vertreten. Er erklärt das Auseinanderreißen von Einleitung und Hauptteil damit, daß alles, was dazwischen steht, späterer Nachtrag sei. Dazu siehe schon oben Anm. 45.

[50] Die erneute Anrede der Zuhörer (hier „τέκνα μου") steht in den TestXII Patr. immer am Anfang eines Neueinsatzes.

[51] Nach G. v. Rad, Vorgeschichte. Ausführlicheres zu dieser Form siehe Seite 33 f.

[52] Zum Dualismus in den TestXIIPatr. siehe den Exkurs S. 66—71.

spätere Zufügung handeln. Entsprechend fehlt auch eine Verbindung oder inhaltliche Anknüpfung an Kap. 21 ff.

Die Kap. 21—24 sind so, wie sie uns jetzt vorliegen, durch das Stichwort „Königtum" miteinander verbunden: 21,1—5 ordnet das Königtum dem Priestertum unter; 21,6 — 22 verfolgt den Abfall des Königtums, seinen Untergang und seine endliche Restitution; 23 weissagt die Verstöße der Nachkommen Judas gegen das Königtum, während 24 ein σκῆπτρον βασιλείας erwartet als Heil für alle, die den Herrn anrufen, Israel und die Heiden [53]. Bei näherem Zusehen erscheint diese Stichwortverbindung als ein mehr oder weniger oberflächliches Band zwischen eigenen, in sich abgeschlossenen Einheiten:

1) Eindeutig um ein Levi-Juda-Stück handelt es sich in 21,1—5 [54], das allerdings notwendig verkürzt erscheinen muß: Die Söhne Judas werden
Verh.   nur ermahnt, den Levi zu lieben und nicht auch den Juda, wie sonst üblicherweise, — das ist verständlich, da ja Juda selbst redet. Die geforderte Liebe wird nun in den folgenden Versen spezifiziert als Unterwerfung des Königtums unter das Priestertum, und zwar in einer Deutlichkeit, wie es sonst an keiner Stelle der TestXIIPatr. mehr ausgedrückt wird [55]. An sich würde man doch im TestJuda ein hohes Lob des Königtums erwarten ganz entsprechend der Hervorhebung des Priestertums im TestLevi, aber merkwürdigerweise finden sich nur einander scharf widersprechende Aussagen: Das Königtum wird ewigen Bestand haben, weil Gott es dem Juda geschworen hat (22,3). Die Herrscher sind wie Ungeheuer, die Mensch und Tier vernichten (21,7). Dabei fällt zum einen auf, daß die antikönigliche Linie in TestJuda überwiegt — in scharfer wie in abgemilderter Form (15) —, zum anderen scheint sich die Verheißung, auf die sich das Königtum gründet, hier wie überall in den TestXIIPatr. allein von Gen 49,10—12 herzuleiten, der Davidbund dagegen wird ignoriert. Das läßt fragen: War das Königtum bzw. die Herrschaftsgewalt zur Zeit der Abfassung der TestXIIPatr. in ihrem politischen Handeln wie in der theologischen Begründung ihrer Existenz bereits ins Zwielicht geraten, speziell: konnte sie sich zu ihrer Legitimation nicht mehr auf die davidische Dynastie berufen? Andererseits verteidigt der Verfasser der TestXIIPatr. diese Dynastie nicht; er bestreitet nicht die Thronrechte der möglicherweise nicht von David her legitimierten Herrscher seiner Zeit. Es scheint vielmehr so, als ob der Davidbund überhaupt als Verheißung für ihn tot sei, da er ihn nicht mehr erwähnt, also von ihm keine Lösung der gegenwärtigen Schwierigkeiten

---

[53] Der Universalismus gehörte bereits zur jüdischen Grundschrift, wurde dann jedoch erweitert, u. a. von christlicher Hand, so A. Hultgård, L'universalisme des Test. XII. Patr., in: Ex Orbe Religionum. Studia Geo Widengren, oblata, Leiden, 1972, S. 192—207.

[54] Es ist fraglich, ob v. 5 zu diesem Stück gerechnet werden kann. Inhaltlich gehört es dazu, formal allerdings liegt ein Anredewechsel vor — Juda selbst wird angesprochen —, der ebensowenig zum Kontext wie überhaupt zur Form des Testamentes paßt. Keine Verbindung, weder inhaltlich noch formal, zeigt v. 5 zu den nachfolgenden Versen. Demnach ist v. 5 als nachträglicher Einschub zu beurteilen.

[55] Welch ein Unterschied etwa zu TestRub 6,7!

und Mißstände, die er immer wieder anprangert, erhofft. Ganz anders die jüngeren Psalmen Salomos, die in Kap. 17 und 18 eine heiße davidisch-messianische Erwartung hegen!

Noch eine Parallelität fällt auf: Obwohl im TestLevi das Priesterum so hochgelobt und allen anderen Stämmen und der Institution des Königtums vorgeordnet wird, kennt auch hier der Verfasser Abfall und schwere Verfehlungen gegen das Gesetz Gottes und alle seine Gebote: Die Priester vernachlässigen ihre Pflichten, beflecken den Tempel und verführen das Volk [56].

Beide Institutionen also, Priestertum und Königtum, haben versagt. Sie sind den ihnen von Gott zugewiesenen Aufgaben im Verlaufe der Geschichte Israels nicht gerecht geworden, obwohl beide doch so unendlich hohe, auf Ewigkeit ausgerichtete Verheißungen empfangen hatten. Doch gerade auf sie scheint der Verfasser der TestXIIPatr. noch zu bauen; sie allein bieten ihm Hoffnung für die Zukunft. Daher erscheint es auch nur konsequent, wenn in seiner Vorstellung das zukünftige Heil seinen Ausdruck findet in der grundlegenden und endgültigen Restitution beider Institutionen, des Priestertums und des Königtums [57].

2) 21,6 — 22 (einschl. v. 3) enthält die Elemente eines SER-Stückes, allerdings nicht so klar wie sonst, sondern bereits in einer spezifischen Hinsicht modifiziert: Es legt auf die Geschichte des Königtums (Judas) besonderen Nachdruck: Der Aufbau so, wie er sich jetzt dem Leser darbietet, ist in sich sinnvoll und weist den Abschnitt als ein abgeschlossenes Ganzes aus [58]:

Zuk.

21,6—9: Sünde und Abfall des Königtums	*Sünde*
22,1—2a: Spaltungen, Kämpfe, Vernichtung des Königreiches	
	Strafe
2b: Heil für Jakob und die Heiden	*Heil und*
3a: Restitution des Königreiches	*Wiederher-*
	stellung
3b: Begründung (Verheißung Gottes an Juda)	

---

[56] Ebenfalls wieder besonders stark in TestLevi: 10,1—4; 14; 16; 17,8.11, aber auch TestDan 5,6 f. (zusammen mit dem Abfall der Söhne Judas!).

[57] TestRub 6,10 f.; TestSim 7; TestLevi 2,11; 18; TestJuda 22,3; 24,5 f.; Test Dan 5,4.10; TestNaph 8,2 f.; TestGad 8,1; TestJos 19,11. Ganz ähnliche Gedanken finden sich auch in der Qumran-Literatur. Dazu siehe K. G. Kuhn, Die beiden Messias Aarons und Israels, in: NTS 1, 1955, S. 168—179.

Wenn der Verfasser der TestXIIPatr. seine Zeit als eine Zeit des Niedergangs und des allgemeinen Verfalls charakterisiert, in den auch die staatstragenden Institutionen mit hineingezogen sind, und wenn er trotzdem nicht resignieren will, worauf soll er dann anders seine Hoffnung setzen als auf die alten Verheißungen Jahwes? Diese Haltung ist auch durchaus nicht neu, sie hat Tradition in Israel: Der Verf. des Ps 89 hat im Exil, in einer ähnlich hoffnungslosen Situation also, ganz entsprechend gedacht und argumentiert.

[58] Ungereimtheiten und Verwerfungen im Text (Näheres bei J. Becker, Untersuchungen, S. 316 ff.) lassen auch hier auf spätere Überarbeitung bzw. ein Zuwachsen und Einarbeiten einzelner Elemente schließen, die aber nie den SER-Rahmen gesprengt haben.

Bemerkenswert die unerbittliche und ausführliche Verurteilung des Königtums in 21,6—9, während doch im gleichen Atemzug dessen Wiederherstellung und ewige Dauer erwartet und geweissagt werden! Daß beides sich nicht widerspricht, sondern im Gegenteil zu einer umfassenden Geschichtsschau gehört, haben obige Ausführungen gezeigt.

Zuk.   3) Wiederum ein SER-Stück begegnet uns in Kap. 23. Sein Aufbau ist im Gegensatz zu 21,6 — 22 traditionell und ohne Besonderheiten:

23,1—2	Sünde des Volkes	*Sünde*
3—4	Tod, Mord, Verödung des Landes, Exil	*Strafe*
5a	Reue und Umkehr	*Umkehr*
5b	Rückkehr aus der Gefangenschaft	*Rückkehr*

Eines allerdings fällt auf: Die Erwähnung des Königtums (v. 1: εἰς τὸ βασίλειον), gegen das sich der Zukunftsansage entsprechend die Nachkommen Judas versündigen werden, bleibt im folgenden ohne Entsprechung und wird inhaltlich nicht gefüllt; die aufgezählten Sünden und die ihnen folgenden Strafen haben nichts mit dem Königtum, aber alles mit dem Volk zu tun. Diese kurze, nur drei Worte umfassende Bemerkung kann gestrichen werden, ohne daß eine Härte entsteht oder am Sinn des ganzen Kapitels irgendetwas verändert würde, im Gegenteil: Die Fehldeutung, die Sünden des Volkes seien gegen das Königtum (und nicht direkt gegen Gott) gerichtet, wird beseitigt.

Fazit: In 23,1 ist εἰς τὸ βασίλειον späterer Zusatz [59]. Seine Funktion besteht darin, dieses ehedem selbständige SER-Stück mit dem jetzigen Kontext zu verbinden, so daß der Eindruck erweckt wird, als handle es ebenfalls vom Königtum, was es inhaltlich aber gar nicht tut.

Wenn aber Kap. 23 erst nachträglich auf das Königtum hin ausgerichtet wurde, also ursprünglich nichts damit zu tun hatte, dann ist zu fragen, ob dieses Kapitel nicht anfangs an einem anderen Platz innerhalb des TestJuda oder gar der TestXIIPatr. stand. Dafür spricht die Tatsache, daß in 22,2 bzw. 3 ein SER-Stück mit einer Heilsansage endet und 24 ff. mit Heilsansage fortfährt. Man könnte so fortlaufend lesen ohne Schwierigkeiten.

Es ist weiterhin mit großer Wahrscheinlichkeit anzunehmen, daß der Interpolator des erwähnten kleinen Zusatzes den ganzen Abschnitt 23 bereits in der Tradition vorgefunden hat; denn die Verbindung mit dem jetzigen Kontext wird ja nur durch die zwischengeschaltete kurze Bemerkung „gegen das Königtum" geschaffen. Hätte er die Passage völlig selbständig gestaltet, dann hätte er doch sicherlich stärker auf eine inhaltliche Entsprechung zum umgebenden Text geachtet [60].

---

[59] In der armen. Version fehlen diese Worte.

[60] Man würde auch erwarten, daß die Sünden des Volkes irgendwie in Beziehung mit den vorher den Söhnen Judas vorgehaltenen Ermahnungen (Geldgier, Habsucht) stehen würden — etwa in der Art: Die Nachkommen des Patriarchen achteten nicht auf seine Worte, sondern taten genau das Gegenteil. Das ist aber

Ergebnis dieser Überlegungen: In 23 haben wir ein in sich abgeschlossenes Stück vor uns, das seinen Sitz ursprünglich an anderer Stelle innerhalb
oder außerhalb der TestXIIPatr. hatte, dann aber von einem Redaktor mit
dem kleinen Zusatz versehen, der das ganze Kapitel auf das Königtum hin
umdeutet, und an seinen jetzigen Platz versetzt wurde.

4) Kap. 24 und auch 25 fahren mit *Zukunftsansagen* fort, die in 22 en-
deten. Es würde den Rahmen und das Ziel dieser Untersuchung übersteig-
gen, die mitunter grundverschiedenen Thesen zu Ursprünglichkeit und
Entstehungsgschichte von TestJuda 24 zu referieren und einen eigenen
Lösungsvorschlag zu bieten. Dazu sei auf die Arbeit Beckers verwiesen,
der beides in ausführlicher Weise getan hat [61]. Ob ursprünglich zum Test-
Juda gehörig oder eingearbeitet, ob jüdisch oder christlich, an der Form
dieses Textabschnittes als Zukunftsansage ändert sich jedenfalls nichts.
Gleiches gilt auch von Kap. 25.

Auf eine interessante Beobachtung soll aber dennoch hingewiesen werden:
Beide Zukunftsansagen, 24 und 25, enden mit einer Heilsverheißung für
die Völker [62], so unterschiedlich beide Kapitel auch in der Beschreibung des
kommenden Heils sind. So kann man wohl annehmen, daß diese Kapitel
von Haus aus nicht zusammengehörten, sondern selbständige Einheiten
darstellten, die beide den Eintritt des endzeitlichen Heilsgeschehens beschre-
ben. Der Redaktor nun, der beide Teile zusammenfügte, hat aus einem ein-
maligen Geschehen [63] (Kap. 24 und 25 je für sich genommen) eine ablaufende Handlung mit beinahe szenischer Folge gestaltet, eine Vorstellung,
die — obwohl inhaltlich nicht verwandt — bereits an die des Milleniums
denken läßt. Aus Aussagen wie 22,2, die ein punktuelles Ereignis schildern,
ist nun eine in sich gegliederte Zeitabfolge geworden.

Mit einer Abschlußmahnung (26,1), die noch einmal das Wesentliche der
Rede in dem Gebot, das Gesetz des Herrn zu achten, zusammenfaßt, endet
das TestJuda.

5) *Das Testament Issachars*

a) *Anfangsrahmen*

TestIss begnügt sich mit einem extrem kurzen Anfangsrahmen: Dem stereotypen „Ἀντίγραφον λόγων Ἰσαχάρ" wird unmittelbar eine ebenso
knappe *Situationsschilderung* zugeordnet, aus der man auch erst die
Adressaten der Rede erfährt: die Söhne Issachars.

Margin notes:
Zuk.

T. + N.
Sit.
Adr.

---

nur andeutungsweise in v. 2 der Fall. Auch das könnte ein Indiz dafür sein, daß
23 ursprünglich nicht — an anderer Stelle — im TestJuda seinen Platz hatte,
sondern anderswo in den TestXIIPatr. oder in verwandter Literatur.

[61] J. Becker, Untersuchungen, S. 319—323.

[62] Der Unterschied zwischen τὰ ἔθνη (24,6) und οἱ λαοί (25,5) dürfte sich aus
25,3 erklären.

[63] Falls nicht 24,5 bereits einen Neueinsatz und damit eine zweite Handlung
bedeutet.

Diese so unübliche Kürze mag denn auch einige MSS bewogen haben, wenigstens die wichtigste der fehlenden weiteren Angaben nachzutragen, den Hinweis auf den bevorstehenden Tod. MS d tut das — darin sichtlich sekundär — mit einer formelhaften Bemerkung (πρὸ τοῦ ἀποθανεῖν αὐτόν), die ansonsten für den überschriftartigen Teil des Anfangsrahmens charakteristisch ist (TestRub 1,1; TestSim 1,1; TestJuda 1,1; TestSeb 1,1), hier aber — bei MS d — in die Situationsschilderung des erzählenden Teiles eingefügt ist. Einige armenische Handschriften erweitern ebenfalls die Angabe der Situation durch den (berichtenden) Hinweis auf den bevorstehenden Tod. [63a] Wiederum in allen MSS gemeinsam steht als letztes Kennzeichen des Anfangsrahmens im TestIss eine verhältnismäßig breit gehaltene,

Redeeinl.   zweigliedrige *Redeeinleitungsformel*, mit der der sterbende Patriarch seine Söhne zur Aufmerksamkeit für seine folgenden Ausführungen ermahnt [64].

Schlußrahmen

Ebenso knapp wie der Anfangs- präsentiert sich auch der Schlußrahmen: Der Patriarch befiehlt seinen Söhnen, seinen Leichnam in der obligaten

Best.   Beerdigungsstätte, in Hebron, *beizusetzen.* Dann wird nur noch der *Tod*
Tod   Issachars berichtet; allerdings ausgeschmückt durch einige weitere Bemerkungen: Er sei als der fünfte gestorben (in der Reihe der Jakobssöhne), er habe ein „schönes Alter" erreicht und sei noch gesund und kräftig, ohne Gebrechen gewesen. Daß der Patriarch einen angenehmen Tod erlebte und noch bei vollen Kräften war, begegnet häufig im Schlußrahmen, entsprechend verändert auch einmal am Anfang (TestLevi 1,2). Das „schöne Alter", ebenfalls in TestBen 12,2 (außer in den MSS c und f), scheint jeweils

(Altersang.)   mit einer genauen *Altersangabe* zu korrespondieren, die hier erst in 7,1 erscheint (in TestBen auch in 1,1). Doch gehört das „schöne Alter" aber wohl eher zur Beschreibung des angenehmen Todes. Völlig singulär in den Test XIIPatr. ist dagegen die Erwähnung einer Reihenfolge des Sterbens innerhalb der Söhne Jakobs. Man kann nur vermuten, daß sich hierin eine modi-

(Vergl.)   fizierte Art der schon bekannten *Vergleichsdatierung* widerspiegelt, die sich anstatt allein nach dem Tod Josephs nun nach einer zeitlichen Abfolge des Todes der einzelnen Patriarchen ausrichtet.

b) *Mittelteil*

R. a. d. V.   Die Rede des Patriarchen beginnt mit einem ausführlichen *Rückblick auf die Vergangenheit* (Kap. 1—3), der die kurze Erzählung aus Gen 30,14 bis 18, die sich um eine Etymologie des Namens Issachar rankt, breit ausspinnt und mit haggadischem Material auffüllt, wobei die Tugenden Rahels besonders hervorgehoben werden (1—2). In Kap. 3 rühmt sich Issachar, sein Leben allezeit in Aufrichtigkeit des Herzens und Einfalt verbracht zu haben, speziell angewandt auf seinen Lebensbereich, den Ackerbau. Deshalb

---

[63a] Andere lassen sogar die Situationsangabe weg (vgl. M. de Jonge, Textausgabe, Appendix II).

[64] Aus Gründen des Parallelismus membrorum ist hier der Lesart der Vorzug zu geben, die auch Charles in seine Textausgabe aufgenommen hat (ἠγαπημένου) Die Varianten lassen sich durch Abschreibversehen bzw. Textauslassung erklären.

habe ihn auch der Herr gesegnet und sein Besitztum verdoppelt. Aus dieser Thematik fallen allerdings die Verse 3 und 4 heraus: In Form eines Unschuldsbekenntnisses (negative Bekenntnisreihe) — eine Form, die in diesem verhältnismäßig kurzen Testament noch zweimal begegnet, — versichert Issachar, Tugenden ganz allgemeiner Art, die in keinem direkten Zusammenhang mit der im Kontext gepriesenen Einfalt stehen, nicht verletzt zu haben [65].

Weiter um die Einfalt geht es auch in den nun folgenden *Verhaltensanweisungen* (Kap. 4—5). Dabei gibt das Nebeneinander der Kap. 3 und 4 ein schönes Beispiel dafür ab, wie Rückblick auf die Vergangenheit und Verhaltensanweisung ihrer Intention nach miteinander verbunden sind: Wie sich der Patriarch in seinem Leben vorbildlich zur Einfalt des Herzens bekannt hat, so fordert er es auch von seinen Söhnen. Sicher könnte die Anweisung zu einer bestimmten Lebensführung auch isoliert stehen, allein gegründet auf die Autorität dessen, von dem sie ausgeht. Kommt aber noch hinzu, daß sich die Richtigkeit und Zweckmäßigkeit der Forderung durch Beispiele aus der Vergangenheit beweisen, einsichtig machen läßt, sich also die Befolgung der Anweisung nicht nur vom Gehorsam gegenüber dem Älteren sondern auch von der eigenen Einsicht her nahelegt, dann steht eigentlich nichts mehr dem entgegen, sich die Ratschläge des Mahnenden zu Herzen zu nehmen. Nicht blinder Gehorsam liegt also dem Verfasser der TestXIIPatr. am Herzen sondern verstehendes Akzeptieren dessen, was ein erfahrener Alter, allerdings eine Autorität, an Verhaltensmaßregeln für ein erfülltes, mit Gottes Willen in Einklang stehendes Leben anbietet [66].

Eingangs von Kap. 4 fällt sogleich auf, daß eine festgeformte Reihe (v. 2—6) die freie Mahnrede unterbricht. Der Inhalt dieser Reihe besteht in einer Beschreibung, besser: in einem Lob des Einfältigen. Zehn kurze Negationen konstatieren, welchen menschlichen Untugenden sich der Einfältige nicht hingibt. Dem entspricht ein summarisch-positiver Nachsatz, eine Art Fazit, der die Reihe der Negationen beschließt und inhaltlich zusammenfaßt.

Eine ganz ähnliche, in manchen Merkmalen aber doch verschiedene Kette von Unschuldsbeteuerungen findet sich in Kap. 7,1—6. Zuerst fällt eine Art Überschrift auf (v. 1), die summarisch feststellt, was anschließend im Detail ausgeführt wird: Issachar ist sich für sein ganzes Leben keiner Verfehlung bewußt. Der Form nach handelt es sich auch hier wieder um Negationen (ich habe nicht Ehebruch getrieben, Wein getrunken, gelogen usw.), aber es sind diesmal nur acht statt der zehn in 4,2—6. Die Abfolge der Negationen wird allerdings in 7,5a durch zwei positive Aussagen unterbrochen („mit jedem betrübten Menschen seufzte ich und dem Armen gab ich mein Brot"), die ihrem Wesen nach aber nichts anderes sind als ins Positive verkehrte Negationen, so daß man auch hier wieder auf die Zehnzahl kommt. Auch die positive Schlußzusammenfassung der Aussagenreihe fehlt

---

[65] Dazu J. Becker, Untersuchungen, S. 338; E. Cortès, Discursos, S. 213 f.

[66] Zur Begründung der Verhaltensmaßregeln in der weisheitlichen Mahnung siehe G. v. Rad, Weisheit, S. 120—122. 127 f.

hier nicht; sie ist sogar noch ausführlicher als in 4,2—6: „Frömmigkeit übte ich in allen meinen Tagen und Wahrheit. Den Herrn liebte ich mit meiner ganzen Kraft; gleichermaßen liebte ich auch jeden Menschen wie meine Kinder" (v. 5c—6). Man geht hier sicher nicht fehl, wenn man den zweiten Satz als eine Interpretation des ersten versteht: Frömmigkeit (εὐσέβεια) und Wahrheit (ἀλήθεια) konkretisieren sich in Liebe zum Herrn und zu jeden Menschen, in Gottesfurcht und Nächstenliebe. Es ist J. Becker [67] nur zuzustimmen, wenn er in diesen beiden Begriffen das Oberthema der ganzen TestXIIPatr. sieht, den eigentlichen Skopus. Um diese Botschaft seinen Mitmenschen auszurichten, hat der Verfasser der TestXIIPatr. so verschiedenartige Traditionen und Formen wie die Geisterreihen des TestRub und die Rechtsentscheide des TestAss heranziehen können. Je für sich betrachtet zeigen diese Stücke nicht die geringste Gemeinsamkeit miteinander, aber an ihrem Platz innerhalb der ganzen Schrift dienen sie dem *einen* Thema, das dem Verfasser der TestXIIPatr. am Herzen liegt, dem Aufruf zur Ehre Gottes und zur Liebe des Nächsten [68].

Auffällig und neu gegenüber 4,2—6 ist jedoch der Ich-Stil, in dem diese Reihe gehalten ist. G. v. Rad hat in einer eigenen, bereits zitierten Studie die in den drei Reihen 3,3 f.; 4,2—6; 7,1—6 vorliegende Gattung und ihre Geschichte eingehend untersucht [69]. Es erübrigt sich daher, hier darauf näher einzugehen. Nur soviel für das Verhältnis von Ich- und Er-Stil: Die „Umstilisierung ins Neutrale", also die Abänderung der 1. in die 3. Person, ist „eine Folge der Anwendung dieser Form auf lehrmäßige Definitionen von Tugenden, Gesinnungen o. ä." [70]. Bei der Stilisierung einer solchen Reihe in der 3. Person haben wir es also mit einem schon entwickelten Stadium dieser Gattung zu tun, in dem aus einem Bekenntnis eigener Unschuld eine Weisheitsrede geworden ist. Die ganze Gattung und damit auch beide unterschiedlichen Ausprägungen faßt v. Rad unter dem Begriff „negative Bekenntnisreihe" zusammen. Er ist der Bezeichnung „Unschuldsbekenntnis" [71] vorzuziehen, da diese streng genommen nur die Form in der 1. Person deckt [72].

---

[67] Untersuchungen, S. 380 ff.

[68] Nach A. Nissen, Gott und der Nächste im antiken Judentum. Untersuchungen zum Doppelgebot der Liebe, Tübingen, 1974, S. 230—237, steht dieser hohe ethische Anspruch der TestXIIPatr. einzigartig im Judentum da, wenngleich er jüdisches Denken nicht überschreitet. Hierzu siehe auch S. 98.

[69] G. v. Rad, Vorgeschichte; einen ursprünglich kultischen Sitz im Leben dieser Bekenntnisform vermutet neben G. v. Rad auch R. Grieshammer, Zum „Sitz im Leben" des negativen Sündenbekenntnisses, in: XVIII. Deutscher Orientalistentag, Wiesbaden, 1974, S. 19—25.

[70] G. v. Rad, Vorgeschichte, S. 294 f.

[71] J. Becker, Untersuchungen, S. 338, nach H. Aschermann, Formen, S. 66 f.

[72] TestIss 3,3 f. hält sich noch wie 7,1—6 an die ursprüngliche Ausgestaltung dieser Gattung, den bekenntnishaften Ich-Stil, ist allerdings schon sehr verkürzt. Immerhin lassen sich noch vier gleichartig aufgebaute Negationen und ein summarischer Schlußsatz erkennen, der die vorausgegangenen Unschuldsbeteuerungen auf den Nenner „Einfalt" bringt und damit dem Kontext sinnvoll einverleibt.

Die Verhaltensanweisung in Kap. 5 handelt nur eingangs (v. 1) von der Einfalt, um so die Verbindung zum Kontext (Kap. 4 und 6) herzustellen. Schon in v. 2 wird sie modifiziert auf die Liebe zum Herrn und zum Nächsten (vgl. 7,5c—6), dann — in v. 3 — spezialisiert auf den Ackerbau, dem im Rahmen des TestIss besonderes Interesse zugewandt wird.

In den Versen 4—6 begründet das der Patriarch damit, diesen Bereich, den Ackerbau, einst als eine eigene Segnung vom Herrn empfangen zu haben, woran nun auch seine Söhne bzw. Nachkommen bis in alle Zeiten gebunden seien [73].

Der Rest des Kapitels 5 (v. 7—8) berichtet von weiteren besonderen Segnungen für einzelne Patriarchen bzw. Stämme: Levi bekam vom Herrn das Priestertum zugewiesen, Juda das Königtum, Gad wurde mit der Abwehr der Seeräuber betraut (wohl aufgrund einer Etymologie, die sich auf Gen 49,19 bezieht). Dabei liegt der Nachdruck ohne Zweifel auf Levi und Juda, auf dem Priestertum und dem Königtum als den tragenden und die weitere Geschichte Israels prägenden Segnungen und Verheißungen Gottes; daher auch die Gehorsamsforderung gerade diesen beiden Stämmen bzw. Institutionen gegenüber [74]. Der Form nach haben wir in v. 7—8a einen Levi-Juda-Spruch vor uns, der aber so sinnvoll in den Kontext eingearbeitet ist, daß er sich nicht mehr daraus lösen läßt [75].

Der dem Levi-Juda-Spruch innewohnenden Andeutung von Geschichte folgt die Explizierung in Kap. 6: Hier legt der Patriarch seinen Söhnen im typischen SER-*Weissagungsstil* einen gedrängten, auf das Stereotype beschränkten Abriß der Geschichte Israels vor: Abfall (v. 1—2a), Strafe (v. 2b), Umkehr (v. 3), Heil (v. 4), wobei die Strafe allein in der Zerstreuung unter die Heiden, das Heil allein in der Aufhebung dieser Zerstreuung, also der Rückkehr ins Land, gesehen wird. In v. 1 klingt noch einmal, zum letztenmal, das Thema „Einfalt" kurz an, wird aber im folgenden nicht mehr weiter ausgeführt. Es dient auch hier nur zur Verknüpfung der einzelnen Abschnitte, der Gesamtkomposition des TestIss. Auffällig ist, daß der Abfall durchgängig in Parallelismen beschrieben wird, und zwar in antithetischen (die Einfalt verlassen — der Habgier anhängen; die Unschuld fahren lassen — sich der Arglist nähern usw.), ebenso die Strafe, hier allerdings in einem synthetischen Parallelismus (zerstreut unter die Heiden — den Feinden dienen).

Besonders bemerkenswert in diesem Kapitel ist wieder die Angabe der Motivation, aus der heraus der Patriarch spricht [76] (bzw. der Verfasser der TestXIIPatr. ihn reden läßt; hierin muß sich also das ureigenste Motiv des

Zuk.

---

[73] Durch die Textabweichungen der einzelnen MSS wird dieser Sinn nur unwesentlich verändert.

[74] Siehe S. 28 f.

[75] Gegen J. Becker, Untersuchungen, S. 342, der nur eine lose, oberflächliche Anknüpfung gelten lassen will, weil er die Abfolge der Segnungen nicht sieht. Das hält ihm auch E. Cortès, Discursos, S. 216 u. a. vor.

[76] Bisher schon in TestSim 6,1; TestLevi 10,1 f.

Verfassers selbst spiegeln): „Und ihr nun, sagt dies euren Kindern, damit, wenn sie sündigen, sie schneller umkehren zum Herrn" (v. 3).

Es ist nun nicht klar, worauf sich das „dies" bezieht: Bezieht es sich auf die unmittelbar vorhergehenden Verse, also auf Kap. 6 insgesamt, dann ist damit die Weissagung des Abfalls und der darauf folgenden Strafe gemeint; nimmt man es aber sinngemäß, so sind es zweifellos die vom Patriarchen seinen Söhnen vorgetragenen Verhaltensanweisungen, die diese wiederum ihren eigenen Söhnen vorhalten sollen, wenn sie gesündigt haben, und demnach Abfall und Strafe eingetreten sind, damit diese „schneller umkehren zum Herrn". Zumindest die Verhaltensanweisungen also, wenn nicht das ganze Testament in allen seinen drei Teilformen, dienen so als Aufruf zur Umkehr [77].

Kap. 7 setzt mit einer Altersangabe ein, die hier eigenartigerweise im Mittelteil erscheint, in allen anderen Testamenten der TestXIIPatr. dagegen im Anfangs- oder Schlußrahmen. Aus welchem Grunde hier TestIss von der üblichen Anordnung abweicht, läßt sich nicht einsehen.

Angehängt an die (schon besprochene) negative Bekenntnisreihe 7,1—6 findet sich in v. 7 eine Art genereller Abschluß, in dem Issachar seine Söhne ermahnt, sein Vorbild nachzuahmen; denn so könnten sie allen widrigen Mächten entgehen, da sie den „Gott des Himmels" bei sich hätten. Mit dieser Segensverheißung schließt der Mittelteil des TestIss.

6) Das Testament Sebulons

a) Anfangsrahmen [78]

T. + N.
Adr.
[Hinw. a. d.
bev. Tod
(bericht.)]
Altersang.
Vergl.
Sit.
Redeeinl.

Er ist fast „traditionell" gestaltet, soweit man das jetzt schon sagen kann: Der überschriftartige Teil (1,1) besteht aus dem „Ἀντίγραφον λόγων Ζαβουλών" [78a], der Angabe der Adressaten der folgenden Rede, der Söhne Sebulons, in einem Nebensatz, (dem Hinweis auf den bevorstehenden Tod,) der Altersangabe und einer Vergleichsdatierung zum Tode Josephs [79].

Im erzählenden Teil (v. 2) fällt die Situationsbeschreibung denkbar knapp aus: „καὶ εἶπεν αὐτοῖς". Wer zu wem redet, ergibt sich allein aus dem Kontext. Eine zweigliedrige Redeeinleitungsformel, die die MSS g und l in eine eingliedrige abwandeln, eröffnet die Rede.

---

[77] Weiteres dazu in der Zusammenfassung am Ende der Behandlung der Test XIIPatr. S. 97 f., 104.

[78] Obwohl dieser Anfangsrahmen verhältnismäßig kurz ist, weichen die einzelnen MSS an vielen Stellen voneinander ab. Ich folge hier jeweils dem am besten bezeugten Text, ohne auf Varianten einzugehen, solange sie keine Bedeutung für die einzelnen Formbestandteile des Anfangsrahmens haben. Nur wenn das doch der Fall ist, wird es eigens vermerkt.

[78a] So mit den MSS e a f c h (i?) j. Die MSS l d m ersetzen λόγων durch διαθήκης. Mit den übrigen MSS auf beide Begriffe zu verzichten, ist nicht sinnvoll.

[79] Der Hinweis auf den bevorstehenden Tod steht nur in den MSS d m c, die Altersangabe schwankt. In den MSS g und l fehlt die Vergleichsdatierung, MS b hat die Vergleichszahl 32 statt 2.

Schlußrahmen

Damit korrelierend beginnt der Schlußrahmen mit einer *Redeabschluß-formel* (10,6), gefolgt von der Angabe des *Todes* des Patriarchen und der Sarglegung des Leichnams durch die Söhne, die ihn später in Hebron „bei seinen Vätern" *bestatten* (v. 7) [80].

Redeabschl.

Tod

Best. d. d. S.

b) *Mittelteil*

Die Rede beginnt mit einem ausführlichen *Rückblick auf die eigene Vergangenheit* (Kap. 1,3 — 4), der sich ausschließlich und eingehend mit dem Verkauf Josephs durch seine Brüder an die Israeliten beschäftigt.

R. a. d. V.

Voran steht eine Namensdeutung von „Sebulon" (v. 3), die sich auf Gen 30,20 und 30,25—43 bezieht. Danach (v. 4—5) beteuert der Patriarch generell seine Unschuld in allen Dingen sein Leben lang außer der Tatsache — und damit ist er beim Thema dieses langen Rückblickes —, daß er seinerzeit den Verkauf Josephs aus Angst vor seinen Brüdern (v. 6) seinem Vater Jakob verschwiegen hatte. Immerhin habe er erreicht, daß Joseph nur verkauft und nicht getötet wurde, wie es nach dem ursprünglichen Plan seiner Brüder geschehen sollte (v. 7). Was diese Verse gerafft darstellen, berichten die Kap. 2 und 4 dann ausführlich. Diese Schilderung des Verkaufes Josephs an die Ismaeliten geht ihrem Kern nach nicht über Gen 37 hinaus, gibt sich aber sehr viel breiter, weitet Einzelzüge aus Gen 37 über Gebühr aus und überspitzt dabei die Absichten und Äußerungen der Brüder nach beiden Richtungen hin, nach Gut und Böse. Das Interesse des Verfassers liegt offensichtlich in den Einzelzügen, im Erzählerischen. Dabei legt er besonderen Nachdruck auf das menschliche Verhalten der Beteiligten, das er sogleich moralisierend wertet. Ein erbaulicher Stil läßt sich gerade hier nicht übersehen.

Auch Kap. 3 moralisiert, und das allein dürfte der Grund sein, warum es überhaupt den Kap. 1—4 zugeordnet wurde; denn ansonsten fällt es völlig aus dem Rahmen seines Kontextes heraus: Es unterbricht den Gang der Erzählung, zu dem es selbst nichts beiträgt. Noch dazu ist auch der Ort der Unterbrechung des Handlungsablaufes falsch gewählt; denn vom Verkauf Josephs ist erst in 4,4 f. die Rede — 3,1—3 setzt ihn aber schon voraus, wenn hier von der Verwendung des Kaufpreises durch die Brüder berichtet wird. Ohne Kap. 3 ist der Übergang von Kap. 2 auf Kap. 4 fugenlos, der Fortgang der Handlung sinnvoll. Inhaltlich zerfällt Kap. 3 deutlich in zwei Teile: v. 1—3 handeln, wie gesagt, von der Verwendung des Kaufpreises und der von den Brüdern dafür angegebenen Begründung; v. 4—8 markieren das als Vergehen unter Hinweis auf das Gesetz Moses [81]

---

[80] Der Schlußrahmen ist hier enger mit dem Ende der Rede des Sterbenden verbunden, als es bisher in den Testamenten beobachtet werden konnte. Dazu Näheres unter der Rubrik „Mittelteil".

[81] Diese Lesart ist hier klar der anderen (ἐν γραφῇ νόμου Ἑνώχ) vorzuziehen, weil bei dieser im Gegensatz zur ersteren die Bezugnahme keinen erkennbaren Sinn ergäbe.

(Dt 25,5—10; Ruth 4: Die Bezugnahme ist mehr als oberflächlich; denn hier geht es um Schwagerehe und ihre Verweigerung, in TestSeb 3 aber um Verkauf eines Menschen bzw. um die symbolische Vernichtung seines Andenkens.) und verweisen auf die dementsprechende Bestrafung der Brüder später in Ägypten, die auch nicht ohne Härten (vgl. 8,4: Joseph verzichtet auf eine Bestrafung der Brüder) als eine solche angesehen werden kann. In Kap. 3 handelt es sich also mit einer seltenen Eindeutigkeit um einen späteren, midraschartigen Einschub [82].

Verh.   Mit Kap. 5 beginnt der zweite große Teil des TestSeb, die *Verhaltensanweisungen*. Sie reichen bis Kap. 8, bilden aber insofern keine homogene Gruppe, etwa in Form einer Reihe, als sie ständig unterbrochen werden R. a. d. V. durch einen *Rückblick* auf das eigene Ergehen, das eine bestimmte Verhaltensanweisung als richtig und Gottes Willen entsprechend erweist, weil ihre Befolgung in seinem eigenen Leben von Gott gesegnet wurde, oder durch Zuk.   eine *Zukunftsansage,* die die Konsequenzen eines bestimmten Handelns für die Zukunft aufzeigt. Das kommt nicht nur häufig in den TestXIIPatr. vor, man könnte vielmehr sagen, es sei der typische Stil, in dem diese Schrift abgefaßt ist. Verhaltensanweisung, Rückblick auf die Vergangenheit und Zukunftsansage gehören als drei Elemente, die *einem* bestimmten Zweck dienen, zusammen und bedingen einander. J. Becker gliedert die Rede des Patriarchen, die er Abschiedsrede nennt, generell nach der Abfolge der Elemente Rückblick, Verhaltensanweisung und Zukunftsansage — sicher nicht zu Unrecht. Trotzdem sollte man diese Form der Rede nicht pressen: Der Rückblick oder die Zukunftsansage — nicht aber die Verhaltensanweisung, womit schon die Vorzeichen für das Gewicht der einzelnen Elemente verteilt sind, — können fehlen oder nur in geringem Maße ausgebildet sein. Neben der generellen Abfolge und Zuordnung der drei Formelemente zueinander kann der Rückblick auf die Vergangenheit selbst eine Verhaltensanweisung enthalten oder, was sehr häufig der Fall ist, als indirekte Anweisung fungieren; die Verhaltensanweisung ihrerseits kann, vielleicht nur in einem oder einem halben Vers, auf das Vorbild des Patriarchen in der Vergangenheit oder auf die Zustände in der Zukunft zurück- bzw. vorgreifen, wie es gerade hier, in den Kap. 5—8 häufig der Fall ist; schließlich kann die Vorhersage der Verhältnisse des betreffenden Stammes bzw. ganz Israels in der Zukunft direkt mit einer diesbezüglichen Verhaltensanweisung verbunden sein.

Die drei Formelemente dienen also deutlich dem gemeinsamen Zweck, ein bestimmtes Verhalten beim Angesprochenen anzuregen. Zu dieser ihrer Aufgabe gewähren sie sich aber gegeneinander eine relative Freiheit, die es unmöglich macht, sie in ein Schema zu pressen bzw. eine unveränderte Abfolge als System zu postulieren, anhand deren man dann sogar ganze Textteile als nicht der Grundform entsprechend aussondern kann [83].

---

[82] Siehe dazu J. Becker, Untersuchungen, S. 206 f. Die Einwände dagegen von E. Cortès, Discursos, S. 222 f., scheinen mir unbegründet.

[83] So J. Becker, Untersuchungen, S. 23 f. 208, und in seiner Textausgabe S. 89, der unter Bezug auf einen Teil der MSS-Überlieferung den ganzen Passus 6,4—8,3

Die Verhaltensanweisungen in Kap. 5—8 haben die wiederholte Forderung nach Erbarmen und Barmherzigkeit als Ausdruck der Gottesfurcht zum Oberthema (so zuerst in 5,1). Der Patriarch demonstriert diese Forderung an seinem eigenen Ergehen: Der Herr bewahrte ihn und seine Kinder vor Krankheit wegen seines Mitleides mit Joseph (5,2.4); er schützte ihn vor Seenot (5,5); er gab ihm reiche Beute auf seinen Fischzügen (6,6). Damit ist ein neues Thema angeschnitten: Sebulon, der erste Seemann und Fischer (6,1). Auch in der Ausübung dieses Berufes zeigte sich der Patriarch barmherzig, vor allem gegen Fremde. Nur diese Barmherzigkeit bildet das Bindeglied zu dem Verkauf Josephs, ansonsten haben beide Themenbereiche nichts miteinander gemein.

Ebenso unverbunden mit dem Kontext steht in Kap. 7 ein allgemein gehaltener Aufruf zu Barmherzigkeit und Mitleid, demonstriert an zwei „Fällen" aus dem Leben Sebulons.

In 8,1—3 wird der Imperativ: Habt Mitleid! begründet mit einer Zukunftsansage: In den „letzten Tagen" wird der Herr (nur) in erbarmungsvollen Herzen wohnen. Erst in v. 4 klingt die alte Thematik wieder an als Beispiel und Vorbild für richtiges Mitleid: Joseph in Ägypten hatte Mitleid mit den Brüdern; er gedachte des erlittenen Unrechts nicht. Dieses Verhalten stellt der Patriarch in den letzten beiden Versen (v. 5—6) als mustergültig hin: Erbarmen und die Fähigkeit, erlittenes Unrecht zu verzeihen, bewahren vor Uneinigkeit und Spaltungen in der Familie.

Alle diese Verhaltensanweisungen werden gern durch weisheitliche Sentenzen untermauert (5,2.3; 6,6; 8,3.6) [84].

Kap. 9,1—4 hat den Zweck, das Corpus der Verhaltensanweisungen mit der folgenden Zukunftsansage zu verbinden. Das geschieht durch das Thema „Spaltung", mit dem die Verhaltensanweisungen schließen (8,6) und die Zukunftsansage beginnt (9,5).

In v. 1 f. legt der Patriarch seinen Söhnen in einer kurzen Weisheitsrede dar, wie schädlich sich Spaltungen auswirken: Das Wasser ist mächtig, solange es in einem Bett fließt; zerfließt es aber in kleine Rinnsale, so wird es von der Erde aufgesogen. In v. 3 zieht er die Folgerung daraus für die Söhne, um in v. 4 wieder zu einer entsprechenden direkten Verhaltensanweisung überzugehen. Noch einmal folgt eine Begründung — nach weisheitlicher Manier wieder ein Beispiel aus der Natur; ein Haupt —

(mit Ausnahme von 6,7a.8) streicht. Dagegen wendet sich m. E. mit Recht M. de Jonge, Textual criticism and the analysis of the composition of the Testament of Zebulun, in: ders. (ed.), Studies, S. 144—160.

[84] Diese Sentenzen stammen nicht vom Verfasser der TestXIIPatr. und sie wollen auch gar nicht so verstanden sein. Der sterbende Sebulon zitiert hier aus der allgemeinen religiösen Erfahrungsweisheit Israels im Umgang mit seinem Gott. Dadurch, daß der Verfasser der TestXIIPatr. die Anweisungen des Patriarchen vor diesem Horizont ergehen läßt, geben sich diese lediglich als Spezialisierungen der allgemeinen religiösen Erfahrung Israels aus. Sie gewinnen auf diese Art ganz ungemein an Autorität und Allgemeingültigkeit.

viele Glieder (vgl. 1. Kor 12,12 ff.). Es scheint sich hier um ein Standardbeispiel weisheitlicher Paränese zu handeln.

Zuk.   Mit 9,5 beginnt eine *Zukunftsansage* nach dem bekannten SER-Schema: Unter Verweis auf eine „Schrift meiner Väter" [85] verkündet Sebulon seinen Söhnen und deren Nachkommen, und damit ist ohne Einschränkung ganz Israel gemeint, Abfall, Spaltung, Götzenverehrung (v. 5), Gefangennahme und Zerstreuung unter die Heiden (v. 6), Umkehr und Heimkehr aufgrund der Barmherzigkeit und Nachsicht Gottes (v. 7), Heil für sie selbst und alle Heiden (v. 8) [86]. Eigenartigerweise erscheint in v. 9 erneut eine Ankündigung von Abfall und Strafe, der keine ausdrückliche Heilsverheißung mehr folgt (Kap. 10 gehört in diesen Zusammenhang), nur mehr der Verweis auf die „Vollendungszeit" (καιρὸς συντελείας). Die Textgeschichte des Kap. 9 ist zu kompliziert, um hier behandelt zu werden [87]; hier sei nur soviel bemerkt: Durch die redaktionelle Anfügung des v. 9 ist, zumindest im Verständnis des Redaktors, die Heilszeit kein einmaliges, punktuelles Geschehen mehr — so noch im traditionellen SER-Schema —, sondern sie wird aufgesprengt in eine zeitliche Abfolge von einzelnen, sich gegen die „Vollendungszeit" (v. 9) hin steigernden Heilsereignissen [88], die aber auch durch zeitlich begrenzten Abfall und entsprechende Strafe unterbrochen sein können, wie hier angedeutet. Zur Vorstellung des Millenniums, wie sie in der ApkJoh ausgeprägt ist, dürfte von hier aus kein weiter Schritt mehr sein.

Kap. 10,1—5 leitet von der Rede des Patriarchen zum Schlußrahmen über, gehört aber nicht zu diesem [89]. In v. 1 bittet Sebulon seine Söhne, nicht darüber zu trauern, daß er jetzt sterbe. Als Begründung dafür und **Zuk.** als Trost verheißt er ihnen seine zukünftige Auferstehung inmitten seines Stammes, in dem er sich dann an den Gesetzestreuen unter seinen Nachfahren ergötzen werde (v. 2); denn die Gottlosen unter ihnen werde der Herr vernichten (v. 3). So dürften die v. 2 und 3 im Zusammenhang zu **Hinw. a. d.** verstehen sein. V. 4 bringt einen *persönlichen Hinweis auf den bevorste-* **bev. Tod** *henden Tod,* der hier nachgetragen ist, da er im Anfangsrahmen als ein- **(pers.)** ziges der Elemente fehlte, — auch 10,1 konnte man indirekt so verstehen.

---

[85] Nur hier und in TestAss 7,5 („auf den Tafeln des Himmels" — ἐν ταῖς πλαξὶ τῶν οὐρανῶν) kommt ein Verweis auf Schriften vor — an solche dürfte jedenfalls gedacht sein —, die in keiner Verbindung mit Henoch stehen (vgl. S. 16 Anm. 10).

[86] „Jerusalem" dürfte hier im Sinne von TestLevi 10,5 gebraucht sein; siehe dort.

[87] Dazu J. Becker, Untersuchungen, S. 210—211, und E. Cortès, Discursos, S. 225 f. Der grundlegend anderen Deutung, die J. Becker auf S. 212 für die gesamte Zukunftsansage in Kap. 9 vorschlägt, kann ich mich allerdings nicht anschließen.

[88] So schon in TestJuda 24/25, siehe dazu S. 31.

[89] J. Becker, Untersuchungen, behandelt diese Verse gar nicht mehr im Rahmen des Mittelteils sondern völlig getrennt davon unter der eigenen Rubrik „abschließende Todesberichte" S. 168 f.

V. 5 ermahnt noch einmal pauschal zur Gottesfurcht. Diese Schlußmahnung fungiert als Unterschrift unter Kap. 10, ja noch mehr als Abschluß der gesamten Sterberede. Damit ist eine wesentliche Hilfe zum Verständnis des Testamentes im Rahmen der TestXIIPatr. und vielleicht auch darüber hinaus gegeben: Wenn in einer kurzen Verhaltensanweisung (zu Gottesfurcht wie in TestJuda 26,1 und Nächstenliebe wie in TestIss 7,6 f.) das ganze Testament zusammengefaßt werden kann, dann liegt eben darauf, auf den Verhaltensanweisungen, der Nachdruck und nicht auf den anderen Elementen, die das Testament mit formen. Das Herz eines Testamentes schlägt also in den Verhaltensanweisungen! Die anderen Bestandteile der Form „Testament" haben demnach nur dienende Funktion; auf ihnen liegt kein Eigengewicht. Von daher erscheinen also auch die Zukunftsansagen (entsprechend die Visionen) in einem anderen Licht: Nicht die Tatsache der Vorhersage von Geschichtsabläufen als solche ist wesentlich sondern die Absicht, ein ihnen entsprechendes Verhalten anzuregen [90].

Ob die Verheißung der Auferstehung des Patriarchen in 10,2—3 ursprünglich ist oder nicht, sei dahingestellt [91]. Bei ihrem Wegfall käme jedenfalls dennoch eine logische Gedankenführung (v. 1 an v. 4 angeschlossen) zustande.

7) Das Testament Dans

a) *Anfangsrahmen*

Der überschriftartige Teil (v. 1) des Anfangsrahmens enthält das übliche „Ἀντίγραφον λόγων" und den *Namen* des Patriarchen, danach in einem Relativsatz die *Adressaten* seiner Rede, seine Söhne. Es folgt der *Hinweis auf den bevorstehenden Tod* [91a] — denn um dieses Formelement handelt es sich ohne Frage, das nur diesmal anders ausgedrückt wird, als es bisher üblich war. Es lautet: „in seinen letzten Tagen" (ἐπ' ἐσχάτων τῶν ἡμερῶν αὐτοῦ). Schließlich steht in v. 1 noch eine *Altersangabe* („im 125. Jahr seines Lebens"), nur scheint es nicht klar zu sein, ob sie den Abschluß des überschriftartigen Teils oder den Beginn des erzählenden bildet. Fr. Schnapp im Kautzschschen Übersetzungswerk entscheidet sich für die letztere Möglichkeit, R. H. Charles, M. de Jonge und J. Becker (Übers.) votieren für die erstere. Eine kleine Statistik innerhalb der Anfangsrahmen der TestXIIPatr. kann hier helfen: Jedesmal, wenn eine Altersangabe im Anfangsrahmen erscheint, steht sie in dessen überschriftartigem Teil, und zwar in der gleich stereotypen Ausdrucksweise wie hier an dieser Stelle (so in TestRub 1,1; TestSim 1,1; TestSeb 1,1; TestNaph 1,1; TestGad 1,1; TestAss 1,1; TestBen

Marginal notes (right):
T. + N.
Adr.
Hinw. a. d. bev. Tod (bericht.)
Altersang.

---

[90] Zur Funktion der Zukunftsansage als Ansage von Geschichtsabläufen in den TestXIIPatr. und ihrem Verhältnis zu „Verhaltensanweisung" und „Rückblick auf die Vergangenheit" siehe S. 103—106.

[91] Dafür spricht eine ähnliche Aussage in TestSim 6,7. J. Becker, Untersuchungen, S. 168 f., hält die beiden Verse für einen Nachtrag; E. Cortès, Discursos, S. 226 f. Anm. 246, hält sie für ursprünglich.

[91a] Fehlt in den MSS h i j.

1,1). Damit ist also Fr. Schnapp klar nicht Recht zu geben. Seine Position ist nur so erklärlich, daß er die Bemerkung „in seinen letzten Tagen" offensichtlich als Altersangabe mißversteht, die dann natürlich mit der folgenden ausdrücklichen Angabe des Lebensalters Dans konkurriert und es geraten sein läßt, beides zu trennen. So wird dann die zweite Altersangabe zur Einleitung des nächsten Satzes und damit des erzählenden Teiles herangezogen, der ja sowieso die knappen Angaben des ersten Teils des Anfangsrahmens in gewisser Weise erläutert. Diese Auffassung allerdings ist durch die obigen statistischen Beobachtungen widerlegt. Der erzählende Teil setzt, wie bisher schon
Sit. üblich, mit einer hier sehr knappen *Situationsschilderung* ein: Der Patriarch ruft seine Familie zusammen. Dann beginnt er seine Rede mit einer zwei-
Redeeinl. gliedrigen *Redeeinleitungsformel.*

Schlußrahmen

Redeabschl.   Der Schlußrahmen setzt in 7,1 ein mit einer knappen *Redeabschlußfor-*
Tod *mel* und dem Bericht des *Todes* des Patriarchen einschließlich der näheren Umstände (er küßt seine Familie) [92].

Best. d. d. S.   V. 2 enthält nur noch die *Bestattung durch die Söhne,* zuerst in Ägypten (in manchen MSS auch nur als Sarglegung), dann, endgültig, in Hebron. Damit endet das Testament. Von späterer Hand erst stammen einige Zusätze: MSS d und m fügen noch eine Art Abschlußformel an: „Diese sind die Worte, die Dan seinen Söhnen auftrug." Solch ein Schlußsatz taucht ansonsten in den TestXIIPatr. nicht mehr auf.

Alle MSS außer g kennen noch einen 3. Vers, der konstatiert, daß Dan mit seinen Prophezeiungen des Abfalls und der Bestrafung seiner Nachkommenschaft Recht behalten hätte. Auch das steht einzig da in den TestXIIPatr. und ist wohl eine den Inhalt der vorliegenden Schrift bestätigende Anmerkung eines Redaktors.

b) *Mittelteil*

In 1,3 wird der Hörer bzw. Leser sogleich mit einer grundsätzlichen, bekenntnishaft anmutenden Feststellung des sterbenden Patriarchen konfrontiert: Wahrheit und gerechtes Handeln sind Gott wohlgefällig, Lüge und Zorn sind böse. Durch die einleitende Bemerkung, diese Erfahrung habe er während seines ganzen Lebens erprobt, leitet der Redende geschickt zum
R. a. d. V. ersten Teil des Testamentes, dem *Rückblick auf die eigene Vergangenheit,* über.

Bleiben wir aber noch etwas bei diesem Bekenntnissatz. Er mutet wie eine Überschrift an, die das Thema angibt für die folgenden Ausführungen: „Wahrheit und gerechtes Handeln stehen als Gott wohlgefällig gegen Lüge und Zorn." Blicken wir nun auf das Ende des Mittelteils, so finden wir in

---

[92] MS d fügt noch hinzu „alt und hochbetagt".

6,8.10 [93] in Form einer Schlußmahnung ganz ähnliche Äußerungen: „Steht ab von Zorn und jeder Lüge und liebt die Wahrheit und die Langmut!" „Meidet alle Ungerechtigkeit und hängt der Gerechtigkeit des Gesetzes des Herrn an!" War 1,3 Überschrift des ganzen Testamentes, so scheint 6,8.10 die Unterschrift zu sein, die ein Fazit aus dem Gesagten ziehen will. Beide rahmen die ganze Rede ein und fassen in sich ihren wesentlichen Inhalt zusammen [94].

Doch nicht nur am Anfang und Ende, auch in der Mitte finden sich an einer Stelle funktional und inhaltlich entsprechende Aussagen: In 5,1—3 ermahnt der Patriarch seine Söhne, die Gebote des Herrn und sein Gesetz zu bewahren, Zorn und Lüge zu hassen, die Wahrheit mit dem Nächsten zu reden und den Herrn und den Nächsten mit wahrhaftigem Herzen zu lieben. Diese Verhaltensmaßregeln fallen genau am Ende des Komplexes der Verhaltensanweisungen (Kap. 2—4) und vor Beginn des Teils, der die Zukunftsansagen enthält, Kap. 5; sie haben also — wie 1,3 und 6,8.10 — die Funktion der Zusammenfassung des Bisherigen und noch dazu die der Überleitung zu Neuem.

Alle drei Elemente (Überschrift, Zwischen-Zusammenfassung und Schluß-mahnung als Generalfazit) lassen einerseits auf den Inhalt des Testamentes schließen, zum anderen verleihen sie ihm auch eine gewisse Struktur, d. h. sie haben Skelettfunktion und sorgen für eine sinnvolle inhaltliche Zusammengehörigkeit und eine aufeinander bezogene Abfolge der einzelnen Teile des Testaments [95].

Doch zurück zu Kap. 1: In der Überschrift 1,3 stellt der Patriarch eine Maxime auf und behauptet, sie durch die Erfahrungen seines Lebens bestätigt gefunden zu haben. Dieser generellen Feststellung folgt die Explizierung in den folgenden Versen dieses Kapitels (v. 4—9): Dan bekennt seinen Anteil an der Missetat der Brüder an Joseph und versucht, ihn dadurch zu erklären, daß die Geister des Neides, der Prahlerei und des Zornes ihn verführt hätten, doch „der Gott unseres Vaters Jakob" [96] habe es um seiner und um Josephs willen nicht zum äußersten, zur Ermordung Josephs, kommen lassen, „damit nicht zwei Szepter in Israel vernichtet

---

[93] Zur Angabe der Motivation (v. 9), aus der heraus der Sterbende spricht, siehe TestSim 6,1; 7,3; TestLevi 10,1 f.; TestIss 6,3 und in den noch zu behandelnden Testamenten TestNaph 4,1; 8,1 und TestGad 8,1. (Dazu siehe S. 19 f., 35 f., 52 und die Zusammenfassung S. 97 f.)

[94] Zur Funktion der Schlußmahnung siehe S. 95—99.

[95] Damit ist die Einheitlichkeit des TestDan, im großen und ganzen jedenfalls, postuliert. Es erscheint nicht mehr möglich, bei einer versuchsweisen Rekonstruktion des Grundstockes ganze Kapitel als sekundär zu streichen, wie J. Becker, Untersuchungen, S. 356, das tut, so daß z. B. von dem gesamten Komplex der Verhaltensanweisungen nur mehr eineinhalb Verse übrigbleiben. Seine literarkritischen Hypothesen sind hier sehr frei. Er stützt sich nur auf wenige Argumente ohne großes Gewicht. Zur Kritik an J. Becker im einzelnen siehe E. Cortès, Discursos, S. 227—229.

[96] „meines Vaters J." bzw. „meiner Väter" in anderen MSS.

werden", womit wohl Ephraim und Manasse gemeint sein dürften [97]. Damit endet bereits der hier sehr kurz gehaltene Rückblick auf die eigene Vergangenheit.

Besonders fällt an ihm auf, daß in diesen wenigen Versen allein vier
verschiedene Geister am Werk sind, um einen einzigen Akteur in seinen
Handlungen zu beeinflussen. Zwar kommen Geister als verabsolutierte und
wie Personen handelnde Tugenden bzw. Laster [98] auch in allen anderen
bisher behandelten Testamenten vor, doch niemals in dieser Häufigkeit und
Massierung wie hier. Man könnte das TestDan direkt ein „Geistertesta-
ment" nennen. Diese besonders hinter TestDan aber auch hinter allen
anderen zu den TestXIIPatr. gehörenden Testamenten stehende Geisertra-
dition begnügt sich nicht mit einer Aufzählung der einzelnen Geister und
ihrer verschiedenen Verführungskünste den Menschen gegenüber, sondern
kennt sogar eine Art Hierarchie. Das läßt sich gerade hier, am TestDan,
gut nachweisen: Der Anführer der bösen Geister ist „Beliar" oder „Satan"
(5,1; 6,1), der über ein eigenes Reich gebietet (6,4); zu seiner „Rechten"
gehen, d. h. ihm stehen am nächsten die Geister des Zornes und der Lüge
(3,6). Auch eine Gegenseite gibt es natürlich, die diesen Geistern den Kampf
angesagt hat: „der Herr" ist es (4,7; 5,1). Ihm stehen hilfreich zur Seite
der Fürbittengel als Mittler zwischen Gott und den Menschen [99] (6,2; siehe
schon TestLevi 3,5; 5,6) und der „Engel des Friedens" (6,5), dazu natürlich
all die personifizierten Tugenden (z. B. erscheint in TestBen 3,4 sogar die
Gottesfurcht als eine selbständig handelnde Schutzmacht für den Menschen,
der sich zu ihr hält) [100].

Verh.
Hinw. a. d.
bev. Tod
(pers.)

Den Komplex der *Verhaltensanweisungen* in Kap. 2—4 leitet der sterbende Patriarch mit einem *Hinweis auf seinen unmittelbar bevorstehenden
Tod* ein. Dieses Element fehlt im Anfangs- wie im Schlußrahmen und kann
daher hier nicht nachgetragen werden [101].

Die Verhaltensanweisungen kennen nur ein Thema, das immer wieder
variiert wird: Warnung vor Zorn und Lüge, ihren üblen Folgen und ihrer
Macht. Beide Laster, Zorn und Lüge, sind nicht voneinander unterschieden
(in 2,4 haben beide die gleichen Auswirkungen); sie stehen fast synonym

---

[97] Die MSS c h i j haben statt „δύο σκῆπτρα": „σκῆπτρον δεύτερον". Worauf
diese Bemerkung anspielt, d. h. welcher Stamm hier als bereits untergegangen
angesehen wird, ist mir nicht klar.

[98] Dazu siehe G. v. Rad, Vorgeschichte, S. 287 ff.

[99] Die Funktion dieser Gestalt will sich allerdings einem strikten Dualismus
zweier Geisterhierarchien nicht so recht fügen.

[100] Die Frage des Dualismus in den TestXIIPatr. wird bei der Behandlung des
TestAss noch einmal grundsätzlich aufgeworfen (siehe den Exkurs „Der Dualismus
in den TestXIIPatr." S. 66—71). Belehrungen über Geister stehen der Grundintention eines Testamentes an sich fremd gegenüber (siehe S. 71), sie fallen aus seiner
Argumentationsweise.

[101] Ein pers. Hinweis auf den bevorstehenden Tod im Mittelteil kommt nur
noch vor im TestSeb 10,4 und TestBen 10,2.

und werden häufig in einem Atemzug genannt (2,1; 3,6; 4,6.7). Beiden ist offenbar eine grundlegende Bedeutung im Verhältnis des Menschen zu seinem Nächsten zuerkannt, die alle zwischenmenschlichen Verhaltensweisen beeinflußt, etwa im Sinne von Verachtung.

Dabei folgen die Verhaltensanweisungen in Kap. 4 gern einem bestimmten Schema:

1) Ein Fall wird vorgelegt, eingeleitet mit ὅτε oder ἐάν;
2) es folgt ein Aufruf zu einer Verhaltensweise, die diesem Fall entspricht;
3) schließlich wird dieser Aufruf begründet durch den Hinweis auf die Konsequenzen eines Fehlverhaltens, zu dem der Geist des Zornes in diesem Fall aufstachelt.

Etwas anders pointiert könnte man auch sagen: Die Wirkungsweise des Geistes in einer bestimmten Situation wird aufgedeckt; gleichzeitig werden Ratschläge gegeben, wie man sich dem am besten entziehen kann. Darin zeigen diese Verhaltensanweisungen des TestDan eine große Nähe zu der reinen Geisterschrift „Testament des Salomo", mit der wir uns noch zu beschäftigen haben werden [102].

Die zusammenfassende Zwischenmahnung (5,1—3) leitet nun über zum abschließenden Teil dieses Testamentes, den *Zukunftsansagen*.   Zuk.

Hier ist erst einmal 5,4—13 für sich zu nehmen. Der Abschnitt erweckt auf den ersten Blick den Eindruck der Einheitlichkeit und der Zusammengehörigkeit der einzelnen Verse. Dazu trägt einmal die Form bei: Die Abfolge Abfall (v. 4—7), Strafe (v. 8), Umkehr (v. 9a), Heil (v. 9b—13) kennzeichnet diesen zweiten Teil von Kap. 5 als ein typisches SER-Stück. Weiterhin wird durchgängig Bezug genommen auf Levi und Juda, allerdings in sehr unterschiedlicher Weise: In v. 4 und v. 10 erwartet sich der Redende von diesen beiden Stämmen das Heil für ganz Israel, in v. 6 f. ganz im Gegensatz dazu Unheil [103].

Schließlich erscheint durchgängig, allerdings erst ab v. 5, die Geisterthematik, sei es daß die Geister und ihr Oberster, Satan (v. 6) oder Beliar (v. 10 f.), schuld sind am Abfall Israels, sei es daß ihre Vernichtung eine Station auf dem Weg zum endlichen Heil darstellt.

Bei näherem Zusehen scheinen aber doch zumindest zwei Stücke ehemals selbständig gewesen zu sein, so vor allem der Levi-Juda-Spruch in 5,4b: Er ist in sich abgeschlossen und sinnvoll; seine Verwandtschaft mit den ebenfalls selbständigen Abschnitten TestRub 6,5—7 und TestSim 5,4—6

---

[102] Das Gliederungsprinzip des Bundesformulars kann man in Kap. 2—4 sicherlich nicht wiedererkennen, wie J. Becker, Untersuchungen, S. 347 ff., dies postuliert: Weder entspricht 2,1—3,6 dem Element Vorgeschichte noch läßt sich das Aufzeigen der Konsequenzen eines längeren Fehlverhaltens (4,7) als Fluchandrohung deuten.

[103] Wieder steht beides nebeneinander: Der Verfasser der TestXIIPatr. und der größere Kreis, dem er geistig entstammte, machten Levi und Juda, d. h. aber das Priester- und das Königtum, in besonderer Weise für den Zustand des äußeren und inneren Niedergangs Israels verantwortlich; trotzdem aber erwarteten sie sich gerade von diesen beiden Institutionen das endliche Heil für ihr Volk (vgl. die Ausführungen auf S. 28 f.).

ist nicht zu leugnen. Auch v. 10a gehörte wahrscheinlich einmal zu einem Levi-Juda-Spruch, nur fehlt hier ein erster Teil, der Aufruf zum Gehorsam diesen beiden Stämmen gegenüber [104].

In 6,1—7 kommt noch einmal die dualistische Geisterthematik voll zum Tragen: In v. 1—2a fordert der Patriarch seine Söhne auf, sich unter den beiden Geisterhierarchien für die Seite des Herrn zu entscheiden und sich vor dem Satan und seiner Gefolgschaft zu hüten. Den weiteren Verlauf — bis einschließlich v. 7 — bildet ein Konglomerat von Vorstellungen, die alle mit dem apokalyptischen Endkampf der beiden Mächte im Bezug auf Israel zu tun haben, aber keinen sinnvollen Zusammenhang untereinander ergeben. Christliche Bearbeitung ist zu vermuten, aber auch diese Annahme hilft für ein Verständnis des verbliebenen Textes jüdischen Ursprungs als eines zusammengehörigen Ganzen nicht recht weiter.

Zuk.

Der schon behandelten Schlußmahnung 6,8.10 und der von ihr eingeschlossenen Angabe der Motivation des Redenden in v. 9 ist noch eine ganz knappe *Bestattungsanweisung* angehängt, in der der Sterbende nichts anderes wünscht, als bei seinen Vätern beigesetzt zu werden. Dieses Formelement, das an sich in den Schlußrahmen gehört und dort auch üblicherweise erscheint, konnte vielleicht deshalb hier an das Ende des Mittelteils hinaufrutschen, weil es ebenfalls — wie dieser — im Stil der direkten Rede des Patriarchen an seine Söhne, und zwar als Verhaltensanweisung, gestaltet ist.

Best.

8) Das Testament Naphtalis

a) Anfangsrahmen

Auch der Anfangsrahmen dieses Testamentes zerfällt wieder deutlich in zwei Teile: Der überschriftartige (v. 1) enthält in der üblichen Reihenfolge die Elemente „Ἀντίγραφον διαθήκης Νεφθαλίμ", dann den Relativsatz, in dem die Adressaten der Rede, die Söhne des Sterbenden, angegeben werden sollten — eigenartigerweise setzt dieser Nebensatz hier auch „ordnungsgemäß" ein, nur nennt er nicht die Adressaten; es heißt einfach ἧς διέθετο, mehr nicht. Aus dem Vergleich mit den Anfangsrahmen der bisher behandelten Testamente allerdings wird ganz deutlich, daß — von der Form her gesehen — die Nennung der Söhne hier ausgefallen ist. Sie muß nun nicht unbedingt in den Text nachgetragen werden [104a]; denn der sehr ausführlich geratene erzählende Teil dieses Anfangsrahmens läßt ja keinen Zweifel daran, wer die Adressaten der Rede des Patriarchen sind. Es sollte nur vermerkt werden, daß unter formkritischen Gesichtspunkten hier eine eindeutige Verkürzung, nicht etwa eine Nebenform, vorliegt. Den über-

T. + N.

---

[104] Redaktionsarbeit, speziell sekundäre Zufügungen, sind vor allem in den Versen 5—8 und 10—13 zu vermuten.
J. Becker, Untersuchungen, S. 349—354, hat sich damit eingehend befaßt, ebenfalls E. Cortès, Discursos, S. 233—235.

[104a] Wie MS m es getan hat.

schriftartigen Teil beschließen der *Hinweis auf den bevorstehenden Tod* Naphtalis und die *Angabe seines Lebensalters* [105].

In der ausführlichen *Situationsbeschreibung* ähnelt der erzählende Teil des Anfangsrahmens dieses Testamentes stark dem des TestRub. Der Patriarch, noch bei guter Gesundheit, lädt seine Söhne zu einem Gastmahl ein (v. 2) — sogar das genaue Datum dafür, Monat und Tag, wird angegeben — und verkündet ihnen am Tag darauf, morgens nach dem Aufwachen, *seinen nahenden Tod*, stößt mit dieser Ankündigung allerdings auf Unglauben (v. 3). Daraufhin versichert er es noch einmal unter Lobpreis des Herrn (v. 4) und beginnt seine Rede an seine Söhne mit einer zweigliedrigen *Redeeinleitungsformel* (v. 5) [106].

Schlußrahmen

Kap. 9, der Abschluß des TestNaph, setzt mit einer *Redeabschlußformel* (v. 1a) ein, die den Eindruck erwecken will, als ob der Patriarch seinen Söhnen noch weitere Verhaltensanweisungen (damit wird das bisher Gesagte pauschal als Paränese deklariert) aufgetragen hätte, die nicht mehr niedergeschrieben worden seien. Nur der Schluß dieser, dem Leser unbekannt bleibenden Anordnungen wird in indirekter Rede mitgeteilt: Es ist der schon bekannte Wunsch des Sterbenden, nach seinem Tode in Hebron bei seinen Vätern bestattet zu werden (v. 1b).

Nach dieser letzten Bitte *stirbt* Naphtali ἐν ἱλαρότητι ψυχῆς („mit fröhlicher Seele") (v. 2). Der folgende Vers (v. 3), gleichzeitig der letzte des ganzen Testamentes, vermerkt nur noch den Gehorsam gegenüber „allem, was ihnen ihr Vater Naphtali befohlen hatte". Es ist klar, daß damit nicht gemeint sein kann und will, daß die Söhne alle Anweisungen ihres Vaters tatsächlich befolgt hätten. Gerade das Gegenteil davon, den damaligen Ungehorsam der Söhne allesamt gegenüber ihren Vätern als Grund der gegenwärtigen Misere, wollen ja alle Testamente im Rahmen der TestXIIPatr. ihren Lesern nachdrücklich vor Augen führen. Dem entspricht auch im TestNaph ein Passus, das SER-Stück in Kap. 4, das keinesfalls etwa die Söhne Naphtalis als die einzig gehorsamen oder auch nur als gehorsamer als die anderen Patriarchensöhne hinstellen will; vielmehr seien sie genauso „vom Herrn abgefallen" (4,1) wie all die anderen auch. Der Gehorsam kann sich also nur auf das Befolgen der *Bestattungsanweisungen* beziehen; etwas anderes ist auch vom formkritischen Standpunkt aus an dieser Stelle nicht zu erwarten. (Vgl. TestJuda 26,4, eine auch in der Wortwahl völlig gleiche Stelle, in der durch einen Nachsatz, der die Bestattung berichtet, kein Zweifel am Verständnis des ganzen Passus gelassen wird; in gleicher Weise auch TestAss 8,2.) [107]

---

[105] Unterschiede in der Textüberlieferung, die den berichtenden Hinweis auf den bevorstehenden Tod und die Altersangabe betreffen, haben hier im Rahmen der Bestimmung der Form keine Bedeutung.

[106] MS l bietet hier nur eine eingliedrige Redeeinleitungsformel.

[107] MSS m f fügen dem Ende von v. 3 noch eine Altersangabe hinzu.

Margin notes (right):

Hinw. a. d. bev. Tod (bericht.)
Altersang.
Sit.

Hinw. a. d. bev. Tod (pers.)
Redeeinl.

Redeabschl.

Best.
Tod

Best. d. d. S.

b) *Mittelteil*

Der Patriarch beginnt seine Rede mit einem *Rückblick auf die eigene Vergangenheit.* Am ausführlichsten kommen darin die näheren Umstände seiner Geburt und seiner Namensgebung zur Sprache, veranlaßt durch eine entsprechende Tradition des Alten Testamentes (Gen 30, 1—4 f.), ganz ähnlich wie in TestAss 1 [108], und der Stammbaum einschließlich Namens-ätiologie seiner Mutter Balla (1,6—12). 2,1 fügt dem eine ganz knappe Charakterisierung seiner Jugend an, die deutlich auf den ersten Teil von Gen 49,21, des Segens Jakobs für Naphtali, Bezug nimmt. Damit ist dieser Rückblick bereits zu Ende, ohne daß er irgendwie Vorbildcharakter für die Zuhörer gewonnen hätte. Diese familiären Informationen allein hätte der Vater seinen Söhnen, um in der Fiktion zu bleiben, durchaus ersparen kön-nen. Das mußten sie doch längst wissen!

Man kann daran deutlich den „Zwang der Form" erkennen: Ein Form-element wird aufgenommen einfach deswegen, weil es in die Form gehört, ohne daß es in seinem neuen Kontext einen Sinn ergäbe. Der Verfasser der TestXIIPatr. stellt auch an den Anfang des TestNaph einen Rückblick auf das Leben des Patriarchen, so wie er es bei allen bisher behandelten Testamenten getan hat, ohne daß er aber anscheinend aus den wenigen In-formationen, die ihm für das Leben Naphtalis zur Verfügung stehen, einen irgendwie gearteten Vorbildcharakter erheben könnte. Trotzdem möchte er offensichtlich nicht auf das Formelement „Rückblick auf die Vergangen-heit" verzichten.

Mit 2,2 wird der Rückblick abrupt abgebrochen, und etwas Neues, eine Weisheitsrede, setzt unvermittelt und ohne irgendeinen Übergang oder eine Verbindung zum Vorherigen ein. Damit ist auch schon das Hauptproblem des TestNaph angesprochen, seine völlige literarische Uneinheitlichkeit. Die-ses Testament bietet sich dem Leser dar als eine Aneinanderreihung und Ineinanderschachtelung von Einzelstücken und Einzelthemen, die in ihrer Selbständigkeit recht gut wiedererkannt werden können, da jeweils gar keine oder nur eine geringe Verbindung zum Kontext gesucht wurde. Dabei ist der Mittelteil des TestNaph von der Form her gesehen durchaus als geschlossen zu bezeichnen: Wir finden in ihm die gleichen großen Unter-teilungen wieder wie auch in den anderen Testamenten der TestXIIPatr.:

Rückblick auf die Vergangenheit   1,6—2,1
Verhaltensanweisungen   2,2 — 3
Zukunftsansage   4—8,3 [109]
(Schlußmahnung   8,4—10)

Man wird beides, literarische Uneinheitlichkeit und formale Geschlos-senheit der großen Abschnitte untereinander, zur Kenntnis nehmen müssen, ohne der Versuchung zu unterliegen, einen „Urtext", einen „Grundstock"

---

[108] Erstaunlich, daß TestDan sich in keiner Weise auf Gen 30 bezieht, TestNaph dafür aber umso ausführlicher.

[109] Bis auf 7,2—4, einem eingeschobenen kurzen Rückblick auf die Vergangen-heit.

erheben zu wollen; denn welche der in sich abgerundeten und selbständigen Einzelstücke soll man für ursprünglich, welche für sekundär erachten? Die Auswahl müßte Willkür sein. Wirklich stichhaltige Argumente, die für eine Entscheidung hilfreich sein könnten, bieten sich nicht an. Daher bleibt nur zu konstatieren, daß der Verfasser der TestXIIPatr. in diesem Testament kaum mehr als Redaktionsarbeit geleistet hat: Unter dem „Zwang der Form" (Abfolge der einzelnen Elemente) hat er ihm vorliegende Traditionen, z. T. sicher auch bereits schriftlich fixierte Einzelstücke, aufgenommen und in eine bestimmte Reihenfolge gebracht, ohne großen Wert auf eine engere Zusammenarbeitung zu legen.

Auch in den anderen, bisher behandelten Testamenten wurde ja vorliegendes Material verarbeitet, aber in der Regel so, daß es in einen großen, sinnvollen Zusammenhang eingebracht wurde. Warum das hier, in Test-Naph, nicht auch der Fall ist, bleibt im Dunkeln [110].

Im Bereich der *Verhaltensanweisungen* lassen sich deutlich zwei Richtungen unterscheiden, die beide zu einer bestimmten Verhaltensweise aufrufen, das aber in ganz unterschiedlicher Weise tun: man könnte die eine handlungsorientiert, die andere erkenntnisorientiert nennen. Die erste warnt vor den Lastern und preist die Tugenden — sie ist im Corpus der Verhaltensanweisungen auf 3,1 beschränkt; die zweite ruft auf zur Erkenntnis und Einhaltung der von Gott gesetzten Ordnung in der Welt. Diese Ordnung wird erst einmal in einer Weisheitsrede [111] beschrieben, und zwar hauptsächlich am Beispiel Mensch (2,2—8). Dann folgt eine Anweisung zu einem Verhalten, das dieser Ordnung entspricht (v. 9), verbunden mit einer Begründung anhand eines weiteren Beispieles, aus dem heraus sofort wieder eine Analogie gebildet wird (v. 10). In dieser Art etwa könnte durchaus ein Weisheitslehrer mit einem Gesprächspartner disputieren. In 3,2—5 setzt sich diese Thematik fort, auch vom Stil her ganz dem vorherigen Kapitel vergleichbar: Beschreibung der Ordnung (v. 2a), Aufforderung zu einem dieser (erkannten) Ordnung entsprechenden Verhalten (v. 2b. 4a), Begründung durch Beispiele (v. 3.4b.5).

In dieser ganzen Abhandlung zum Thema Ordnung fallen allerdings Unterschiede auf: In der Regel wird dualistisch argumentiert, wie es übrigens auch die handlungsorientierte Anweisung in 3,1 auf ihre Weise tut: Der Ordnung steht die Unordnung gegenüber, dem Gesetz des Herrn das Gesetz Beliars, dem Licht die Finsternis. Nicht so v. 8 in Kap. 2: „Alles

Verh.

---

[110] Damit kann ich mich dem Verfahren J. Beckers, Untersuchungen, S. 214 bis 228, einen einheitlichen Grundstock des TestNaph herauszukristallisieren, nicht anschließen. Seinem Lösungsvorschlag könnte ich schon deshalb nicht zustimmen, weil er um der Einheitlichkeit willen den gesamten Komplex der Verhaltensanweisungen ausschaltet mit Ausnahme des Levi-Juda-Spruches in 8,2, der aber seinem Wesen nach mehr die Intention von Zukunftsansage als die einer Verhaltensanweisung verfolgt.

[111] Keinesfalls kann man das eine „dogmatische Unterweisung über die Schöpfung" nennen, wie J. Becker, Untersuchungen, S. 214, das tut. Dogmatik und Weisheit sind etwas Grundverschiedenes.

hat Gott in Ordnung gut gemacht" (πάντα γὰρ ἐν τάξει ἐποίησεν ὁ θεὸς καλά). Es scheint keinen Antipoden, keinen bösen Widerpart zu geben; in der Ordnung der Natur jedenfalls ist alles am rechten Fleck und sinnvoll. Die Leber ist zum Zorn da und die Galle zur Bitterkeit genauso wie die Haare zum Schmuck und das Herz zum Denken — alles ist gleich gut, es fällt kein negatives Urteil [112].

Der Unterschied zwischen den beiden verschiedenen Denk- und Argumentationsweisen tritt allerdings nicht offen zu Tage. Sie dienen beide dem übergeordneten Thema Ordnung.

Zuk. Die nächste, vom Kontext wiederum klar abgesetzte Einheit ist das SER-Stück in Kap. 4. Der Patriarch *weissagt* seinen Söhnen, wie schon öfters unter Bezug auf eine „heilige Schrift Henochs", Abfall (v. 1), Strafe (v. 2), Umkehr (v. 3a) und Heil (Rückkehr ins Land v. 3b). Soweit halten die drei Verse sich durchaus im Rahmen des üblichen SER-Schemas, doch eigenartigerweise scheint hier ein weiteres SER-Stück dem ersten aufgepfropft worden zu sein: v. 4 kennt einen erneuten Abfall, v. 5 als Strafe weltweite Zerstreuung und endliches Heil. Die Erklärung für diese auffallende Doppelung dürfte darin liegen, daß ein Redaktor die Rückkehr aus dem Exil nicht mehr als einen endlichen Heilszustand verstehen konnte, da weder der Abfall vom Herrn im Lande noch die Zerstreuung des Volkes Israel über weite Gebiete außerhalb Palästinas ein Ende genommen hatten. Dieser seiner Meinung verschaffte er durch Anfügen der Verse 4 und 5 zutreffenden Ausdruck [113], ohne daß er damit der Auffassung des Verfassers der TestXIIPatr. etwa Gewalt angetan hätte! Das Gegenteil ist der Fall: Der Redaktor präzisiert hier die Meinung des Autors, die sich immer wieder aus den zukunftsansagenden Teilen der TestXIIPatr. belegen läßt. Der Bearbeiter bearbeitete also mit Recht [114]!

Den letzten großen, vom Kontext abgegrenzten Komplex bilden die beiden Träume in Kap. 5 und 6 und ihre Deutung in Kap. 7 [115]. Der erste Traum hat deutlich drei Teile, die klar voneinander abgehoben sind und auch ganz verschiedene Themen behandeln:

---

[112] Diese Erkenntnis hat J. Becker, Untersuchungen, S. 215 f. dazu bewogen, 2,8 ganz aus dem Zusammenhang herauszunehmen als ein selbständiges Stück. Daß er diesem Vers auch noch v. 9 und 3,2—5 zuordnet, kann jedoch nicht akzeptiert werden.

[113] So schon K. Baltzer, Bundesformular, S. 165.

[114] Daß es sich in 4,4 f. wirklich um eine sekundäre Zufügung handelt und nicht um einen bewußten Zusatz des Autors selbst, zeigt der Wandel in der Anrede: In 4,1—3 sprach der Patriarch seine Söhne an, in der 2. ps. pl.; 4,4 f. redet in der 3. ps. pl. und meint damit ganz Israel. Die Testamentsfiktion ist damit verlassen.

[115] Th. Korteweg, The meaning of Naphtali's visions, in: M. de Jonge (ed.), Studies, S. 261—290, hat die Träume in 5—7,1 mit denen im hebr. TestNaph 2—7 eingehend verglichen. Seiner These, die Wiedergabe im hebr. TestNaph stehe einer gemeinsamen ursprünglichen haggadischen Tradition näher als die im TestNaph der TestXIIPatr., kann ich mich allerdings nicht anschließen.

1. Teil (v. 1—5):
Isaak (MS g: Jakob) befiehlt seinen Enkeln (Söhnen), die Sonne und den Mond zu ergreifen. Nur Levi (Sonne) und Juda (Mond) schaffen das. Es geht also um die aus den Levi-Juda-Sprüchen bekannte Vorherrschaft dieser beiden Stämme bzw. der von ihnen repräsentierten Institutionen.

2. Teil (v. 6—8a):
Ein geflügelter Stier nimmt Joseph mit sich in die Höhe. Diese außerordentliche Bevorzugung Josephs — das ist mit diesem Bild gemeint — steht in keiner Beziehung zur Vorherrschaft Levis und Judas, obwohl die unmittelbar vorangehenden Verse davon handeln.

3. Teil (v. 8b):
Eine heilige Schrift erscheint den Jakobssöhnen und kündigt ihnen an, eine Reihe von orientalischen Völkerschaften würden die zwölf Stämme Israels gefangennehmen, eine Gerichtsverheißung also, genauer: eine Ankündigung des künftigen Exils. In dem Motiv der „heiligen Schrift" und der Aufzählung der Völkerschaften (Weltreiche) ist die Verbindung zu Daniel mit Händen zu greifen [116].

Der zweite Traum (Kap. 6) schildert eine kurze Seefahrt Jakobs mit seinen zwölf Söhnen auf einem Schiff, das aber bald in einem Sturm in Seenot gerät und zerschellt. Joseph rettet sich in einem Kahn, die restlichen Brüder werden auf Wrackteilen auseinandergetrieben, wobei Levi und Juda beieinander bleiben. Darauf bittet Levi für alle zum Herrn, der Sturm legt sich — wobei unklar bleibt, ob das auf Levis Bitten hin geschieht, — und die Brüder sammeln sich alle wieder am Ufer, wo sie auch ihren Vater Jakob wieder treffen.

Thema dieses zweiten Traumes ist die künftige Geschichte Israels analog den SER-Stücken, allerdings ohne deren Schema zu folgen — es fehlen hier beispielsweise das Element der Sünde und der Umkehr. Obwohl das Joseph- und das Levi-Juda-Thema vorkommen, liegt auf ihnen doch nicht der Ton; es geht allein um die Geschichte Gesamtisraels [117].

Diese Träume sind stilisiert als Rückblick in die Vergangenheit (Altersangabe in 5,1), obwohl auch sie wie 1,6—2,1 keinerlei Vorbildcharakter

---

[116] Die Namen der Völker und die Reihenfolge ihrer Aufzählung variieren in den einzelnen MSS. Der Bezug auf die Tradition der „vier Weltreiche" (siehe dazu M. Noth, Geschichtsverständnis) dürfte aber unbestritten sein. Gerade deshalb erscheint es m. E. nicht möglich, aus der Nennung des letzten Volkes (Syrer) auf den geschichtlichen Standort des Autors der TestXIIPatr. zu schließen. Alte Traditionen können so verfestigt sein, daß sie nicht zu jeder Zeit für eine Aktualisierung offen sind oder es gar nicht sein sollen, auch oder gerade wenn sie in dieser Zeit aufgenommen und auch in gewisser Weise modifiziert wurden. Es ist z. B. durchaus möglich, daß das Thema „Zerstreuung" *nicht* unter Bezug auf die Römerherrschaft verhandelt wird, weil dafür bereits traditionell geprägte Topoi vorliegen, obwohl die Zerstreuung Israels auch unter den Römern noch andauerte.

[117] J. Becker, Untersuchungen, S. 225, spricht von sekundärem Anwachsen der Verse, die Joseph und Levi-Juda betreffen.

zeigen, sondern ihr alleiniger Zweck in der Zukunftsansage liegt, speziell in der Ankündigung des zukünftigen Geschickes Israels. Genau darauf läuft dann auch die Deutung beider Träume in 7,1 hinaus, wobei bezeichnenderweise die Joseph- und Levi-Juda-Abschnitte außeracht bleiben.

7,2—4 gehören eigentlich gar nicht recht dazu. Sie heben lediglich sozusagen ein Nebenprodukt der zwei Träume hervor: Der Vater Jakob erkennt beglückt, daß sein totgeglaubter Sohn Joseph noch leben müsse, da er in den Träumen erscheine bzw. mitgezählt werde.

In 8,1 zieht der Patriarch das Fazit aus den beiden Träumen einschließlich ihrer Deutung und begründet damit zugleich, warum er sie seinen Söhnen eigentlich erzählt hat: Sie kennen nun die Zukunft Israels, die „letzten Zeiten" (καιροὺς ἐσχάτους), — und sollen sich danach richten, darf man wohl sinngemäß hinzufügen [118].

Man dürfte also eine anschließende Verhaltensanweisung erwarten, und die kommt auch, allerdings sehr speziell: Es ist ein Levi-Juda-Spruch (8,2 f.), der ganz traditionell nur dazu auffordert, die Vorherrschaft Levis und Judas anzuerkennen, da von ihnen das endliche Heil Israels ausgehe. Der Bezug auf den Kern der beiden Träume, der sich auch in deren Deutung niederschlägt, die Ansage des künftigen Geschickes Israels also, fällt unter den Tisch; ein Randthema, die Vorzugsstellung Levis und Judas, wird alleinige Aussage des ganzen Spruches. Es ist daher auch hier vielleicht sinnvoller, 8,2—3 als eine eigene, in sich geschlossene Einheit zu sehen, ohne Bezug auf den Kontext.

Das TestNaph bzw. sein Mittelteil schließt mit zwei Schlußmahnungen, die sich jeweils auf die beiden verschiedenen Ausprägungen von Verhaltensanweisung in Kap. 2—3 beziehen, und wie dort die beiden Typen von Paränese keine Verbindung, kein Verhältnis zueinander haben, so auch hier: 8,4—6 verallgemeinert die rechte Verhaltensweise, die in 3,1 als Abwehr des Lasters und Nachfolge der Tugend definiert und unter diesem Gesichtspunkt konkretisiert wurde, insofern als hier ganz pauschal Segen dem, der „das Gute tut", und Fluch dem, der „das Gute nicht tut", verheißen werden. In dieser Verallgemeinerung kann man 8,4—6 gut als Schlußmahnung, als „Moral" der handlungsorientierten Paränese auffassen.

Die nächsten Verse, 7—10, die den Mittelteil des TestNaph beschließen, gehören ebenso eindeutig zur erkenntnisorientierten Paränese. Hier wird das Thema „Ordnung" wieder aufgegriffen, eigenartigerweise aber ohne jeden dualistischen Hintersinn. Die Verse ermahnen nur dazu, das Rechte zur rechten Zeit zu tun, andernfalls falle man in Sünde. Daraus ist nicht auf einen dahinterstehenden Widerpart der Ordnung zu schließen; vielmehr wird nur dazu aufgerufen, die Gunst der Stunde zu erkennen. Genau dieser Intention gemäß ermuntert der Patriarch seine Söhne im letzten Vers (10), nun als solche, die die Ordnung Gottes erkannt hätten, auch weise und verständig zu sein, damit Gott sie liebe. Dieser letzte Vers ist auf jeden Fall als Fazit, als Schlußfolgerung aus dem Thema „Ordnung" und

---

118 Auch hier wieder die Angabe der Motivation — abgeschwächt in ähnlichem Sinn auch schon in 4,1.

damit als Schlußmahnung dieses Teiles anzusehen, wenn man das nicht schon für den ganzen Passus 8,7—10, der den Mittelteil des TestNaph beschließt, gelten lassen will.

9) *Das Testament Gads*

a) *Anfangsrahmen*

Der überschriftartige Teil der einleitenden Umrahmung dieses Testamentest ist fast traditionell gestaltet: Er beginnt mit „Ἀντίγραφον διαθήκης Γάδ", T. + N.
gefolgt von einem Relativsatz, der die *Adressaten* der Rede nennt, seine Adr.
Söhne, und einer Angabe seines *Lebensalters*. Der Hinweis auf den bevor- Altersang.
stehenden Tod in der berichtenden Form und auch eine Vergleichsdatierung fehlen [119].

Recht unterschiedlich überliefert ist der erzählende Teil: Die MSS m a e und f und die erste slavische Rezension lassen ihn überhaupt weg; alle anderen MSS außer den MSS c h i j, die noch ein weiteres Element bringen, kennen nur eine *Situationsbeschreibung:* die MSS b l c h i j und vier arme- Sit.
nische MSS fassen sie extrem kurz [120]; demgegenüber erweitern bereits leicht die MSS d und g [121]; eine relativ ausführliche Darstellung der Situation schließlich findet sich in der zweiten slavischen Rezension, nach der der Vater seine Söhne zusammenruft, bevor er zu ihnen zu reden beginnt, und als letztes in einer weiteren armenischen MS, die auch die Töchter ausdrücklich zu den Angeredeten hinzuzählt.

Der Anfangsrahmen dieses Testamentes ist so kurz, daß alle diese wenigen und knapp gehaltenen Formelemente in einem einzigen Vers Platz haben (1,1).

Nur die schon erwähnten MSS c h i j haben am Anfang des zweiten Verses noch eine einfache, eingliedrige *Redeeinleitungsformel* [122]. Redeeinl.

Schlußrahmen

Mit den Versen 3—5 des Kap. 8 endet das TestGad. Eine eigene Redeabschlußformel fehlt hier — so wie bisher nur im Schlußrahmen des Test-Iss [123]. An deren Stelle tritt die Bemerkung, der Patriarch habe ein wenig

---

[119] Diese Kürze dürfte die MS d dazu verleitet haben, den Hinweis auf den bevorstehenden Tod in der Berichtsform nachzutragen, und zwar an der Stelle, an der er auch üblicherweise erscheint: zwischen Adressat und Altersangabe.
Alle sonstigen Varianten, die die einzelnen MSS für diesen Teil des Anfangsrahmens bieten, verändern die Form nicht.

[120] λέγων αὐτοῖς, λέγων bzw. καὶ εἶπεν αὐτοῖς, εἶπε δὲ αὐτοῖς.

[121] καλέσας γὰρ εἶπεν αὐτοῖς bzw. καλέσας γὰρ αὐτοὺς εἶπεν.

[122] Welcher dieser einzelnen Überlieferungen der Vorrang zu geben ist, läßt sich nur schwer entscheiden. Dem ganzen Duktus nach dürfte jedenfalls die ursprüngliche Fassung kurz gewesen sein.

[123] Nur das MS d tanzt hier — wie schon im Anfangsrahmen — aus der Reihe: Es ersetzt den gesamten v. 3 (einschließlich der Bestattungsanweisungen) durch eine kurze Redeabschlußformel. Eine zusätzliche Redeabschlußformel am Anfang von v. 4 hat MS m.

ausgeruht, also geschwiegen, bevor er seine Zuhörer noch einmal angesprochen und ihnen die Anweisung gegeben habe, *ihn bei seinen Vätern zu begraben* (v. 3). V. 4 schildert in knappen Worten den *Tod* Gads, v. 5 seine *Beisetzung* in Hebron, fünf Jahre nach seinem Tod [124].

b) *Mittelteil*

Dem Anfangsrahmen folgt als erster größerer und in sich geschlossener Abschnitt ein *Rückblick auf die Vergangenheit* (1,2—2), der fast ganz vom Thema der Untat der Brüder an Joseph beherrscht wird, ähnlich dem TestSeb 1,4—4. Der Rückblick demonstriert hier den Haß, die anschließenden Verhaltensanweisungen warnen vor dessen Folgen. Zuerst allerdings stellt sich der Patriarch (seinen Söhnen!) wieder in kurzen Worten vor und charakterisiert seine Jugend (1,2 f.): Er sei „tapfer bei den Herden" gewesen und habe jedes wilde Tier, das sich nachts an die Tiere heranschlich, verfolgt, durch die Luft geschleudert und so getötet [125]. Mit v. 4 kommt nun Joseph ins Spiel, recht unvermittelt und wohl nur durch das Stichwort „Herde" mit den vorhergehenden Versen verbunden: In freier Aufnahme von Gen 37,2 läßt der Verfasser den Patriarchen schildern, wie Joseph zusammen mit seinen Brüdern die Herden bewachte, die Hitze aber nicht vertragen konnte (v. 5) und deshalb zu seinem Vater nach Hebron zurückkehrte. Dort habe er dann die Söhne der Zilpa und der Balla verleumdet, speziell aber den Erzählenden, Gad (v. 6f. 9b), was in diesem einen maßlosen Zorn gegen seinen Bruder Joseph entfachte (v. 8.9a).

Kap. 2 berichtet von dem üblen Vorsatz, mit dem Gad seinem abgrundtiefen Haß Luft machen wollte: Er faßte den Entschluß, Joseph zu töten, noch bestärkt durch die Träume, mit denen dieser vor seinen Brüdern prahlte (Bezug auf Gen 37,5—11). Die Mordabsicht konnte nur deshalb nicht zur Tat werden, weil Juda auf Antrieb des Herrn dem zuvorkam und Joseph verkaufte, um so Brudermord in Israel zu verhüten [126].

---

[124] Konsequenterweise müßte man noch eine Bemerkung über die Sarglegung bzw. über eine vorläufige Bestattung in Ägypten finden, wenn der Patriarch erst 5 Jahre nach seinem Tod endgültig beigesetzt wurde. Die MSS d und m tragen das auch am Anfang von v. 5 nach. Sie schildern auch die Beerdigung in Hebron in ganz anderen Worten, also unabhängig von den übrigen MSS. Ob diese MSS tatsächlich eine eigene, ursprünglichere Textgestaltung repräsentieren oder — was wahrscheinlicher ist — sekundär glätten, kann nur eine gründliche Untersuchung zur Stelle erweisen, die hier nicht geleistet werden kann.

[125] In ganz ähnlichen Termini rühmt Juda in TestJuda 2 seine Stärke.

[126] So die Version der MSS c h j. Sie dürfte die ursprüngliche sein gegenüber den anderen Überlieferungen, die in v. 4 neben dem Haß noch als zusätzlichen Antrieb zum Mord die Habsucht ins Spiel bringen, die aber im Kontext keine irgendwie geartete Verankerung aufweist (so auch J. Becker, Untersuchungen, S. 357 f., gegen E. Cortès, Discursos, S. 245 Anm. 306).

Die nun folgenden *Verhaltensanweisungen* bilden den größten Komplex
im TestGad (Kap. 3—7). Sie sind eingerahmt vorne durch die überschrift-
ähnlichen Verse 3,1 und auch 4,1, die das Thema angeben (Warnung vor
dem Geist des Hasses) und damit die Folgerung ziehen aus dem Rückblick
auf die Vergangenheit, und am Ende durch den abschließenden Vers 7,7,
der das Fazit aus den Ausführungen in Kap. 3—7 zieht und damit die
Funktion der Schlußmahnung exakt erfüllt.

Die Kap. 3—7 sind allerdings nicht ganz einheitlich. Obwohl durch die
Warnung vor dem Haß als eine verbindende Klammer zusammengehalten,
lassen sich doch im einzelnen verschiedene Variationen in der Bearbeitung
dieses Themas erkennen: [127]

Kap. 3 kennzeichnet den Haß als einen Feind aller positiven Handlungen der Menschen. Ein Hassender steht demzufolge jeder gottgerechten Tat
eines Menschen ablehnend gegenüber; er selbst ist nur zu verwerflichem
Tun fähig, weil seine Seele von Haß verblendet ist. Das untermauert der
Patriarch durch Verweis auf seine eigene Verhaltensweise gegenüber Joseph.

Kap. 4 stellt Gad dem Haß die Liebe zum Nächsten gegenüber. Beide,
Haß und Liebe, sind die Gegenpole par excellence im Leben der Menschen
miteinander, die das Funktionieren der menschlichen Gemeinschaft entscheidend bestimmen: So wie die Liebe selbst Tote lebendig machen kann, so
will der Haß alles Leben töten (v. 6) [128].

5,1 bringt ein neues Gegensatzpaar ins Spiel: auf der einen Seite den
Haß und die Lüge, auf der anderen die Wahrheit. Der Haß, der hier durch
die Lüge näher definiert wird, verkehrt alles Bestehende in sein (übles)
Gegenteil (Finsternis hält er für Licht, Süßes nennt er bitter) und leitet
zu allem Bösen an.

5,2 zieht daraus den Schluß, den Haß zu fliehen und der Liebe des
Herrn anzuhangen, ist also offenkundig in diesem Zusammenhang fehl
am Platz, sondern gehört thematisch zu Kap. 4.

5,3—6 stellen dem Haß die Rechtschaffenheit (δικαιοσύνη), die Demut
(ταπείνωσις) und die Furcht Gottes (φόβος τοῦ ὑψίστου) gegenüber, die alle
drei den Haß besiegen und den Menschen zum Guten anleiten. Der Patriarch beruft sich darauf, dies erkannt zu haben, als er wegen seiner üblen
Tat an Joseph Buße getan habe (v. 6).

Damit ist die Überleitung geschaffen zu den nächsten beiden Versen 7
und 8, die die Reue in den Mittelpunkt stellen als eine Tugend, die alles
wieder ins rechte Lot zu rücken vermag. Nicht so recht in diesen Zusam-

---

[127] Die Beurteilung der Kap. 3—5 nach Gliederung und Thematik weicht von
der J. Beckers, Untersuchungen, S. 358—360, grundsätzlich ab. Auch E. Cortès,
Discursos, S. 245—247, wendet sich gegen Becker. Er hält die ganze Passage für
zusammengehörig und ursprünglich.

[128] Solche Gegensatzpaare, im Grunde ja weitgehende Vereinfachungen, sind
typisch für eine Situation der Belehrung und Ermahnung. In der alttestamentlichen
Spruchweisheit können die meisten Mahn- und Weisheitsworte letztlich auf die
Polarität „Weg des Lebens" — „Weg des Todes" zurückgeführt werden (siehe auch
den Exkurs S. 66—71).

R. a. d. V. menhang passen wollen die letzten Verse von Kap. 5, die Verse 9—11. Hier blendet der Patriarch wieder zurück in seine eigene Vergangenheit und berichtet, wie er für sein Vergehen an seinem Bruder von Gott gestraft wurde. Nicht die Reue war es also, die die Missetat aus der Welt schaffte, sondern die Bestrafung, die Sühne. Das ist ein jeweils ganz verschiedener Gedankengang, der auch dem Hörer eine unterschiedliche Verhaltensweise nahelegt. Zweierlei fällt noch bei der Argumentation in 5,9 bis 11 auf: Einmal die Tatsache, daß Gad gestorben wäre, hätte nicht sein Vater Jakob für ihn Fürbitte eingelegt (v. 9). Das ist schon bekannt aus TestRub 1,7; 4,4. Zum zweiten formuliert Vers 10 ganz abstrakt eine Wiedervergeltungslehre, die besagt, daß jeder Mensch an dem Körperteil gestraft werde, mit dem er gesündigt habe, ja v. 11 geht noch weiter: Sogar die Zeiten der Sünde und der Bestrafung, d. h. ihre jeweilige zeitliche Erstreckung, entsprechen einander [129].

Kap. 6 steht unter dem Thema „Liebe zum Bruder" und greift damit zurück auf Kap. 4 und 5,2. Dabei erwecken die Verse 3—7 den Eindruck eigenständiger Tradition, die aber hier gut und sinnvoll in den Kontext eingefügt wurde [130].

Auch 7,1—6 fällt nicht aus dem Rahmen der Bruderliebe, doch geht es hier bereits um einen spezielleren Aspekt dieser Tugend, nämlich wie man sich als Armer gegenüber wohlhabenden Bürgern verhalten soll. Die Tendenz geht hier dahin, einen, der mehr Glück hat, nicht zu beneiden — dadurch verbunden mit 3,3; 4,5 —, ja die Armut höher zu schätzen als den Reichtum. Der ebionitische Charakter kommt in v. 6 ganz deutlich zum Ausdruck: „Der Arme und Neidlose, der in allen Dingen dem Herrn dankt, der ist über die Maßen reich..."

Man wird auch hierin ein Stück eigener Tradition zu sehen haben, obwohl das Lob des Ackerbaus in TestIss auch in diese Richtung tendieren dürfte.

Die Frage nach der Einheitlichkeit des Komplexes der Verhaltensanweisungen in Kap. 3—7 — zur Zeit der Abfassung durch den Autor der TestXIIPatr. — soll hier über das Gesagte hinaus nicht geklärt werden. Nur noch eine letzte Beobachtung dazu: Die Schlußmahnung in 7,7, die

---

[129] Was hier in einer abstrakten Sentenz dargestellt wird, dafür liefern 2. Makk 5, 10; 15,32 f. konkrete Beispiele. Diese in spätjüdischer Zeit weitverbreitete Vorstellung, jeder Sünder werde an dem Glied gestraft, mit dem er gesündigt habe, dürfte ihre Vorläufer schon im AT haben. (Das Vergehen des Täters wird auf ihn „zurückgewendet".) Dazu siehe K. Koch, Gibt es ein Vergeltungsdogma im Alten Testament?, in: ZThK 52, 1955, S. 1—42.

[130] J. Becker, Untersuchungen, S. 360 f., setzt sie in enge Verbindung zu „Regeln zur Gemeindezucht", wie sie in Lk 17, 3 f., Mt 18, 15 ff.; 1 QS 5, 23—6, 1 und an anderen Stellen vorliegen.

Davon auszunehmen ist allerdings 6, 5, ein eingeschobener Weisheitsspruch, der in Prv 25, 9 f. und JesSir 18, 7—9 seine nächsten Parallelen hat.

E. Cortès, Discursos, S. 248—250, hält nur 6,5 für sekundär. Ansonsten versteht er das ganze Stück Kap. 6—7 als eine literarische Einheit.

hier wie sonst die Funktion hat, den Mittelteil, speziell die Verhaltensanweisungen abzuschließen, erhebt in diesem Fall eindeutig den Gegensatz Haß — Nächstenliebe zum Oberthema für alles Vorhergehende. Ob damit die anderen Ausführungen zum Thema „Haß" als sekundäre Zufügungen unter den Tisch fallen oder aber als gewollte Variationen des einen Themas anzusehen sind, soll im Rahmen dieser Arbeit offen bleiben.

Der Teil der *Zukunftsansagen* innerhalb des TestGad ist sehr kurz ausgefallen, aber dennoch vorhanden, ohne daß ein Grund ersichtlich wäre, ihn als nachträgliche Interpolation anzusehen. 8,1 hat einen knappen Levi-Juda-Spruch, der — wie üblich — zum Gehorsam diesen beiden Stämmen gegenüber aufruft, da aus ihnen das Heil für Israel käme. Ohne daß man einen inhaltlichen Zusammenhang erkennen könnte, folgt in v. 2 das erste Element eines SER-Stückes, das nur auf den künftigen Abfall der Nachkommen Gads verweist, ohne eine Aussage über Umkehr und Heil anzufügen. Warum beide fehlen, bleibt im Dunkeln. Auch die Annahme einer christlichen Redaktion, die nur hier, nicht aber auch an anderen entsprechenden Stellen (SER-Aussagen) gekürzt hätte, ist keine befriedigende Lösung.

Zuk.

In vielem gleicht dieses Testament dem TestDan, besonders in der Personifikation der Tugenden und der Laster [131]. Zu solchen schicksalwirkenden Mächten [132] werden erhoben der Haß, die Lüge, der Neid, die Nächstenliebe, die Rechtschaffenheit, die Demut, die Gottesfurcht und die Reue [133]. Auch in der Fixierung von Gegensatzpaaren ähneln sich beide Testamente: Waren es im TestDan im wesentlichen Zorn und Lüge, die gegen die Wahrheit standen, so finden sich hier mehrere solcher Polarisierungen: Haß — Liebe (4; 5,2; 6,1 f.; 7,7); Haß, Lüge — Wahrheit (5,1); Haß — Rechtschaffenheit, Demut, Gottesfurcht (5,3—6). Auch der Dualismus, wie er im TestDan breit ausgeführt wurde, findet sich hier, allerdings nicht in solcher Häufigkeit und mit solchem Nachdruck und nicht in der Ausbildung einer direkten Hierarchie. Immerhin ist 4,7 mit seinem bedingungslosen Dualismus sicherlich als eine Zentralstelle im TestGad anzusehen:

> „Denn der Geist des Hasses wirkt durch den Kleinmut mit dem Satan in allen Dingen zusammen zum Tode der Menschen;
> der Geist der Liebe aber wirkt durch Langmut zusammen mit dem Gesetz Gottes zur Errettung der Menschen."

Hier stehen sich also feindliche Mächte gegenüber: Haß und Liebe, Kleinmut und Langmut, Satan und Gesetz Gottes. Auf den Charakter

---

[131] Zum Folgenden siehe die Ausführungen zum TestDan auf S. 44.

[132] G. v. Rad, Weisheit, S. 193 Anm. 3, steht der Anwendung des Begriffes „Hypostase" auf den israelitischen Bereich mit Recht kritisch gegenüber.

[133] Derartige Personifikationen kommen auch schon innerhalb des AT vor: die Weisheit (חכמה) in Hiob 28, die Weisheit, Vernunft (תבונה), Klugheit (ערמה) und Einsicht (בינה) in Prv 8.

dieses Dualismus wird bei der Behandlung des nächsten Testamentes noch näher einzugehen sein [134].

10) *Das Testament Assers*

a) *Anfangsrahmen*

T. + N.
Adr.
Altersang.

Der überschriftartige Teil (v. 1) beginnt wieder mit „ Ἀντίγραφον διαθήκης Ἀσήρ" und fährt fort mit der Nennung der *Adressaten* der Rede, der Söhne Assers, in einem Relativsatz, dem die Angabe des *Lebensalters* des sterbenden Patriarchen angefügt ist [135]. Daß der Patriarch stirbt, wird weder in diesem noch im folgenden erzählenden Teil des Anfangsrahmens deutlich ausgesprochen, trotzdem ist es für den Leser selbstverständlich aus zwei Gründen: Einmal fehlt es nicht an diesbezüglichen Andeutungen (der Begriff „διαθήκη" an sich, die Situationsbeschreibung in v. 2: „er war noch gesund, als er zu ihnen sprach:"), doch diese Andeutungen allein würden nicht genügen, wenn das TestAss eine eigenständige Schrift wäre. Der Hauptgrund ist also seine Stellung inmitten der anderen elf Testamente der TestXIIPatr., die — in ihrer Gesamtheit gesehen — keinen Zweifel daran lassen, daß es sich bei ihnen um Sterbereden handelt. Dieser Kontext qualifiziert auch das TestAss, sogar in dem Maße, daß wichtige Formelemente wie hier der Hinweis auf den bevorstehenden Tod, in begrenztem Umfang natürlich nur, fehlen können, ohne daß der Charakter der Gesamtform sich dadurch änderte. Man sieht hieran deutlich, wie sehr die TestXIIPatr. zusammengehören, als eine geschlossene Einheit zu betrachten sind, obwohl jedes Einzeltestament für sich die Fiktion der Eigenständigkeit aufrechterhält [136].

Sit.
Redeeinl.

Der erzählende Teil des Anfangsrahmens (v. 2) fällt wieder recht kurz aus: Der schon erwähnten knappen *Situationsbeschreibung* folgt eine eingliedrige *Redeeinleitungsformel,* durch die der Redner die Umstehenden auffordert, der nun folgenden Rede zuzuhören [137]. Dieser Formel angehängt und damit der Rede vorgeordnet ist noch eine Inhaltsangabe, in der der Patriarch seinen Söhnen ankündigt, er werde ihnen im folgenden „alles, was recht ist vor Gott," aufzeigen. Solch eine Inhaltsangabe, die

---

[134] Hinter all diesen Polaritäten stehen auch im TestGad Gottesfurcht und Nächstenliebe als die obersten Prinzipien da, zu deren Befolgung der sterbende Patriarch seine Söhne aufruft. Das wird ganz deutlich in 4,1 f. (vgl. dazu die Ausführungen zu TestIss 7,5b—6 S. 33 f. und S. 98).

[135] Bei der Altersangabe differieren die MSS geringfügig.

[136] Das spricht gegen verschiedentliche Versuche, aus den TestXIIPatr. ein oder zwei Urtestamente herauszuheben, nach deren Vorbild dann die restlichen gestaltet seien, siehe Einleitung, S. 2 f., und S. 107.

[137] J. Becker, Untersuchungen, S. 364, trennt hier nicht zwischen Redeeinleitungsformel und Inhaltsangabe, sondern faßt beides unter dem Begriff „zweiteiliger Lehreröffnungsruf" zusammen. Er wird dabei der Eigenheit der Inhaltsangabe wie der Redeeinleitungsformel nicht gerecht.

die ganze Rede in bestimmter Weise qualifiziert, begegnet nur noch ein weiteres Mal in den TestXIIPatr., in TestLevi 1,1. Dort steht sie jedoch nicht im erzählenden Teil des Anfangsrahmens in Verbindung mit der Redeeinleitungsformel sondern als Abschluß des überschriftartigen Teils; auch ist sie anders geartet: Sie will gewissermaßen die Test.-Form umpolen. Die Zukunftsansage rückt in den Mittelpunkt, sie ist das Wesentliche der Rede des Sterbenden, die Verhaltensanweisung dagegen tritt zurück. Weil sie dadurch die Form sprengt, d. h. das Ziel der Test.-Form entscheidend verändert, dürfte sie in TestLevi 1,1 wohl sekundär sein [138].

Anders steht es an dieser Stelle, TestAss 1,2. Hier trifft sich die Inhaltsangabe mit der Intention der Test.-Form, dem Aufruf zu einer bestimmten Verhaltensweise: Sie ist auf Erkenntnis ausgerichtet und gehört damit in den Bereich der Verhaltensanweisung, der Belehrung. Hier ist die Frage schon schwerer zu entscheiden, ob wir es mit originalem Text oder späterer Einfügung zu tun haben. Jedenfalls scheint eine Inhaltsangabe generell der Test.-Form, wie wir sie in den TestXIIPatr. vorfinden, fremd zu sein. Dafür spricht auch ihre jeweils unterschiedliche Stellung innerhalb des Anfangsrahmens, in dem ansonsten in der Regel jedes Formelement einen bestimmten Platz innehat [139].

Schlußrahmen

Mit einer *Redeabschlußformel* (8,1) wird das Ende der Rede markiert; doch der Patriarch setzt noch einmal ein, allerdings nur, um eine knappe *Bestattungsanweisung* zu geben. Es ist der übliche Wunsch, in Hebron beigesetzt zu werden. Dann *stirbt* Asser, indem er einschläft, „entschläft". Seine Söhne führen daraufhin aus, was der nun Tote ihnen aufgetragen hatte (v. 2); doch nicht die ganze lange Rede ist damit gemeint sondern nur die letzten Worte, die Bestattungsanweisung, wie der abschließende Halbsatz zeigt: „... sie brachten ihn nach Hebron hinauf und *bestatteten* ihn bei seinen Vätern" [140].

In MS d wurde der Text in so freier Weise verändert, daß man direkt den Eindruck gewinnen könnte, es mit einem gänzlich anderen Schlußrahmen zu tun zu haben. Nicht nur die Wortwahl ist verschieden, sondern auch die Abfolge der Formelemente: Der *Redeabschlußformel* folgen sofort

Randnotizen rechts:
Redeabschl.

Best.

Tod

Best. d. d. S.

Redeabschl.

---

[138] Siehe dazu die Ausführungen auf S. 17 Anm. 13.

[139] Das Problem der Ursprünglichkeit der Inhaltsangabe im Rahmen der Test.-Form wird uns noch einmal bei der Behandlung von Gen 49 beschäftigen (s. „Lehre der Alten II").
Nicht um eine Inhaltsangabe handelt es sich bei den zwei Bemerkungen: „Richtet mich auf, Brüder, damit ich sage ..., was ich in meinem Herzen verborgen habe" (TestRub 1,4); „Hört, Kinder, hört Simeon, euren Vater, was ich in meinem Herzen habe" (TestSim 2,1). Hier dürfte es sich um eine gängige Phrase der damaligen Rhetorik handeln, die den Inhalt der folgenden Rede in keiner Weise vorprägt.

[140] Damit ist noch einmal der Sinn von TestNaph 9,3 als Durchführung der Bestattung belegt (s. Seite 47).

Tod
Best.

der Bericht vom *Tod* Assers und seiner *Bestattung* in der Doppelhöhle von Hebron [141].

b) *Mittelteil*

TestAss fällt insofern etwas aus dem Rahmen der bisher behandelten Testamente heraus, als eine lange, ausführliche und in sich sinnvoll gegliederte Weisheitsrede (1,3—6,6) fast das ganze Testament beherrscht. Vielleicht sollte man hierfür besser den Begriff „Lehrvortrag" aufgreifen, den J. Becker [142] vorschlägt und den erst jüngst G. v. Rad [143] näher definiert hat, allerdings ohne auf unsere Stelle Bezug zu nehmen. Tatsächlich geht es um „Lehre", ja man könnte direkt sagen um „schulische Unterweisung" ein bestimmtes Problem betreffend, das nun ganz in theoretischer Manier abgehandelt wird, indem es nach allen Seiten gewendet und auf sein Für und Wider in verschiedenen Situationen des Lebens hin abgeklopft wird. Ganz in diesen didaktischen Hintergrund passen die Anrede der Hörer als „Kinder", die sowohl in der alten israelitischen wie in der mesopotamischen und ägyptischen Weisheit in der Regel nicht ein verwandtschaftliches sondern das Lehrer-Schüler-Verhältnis bezeichnete, und der Aufruf an die Hörer: Ὁρᾶτε (οὖν), τέκνα... (5,1). Die Schüler sollen lernen zu sehen, zu beobachten und aus ihren Beobachtungen die richtigen Schlüsse, die richtige Erkenntnis zu gewinnen [144].

Das Problem, um das es hier geht, ist die Polarität des Lebens:

1,3: „Zwei Wege hat Gott den Menschenkindern gegeben und zwei Ratschläge und zwei Handlungen und zwei Verhaltensweisen und zwei Ziele.

v.4: Deswegen ist alles zweierlei, eins gegenüber dem anderen."

Dieser thetischen Setzung folgt zunächst eine Näherbestimmung der zwei Wege als Weg des Bösen und des Guten, also eine Wertung (v. 5—9), und dann die Explizierung dieser These durch ihre Anwendung auf Grenzsituationen des Lebens. Ihr Tenor: Die Polarität bewährt sich auch hier; unter ihr steht das ganze Leben der Menschen; es gibt nichts Drittes, keine neutrale Position des Sowohl — Als auch. Was als solche erscheinen mag, sind nur scheinbar echte Grenzfälle, die — ihrer oberflächlichen Verschleie-

---

141 Die Bestattung in der Doppelhöhle erwähnt auch MS m.

142 J. Becker, Untersuchungen, S. 365.

143 G. v. Rad, Weisheit, S. 32 f.

144 Ebenda, S. 33 Anm. 12.

Die Anrede „Kinder" ist natürlich den gesamten TestXIIPatr. eigen, da sie ja die Situation des sterbenden Vaters, der seine Söhne ermahnt, widerspiegeln wollen. Doch ob nun Vater-Sohn oder Lehrer-Schüler steht, hat für den Inhalt an sich keine Bedeutung. In beiden Fällen belehrt ein Älterer, Erfahrener einen Jüngeren, um ihm Hilfe zur Bewältigung seines Lebens dadurch zu geben, daß er ihm die Problematik, die den verschiedenen Situationen des täglichen Lebens innewohnt, aufzeigt und ihn in ein zweckentsprechendes Verhalten einweist. Wenn das der Sinn schulischer Belehrung im Alten Orient war, dann mag das auch ein Hinweis auf den Sitz im Leben der Test.-Form sein.

rung entledigt — auf die Seite des Bösen (Kap. 2) oder des Guten (Kap. 4) gehören.

Noch bevor diese Beweisführung aber abgeschlossen ist, wird schon in einer kurzen Zwischenschaltung (Kap. 3) vor der „Zwiegesichtigkeit" (διπρόσωπος), dem Leitwort des ganzen Lehrvortrages, generell gewarnt: Wer der Güte und der Bosheit zugleich anhangen will, der dient in Wirklichkeit nicht Gott sondern nur seinen eigenen Begierden, um so Beliar zu gefallen und zu verfallen.

Aus den Ausführungen in Kap. 2 und 4 zieht nun in Kap. 5 der Unterweisende das Fazit, daß seine zu Anfang thetisch aufgestellte Behauptung zu Recht bestehe: Das Leben der Menschen steht tatsächlich unter der Polarität des Bösen und des Guten; alles ist von diesem Gegensatzpaar her bestimmt, weshalb es auch nicht möglich ist, das Recht Unrecht, die Wahrheit Lüge zu nennen [145].

Nachdem nun die Richtigkeit seiner These bewiesen ist, zieht der Belehrende die Folgerungen daraus (Kap. 6): Er ermahnt seine Hörer, mit „einfachem Gesicht" (μονοπροσώπως) der Wahrheit zu folgen, die Geister der Verführung zu hassen und das Gesetz des Herrn zu bewahren (v. 1—3); denn — und damit zieht er die Konsequenzen aus in die Zukunft — „das Ende der Menschen erweist ihre Gerechtigkeit" (v. 4): Die böse Seele wird vom bösen Geist gequält (v. 5), die gute erhält das ewige Leben (v. 6) [146].

Auf zwei Besonderheiten innerhalb dieses Lehrvortrages gilt es noch hinzuweisen: Die erste betrifft den letzten Vers des Kap. 5, den Vers 4. Er ist der einzige im ganzen TestAss mit dem Charakter eines *Rück-* *blickes auf die Vergangenheit* und zugleich der einzige innerhalb dieser

R. a. d. V.

---

[145] Durch die abschließende Feststellung in v. 3, das alles (τὰ πάντα) stehe unter der Herrschaft Gottes, erscheint der krasse Dualismus allerdings merklich modifiziert.

[146] Man sollte nicht immer vorschnell allein aufgrund formaler Ähnlichkeiten in einem Text das Bundesformular (oder sein Gliederungsprinzip) wiederentdecken wollen, wie das J. Becker, Untersuchungen, S. 366, hier tut, wobei er sich nur auf die Abfolge von Paränese und Heils-/Unheilsaussagen für die Zukunft stützt. (Segen und Fluch kann man diese Aussagen sicher nicht nennen.) Das Bundesformular hat seinen Sitz im Leben im juristischen Bereich. Jede Abweichung davon, jedes Überspringen der Form in andere Bereiche muß jeweils bei dem entsprechenden Text neu erklärt und vor allem motiviert werden. Für das TestAss wurde dieser Beweis von J. Becker nicht erbracht. Die Abfolge von Paränese und Heils-/Unheilsaussagen für die Zukunft dürfte hier einen ganz anderen Vorläufer haben: die altisraelitischen didaktischen Texte. Zuerst zu einem bestimmten Verhalten zu ermahnen und dann als Begründung dafür auf die Konsequenzen eines dementsprechenden wie auf die eines widersetzlichen Verhaltens hinzuweisen, ist typisch für ihre Argumentationsweise (als Beispiel Prv 3,27—35). Damit hat TestAss 1,3 — 6 als Lehrvortrag den gleichen Sitz im Leben wie die didaktischen Texte des AT; die Annahme einer Abwanderung der Form (Bundesformular) in einen anderen Sitz im Leben mit all den Konsequenzen, die dabei auf jeden Fall mitbedacht werden müssen, erweist sich damit als unnötig. Genaueres siehe „Die Lehre der Alten II", masch. Diss. S. 414—442.

weisheitlichen Belehrung, der persönliche Angaben des sterbenden Patriarchen enthält und somit der Situation einer Sterberede, wie sie vom Rahmen des Testamentes vorgegeben ist, gerecht wird. Das hat J. Becker exakt herausgearbeitet [147]. Man könnte seiner Argumentation noch hinzufügen, daß man hier so anschaulich wie selten den Vorgang der Kompositions- und Redaktionsarbeit nachverfolgen kann: Zuerst verankerte der Verfasser der TestXIIPatr. einen ihm vorliegenden Lehrvortrag mit Hilfe eines von ihm hinzugefügten Verses (5,4) im TestAss, ohne daß die Zufügung einen inhaltlichen Bezug zu ihrem Kontext gewonnen hätte; sie sollte nur Werkzeug sein, Mittel zum Zweck — mehr nicht. Diesen Status repräsentieren noch die MSS c h j . Die übrigen MSS, die armenische Version und die erste slavische Rezension erkannten den Mangel des redaktionellen Verses und wollten ihn durch die Anfügung des im Lehrvortrag zentralen Stichwortes μονοπροσώπως (εἰς τὸ ἀγαϑόν) am Ende des Verses auch eine inhaltliche Verbindung zum Kontext verschaffen.

Der Verfasser der TestXIIPatr. arbeitete also einen schon abgeschlossenen Lehrvortrag mit Hilfe eines verbindenden Verses in sein TestAss ein. Dieser ihm von außen zugekommene Komplex ist nun durchaus kein Fremdkörper in seinem neuen Rahmen, sondern tritt an die Stelle der

Verh. ansonsten in der Test.-Form zu erwartenden *Verhaltensanweisungen*. Auch das ist kein ungewöhnlicher, das Wesen der Test.-Form verfälschender Vorgang: Daß eine Weisheitsrede bzw. ein Lehrvortrag auf eine Verhaltensanweisung hinzielt, zeigt am besten das Spruchbuch im AT: In ihm überwiegt die reine Aussageform, die Weitergabe von Wissen, bei weitem die direkte Anrede, die Ermahnung [148], und doch will es ja wie die Test.-Form zu einem bestimmten Verhalten (oder zu verschiedenen Verhaltensweisen in je verschiedenen Situationen) anleiten. Die Einarbeitung dieses Lehrvortrages in das TestAss durch den Verfasser der TestXIIPatr. war also durchaus sinnvoll, sowohl von der Form wie von der Abzweckung beider, des Vortrages und der Test.-Form, her. Das ganze Stück 1,3 — 6 für eine spätere, sekundäre Zufügung zu halten, besteht also kein Anlaß [149].

Die zweite Besonderheit betrifft die auffallende Form der Urteile über (scheinbare) Grenzsituationen des Lebens in Kap. 2 und Kap. 4. Hier läßt sich leicht ein gemeinsames Grundschema erkennen, das in Kap. 4 eine charakteristische Erweiterung erfährt. In der einfachen Form, die in Kap. 2 vorliegt, sieht das so aus:

| 1) Eine bestimmte Situation, ein „Fall", wird geschildert: | 2,2: „Es ist ein Mensch, der kein Erbarmen hat mit dem, der ihm im Schlechten dient; |

---

[147] Untersuchungen, S. 365.

[148] Genaueres dazu bei G. v. Rad, Weisheit, S. 103.

[149] Gegen J. Becker, Untersuchungen, S. 372. Auch E. Cortès, Discursos, S. 258 f., nimmt an, daß der Autor des TestAss und damit der TestXIIPatr. die Einheit 1,3—6,6 mit Hilfe des von ihm stammenden Verses 5,4 seinem Werk eingegliedert habe.

2) Hinweis: Der Fall hat zwei Seiten (i. e. eine gute und eine schlechte)

auch das ist zwiegesichtig, (διπρόσωπον),

3) Nun wird das Gesamturteil gefällt:

aber das Ganze ist schlecht."

Nach diesem Schema werden noch vier weitere Situationen beurteilt, also außer in v. 2 noch in den Versen 3, 5, 6/7 und 8. Auch in v. 4 läßt sich die beschriebene Struktur noch erkennen, allerdings ist sie dort schon sehr stark abgewandelt und verändert.

Fielen in Kap. 2 alle Urteile negativ aus bzw. haftete allen Situationen nur der Schein des Guten an, gehörten sie aber ihrem Wesen nach auf die Seite des Schlechten, so ist das in Kap. 4 genau umgekehrt. Hier werden Verhaltensweisen beschrieben, denen nur äußerlich und zu Unrecht der Anschein des Zwiespältigen zukommt, die in Wirklichkeit jedoch ganz dem Willen Gottes entsprechen; doch auch dafür zur besseren Anschaulichkeit wieder ein Beispiel:

1) Schilderung des Falles:

4,2: „Viele, die die Bösen töten,

2) Hinweis auf die doppelte Bewertungsmöglichkeit des Falles:

vollbringen zwei Handlungen, eine gute durch eine böse (hier fehlt der Terminus διπρόσωπος),

3) Gesamturteil:

das Ganze aber ist gut;

4) Begründung:

denn der, der das Schlechte ausgerottet hat, hat es vertilgt."

Ein Element ist also neu hinzugekommen, die Begründung für das abschließende Urteil; ansonsten ist aber die Struktur aus Kap. 2 durchaus beibehalten [150]. Hier sind es nun nur drei Situationen insgesamt — außer v. 2 noch in den Versen 3 und 4 —, die auf diese Weise, und zwar mit positivem Ausgang, entschieden werden. Der Beurteilung der letzten Verhaltensweise in v. 4 fehlt die Begründung, doch läßt sich der Grund dafür vermuten:

Die einzelnen Rechtsentscheide — um eine solche Form dürfte es sich hier handeln — stehen nicht planlos hintereinander. Erstens sind sie, wie schon aufgezeigt, nach positivem bzw. negativem Gesamturteil geordnet. Zweitens steht beiden Komplexen jeweils eine Überschrift voran (2,1; 4,1), die nicht nur das Thema für die folgenden Rechtsentscheide angibt, sondern sie auch zugleich zusammenfaßt, ähnlich der Überschrift eines Paragraphen. Nach der Abfolge der strittigen Situationen und ihrer jeweiligen Beurteilung folgt dann am Ende von Kap. 2 und Kap. 4 noch je ein erklärender Vergleich (2,9; 4,5a), der die Personen, deren Verhaltensweisen gemäß den Rechtsentscheiden jeweils im Ganzen auf die schlechte bzw. die gute

---

[150] Die Annahme, in den positiven Beurteilungen in Kap. 4 liege eine sekundäre Form vor, da sie keine wirklichen Entscheidungen enthielten, ist unbegründet (gegen K. Baltzer, Bundesformular, S. 157, Anm. 4).

Seite gehören, entweder den Schweinen und Hasen, also den unreinen Tieren, oder den Rehen und Hirschen, den reinen Tieren, zuordnet — in Anlehnung wohl an Dt 14. Abschließend erhält dieser Vergleich — und damit die Einstufung beider Personengruppen — seinerseits noch eine Begründung und letzte Autorität durch den Verweis auf die Gebote Gottes (2,10; 4,5b) [151].

In 4,5 ist nun der erklärende Vergleich mit der folgenden Begründung eine enge Verbindung eingegangen, so daß auch der ganze Vers den Charakter einer Begründung annehmen kann. In dieser Funktion dürfte er zum letzten Rechtsentscheid in 4,4 stehen. Dadurch wird bei ihm eine eigene Begründung entbehrlich, ohne daß sich doch seine Struktur dadurch verändern würde.

Über die Herkunft dieser ausgeprägten Form hat K. Baltzer [152] einige Überlegungen angestellt, die wohl das Wesentliche treffen. Demnach dürfte ihr Ursprung in den kultrechtlichen Entscheidungen der Priester zu suchen sein, die über rein oder unrein (eines Opfers o. ä.) zu entscheiden hatten. Wie nun der Priester, so könnte auch der Lehrer, und zwar der Torahlehrer, um eine Entscheidung angegangen worden sein, ob eine bestimmte Handlungsweise als gut oder schlecht zu beurteilen sei, etwa auf die Frage: „Ist, wer so und so handelt, ein Gerechter?" [153] Diese Form würde uns demnach ein Stück später israelitischer Rechtsgeschichte enthüllen. Die Struktur der Kap. 2 und 4 legt weiterhin die Vermutung nahe, daß eines Tages bestimmte Rechtsentscheide dieser Art, die eine gemeinsame Sache betrafen, zusammengefaßt und in einer ähnlichen Weise wie hier im TestAss mit Überschrift, Vergleich und Begründung versehen wurden. Damit wären diese mündlichen Rechtsentscheide bereits Literatur geworden. Auf den nun veränderten Sitz im Leben könnte gerade der Vergleich hinweisen: Er will ja einsichtig machen, zum eigenen Mitdenken auffordern, was beim Spruch des Priesters noch durchaus nicht erforderlich war. Wir wären also auf eine Situation gewiesen, in der mündlich, aber eben auch mit schriftlichem Material, Belehrung, Hilfe zur Lebensbewältigung weitergegeben worden wäre. Damit hätte diese Zusammenfassung und paragraphenmäßige Ordnung von Rechtsentscheiden den gleichen Sitz im Leben wie die Form seines Kontextes 1,3 — 6: den Lehrvortrag.

Einer beiderseitigen Verbindung, wie sie hier in 1,3 — 6 vorliegt, stünde nichts im Weg [154].

---

[151] Durch die Parallelität der beiden Verse bzw. Versteile 2,10 und 4,5b wird deutlich, daß unter den „Tafeln des Himmels" in 2,10 nur die Gebotafeln gemeint sein können, nicht aber eine eigene apokryphe Schrift, wie dies für 7,5 zu vermuten ist.

[152] Bundesformular, S. 157 f.

[153] Diese Vermutung dürfte eine Stützung erfahren durch AssMose 5,5, wo Schriftgelehrte angeklagt werden, sie würden Rechtsentscheidungen verkaufen. Wir hätten also mit einem echten Wechsel des „Sitzes im Leben" zu rechnen: aus dem kultischen Bereich in den der Schriftauslegung bzw. der Ethik.

[154] Hat nicht auch die Erzählung vom Pharisäer und vom Zöllner in Lk 18 viel mehr Ähnlichkeit mit einem derartigen Rechtsentscheid eines Gesetzeslehrers als mit einem Gleichnis, wie es die Überschrift in 18,9 will? Der Unterschied zur

Außer dem ausführlichen Lehrvortrag enthält das TestAss nur noch einen kurzen Teil mit *Zukunftsansagen* in Kap 7. Hier fällt sogleich eine eigenartige Doppelung ins Auge: Ihrem Aufbau nach entsprechen sich 7,1—3 und 4—7 aufs Haar. Beide Teile beginnen mit einer kurzen, die Zukunftsansage einleitenden *Verhaltensanweisung* (v. 1/4), dann folgt jeweils ein ausgeprägtes und in beiden Fällen ungekürztes SER-Stück mit den Elementen Einleitungsformel (v. 2a/5a), Abfall (v. 2b/5b), Strafe (v. 2c/6) und Heil (v. 3/7). Beide Stücke können nicht gut im Urtext der TestXIIPatr. so hintereinander gestanden haben; eines von beiden ist sicher redaktioneller Zusatz, wie J. Becker zu Recht vermutet [155]. Doch aus welchem Grunde wurde es hinzugefügt? Das läßt sich nur vermuten: Ähnlich wie bei der Doppelung in TestNaph 4,1—3/4,4—5 wird der Redaktor das SER-Stück des ihm vorliegenden Textes nur auf das Exil und die Rückkehr aus der Gefangenschaft gedeutet haben. Diese konnte er aber nicht als endgültige Heilsrestitution anerkennen, da er seine Zeit als unter der Strafe Gottes befindlich betrachtete, was er nur als eine Folge erneuten Abfalls verstehen konnte, aber auch aus dieser Unheilszeit erhoffte er sich endliche Errettung. Um diese seine Meinung auszudrücken, fügte er an das schon im Text stehende SER-Stück ein weiteres an, ohne daß er dadurch die Intention des Verfassers der TestXIIPatr. abgefälscht hätte, im Gegenteil [156].

Mit dieser doppelten Zukunftsansage endet der Mittelteil des TestAss.

Zuk.

Verh.

Form der Rechtsentscheide in TestAss ist allerdings der, daß in Lk 18 zwei Handlungsweisen zugleich beurteilt werden. Trotzdem lohnt sich ein Vergleich: Lk 18,10—13:

1) *Zwei* Fälle werden geschildert, die offensichtlich Grenzfälle im menschlichen Leben darstellen, also einer autoritativen Beurteilung bedürfen:
Der Pharisäer tat das Gerechte, brüstet sich aber vor Gott damit.
Der Zöllner tat das Ungerechte, tut aber vor Gott Buße.

2) Die Feststellung, beide Verhaltensweisen seien „zwiegesichtig", fehlt. Sie ergibt sich aber aus der Schilderung beider Fälle ganz von selbst, so daß sie nicht eigens erwähnt zu werden braucht.

v. 14a:
3) Das *Urteil* wird gefällt: Der eine wird durch sein Verhalten gerechtfertigt, und zwar als *ganze* Person, wie im TestAss auch, der andere nicht. (Die Lesart, die diesen Sinn stützt, dürfte die richtige sein — entgegen der Auffassung der Zürcher Bibel.)

v. 14b:
4) Begründung des Urteils durch Rückführung auf eine allen einsichtige Sentenz, hier nicht nur für die positive Beurteilung wie im TestAss sondern auch für die negative.

[155] Untersuchungen, S. 369 f. Welches der beiden SER-Stücke dem Redaktor zuzuschreiben ist, soll hier ununtersucht bleiben. J. Becker hält das erste Stück für redaktionell; E. Cortès, Discursos, S. 259—262, versteht beide als im großen und ganzen ursprünglich.

[156] Siehe dazu die Ausführungen zu TestNaph 4 auf der Seite 50. Ähnlich wird auch die redaktionelle Häufung von SER-Stücken in TestLevi 14—18 zu beurteilen sein, wenn auch hier die überaus komplizierte Textgeschichte einem genaueren Verständnis im Wege steht. Nicht in diese Kategorie gehört die nur scheinbare Doppelung von TestSeb 9,5—8/9,9. Näheres dazu siehe auf den Seiten 40.

Exkurs: Der Dualismus in den TestXIIPatr. [157]

Immer wieder stößt man bei der Untersuchung der TestXIIPatr. auf dualistische Vorstellungen. Es ist nun zu fragen, ob sie einheitlich sind, welche Vorstellungsgehalte sie haben, und vor allem, ob und wie sie sich mit der Test.-Form vertragen.

Wenn man den Dualismus in den TestXIIPatr. beurteilen will, so muß man zuerst einmal differenzieren; denn einen einheitlichen, systematisch explizierten Dualismus gibt es in dieser Schrift nicht. Nicht einmal der so theoretisch anmutende Lehrvortrag im TestAss verfolgt konsequent eine einheitliche Linie, vielmehr läßt sich auch in ihm eine Verarbeitung verschiedenartiger Vorstellungen nachweisen. Am geeignetsten wird es sein, zunächst zwei Ausprägungen von Dualismus herauszustellen, die beide keinerlei Verbindung miteinander besitzen, auch einen ganz verschiedenen Ursprung haben, obwohl sie in den TestXIIPatr. nebeneinander stehen und sich dann auch gegenseitig durchdrungen haben.

I. Da wäre zuerst der Zwei-Wege-Dualismus [158] zu nennen, den TestAss 1,3 f. so programmatisch aufstellt. Nach Rießler [159] handelt es sich hier um die älteste Erwähnung der zwei Wege. Das mag so zutreffen, nur ist die Vorstellung, die dahinter steht, erheblich älter. Schon die jüngere Weisheit Israels spricht häufig und in aller Deutlichkeit von den beiden entgegengesetzten Möglichkeiten, die dem Menschen zur Bewältigung seines Lebens offenstehen, vom Weg, der zum Leben, und dem, der ins Verderben führt:

„Denn der Herr kennt den Weg der Gerechten,
aber der Gottlosen Weg führt ins Verderben."

(Ps 1,6)

„Der Gerechten Pfad ist wie Morgenglanz,
der immer heller wird bis an den vollen Tag.
Der Weg der Gottlosen ist wie dunkle Nacht;
sie wissen nicht, woran sie straucheln."

(Prv 4,18 f.)

---

[157] Vgl. zu den folgenden Ausführungen vor allem O. Böcher, Der johanneische Dualismus im Zusammenhang des nachbiblischen Judentums, Gütersloh, 1965, der sich auch eingehend mit dem Dualismus in den TestXIIPatr. auseinandersetzt. Auch er versucht, den Dualismus in den Texten des nachbiblischen Judentums zunächst vom AT her zu verstehen, wenngleich er den Ursprung dann doch letztlich im Iranischen vermutet. Eine andere Darstellung des Dualismus in den TestXIIPatr. findet sich bei B. Otzen, Die neugefundenen hebräischen Sektenschriften und die Testamente der zwölf Patriarchen, in: StTh 7, S. 125—157.

[158] Literatur zur Zwei-Wege-Vorstellung bei B. Otzen, Old Testament wisdom literature and dualistic thinking in late judaism, in: SVT 28, 1975, S. 146—157, und (vom NT ausgehend) bei J. Becker, JSHRZ, S. 113 Anm. 3a). Zum Nachleben des Zwei-Wege-Dualismus im frühen Christentum siehe W. Rordorf, Un chapitre d'éthique judéo-chrétienne: les deux voies, in: RSR 60, 1972, S. 109—128.

[159] P. Rießler, Schrifttum, S. 1338.

Die Weisheit sagt von sich selbst:

„Wohl dem Menschen, der auf mich hört,
wohl denen, die meine Wege einhalten,
an meinem Tore wachen Tag für Tag
und meine Türpforten hüten!
Denn wer mich findet, findet das Leben
und erlangt Wohlgefallen beim Herrn.
Wer mich aber verfehlt, der schädigt sich selber;
alle, die mich hassen, lieben den Tod."

(Prv 8,34—36)

Wohlgemerkt, hier ist nur von *zwei* Möglichkeiten die Rede; sie sind alternativ zu verstehen; eine dritte, ein Mittelding, ein Sowohl — Als auch, ist ausgeschlossen. Am schönsten drückt das wohl das Gedicht über Frau Weisheit und Frau Torheit in Prv 9 aus, die beide die Vorübergehenden anrufen und einladen, bei ihnen einzukehren. Die einen erwartet Leben, die anderen „die Tiefen der Unterwelt" (v. 18); eine dritte Möglichkeit gibt es nicht.

Weniger pointiert, aber der Sache nach in gleicher Schärfe argumentiert auch schon die alte Weisheit im AT, etwa in den knappen Sentenzen des Spruchbuches:

„Wer Zucht bewahrt, geht den Pfad zum Leben,
wer aber Rüge mißachtet, der geht in der Irre."

(Prv 10,17)

„Wer feststeht in der Gerechtigkeit, dem gereicht es zum Leben,
wer dem Bösen nachjagt, dem gereicht es zum Tode."

(Prv 11,19)

„Auf dem Pfad der Gerechtigkeit ist Leben,
schandbarer Weg aber führt zum Tode."

(Prv 12,28)

Von hier aus ist der Weg der Entwicklung zurück nicht mehr weit zu dem exemplarischen Gegenüber „des" Weisen zu „dem" Toren, das man direkt das Leitthema der am Menschen orientierten altisraelitischen Weisheit nennen könnte. Sicherlich, es wird noch nicht so theoretisch gesagt, daß alles, was den Menschen betreffe, nur in zwei Kategorien einzuordnen sei, daß „eins dem anderen gegenüberstehe" (TestAss 1,3), doch gerät eben alles, was der Tor angreift oder beabsichtigt, zur Torheit, zum Verderben, zum Unglück, während der Weise durch alle seine Handlungen das Leben gewinnt. So ist in der alten Weisheit der antithetische Parallelismus das beliebteste und am häufigsten verwendete Stilmittel [160]. Sein Zweck aber ist es gerade, die Gegensätze schroff gegenüberzustellen und damit dem Leser bzw. Hörer nur zwei Möglichkeiten der Bewältigung seines Lebens, keine dritte, zur Auswahl zu lassen.

---

[160] G. v. Rad, Weisheit, S. 44 f.

5*

Dieser Dualismus der zwei Wege, die dem Menschen bei der Gestaltung seines Lebens offenstehen, der zwei Verhaltensweisen und der zwei Ziele, auf die er schließlich zusteuert, diese Art von Dualismus liegt also in der Weisheit Israels längst begründet, und nicht etwa nur als ein Randthema, etwas, das „auch, mitunter" anklingt, sondern als eine ganz zentrale Aussage, die die Vorstellungswelt dieser Weisheit wesentlich mit trägt [161]. Sicher begegnet hier nicht die abstrakte Formulierung zweier Lebenswege wie im TestAss 1,3 f., wie ja die Weisheit des AT überhaupt theoretischen Systematisierungen abhold und in erster Linie an der Praxis orientiert ist — und zwar in einem solchen Maße, daß es den modernen Leser häufig in Verwirrung stürzt, — aber bei genauerem Hinsehen kann ja auch TestAss nicht umhin, sogleich an einer Reihe von Beispielen aus dem täglichen Leben seine zu Anfang thetisch aufgestellte Behauptung nachzuprüfen und zu beweisen.

Eines sollte auf jeden Fall noch festgehalten werden: Die Weisheit des AT kommt auch in ihren dualistischen Aussagen ohne alle Geister aus, ganz entsprechend auch dem Tenor (und der Anfangsthese!) des Lehrvortrages im TestAss. Wenn dann trotzdem Geister und Mächte auftauchen, so ist das bereits ein Zeichen für den Einfluß einer anderen dualistischen Konzeption, die im folgenden zu behandeln ist [162].

II. Die andere Ausprägung von Dualismus, die ebenso wesentlich zur Gestalt der TestXIIPatr. beiträgt, ist der kosmische, mythische. Hier stehen sich zwei einander feindlich gesinnte kosmische Mächte gegenüber, denen jeweils eine Vielzahl von Helfershelfern zur Seite stehen, so daß sich zwei regelrechte Geisterhierarchien ausbilden, die sich auf das erbittertste befehden [163]. Auch die Menschen werden in diese Auseinandersetzung mit hineingezogen. Sie erfahren von der einen Macht Hilfe, von der anderen Unglück und Verderben. Diese Vorstellung, und vor allem ihre starke Ausprägung gerade in der spätjüdischen Literatur, dürfte ohne iranischen und/oder hellenistischen Einfluß kaum denkbar sein, wie

---

[161] „Wo sich eine Wahrheit dem Menschen anbietet, da gibt es keine freie Entscheidung mehr. Wer sich hier verweigert, setzt sich einer moralischen Verurteilung aus." Und entsprechend: „Torheit ist immer etwas Lebensgefährliches." „Torheit ist praktischer Atheismus" (Zitate aus G. v. Rad, Weisheit, S. 90 und 91). Das ist das schärfste Verdikt, das Israel aussprechen konnte. Dieser Dualismus, der das ganze Leben des Menschen umfaßt, ist nicht nur mehr „ethisch" oder „vergeistigt", er ist schlechthin umfassend, ja, wenn man so will, hart, absolut und diktatorisch, keinesfalls menschenfreundlicher oder nachgiebiger als der kosmische Dualismus zweier sich bekriegender Geistermächte.

[162] Eine interessante, weil bereits in bestimmter Hinsicht wertende Modifizierung des Zwei-Wege-Dualismus findet sich in Mt 7,13 f., dem Spruch vom breiten und vom schmalen Weg.

[163] Dazu siehe P. von der Osten-Sacken, Gott und Belial. Traditionsgeschichtliche Untersuchungen zum Dualismus in den Texten aus Qumran, Göttingen, 1969; weitere Literatur zum essenischen Dualismus bei J. Becker, JSHRZ, S. 26 Anm. 18.

auch allgemein angenommen wird [164]. Trotzdem gibt es auch hier Vorläufer im AT; denn ohne sie wäre es derartig umfassenden, von außerhalb kommenden Konzeptionen von Weltdeutung wohl kaum gelungen, in die relativ geschlossene Welt Israels einzudringen und dort heimisch zu werden. Es ist dies einmal der Rahmen des Hiobbuches, in dem der Satan (שָׂטָן) als einer der Gottessöhne (בְּנֵי הָאֱלֹהִים) auftritt und nicht nur gerade einen besonders gottesfürchtigen Menschen verleumdet und anklagt, sondern auch mit allen Mitteln versucht, ihn ins Unglück zu stürzen. Die Macht dazu — und auch ihre Begrenzung — erhält er allerdings noch von Gott selbst. Ähnlich steht es mit 1. Kön 22, als Micha ben Jimlah König Ahab Niederlage und Tod im geplanten Feldzug verkündet. Die Tatsache, daß alle anderen befragten Propheten Heil und Sieg versprechen, erklärt er mit Hilfe einer Vision, die er kurz vorher gehabt habe: Er habe Jahwe inmitten seines Hofstaates, des „Heeres des Himmels", gesehen, dazu einen „Lügengeist" (רוּחַ שֶׁקֶר), der sich erbot, König Ahab zu betören und ins Verderben zu stürzen. Zwar führt dieser Geist hier, im Gegensatz zum Hiobrahmen, nur einen Beschluß Jahwes aus, und er ist wiederum ganz deutlich dessen Untergebener, aber doch ist er eine überirdische Macht, die sich freiwillig, unbeauftragt anbietet, einem Menschen Tod und Verderben zu bringen. Von einer Auflehnung dieses Geistes gegen Gott, von seiner Verselbständigung, die ihn zu einem gleichmächtigen Widerpart Gottes erheben würde, ist hier nicht die Rede, trotzdem sind die Linien hin zu einem kosmischen Dualismus m. E. nicht zu verkennen.

In den TestXIIPatr. kann man den radikalen kosmischen Dualismus, den gigantischen Kampf zweier Geistermächte, der die gesamte Menschheit mit in seinen Strudel hineinreißt, ohne ihr viel Raum zur eigenen Bestimmung ihres Schicksals zu geben, nur noch in Spuren wiederfinden. So antwortet im TestLevi 5,6 der angelus interpres auf die Frage Levis nach seinem Namen, indem er seine Funktion beschreibt: „Ich bin der Engel, der das Geschlecht Israels losbittet, daß er sie nicht völlig zertrete; denn jeder böse Geist stürmt gegen sie an." Ganz ähnlich heißt es in TestDan 6,5: „Der Engel des Friedens selbst wird Israel stärken, daß es nicht in das äußerste Übel hineingerät." Die beiden Mächte bzw. bestimmte Geister aus ihnen streiten hier um Israel, ohne daß diesem dabei eine aktive Funktion zuerkannt würde — es scheint vielmehr nur die Rolle des Op-

---

[164] Der Widerstand gegen den Hellenismus legte an sich schon eine dualistische Weltschau nahe. Wenn man nun in der parthischen Religion Denkmodellen begegnete, die diese Weltschau unterstützten, so wird man sie gerne aufgenommen haben. Der *Ursprung* der jüdischen dualistischen Vorstellungen muß von daher aber noch keinesfalls im Iranischen zu suchen sein. Vgl. dazu C. Colpe, Parthische Religion und parthische Kunst, in: Kairos 17, 1975, S. 118—123 (Lit.); zum iranischen Einfluß siehe weiterhin G. Widengren, Iranisch-semitische Kulturbegegnung in parthischer Zeit, Köln/Opladen, 1960; D. Winston, The iranian component in the Bible, Apocrypha, and Qumran: a review of the evidence, in: HR 5,2, 1966, S. 183—216; R. N. Frye, Iran und Israel, in: FS für Wilhelm Eilers, Wiesbaden, 1967, S. 74—84; B. Otzen, Wisdom literature, S. 149 Anm. 6 (Lit.); zum hellenistischen Einfluß siehe B. Otzen, Wisdom literature, S. 148 Anm. 5 (Lit.).

fers, des Streitobjektes, zu spielen. Auch in ursprünglich weisheitliches Gedankengut kann dieser kosmische Dualismus eindringen: „Denn der Geist
des Hasses wirkt durch den Kleinmut mit dem Satan in allen Dingen zusammen zum Tode der Menschen; der Geist der Liebe aber wirkt durch
Langmut zusammen mit dem Gesetz Gottes zur Errettung der Menschen"
(TestGad 4,7). Nicht nur Haß und Liebe, auch Kleinmut und Langmut
sind hier sehr wahrscheinlich als Geister zweier feindlicher Lager zu verstehen, die in den Menschen eindringen, um ihn ins Verderben zu stürzen
bzw. zu erretten. Eigenartig ist, daß dabei sogar das Gesetz Gottes zur
selbständig handelnden Größe wird.

III. Viel typischer für die TestXIIPatr. als das verbindungslose Nebeneinander dieser beiden, so grundverschiedenen dualistischen Konzeptionen
ist ihre gegenseitige Durchdringung. Der Mensch bleibt weiterhin vor die
Entscheidung gestellt, welchen der beiden Wege, der beiden Möglichkeiten,
sein Leben zu gestalten, er wählen will, doch scheint er in dieser seiner
Entscheidung nicht mehr so recht frei zu sein: Eine Fülle von Geistern
belebt diese zwei Wege, und sie versuchen mit allen ihren Künsten, den
Menschen zu verführen und zu betören bzw. ihn davor zu schützen, um
ihn jeweils auf ihre Seite zu ziehen. Belege dafür finden sich in nahezu
jedem Testament, besonders deutlich etwa in TestSim 2,7; TestSeb 9,7;
TestDan 5,5. Diese Verführung kann sich unterschiedlich intensiv auswirken, einmal so stark, daß sie direkt als Entschuldigung für das eigene Fehl-
verhalten gelten kann wie in TestSim 7,7, einmal so schwach, daß man sich
ohne weiteres ihr entziehen kann, wenn man sich nur davor hütet — so
in der Regel in der Lasterparänese [165].

Ein völlig freier Wille, sich zu entscheiden, wird dem Menschen in der
Weisheitsrede in TestJuda 20 zugestanden. Dort heißt es:

v. 1: „Erkennt nun, meine Kinder, daß sich zwei Geister mit dem Menschen abgeben, der der Wahrheit und der des Irrtums;
v. 2: der mittlere ist der der Einsicht des Verstandes, wohin er neigen
will."

Wären nicht auch hier wieder zwei konträre Geister in Dienst gestellt,
so gäbe es zum Zwei-Wege-Dualismus keinen nennenswerten Unterschied.
So sind zwar die polaren Möglichkeiten der Lebensgestaltung durch zwei
Geister repräsentiert, ohne daß sie aber auf den Menschen eindrängen. Ihm
bleibt die freie Entscheidung durch die „Einsicht seines Verstandes".

Diese verschiedenen Abstufungen der beiderseitigen Durchdringung zweier im Grunde verschiedener Konzeptionen beweisen, daß es sich tatsächlich

---

[165] In der gegenseitigen Durchdringung dieser zwei grundverschiedenen dualistischen Systeme stehen die TestXIIPatr. und die Sektenregel, besonders ihr Abschnitt 1 QS 3,13—4, in naher Verwandtschaft. 1 QS 4,23 kann sogar behaupten,
die beiden Geistermächte, der Geist der Wahrheit und des Frevels, kämpften im
Herzen des Menschen (vgl. P. von der Osten-Sacken, Gott und Belial, Abschn.
X 2.).

nur um eine Durchdringung nicht aber um ein neues, einheitliches System handelt, dem man eine selbständige dritte Position zuerkennen könnte [166].

IV. Stellt man beide Dualismen in den größeren Rahmen der Theologie Israels (bzw. ihrer verschiedenen Ausprägungen), so wird man sagen können, daß wohl der Zwei-Wege-Dualismus nicht aber der kosmische ohne Abstriche eine Chance gehabt hätte, in Israel heimisch zu werden und sich hier weiterzubilden. Dem letzteren stünden das Gesetz, die Gebote Gottes, die auf Befolgung, also aktives Handeln, ausgerichtet sind, entgegen. Wenn die Menschen nur Spielbälle zwischen zwei Mächten sind, ist ihr Verhalten uninteressant; denn ihr Schicksal entscheidet sich ja nicht daran, sondern ergibt sich aus dem Ausgang des Kampfes der beiden Mächte miteinander.

Völlig fremd jedoch muß ein derartiger Dualismus der Grundintention eines Testamentes sein: Hier redet ein Älterer, ein Erfahrener, über die Erfahrungen, die er in seinem Leben gemacht hat, zieht Folgerungen daraus und gibt diese als Anweisungen, Empfehlungen, an einen Jüngeren weiter. Befolgt dieser diese Lebensregeln, so schöpft er dadurch aus einem großen Erfahrungsschatz, und es wird ihm aller Wahrscheinlichkeit nach gut gehen; handelt er gegen das Gehörte, so ist er töricht und kurzsichtig und er wird Unglück, Mißerfolg in seinem Bestreben haben.

Geister, die den Willen des Menschen dirigieren, oder ihn gar in eine bestimmte Richtung zwingen, haben in dieser Grundkonzeption „der" Testamentsform keinen Platz [167].

Erst in Verbindung mit dem Zwei-Wege-Dualismus also konnte der Geister-Dualismus Eingang in die Test.-Form finden.

11) *Das Testament Josephs*

a) *Anfangsrahmen*

Der überschriftartige Teil (v. 1a) ist hier so knapp gehalten wie nur noch ein einzigesmal in den TestXIIPatr., im Anfangsrahmen des TestIss: In beiden Fällen beschränkt er sich auf das „Ἀντίγραφον διαθήκης" (im Test Iss λόγων) und die *Namensangabe* dessen, der das Testament hinterläßt. Hier in TestJos konnten MSS d und m der Versuchung wenigstens einer teilweisen Angleichung an die Anfangsrahmen der anderen Testamente nicht

T. + N.

---

[166] E. Brandenburger, Fleisch und Geist. Paulus und die dualistische Weisheit, Neukirchen, 1968, hat gezeigt, daß erst Philo beide Dualismen zu einem neuen, in sich abgeschlossenen System verarbeitet hat. Er tat das unter Zuhilfenahme einer dritten dualistischen Konzeption, des Gegensatzpaares von Fleisch und Geist. Der Heilsweg ist nun der Himmelsweg, der aus der irdischen („fleischlichen") Sphäre herausführende Weg nach oben. „Den Heilsgenossen des himmlischen Weisheitsweges (...) sind die Genossen des Fleisches und des durch Edom repräsentierten Irdischen (...) scharf entgegengesetzt." „Die jeweiligen Menschengruppen vollziehen nur das feindliche Widereinander der ihnen übergeordneten Mächte" (Brandenburger, S. 190).

[167] Siehe S. 33.

widerstehen und ergänzten in einem kurzen Relativsatz die Angabe der Adressaten der Rede, der Söhne Josephs (MS m: und seiner Brüder).

Hinw. a. d.
bev. Tod
(bericht.)
Sit.
Redeeinl.

Der erzählende Teil des Anfangsrahmens (v. 1b-2) vereinigt in sich drei Elemente: als erstes einen *Hinweis auf den bevorstehenden Tod* des Patriarchen in berichtender Form [168], als zweites eine nicht sehr ausführliche *Situationsangabe* (Joseph ruft seine Söhne und Brüder zusammen, um zu ihnen zu sprechen) und als drittes schließlich eine verhältnismäßig breit ausgestaltete zweigliedrige *Redeeinleitungsformel,* die den ganzen v. 2 einnimmt [169].

Schlußrahmen

Redeabschl.
Tod
Trauer

Best. d. d. S.
(Altersang.)

Der Einsatz des Schlußrahmens im TestJos ist deutlich markiert durch die *Redeabschlußformel* in 20,4 a. Den zweiten Teil dieses Verses bildet der kurze Bericht vom *Tode* des Patriarchen. V. 5 vermerkt dann die *Trauer* des ganzen Volkes Israel und des ganzen Landes Ägypten um den Verstorbenen — ein Formelement, das nur noch einmal in den TestXII Patr., in TestSim 9,1, vorkommt. Ab hier nun spaltet sich die Textüberlieferung: 1) Die armenische Version endet mit v. 5; sie kennt keine weiteren Angaben, die üblicherweise im Schlußrahmen erscheinen, oder hat sie bewußt weggelassen [169a]. 2) Die MSS außer k und c und die erste slavische Rezension knüpfen in einem sechsten Vers an die Trauer der Ägypter an, indem sie diese an sich erstaunliche Tatsache erklären: Joseph habe keinen Unterschied zwischen seinen eigenen Landsleuten und den Ägyptern gemacht; er habe sich auch ihrer Nöte in gleicher Weise angenommen und sei auch ihnen mit Rat und Tat zur Seite gestanden [170]. Nur ein einziges MS (c) bietet, ebenfalls in einem sechsten Vers, tatsächlich weitere Formmerkmale: Es berichtet von der *Bestattung* des Patriarchen bei seinen Vätern in Hebron durch seine Söhne und teilt abschließend dessen *Lebensalter* mit (110 Jahre). Wie ist nun diese je verschiedene Textgestalt zu beurteilen? Welche Überlieferung ist wohl die ursprüngliche?

---

[168] Dieses Gattungselement findet sich in der Regel, sofern es im Anfangsrahmen auftritt, in dessen überschriftartigem Teil und zwar in der für ihn charakteristischen stereotypen Form. Nur noch in TestLevi 1,2 ist — so wie hier — der Wechsel in den erzählenden Teil eingetreten.

Als Anhang zu diesem Hinweis auf den bevorstehenden Tod fügen wiederum MSS d und m eine Altersangabe (110 Jahre) hinzu.

[169] In der Wiedergabe des Textes dieser Formel differieren die einzelnen MSS sehr, ohne daß sie dabei aber den Formcharakter einer zweigliedrigen Redeeinleitungsformel verletzen.

[169a] MS k endet schon mit v. 4. Da dieses MS aber generell stark kürzt, kann es im allgemeinen unberücksichtigt bleiben.

[170] MSS f und m und die erste slavische Rezension fügen hier das im Anfangsund im Schlußrahmen bisher vermißte Alter Josephs hinzu. Da dieses aber in enger Verbindung mit der Angabe familiärer Daten steht (11. Sohn Jakobs, 1. Sohn Rahels), die im Schlußrahmen eindeutig sekundäre Erscheinungen darstellen, bleibt es als Formelement hier ebenso außer Betracht wie die dem Schlußrahmen generell fremde Abschlußformel des MS g („Ende des Testamentes Josephs").

Als erstes dürften die MSS außer k und c und die erste slavische Rezension aus dem Rennen um die Originalität ausscheiden: Ist schon der Vermerk der Trauer der Hinterbliebenen selten in den TestXIIPatr., so ist die auffällige Begründung dieser Trauer auf jeden Fall singulär. Auch inhaltlich findet sich weder im TestJos noch an anderer Stelle in den TestXIIPatr. ein Anklang an die in diesem sechsten Vers so hervorgehobene besondere Tugend Josephs, bei Hilfe in Not die Ägypter den eigenen Landsleuten gleichzuachten [171].

Der Textbestand des MS c kann demgegenüber einige gewichtige Vorteile für sich geltend machen: Er vermeidet eine im Rahmen ungewöhnliche Überspitzung der Tugendhaftigkeit des betr. Patriarchen, enthält dafür aber zwei Elemente, die so häufig in den TestXIIPatr. vorkommen, daß sie offensichtlich für die Form des Testamentes konstitutiv sind: Das Lebensalter teilen alle zwölf Testamente mit, auf die Angabe der Bestattung des Verstorbenen verzichtet nur TestIss. Daß die Reihenfolge beider Elemente in den Schlußrahmen der restlichen Testamente meistens genau umgedreht ist — erst die Altersangabe, dann die Bestattung —, spielt bei der überall in den TestXIIPatr. erkennbaren Variabilität der Form keine Rolle. Diese Veränderlichkeit der Form besagt aber nicht, daß wesentliche Elemente der Test.-Form unbeschadet fortgelassen werden können. Darum wird wohl die Kurzform der armenischen Version nicht den ursprünglichen Text bewahrt haben. Die Wahrscheinlichkeit spricht also für MS c als die originale Textgestalt, wenngleich nicht recht einsichtig ist, aus welchem Grunde die armenische Version gekürzt hat und die anderen MSS und die erste slavische Rezension geändert haben.

b) *Mittelteil* [172]

Es ist nur natürlich, wenn im TestJos die Person des Joseph und sein abenteuerliches Schicksal im Mittelpunkt stehen, vor allem auch deshalb, weil eine Reihe von anderen Testamenten der TestXIIPatr. häufig und ausführlich darauf anspielen [173]. Doch schon nach oberflächlicher Lektüre des TestJos fällt auf, daß der *Rückblick auf die eigene Vergangenheit*, den   R. a. d. V.
der sterbende Patriarch seinen Söhnen vor Augen führt, deutlich in zwei voneinander unterschiedene Teile zerfällt. In dem einen sieht Joseph seinen Aufenthalt in Ägypten fast ausschließlich aus dem Blickwinkel seines Verhaltens gegenüber der Frau seines ägyptischen Herren — das Thema hier heißt also Keuschheit —, der andere Teil ist geprägt vom Verhalten Josephs gegenüber seinen Brüdern — man könnte ihn unter das Oberthema Achtung, Hochschätzung der Brüder stellen. Da heute von niemandem

---

[171] So auch J. Becker, Untersuchungen, S. 167 f., der dann aber der kurzen armenischen Version den Vorrang gibt.

[172] Ausführliche Untersuchungen zu Einzelthemen des TestJos (Aufbau und Struktur, Sprache, Ethik, Traditionsbezogenheit, hellen. Einfluß u. a.) finden sich zusammengefaßt in: Studies on the Testament of Joseph, ed. by G. W. E. Nickelsburg, Jr., Missoula/Montana, 1975.

[173] TestRub 4,8—10; TestSim 2—5; TestSeb 1—4; TestDan 1; TestNaph 7; TestGad 1; 2; 5; 6; TestBen 2—4; 10,1.

ernsthaft bestritten wird, daß die beiden Darstellungen des Geschickes Josephs voneinander zu unterscheiden und unabhängig sind und inhaltlich nicht zusammengehören, erübrigt es sich hier, auf diese Frage näher einzugehen [174].

Die erste Darstellung, die Joseph von seiner bewegten Vergangenheit gibt, beginnt mit einer ausführlichen, fast feierlich zu nennenden Einleitung. Sie ist in sich deutlich gegliedert:

1) Zuoberst steht 1,3, ein Vers, der wie eine Überschrift zu den folgenden Ausführungen anmutet, aber auch gleichzeitig die Summe aus dem Leben Josephs zieht:
„Ich sah in meinem Leben den Neid und den Tod,
aber ich irrte nicht in der Wahrheit des Herrn."

2) Nun folgt in v. 4—7 eine eigenartige Reihung von Gegensätzen, die diese Überschrift am Leben Josephs exemplifizieren und zwar dergestalt, daß ihr erstes Glied jeweils Bezug nimmt auf eine typische Leidenssituation auf dem Weg der Verschleppung von Kanaan nach Ägypten, während das zweite Glied dem die Erfahrung der Bewahrung durch den Herrn gegenüberstellt:
v. 4: „Diese meine Brüder haßten mich,   aber der Herr liebte mich.
Sie wollten mich töten,   aber der Gott meiner Väter
bewachte mich."

Nach dieser Art sind dreizehn Gegensatzpaare gestaltet. Die Ähnlichkeit dieser Reihung zu Mt 25,35 f. fällt ins Auge. Nun hat schon vor Jahren G. v. Rad [175] beide Reihen verglichen und dabei eine auffällige Beobachtung gemacht: Einmal ist eine direkte gegenseitige Abhängigkeit beider Texte sicher nicht anzunehmen; dazu sind die jeweiligen Inhalte doch zu verschieden. Zum anderen aber passen zumindest zwei Gegensatzpaare aus dem TestJos eigentlich nicht in den Lebensweg Josephs hinein:
v. 5c: „Ich wurde vom Hunger gequält,   aber der Herr selbst ernährte mich;
v. 6b: ich war krank,   aber der Herr besuchte mich."

Zumindest wissen wir nichts von Krankheit und Hunger Josephs, dafür gehören diese beiden Leidenssituationen aber zu Mt 25,35 f.! Man wird v. Rad in seiner Schlußfolgerung zustimmen, daß beiden Texten eine schon geprägte Form zugrunde liegt, die in ihren Einzelgliedern variabel ist, also dem jeweiligen Kontext — wie hier der Lebensgeschichte Josephs — angepaßt werden kann, aber dabei doch soviel Kraft besitzt, um auch in die neue Umgebung einzelne ursprüngliche Gegensatzpaare mit hinüberzuret-

---

[174] Ausführliche Darstellung und Begründung bei J. Becker, Untersuchungen, S. 228 f. H. W. Hollander, The ethical character of the Patriarch Joseph: A study in the ethics of the Testaments of the XII Patriarchs, in: Studies on the Testament of Joseph, S. 47—104, trennt 1,3(4)—2,6 vom 1. Rückblick auf die Vergangenheit ab, erkennt in diesem Teil die Form des Dankliedes des einzelnen („individual thanksgiving") und hält dieses Danklied in Verbindung mit dem folgenden v. 7 für die Einleitung des gesamten TestJos (S. 58).

[175] G. v. Rad, Vorgeschichte, S. 289 f.

ten, soweit sie dort einigermaßen zutreffen. Woher diese Gattung stammt und in welchem Bereich ihr Sitz im Leben zu suchen ist, bleibt allerdings bis heute im Dunkeln.

3) Der dritte und letzte Teil der Einführung (Kap. 2) leitet schon über zum eigentlichen Inhalt der folgenden Ausführungen. Ort (Haus des Ober-kochs des Pharao Photimar) und Situation der Anfechtung Josephs (die Frau des Kochs drängt ihn zum Ehebruch; als er nicht darauf eingeht, ver-leumdet sie ihn, so daß er ins Gefängnis geworfen wird) werden in Kurz-fassung angegeben, dazu auch der Ausgang der Geschichte: Der Gott Israels errettet und bewahrt ihn (v. 1—3). Da es offenbar dieses Ende ist, das der Leser bzw. Hörer als Erkenntnis „mitnehmen" soll, folgen noch schnell einige Verse, die darauf hinweisen, daß Gott natürlich nicht nur Joseph gerettet hat, sondern jedermann helfen will, der ihm vertraut, wenn es dabei auch vorübergehende Zeiten der Bewährung, der Versuchung geben kann, wie es nun im folgenden am Beispiel des Joseph ausführlich aufge-zeigt wird (v. 4—7).

Damit ist die Einleitung zu Ende; der Leser weiß, worum es geht, weiß auch, unter welchem Gesichtspunkt er die folgenden Ereignisse zu lesen und zu beurteilen hat — die Erzählung kann beginnen.

Die Kap. 3—9 berichten nun bis ins einzelne, welche Winkelzüge und welche hinterlistigen Methoden die Ägypterin angewandt habe, um den keuschen Joseph doch noch zum Vollzug des Ehebruchs zu nötigen — ohne Erfolg natürlich, wie der Leser ja schon weiß [176]. Der Ruhm Josephs wegen seiner Standhaftigkeit steigt dadurch fast ins Übermenschliche. Selbst der Gefängnishaft gewinnt er positive Seiten ab, da er ja nun vor den Nach-stellungen der Ägypterin sicher sei. Als Unterschrift und Zusammenfassung dieser ausgedehnten Darstellung dürfte der letzte Satz von 9,5 dienen: „Und der Herr bewahrte mich vor ihren Anschlägen."

All diese Ausführungen gehen im Stil eines Lebensrückblickes einher; sie erfahren keine Unterbrechung bzw. Ergänzung durch eine Verhaltens-anweisung oder eine Zukunftsansage.

Auf eine auffällige Bemerkung wäre noch hinzuweisen: In 3,3 wider-steht Joseph dem wiederholten Drängen der Ägypterin aufgrund der Er-innerung an die Worte seines Vaters: „Ich gedachte nun an die Worte der Väter meines Vaters Jakob und ging in die Kammer und betete zum Herrn . . ." Das liest sich wie eine Antwort auf die Angabe der Motivation, aus der heraus die Patriarchen noch auf dem Sterbebett ihre Söhne beleh-ren (TestSim 7,3: „Deshalb befehle ich euch alles, damit auch ihr es euren Kindern befehlt, auf daß sie es bewahren auf ihre Geschlechter.") [177] In den Worten seines Vaters erkannte Joseph also einen Schatz an Erfahrun-

---

[176] J. Becker, Untersuchungen, S. 234 f., versteht die Bemerkung Josephs in 2,7, er habe 10 Versuchungen bestanden, als Dispositionsangabe und gliedert danach Kap. 3—9 nach 10 Versuchungen und ihrer jeweiligen Überwindung.

[177] Im gleichen Sinn auch in TestSim 6,1; TestLevi 10,1 f.; TestIss 6,3; TestDan 6,9; TestNaph 4,1; 8,1; TestBen 10,4 f. Dazu siehe S. 16, 19 f., 35 f., 52, 88, besonders S. 97 f.

gen, den er nutzen konnte und der ihm hilfreich war, schwierige Lebens-situationen zu meistern. Doch auch Jakob schöpfte dieses Wissen nicht aus sich selber [178]; er ererbte es von seinen Vätern, erprobte es in seinem Leben und gab es an seine Söhne weiter. Nur ein „Tor" könnte solche Lebens-weisheit als nichtig ausschlagen!

> „Verachte nicht die Überlieferung der Alten,
> denn auch sie lernten von ihren Vätern!"
>
> (JesSir 8,9)

Mit diesem Topos sind wir auf eine der wesentlichen Antriebskräfte der israelitischen und außerisraelitischen didaktischen Literatur gestoßen, die uns bei der Suche nach dem eigentlichen Wesen der Test.-Form, ihrem „Sitz im Leben", und nach möglichen Vorläufern der Gattung noch hilfreich sein wird [179].

So wie diese erste Lebensdarstellung Josephs mit einer ausgefeilten Ein-leitung beginnt, so endet sie auch nicht ohne einen deutlich erkennbaren, logisch gegliederten Abschluß (10,1—4). Er beginnt typischerweise mit Ὁρᾶτε οὖν, τέκνα μου — damit werden die Zuhörer bzw. Leser aufgerufen, unter die bisherigen Ausführungen den Schlußstrich zu setzen und die „Moral von der Geschicht" zu erstellen. Sie folgt denn auch in der Form einer indirekten *Verhaltensanweisung:*

Verh.

1) v. 1 formuliert aus den Versuchungen und ihren Überwindungen in Kap. 3—9 eine allgemeine Erkenntnis: „Sehet nun, meine Kinder, was die Geduld bewirkt und Gebet mit Fasten!"

2) v. 2 bringt die daraus folgende Verhaltensmaßregel, hier in kondi-tionaler Form: „So auch ihr, wenn ihr der Keuschheit und der Reinheit nachgeht in Geduld und Demut des Herzens, so wird der Herr unter euch wohnen; denn er liebt die Keuschheit."

3) v. 3 erläutert das Wohlergehen bei Befolgung der Verhaltensmaß-regel: „Wo aber der Höchste wohnt, wenn auch jemand in Neid oder Knechtschaft oder Verleumdung oder Finsternis gerät, der Herr, der in ihm wohnt, errettet ihn wegen der Keuschheit nicht allein von dem Übel, son-dern er erhöht ihn auch und macht ihn herrlich wie auch mich."

4) v. 4 schließlich begründet die Notwendigkeit einer solchen Ermah-nung: „Denn ganz und gar wird der Mensch bedrängt durch Werk oder durch Wort oder durch Gedanken."

Damit endet diese erste Lebensdarstellung Josephs. Sie ist selbständig und in sich abgeschlossen, wie die Gliederung in Einleitung, Ausführung und Abschluß zeigt. Dem ganzen Duktus nach und in ihrer pädagogischen Abzweckung ähnelt sie einem Lehrvortrag: Sie führt ein Geschehen vor

---

[178] Wie interessanterweise einige MSS in 3,3 lesen, denen R. H. Charles und M. de Jonge sogar den Vorzug geben; doch dagegen spricht die Parallelität zu TestBen 10,4 f.

[179] Siehe „Lehre der Alten II"; in der masch. Diss. S. 437—442 und Teil IV: Vorläufer der Gattung „Testament" in den Literaturen des Alten Orients.

Augen, das nicht um seiner selbst willen berichtet wird, sondern die Funktion erfüllt, dem Hörer bzw. Leser eine bestimmte Erkenntnis zugänglich zu machen, die ihm bei der Bewältigung seines eigenen Lebens hilfreich sein kann. Wäre diese in sich geschlossene Darstellung mit einem entsprechenden Anfangs- und Schlußrahmen versehen, niemand könnte ihr den Charakter eines eigenständigen Testamentes abstreiten.

Es handelt sich also bei 1,3—10,4 um eine selbständige Einheit, die bereits vor ihrer Verwendung im Rahmen des TestJos ausformuliert war, an ihrem neuen Ort aber die Form des Testamentes nicht sprengt. Ob dieses Stück erst sekundär eingefügt oder als vorhandene Tradition vom Verfasser aufgenommen wurde, wird sich im folgenden erweisen.

Die zweite Darstellung des Lebensweges Josephs beginnt mit einer kurzen *Charakterisierung seiner Jugend* (10,5—6a): Jakob liebte ihn; denn er war nicht hochmütig, fürchtete Gott und ehrte seine Brüder. V. 6b bringt bereits einen kurzen Vorgriff auf die nachfolgende Erzählung: Joseph verschweigt den Ismaeliten, die ihn von den Brüdern kauften, seine wahre Herkunft, um seine Brüder nicht zu beschämen. Damit ist das Thema „Achtung der Brüder" angegeben, doch bevor nun die eigentliche Erzählung beginnt, formuliert der Erzähler noch schnell in Form einer *Verhaltensanweisung* die allgemeine Lehre, die die Hörer aus der folgenden Geschichte ziehen sollen: Wer Gott fürchtet und die Brüder achtet, der wird von Gott geliebt (11,1). *R. a. d. V.*

Verh.

Nun setzt unter diesem Blickwinkel der ausführliche *Rückblick auf den Leidensweg* Josephs ein — vom Verkauf an die Ismaeliten in Kanaan bis zur Aufnahme in das Haus des Petephris in Ägypten (11,2 — 16). Nur ein einzigesmal ist dabei von dem „sündigen Verlangen" der Ägypterin die Rede, und auch das nur nebenbei in einem Halbvers (14,4a). Sonst geht es ausschließlich darum, ob und wie Joseph um seiner Brüder willen das Geheimnis seiner Herkunft wahren kann. *R. a. d. V.*

Wie der erste so endet auch der zweite Lebensrückblick Josephs nicht ohne einen deutlich erkennbaren Abschluß, der auch hier wieder die Funktion hat, aus dem Berichteten eine allgemeine Erkenntnis zu gewinnen, die die Hörer verpflichtet. Die Konstanz der Form, der sich solches Reden bedient, zeigt sich darin, daß wiederum die Worte Ὁρᾶτε, τέκνα verwendet werden (17,1), mit denen der Redende seine Hörer einlädt, mit ihm nun das Fazit aus dem Gehörten zu ziehen, eine bestimmte „Lehre" zu erkennen [180]. Die Moral besteht hier naturgemäß darin, besonders zu beachten, daß Joseph es nicht übers Herz brachte, seine Brüder bloßzustellen, obwohl er dadurch ungemein Schweres ertragen mußte. Das wird denn auch sogleich in v. 2 in eine entsprechende *Verhaltensanweisung* umgesetzt und in v. 3 begründet — Gott hat Wohlgefallen an einem solchen Ver- *Verh.*

---

[180] G. v. Rad, Weisheit, S. 33 Anm. 12, vermutet, daß Imperative wie „beobachtet, betrachtet, seht doch!" ein Stilmittel darstellen, das letztlich aus der Unterrichtspraxis der Schule stammt (als Beleg äthHen 2—5). Die Situation wäre die des Lehrers, der in kurzen Lehrvorträgen seine Schüler auf wesentliche Erscheinungen der Natur oder des Lebens aufmerksam macht, die es als „Lehre" zu beherzigen gilt.

R. a. d. V.

halten. Die Verse 4—8 unterstützen diese Verhaltensanweisung durch einen erneuten kurzen *Rückblick* auf die Situation der Brüder und Josephs in Ägypten nach der Wiedervereinigung der Familie: auch jetzt dachte Joseph nicht daran, sich zu rächen, sondern achtete und ehrte seine Brüder wie eh und je.

Ist damit der zweite Lebensbericht Josephs zu Ende? Es wäre durchaus möglich; denn die ganze Erzählung ist zu einem sinnvollen Abschluß gekommen. Allerdings fehlt ein eigentlicher Neueinsatz, ein Bruch, der erkennen ließe, daß nun mit Kap. 18 etwas anderes, Neues einsetzt — im Gegenteil: 18,1 greift aus dem vorhergehenden Vers 17,8 das Stichwort der Erhöhung auf. Joseph verheißt seinen Zuhörern, daß der Herr sie erhöhen

Verh.

werde, wenn sie seine Gebote befolgten. Auch mit der Warnung (v. 2), nicht Böses mit Bösem zu vergelten, bleibt der Redende weiterhin im Rahmen und in der Thematik der zweiten Lebensdarstellung, ebenso mit dem

R. a. d. V.

Rückverweis, diese Langmütigkeit habe ihm eine reiche Heirat und Kraft und Schönheit bis ins Alter hinein eingetragen (v. 3 f.) — als eine Erhöhung durch den Herrn aufgrund seiner Demut besonders im Verhältnis zu seinen Brüdern. Es ist zu vermuten, daß hiermit erst die zweite Darstellung des Leidensweges Josephs ihr Ende gefunden hat [181].

Beide Lebensberichte mit anhängendem Paräneseteil wurden als abgeschlossene, jedoch inhaltlich grundsätzlich voneinander geschiedene Einheiten erkannt. Wie sind nun ihr Verhältnis zueinander und ihre Stellung innerhalb des TestJos zu beurteilen?

Der zweite Bericht setzt ein mit einer kurzen Charakterisierung der Jugend Josephs. Das ist ebenfalls die Regel bei all den Testamenten der TestXIIPatr., die mit einem ausführlichen Rückblick auf die eigene Vergangenheit beginnen [182]. Diese Charakterisierung fehlt dem ersten Bericht, obwohl er doch über mehrere Kapitel hinweg eine Station im Leben Josephs schildert.

Die Redeeinleitungsformel (1,2) nennt Joseph den „von Israel Geliebten". Dieses Motiv nimmt 10,5 auf, gestaltet es aus und bereitet mit seiner Hilfe den Konflikt der Brüder mit Joseph vor. Dem ersten Bericht fehlt eine irgendwie geartete Verbindung zum Rahmen.

Versteht man die Anweisung in 19,6 (11) („Ihr nun, meine Kinder, bewahrt die Gebote des Herrn…") als Schlußmahnung, also als Fazit des gesamten Mittelteils des Testamentes, ausgedrückt in einer kurzen paränetischen Sentenz, dann würde sie doch wohl besser zum zweiten Bericht passen, der die Gottesfurcht als Lebensgrundsatz mehrmals ausdrücklich hervorhebt (10,5; 11,1; 18,1), als zum ersten, dessen Held eher die Züge eines θεῖος ἀνήρ zu tragen scheint, wie Becker gut beobachtet hat [183].

Aus alledem folgt, daß allem Anschein nach der zweite Bericht zum originalen TestJos dazugehörte. Der erste dürfte aufgrund seiner anderen

---

[181] So auch J. Becker, Untersuchungen, S. 239 f.

[182] TestSim, TestLevi, TestJuda, TestIss, TestSeb, TestNaph, TestGad.

[183] J. Becker, Untersuchungen, S. 241. Hier expliziert er auch die verschiedene inhaltliche Ausrichtung beider Berichte eingehender.

Charakterisierung Josephs und damit seiner anderen Intention im Blick auf den Leser kaum vom Verfasser der TestXIIPatr. in das TestJos aufgenommen worden sein. Er ist wohl erst später redaktionell eingefügt worden, vermutlich um neben dem vorbildlichen Verhalten Josephs zu seinen Brüdern auch das gegenüber der Ägypterin, das im zweiten Bericht nur angedeutet wird, ins rechte Licht zu rücken [184].

Dem Rückblick auf die Vergangenheit und den damit verbundenen Verhaltensanweisungen folgen in Kap. 19 Träume, die aber nach dem SER-Schema gestaltet sind (jedoch ohne das Element „S"-Abfall), also die Funktion von *Zukunftsansagen* übernehmen. Diese Träume gliedern sich in der Überlieferung der armenischen Version nach vier Bildern (v. 2/3 f./5—7/ 8—9), in der aller anderen MSS nur nach zwei (v. 2/8—9). Wie in der Übersetzung von Schnapp schon angedeutet ist, dürfte der Textgestalt der armenischen Version der Vorzug zu geben sein, obwohl ihr die gesamte griechische Überlieferung entgegensteht; denn die vier Bilder gehören zusammen. Sie sind inhaltlich aufeinander bezogen und spiegeln einzelne Stadien der Geschichte Israels wider einschließlich ihrer zukünftigen, für Israel heilvollen Vollendung. Der Vers 10 gehört nicht mehr zu dieser Traumvision, sondern gibt — vom Kontext her unmotiviert — an, dieses alles müsse sich erfüllen ἐν ἐσχάταις ἡμέραις [185]. [Zuk.]

An die schon erwähnte Schlußmahnung in v. 11a schließt sich in v. 11b bis 12 ein Levi-Juda-Spruch an, der bei der Heilsverheißung allerdings Levi gänzlich außerachtläßt, wenn er das Heil als ewiges Königreich beschreibt und sich damit nur auf die Judatradition stützt. [Zuk.]

20,1 bringt eine weitere *Zukunftsansage*, die aber von den bisherigen in Kap. 19 ganz verschieden ist. Während jene nach dem SER-Schema die gesamte Geschichte Israels bis hin zum endlichen Heil umfassen, betrifft diese nur die Bedrückung durch die Ägypter, den Exodus und die Land- [Zuk.]

---

[184] Die entgegengesetzte Meinung, die erste Lebensdarstellung sei original und die zweite interpoliert, vertreten Fr. Schnapp, Die Testamente der zwölf Patriarchen, Halle, 1884, S. 76—78; M. Braun, History and romance in graeco-oriental literature, Oxford, 1938, S. 47, und R. H. Charles, Apocrypha, Bd. 2, S. 290. H. W. Hollander, Character, ist der Meinung, daß beide Lebensrückblicke Josephs eine untrennbare Einheit bildeten („belong dissolubly together") mit 1,3(4)—2,6 als gemeinsamer Einleitung (S. 72). Aus strukturellen Erwägungen heraus plädiert auch A. B. Kolenkow, The narratives of the TJ and the organization of the Testaments of the XII Patriarchs (TP), in: Studies on the Testament of Joseph, S. 37 bis 45, für die originale Zusammengehörigkeit beider Lebensrückblicke (S. 40). E. Cortès, Discursos, S. 263—266, plädiert im Anschluß an M. de Jonge für Ursprünglichkeit beider Lebensrückblicke. Allerdings habe der Autor des TestJos hier auf zwei verschiedene Quellen zurückgegriffen.

[185] ἐν καιρῷ αὐτῶν nach der armenischen Version. Schon im TestNaph 6 begegnet ein „Weissagungstraum im SER-Schema", dem wie hier im ersten Vers des folgenden Kapitels der Hinweis auf die zwangsläufige Erfüllung „zu seiner Zeit" folgte.
Zur Ursprünglichkeit der armen. Version siehe J. Becker, Untersuchungen, S. 59 bis 66. Verszählung in Kap. 19 nach R. H. Charles.

nahme. Sie konkurrieren also beide nicht miteinander, weil beide mit einer je verschiedenen Abzweckung gesprochen sind: Hier soll die Bewährung der Landverheißung an die Väter demonstriert, dort endliche Errettung aus der — für den Leser der TestXIIPatr. gegenwärtigen — üblen (politischen) Lage in Aussicht gestellt werden [186].

Best.   Der Mittelteil des TestJos enthält nun nur noch *Bestattungsanweisungen*, auch für den Leichnam Zilpas bzw. nach einigen MSS den Aseneths, der ägyptischen Frau Josephs. Diese Anweisungen sind aus dem Schlußrahmen, ihrem eigentlichen Ort, an das Ende der Sterberede hinaufgerutscht, wie auch beim TestDan. Während aber in TestDan 6,11 keine inhaltliche Beziehung zum vorausgehenden Text zu erkennen war, weisen die Bestattungsanweisungen hier mit der Zukunftsansage in 20,1 eine sinnvolle Verbindung auf — dank einer speziellen Josephtradition, die schon bei der Bestattung der Gebeine Simeons (TestSim 8,3 f.) eine Rolle spielte. Sie besagt, daß große Finsternis und Unglück über Ägypten kommen werden, wenn die Gebeine Josephs aus dem Land gebracht würden. Denen aber, die die Gebeine hinausführten, werde Heil und Segen zuteil. Diese Überlieferung läßt sich natürlich gut mit dem in 20,1 verheißenen Exodus in Einklang bringen. Hier kann also ein Bruch der Form eintreten — Bestattungsanweisungen gehören in den Schlußrahmen — einmal, weil es der Stil — Bestattungsanweisungen und Sterberede gehen in direkter Rede einher —, zum anderen, weil es der Inhalt ermöglichen.

12) *Das Testament Benjamins*

a) *Anfangsrahmen*

Wiederum wie bei allen Testamenten bisher gliedert sich der Anfangsrahmen des TestBen auf in einen überschriftartigen und einen erzählenden **T. + N.** Teil. Der überschriftartige (1,1) setzt wie üblich ein mit „Ἀντίγραφον λόγων **Adr.** Βενιαμίν", fährt in einem Relativsatz fort mit der Nennung der *Adressaten* dieser Worte, der Söhne Benjamins, und schließt mit der Angabe des **Altersang.** *Lebensalters* des Patriarchen [187].

---

[186] 20,1 allein — eine Zukunftsansage lediglich partiellen Charakters, die nicht die ganze Geschichte Israels bis hin zum Ort des Lesers und darüber hinaus bis zu ihrer Vollendung im Blick hätte, — wäre für die TestXIIPatr. ein Novum. Daher gehört Kap. 19 dazu und kann nicht sekundärer Zusatz sein (gegen J. Becker, Untersuchungen, S. 243, und W. Harrelson, Patient love in the Testament of Joseph, in: Studies on the Testament of Joseph, S. 29—36, hier S. 30).

[187] Nach dem häufigen Viererschema des überschriftartigen Teils (Titel + Name, Adressat, Hinweis auf den bevorstehenden Tod in berichtendem Stil, Altersangabe) fügen auch hier MSS d und m den Hinweis auf den Tod an die ihm zukommende Stelle — zwischen Adressat und Altersangabe — ein. Liegt hier also eine deutliche, spätere Angleichung vor, so bleibt hier unerfindlich, wie die armenische Version an dieser Stelle zu dem Text „im vierten Jahr (bzw. Tag) seiner Krankheit" kommt und ob dieser Zusatz die Funktion des Hinweises auf den bevorstehenden Tod einnehmen soll. Bei der Angabe des Lebensalters schwanken die MSS zwischen 120 und 125 Jahren.

Der erzählende Teil fällt überaus kurz aus: Er enthält nur eine ganz knappe *Situationsangabe* (1,2a), die einige MSS sekundär etwas ausgestalten [188].

Sit.

Erst in 10,2 bestätigt Benjamin durch einen *persönlichen Hinweis auf seinen bevorstehenden Tod* das, was der Leser längst weiß, obwohl der Anfangsrahmen keinen derartigen Hinweis enthält: daß es sich um eine Sterberede handelt, ein Testament also.

Hinw. a. d. bev. Tod (pers.)

Schlußrahmen

Die Textüberlieferung des Schlußrahmens des TestBen des MS c ist von der der anderen MSS, der armenischen Version und der ersten slavischen Rezension so grundverschieden, daß beide Textgestalten gesondert betrachtet werden müssen.

1) Nach dem MS c enthält der Schlußrahmen in Kap. 12 vier Formelemente: Den Anfang bildet eine kurze *Redeabschlußformel* (12,1a), gefolgt von einem auch nicht gerade ausführlichen Bericht über den *Tod* des Patriarchen (v. 1b—2). Dann wird die *Bestattung* des Leichnams in Hebron *durch die Söhne* mitgeteilt (v. 3), die aber eigenartigerweise eingeleitet wird durch die Bemerkung: „Seine Söhne aber taten, wie er ihnen aufgetragen hatte...". Dies bezieht sich einwandfrei auf entsprechende Bestattungsanweisungen des Vaters, von denen aber weder im Schlußrahmen (nach MS c) noch im Verlauf des Mittelteils die Rede ist. Das muß allerdings nicht unbedingt für einen Textausfall oder für eine sekundäre Textüberlieferung des MS c sprechen; denn für den Leser ist es so selbstverständlich, welche diesbezüglichen Anweisungen der sterbende Patriarch seinen Söhnen gegeben hat, daß eben diese Anweisungen auch weggelassen werden können [189]. V. 4 schließlich beendet diesen Schlußrahmen mit einer nochmaligen Angabe des *Lebensalters* des Patriarchen, das bereits im Anfangsrahmen aufgeführt war [190].

Redeabschl. Tod

Best. d. d. S.

Altersang.

2) Der Schlußrahmen der übrigen MSS, der armenischen Version und der ersten slavischen Rezension sieht wesentlich anders aus: Er beginnt in Kap. 12,1 mit einer *Redeabschlußformel* — nicht in einer partizipialen Konstruktion wie in MS c sondern in einem Nebensatz —, dann folgen verhältnismäßig ausführliche *Bestattungsanweisungen* in direkter Rede. V. 2 fügt den Bericht vom *Tod* Benjamins hinzu, eine — wie in MS c — wiederholte Angabe seines *Lebensalters* mit dem Zusatz „in schönem Alter" und die Mitteilung der *Einsargung* des Leichnams durch die Söhne des

Redeabschl.

Best.

Tod Altersang. Best. d. d. S.

---

[188] Wohl um diese schwer erträgliche Kürze zu beseitigen, fügen MSS d und m dahinter noch eine zweigliedrige Redeeinleitungsformel hinzu.

[189] Ähnlich wie im Schlußrahmen des TestNaph: Dort kommen in indirekter Rede Bestattungsanweisungen vor, und ebenso wird vom Gehorsam der Söhne diesen Befehlen ihres Vaters gegenüber berichtet, aber die Ausführungen selbst, die Bestattung, bleiben unerwähnt. Sie ist selbstverständlich (siehe dazu S. 47).

[190] In MS c folgen noch zwei weitere kurze, aber offensichtlich sekundäre Zusätze, von denen einer das Ende der TestXIIPatr. anzeigt.

Verstorbenen. Der ganze v. 3 handelt dann von der Bestattung, aber nun eigenartigerweise nicht allein von der Benjamins, wie man erwarten sollte, sondern von der aller zwölf Patriarchen durch ihre Söhne. Diese seien im 91. Jahr vor dem Auszug aus Ägypten „im Krieg Kanaans" [191] nach dort hinaufgezogen, um ihre Väter in Hebron beizusetzen, und seien anschließend wieder nach Ägypten zurückgekehrt, um dort bis zum richtigen Exodus zu wohnen (v. 4) [192].

Nun ist allerdings die Textüberlieferung dieses zweiten Schlußrahmens des TestBen bei weitem nicht so einheitlich, wie es zuerst im Gegenüber zum Rahmen des MS c scheinen mag. Aus den zahlreichen Varianten, die lediglich auf verschiedener Wortwahl beruhen, heben sich drei Textänderungen heraus, die nicht nur einzelne Worte sondern ganze Verse in anderer Gestalt darbieten und dabei auch die Abfolge der Formelemente des zweiten Schlußrahmens berühren:

(Redeabschl.) a) MSS d und m geben den Vers 2 ganz anders wieder: Am Anfang steht eine *Redeabschlußformel*, die sich hier aber nur auf die vorhergehenden Bestattungsanweisungen beziehen kann; denn den Abschluß des Mittelteils bezeichnet ja bereits eine entsprechende Formel eingangs von v. 1. Dieser doppelte Redeabschluß steht einzig da in den TestXIIPatr. [193].

(Tod) Der zweiten Redeabschlußformel in v. 2 folgen der Bericht vom *Tod*
(Altersang.) des Patriarchen und eine *Altersangabe*. Den Abschluß (MS d) bildet eine Bemerkung über den Gehorsam der Söhne Benjamins allen seinen Worten gegenüber. Worauf bezieht sich diese Bemerkung? Allen Ermahnungen des Patriarchen, d. h. der ganzen Sterberede des Mittelteils, können die Söhne Benjamins nicht gehorsam gefolgt sein; denn es ist ja gerade, wie sich gezeigt hat, das Anliegen des Verfassers der TestXIIPatr., die gegenwärtige Misere, in der sich das Volk Israel befindet, zu erklären als eine Folge des jahrhundertelangen Ungehorsams dem Gesetz Gottes gegenüber, dessen Befolgung hier in den TestXIIPatr. die Patriarchen ihren Söhnen auf die Seele binden. Ganz entsprechend weissagt Benjamin seinen Söhnen, daß sie „Hurerei treiben werden wie Sodom" (9,1).

Die Bemerkung über den Gehorsam wird also genauso wie in TestNaph 9,3 allein auf die vorausgehenden Bestattungsanweisungen abzielen [194].

b) Die Wiedergabe des Kap. 12 durch das MS f mutet wie eine Kombination beider Schlußrahmen an: In v. 1 geht es noch mit dem zweiten kon-

---

[191] Diese dunkle Bemerkung und auch die folgenden Angaben sind verwandt mit TestSim 8,2; 9,1. Sie finden ihre nähere Erläuterung in Jub 46,8—11.

[192] Auch hier wie am Ende des ersten Schlußrahmens sind in einigen MSS Textteile angehängt, die den Schluß des TestBen bzw. aller 12 Testamente anzeigen.

[193] Die Redeabschlußformel in TestJuda 26,4 bezieht sich nicht nur auf die in v. 2—3 voraufgehende Altersangabe, den pers. Hinweis auf den bevorstehenden Tod und die Bestattungsanweisungen sondern sinngemäß auf die ganze Sterberede im Mittelteil.

[194] Siehe S. 47. Dieser Sinn legt sich auch nahe durch den Fortgang in MS m: „und sie legten ihn in einen Sarg bis zur Zeit ihres Auszuges."

form, statt der Verse 2—4 aber übernimmt es — in etwas anderen Worten — den v 3 des ersten, des MS c also.

c) Das MS g schließlich kürzt die Verse 3—4 fast bis zur Unkenntlichkeit und Unverständlichkeit, ohne allerdings dadurch die Abfolge der Formelemente zu stören. Gleichermaßen kürzt MS l v. 3 und läßt v. 4 ganz weg.

Wie ist nun diese doppelte Überlieferung des Abschlusses des TestBen einschließlich der erheblichen Textvarianten zu beurteilen?

Der zweite Schlußrahmen hat eine klar erkennbare Abzweckung: Er will nicht nur das TestBen zu einem sinnvollen Ende führen (v. 1—2), sondern alle zwölf Testamente gemeinsam abschließen (v. 3—4). Die Frage ist nur, ob nicht gerade deswegen und mit diesem Ziel ein Redaktor diesen zweiten Schlußrahmen gestaltet hat, um so die Einheit und Zusammengehörigkeit der zwölf Einzeltestamente zu unterstreichen. Dafür spricht, daß die Textüberlieferung innerhalb dieser zweiten MSS-Gruppe keineswegs einheitlich ist, wie oben gezeigt wurde, sondern erheblich differiert, wobei sich bemerkenswerterweise Anklänge an die Textgestalt des MS c finden.

Weiterhin widerspricht dieser zweite Schlußrahmen des TestBen dem des TestJos (nach dem MS c) [195]. Dort heißt es in 20,6 ausdrücklich, daß die Israeliten bei ihrem Auszug aus Ägypten die Gebeine Josephs mitnahmen und später in Hebron beisetzten — im Rahmen des Exodus also und nicht schon 91 Jahre vorher „im Krieg Kanaans".

Der letzte Vers des TestGad (8,5) berichtet, daß die Söhne Gads dessen Leichnam nach Ablauf von fünf Jahren nach Hebron hinaufgebracht und dort beigesetzt hätten. Stimmt dieses Datum mit jenem „91 Jahre vor dem Exodus" überein? Wohl kaum. Die Söhne der Patriarchen mußten ja erst „Israel" werden, ein großes Volk.

Der zweite Schlußrahmen des TestBen erfährt demnach — was die Datierung anlangt — eine Bestätigung nur durch TestSim 8,2 [196], dagegen zweimal ausdrücklichen Widerspruch.

Die Schlußfolgerung aus diesen Beobachtungen wäre also, daß ein Redaktor unter Verwendung einer speziellen Tradition, die auch in TestSim 8,2 im Hintergrund steht, einen künstlichen Abschluß aller zwölf Testamente geschaffen hat, wobei aber offensichtlich der ursprüngliche Schluß des TestBen, den möglicherweise das MS c bewahrt hat, nicht ganz in Vergessenheit geriet und daher zu Kombinationsversuchen Anlaß bot.

Daß allerdings tatsächlich der erste Schlußrahmen, den das MS c bietet, den originalen Text repräsentiert, läßt sich nicht beweisen. Immerhin sind jedoch die Argumente, die Becker gegen die Ursprünglichkeit der Textgestalt von MS c ins Feld führt [197], nicht befriedigend. Sie entstammen bis

---

[195] Siehe dazu 72 f.

[196] Siehe S. 82 Anm. 191 und S. 15.

[197] J. Becker, Untersuchungen, S. 163: Die Abfolge der Elemente sei völlig irregulär; Element 3 (Altersangabe) stehe gegen die Regel am Schluß; Element 4 (Einsargung) fehle ganz, sei aber sonst in allen A-Formen vorhanden (wobei aber „alle A-Formen" nur die drei Testamente TestRub, TestSim, TestLevi umfaßt).

auf eine unbedeutende Ausnahme eigenen, willkürlich gesetzten Formkriterien, die die Schlußrahmen der TestXIIPatr. in ein Dreierschema pressen, das ihnen nicht gerecht werden kann, weil es ihnen von Haus aus gar nicht eignet [198]. Aus eben diesen Gründen kann auch dem Versuch Beckers, aus beiden Schlußrahmen des TestBen einen einheitlichen, ursprünglichen herauszuschälen, nur bedingter Wert beigemessen werden, da er sich auch dabei wieder vornehmlich von Kriterien formkritischer Art leiten läßt, die eher an den Text herangetragen zu sein scheinen, als daß sie aus ihm erhoben sind. Es wird letztlich doch bei dem Urteil bleiben müssen, das Becker selbst freimütig an das Ende seines Rekonstruktionsversuches setzt: „Sicherheit ist nicht mehr zu gewinnen [199]."

b) *Mittelteil*

R. a. d. V.   Benjamin beginnt seine Rede mit einem *Rückblick auf sein eigenes Leben* und fängt dabei ganz am Anfang an: Er berichtet von den Umständen seiner Geburt und seiner Namensgebung (1,2b—6). Eine Charakterisierung seiner Jugend, wie man sie anschließend eigentlich erwartete, fehlt allerdings.

Der Redende springt unvermittelt über zu seinem Aufenthalt in Ägypten nach der Versöhnung der Brüder mit Joseph. Dieser unterhält sich mit ihm über eine Episode aus seinem Verkauf an die Ismaeliten: über das mit Blut besudelte Gewand, das die Brüder ihrem Vater vorweisen, um das Verschwinden Josephs zu erklären (Kap. 2). Der Eindruck des Sprunghaften, der sich dem Leser des TestBen schon in den wenigen Zeilen bisher aufnötigte, verstärkt sich dadurch, daß auch dieses Gespräch Benjamins mit Joseph abrupt abgebrochen wird zugunsten einer Ermahnung des Redenden an seine Söhne, den „guten und frommen Mann Joseph" nachzuahmen (3,1). Damit ist der Rückblick auf die Vergangenheit zu Ende, und der umfangreiche Komplex der Verhaltensanweisungen setzt ein Kap. 3—8). Das Befremdliche an diesem Rückblick ist, daß ihm keinerlei vorbildhafter Charakter eignet — weder zum Positiven noch zum Negativen. Das kann nicht ursprünglich so beabsichtigt gewesen sein, soviel kann man nach der Kenntnis der anderen elf Testamente schon jetzt sagen [200]. Doch wie wäre dem abzuhelfen? Dafür bieten sich zwei Wege an: Man kann einmal diesen Rückblick für unabgeschlossen halten und seinen eigentlichen Höhepunkt, d. h. eine Aussage vorbildhaften Charakters, und seinen Abschluß an anderer Stelle innerhalb des TestBen suchen. Becker, der diesen Weg geht, findet beides in 3,6—8 [201]. Das hat aber im Gefolge,

---

[198] Eine ausführliche Begründung dafür folgt in der Schlußzusammenfassung der TestXIIPatr. S. 92.

[199] J. Becker, Untersuchungen, S. 166.

[200] Eine Ausnahme gibt es allerdings, den Rückblick auf die Vergangenheit in TestNaph 1,6—2,1, dem auch kein vorbildhafter Charakter eignet. Das erklärt sich jedoch möglicherweise aus der völligen literarischen Uneinheitlichkeit des Test Naph (s. S. 48 f.).

[201] J. Becker, Untersuchungen, S. 244.

daß er die literarische Uneinheitlichkeit von Kap. 3 postulieren und erklären muß. Außerdem ist der Zusammenhang von 3,6—8 mit Kap. 2 in keiner Weise zwingend: Zwar ist die Form dieselbe (Rückblick), aber die Personen wechseln: Waren es in Kap. 2 Joseph und Benjamin, die sich unterhielten, so sprechen in 3,6—8 Joseph und sein Vater Jakob miteinander. Beide Dialoge haben keine inhaltliche Verbindung miteinander; der zweite knüpft an den ersten weder an noch interpretiert er ihn. Die Unausgefülltheit des ersten Dialoges, seine ihm im Rahmen der Testamentsform fehlende Funktion, bleiben bestehen. Der andere Weg, diese crux zu beheben, liegt in der unterschiedlichen Textüberlieferung des Kap. 2 ab v. 3. Hier stehen sich drei wesentliche Varianten gegenüber: die des MS c, die der übrigen MSS und der ersten slavischen Rezension und schließlich die der armenischen Version. Bei allen Unterschieden sind sich hier die beiden ersten inhaltlich recht ähnlich, während die armenische Version erheblich von ihnen differiert. Bei ihr bekommt das Gespräch eine ganz andere Wendung. Es geht nicht mehr darum aufzuklären, wie das damals mit dem Gewand war, sondern Joseph tischt seinem offenbar nicht informierten Bruder Benjamin eine Geschichte auf, die sein damaliges Verschwinden als eine Entführung durch kanaanäische Kaufleute hinstellt und damit die Brüder von jeder Gewalttat freispricht. Weiterhin habe Joseph seine anderen Brüder gebeten, dem alten Jakob auf Befragen die gleiche Version vorzutragen, die Wahrheit aber von ihm fernzuhalten.

Dieser Rückblick auf die Vergangenheit hat nun eine klare Funktion innerhalb des Testamentes: Er singt den Ruhm eines Patriarchen und preist dessen mustergültiges Verhalten als Vorbild für die Hörer bzw. Leser [202]. Auch die Art des Rahmens ist in den TestXIIPatr. schon ausführlich angesprochen worden. Die ganze zweite Lebensdarstellung im TestJos (ab 10,4) zielte nur darauf ab hervorzuheben, wie Joseph auch unter schwierigsten Belastungen stets bemüht war, seine Brüder nicht zu beschämen, und deshalb seine wahre Herkunft hartnäckig verschwieg.

Auffällig bleibt jedoch bei alledem, daß innerhalb des Rückblickes nicht der redende Patriarch selbst, hier also Benjamin, durch sein positives oder negatives Verhalten zum nachahmenswerten bzw. abschreckenden Vorbild hochstilisiert wird sondern ein anderer, in diesem Fall Joseph. Das mag in dem Mangel an Stoff betreffs Benjamin und in der quer durch die TestXII Patr. sich durchziehenden Hochschätzung Josephs begründet liegen; es zeigt aber deutlich, daß nicht die Person wichtig ist, die sich so oder so verhält, sondern allein das Verhalten.

Mit Kap. 3 beginnen, wie schon erwähnt, die *Verhaltensanweisungen*.   Verh. Sie werden eingeleitet mit dem Aufruf, den „guten und frommen Mann

---

[202] J. Becker, Untersuchungen, S. 34—36, lehnt den Text der armenischen Version in TestBen 2 als sekundär ab, ohne dabei allerdings auf seine Funktion im Rahmen des Rückblickes auf die Vergangenheit einzugehen. Eine Auseinandersetzung mit den Argumenten Beckers ist hier nicht möglich.

E. Cortès, Discursos, berücksichtigt die armenische Version überhaupt nicht. Er weist allerdings den Versuch J. Beckers, 3, 1—5 als sekundär auszuscheiden, um so 3,6—8 direkt an 2,5 anzuschließen, als unsachgemäß zurück (S. 272—274).

Joseph" nachzuahmen, allerdings spezifiziert darauf, den Herrn zu lieben und seine Gebote zu bewahren (v. 1). Der v. 2, der auf die „aufrechte Gesinnung" abhebt, scheint hier wieder zu verallgemeinern [203], doch in v. 3—5 kommt das Thema, die Mahnung zu Gottesfurcht und Nächstenliebe, wieder voll zum Tragen, unterstützt durch zwei erläuternde Verweise auf das Leben Josephs [204]. Die v. 6—8 bringen ein Beispiel für die Nächstenliebe, wobei natürlich wieder Joseph als Vorbild dient. Er habe aus lauter Bruderliebe seinen Vater gebeten, beim Herrn für seine Brüder zu bitten, daß ihnen ihre Untat nicht angerechnet werde, wofür ihm Jakob überschwenglich gedankt und in ihm eine alte Verheißung, daß ein Unschuldiger für Ungerechte leiden und sterben werde, erfüllt gesehen habe [205].

R. a. d. V.

Verh.

Wie 3,1 so ruft auch 4,1 wieder dazu auf, den „guten Mann", d. h. natürlich Joseph, nachzuahmen, speziell seine Barmherzigkeit in „guter Gesinnung" ($\dot{\alpha}\gamma\alpha\vartheta\dot{\eta}$ $\delta\iota\dot{\alpha}\nu\text{o}\iota\alpha$). Damit ist das Thema angegeben, das den ganzen folgenden paränetischen Teil (Kap. 4—8) zusammenfaßt: Der „gute Mann", der in „guter Gesinnung" handelt. Daß dabei Joseph nur noch einmal, und das ganz nebenbei, erwähnt wird (5,5) und Benjamin gar nicht, braucht nicht weiter zu verwundern; denn wie wir gesehen haben, müssen sich die Verhaltensanweisungen durchaus nicht nur auf Erfahrungen aus dem Leben des Patriarchen, die im Rückblick auf die Vergangenheit zur Sprache kamen, allein gründen, sondern können — und sollen wohl sogar — die gesamte mögliche Erfahrung umfassen. Hier im TestBen liegt die Allgemeingültigkeit der Ermahnungen auch wesentlich darin begründet, daß der Verfasser der TestXIIPatr. schon fertig vorgefundene Überlieferungsstücke verwendet hat: Das sind einmal zwei negative, teilweise auch positiv gewendete Bekenntnisreihen [206] (4,2—5; 6,1—4), die das Verhalten des „guten Mannes" bzw. seinen „guten Sinn" beschreiben. Die erste, in der die positiven Charakterisierungen überwiegen, hat sicherlich Bearbeitungen erfahren vor allem in v. 3, der so, wie er jetzt vorliegt, die Reihe stört und unterbricht. Bei der zweiten ist die Abgrenzung nach hinten doch nicht so

---

[203] J. Becker, Untersuchungen, S. 245, hält diesen Vers für sekundär. Das ist möglich, ja sogar wahrscheinlich. Seiner weiteren literarkritischen Aufsplitterung des Kap. 3 vermag ich allerdings nicht zu folgen. Gleicher Meinung ist hier auch E. Cortès, Discursos, S. 274.

[204] In der Mahnung zu Gottesfurcht und Nächstenliebe als den obersten Prinzipien des Lebens scheint tatsächlich das Herz des Verfassers der TestXIIPatr. zu schlagen (s. S. 33 f., 55 — TestIss 5,2; 7,6; TestDan 5,3; TestGad 4,2 u. ö.).

[205] Hier ist eindeutig der Text der armenischen Version (für v. 8) vorzuziehen, wie J. Becker, Untersuchungen, S. 51—57, ausführlich nachgewiesen hat. Daß mit der Verheißung Jes 53 gemeint sein kann, ist möglich, läßt sich aber nicht beweisen (Literaturangaben dazu bei J. Becker, Untersuchungen, S. 56 Anm. 2 und 3). Selbstverständlich bot der Inhalt der Verheißung einem christlichen Redaktor einen geeigneten Anlaß, den Text nach seinen Vorstellungen umzugestalten. Diese Textgestalt liegt jetzt in den anderen MSS vor.

[206] Derartige Reihen kamen noch vor in TestJuda 18; TestIss 4; 7. Zur Frage der Gattung und ihrer Merkmale siehe S. 33 f.

einfach, wie v. Rad meinte [207]; denn die folgenden Verse schließen sich formal wie inhaltlich gar nicht so schlecht an 6,1—4 an. So umfaßt diese zweite Reihe nach Beckers Ansicht die Verse 1—6; er zieht also eine andere Abgrenzung vor und gewinnt dadurch den Vorteil einer eindrucksvollen Dreigliederung dieses Abschnittes (v. 1—3/4/5—6) [208]. Wenn trotzdem die Abgrenzung v. Rads die dem Text gemäßere zu sein scheint, dann allein deswegen, weil am Ende von v. 4 ein für eine derartige Reihe typischer, summarisch-positiver Schlußsatz steht, der die vorhergehenden negativen Aussagen in einer positiven zusammenschließt. Der fast bruchlose Übergang zu v. 5 zeigt allerdings an, wie elegant hier ein vorformulierter Text aufgenommen und verarbeitet werden konnte.

Ein weiteres, sicherlich ehemals selbständiges Stück liegt vor in 7,2—5. Es ist eine Lehrrede über die sieben Übel, die mit dem Schwert einhergehen, und über die Strafen, die Kain und Lamech für ihre Vergehen empfingen. Eine inhaltliche Verbindung zum TestBen läßt sich hier nicht erkennen. Es liegt allein Stichwortassoziation zu 7,1 vor, wo Benjamin seine Söhne warnt vor der Bosheit Beliars; denn sie gäbe denen, die ihr gehorchten, ein Schwert, d. h. stürze sie in Krieg und Blutvergießen.

Mit Kap. 9 beginnt die Reihe der *Zukunftsansagen*, die sich bis zum Schlußrahmen Kap. 12 hinzieht. In 9,1a leitet der sterbende Patriarch unter dem bekannten Bezug auf „Worte Henochs, des Gerechten," ein typisches SER-Stück ein (v. 1b—2), wie sich auch trotz des desolaten Zustandes der Textüberlieferung des Kap. 9 noch sicher erkennen läßt. Ebenso unzweifelhaft enthält dieses Kapitel aber auch christliche Zusätze, zu denen die Verse 3—5 und die Worte „durch den Besuch des Eingeborenen (Propheten)" am Ende von v. 2 zu zählen sind [209].

Der erste Vers von Kap. 10, ein nochmaliger Rückblick auf die Verganheit, steht fehl an seinem Platz; darin sind sich alle Ausleger einig. Wie er hier hereingekommen ist und woher er stammt, darauf kann im Rahmen dieser Arbeit nicht weiter eingegangen werden [210].

Mit 10,2 geht die Sterberede bereits ihrem Ende entgegen. Der Patriarch faßt nun nur noch den Rückblick auf die Vergangenheit, die Verhaltensanweisungen und die Zukunftsansagen zusammen und gibt ein kurzes Resumee. Voran steht in 10,2 ein persönlicher Hinweis auf den bevorstehenden Tod [211], mit dem der Patriarch deutlich seine bisherigen Ausführungen abschließt und nun neu einsetzt. Es folgt das erwähnte Fazit in Form einer Schlußmahnung (v. 3), die wiederum bezeichnenderweise als den Kern des ganzen Testamentes die Aufforderung zu einem Leben in Gottesfurcht und

Zuk.

---

207 G. v. Rad, Vorgeschichte, S. 284.

208 J. Becker, Untersuchungen, S. 250. E. Cortès, Discursos, nimmt auch v. 7 noch zu dieser Einheit hinzu.

209 Auch der sonst im TestBen so zuverlässige Text der armenischen Version weist in diesen Versen christliche Bearbeitungen auf.

210 J. Becker, Untersuchungen, S. 254 f. referiert die bisher vorgeschlagenen Lösungsmöglichkeiten und bietet auch seinerseits eine eigene an.

211 Siehe S. 81.

Nächstenliebe herausstellt, wie schon öfters in den TestXIIPatr. [212]. Schließlich gibt Benjamin seine Motivation an, aus der heraus er redet (v. 4 f.): Er habe die Anweisung, die Gebote Gottes zu bewahren, bis der Herr sein Heil auf der ganzen Erde offenbare, von seinen Vätern überkommen und gebe sie nun seinen Söhnen weiter mit der Auflage, daß sie ihrerseits ihre Kinder darauf verpflichteten. Eine Erfahrung, Generationen hindurch als Lebenswahrheit erprobt, soll nicht verlorengehen, sondern zukünftigen Geschlechtern erhalten bleiben. Darin dürfte die Motivation der Testamentsform generell begründet liegen [213]. Der Inhalt dieser Erfahrung allerdings könnte durchaus in jedem Testament verschieden ausfallen — für die TestXIIPatr. ist es die Aufforderung zu Gottesfurcht und Nächstenliebe.

Zuk.

Mit dem eigenen Hinweis auf den bevorstehenden Tod, der Schlußmahnung und der Angabe der Motivation könnte die Rede beendet sein. Es folgen aber noch einige *Zukunftsansagen* in 10,6—10; 10,11 und Kap. 11, die vermutlich an die Bemerkung am Ende von v. 5 „bis der Herr sein Heil auf der ganzen Erde offenbart" angehängt wurden: 10,6—10 [214] handelt von der im Zuge dieses Heils eintretenden Auferstehung und von dem darauf folgenden Gericht an Israel und allen Völkern. Im Hinblick darauf werden die Söhne ermahnt, sich zum Teil derer zu stellen, die den Herrn fürchten. Becker hat sicher recht, wenn er zwischen den Zukunftsansagen in Kap. 9 und in 10, 6—10 keine inhaltliche Verbindung sieht [215]. Trotzdem ist das noch kein Grund, eines der beiden Stücke für sekundär zu halten. Zum einen wollen sie inhaltlich ja gar nicht miteinander konkurrieren (Kap. 9: apokalyptische Geschichtsschau; 10,6—10: Ereignisse beim Weltgericht), zum anderen ist das Nacheinander von Geschichtsvorhersage und Auferstehungs- und Gerichtsbeschreibung auch anderswo in den TestXIIPatr. belegt [216].

Höchstwahrscheinlich später nachgetragen dürfte aber wohl 10,11 sein; denn hier ist die Tendenz eines Bearbeiters deutlich zu erkennen, der die harten Gerichtsaussagen über Israel herabmildern bzw. ganz aufheben wollte.

Wie steht es nun mit dem letzten Kapitel der Sterberede, mit Kap. 11? Folgt man auch hier der armenischen Version, so schmilzt dieses Kapitel auf ganze zwei Verse zusammen, die sich — wie gerne in den TestXIIPatr. — auf Gen 49 und Dt 33 beziehen und die zwei dort ganz unterschiedlich ausgefallenen Charakterisierungen des Stammes Benjamin auszugleichen

---

[212] Siehe S. 86 Anm. 204.

[213] Siehe S. 75 f. (TestJos 3,3).

[214] Hier ebenso wie in Kap. 11 hat die armenische Version allein den ursprünglichen, von christlichen Interpretationen freien Text bewahrt, wie J. Becker, Untersuchungen, S. 48 f. und 49—51, nachgewiesen hat.

[215] Untersuchungen, S. 253.

[216] TestSim 5—6; TestSeb 9—10. Auch E. Cortès, Discursos, S. 281 f., weist die Annahme J. Beckers, bei 10,6—10 handle es sich um eine sekundäre Zufügung, als unbegründet zurück.

versuchen (Gen 49: Wolf/Dt 33: Geliebter des Herrn). Der sterbende Patriarch sieht also zuletzt noch — in einer Art persönlicher Anmerkung — seine endliche Rehabilitierung vom räuberischen Wolf zum Geliebten des Herrn voraus. Der Ausdruck ἀγαπητὸς κυρίου reizte später einen christlichen Bearbeiter zur christologischen Ausdeutung. Dieser Text schlug sich dann in dem MS c, den übrigen MSS und in der ersten slavischen Rezension nieder. Es liegt somit kein Grund vor, diese beiden Verse des Kap. 11, mit denen der Mittelteil des TestBen schließt, in ihrer ursprünglichen Fassung für sekundär zu halten.

Zusammenfassung

Der besseren Übersichtlichkeit soll die folgende Tabelle (S. 90) dienen, aus der das Vorkommen, aber auch das Fehlen der einzelnen Formelemente innerhalb der zwölf Testamente ersichtlich ist.

Bei der Auswertung solcher tabellarischer Aufstellungen sollte man sich im allgemeinen hüten, allzu schematisch vorzugehen. Doch ohne dieser Versuchung zu verfallen, läßt sich trotzdem einiges Aufschlußreiche feststellen:

1) Es gibt Formelemente, die sich in allen oder in nahezu allen zwölf Testamenten durchhalten. Dazu gehören Titel und Name ('Αντίγραφον διαθήκης bzw. λόγων N. N.) — man erkennt schon hieran, daß der Begriff διαθήκη durchaus durch das ganz allgemeine λόγων ersetzt werden kann, also nicht konstitutiv für die Test.-Form ist, — ferner eine Mitteilung über die Adressaten der Rede (mit Ausnahme des TestJos), die Angabe des Alters des Redenden und die mehr oder weniger ausführlich beschriebene Situation: Die Söhne versammeln sich am Lager ihres Vaters; er beginnt zu ihnen zu sprechen. Der Hinweis auf den unmittelbar bevorstehenden Tod kann verschieden ausfallen: Entweder erklärt sich der sterbende Patriarch selbst seinen Söhnen, oder dieser Hinweis ergeht in berichtender Form, also innerhalb der redaktionellen Einführung für den Leser. Beides kann sich ergänzen — wo das eine nicht steht, steht das andere — oder auch gleichzeitig nebeneinander erscheinen. In drei Fällen allerdings fehlt beides (TestIss, TestGad, TestAss). Ist damit die Form verlassen? Zweifellos nicht; denn der in jedem Schlußrahmen ohne Ausnahme berichtete Tod des Patriarchen läßt keinen Zweifel daran, daß die Verhaltensanweisungen, Zukunftsansagen und der Rückblick auf die Vergangenheit den Charakter einer letzten Rede vor dem Tod, einer Sterberede, tragen.

Neben dem Tod des Patriarchen berichten alle zwölf Testamente auch von seiner Bestattung bzw. Sarglegung durch seine Söhne. Vorher markiert noch — außer in den TestIss und TestGad — eine Redeabschlußformel, die auch Satzform annehmen kann, das Ende der langen Rede des Patriarchen.

Im Mittelteil fehlt keinmal eines der drei Hauptmerkmale Rückblick auf die Vergangenheit, Verhaltensanweisung und Zukunftsansage, wenngleich in den einzelnen Testamenten das Gewicht je verschieden auf sie verteilt

Die Testamente der zwölf Patriarchen

		Rub	Sim	Levi	Juda	Iss	Seb	Dan	Naph	Gad	Ass	Jos	Ben	MS c / übr. MSS, A, S¹
überschriftart. Teil	*Anfangsrahmen*													
	T. + N.	x	x	x	x	x	(x)	x	x	x	x	x	x	
	Adr.	x	x	x (0)	x	x (0)	x	x (0)	x (0)	x	x	—	x	
	Hinw. a. d. bev. Tod (bericht.)	x	x	x	x	—	x	x	x	—	—	x	—	
	Altersang.	2x (1xSch)	2x (1xSch)	x (Sch)	x (Sch)	x (M)	2x (M)	x	x	x	x	x (0)	2x (1xSch)	
	Vergl.	x (0)	x	x (M)	— (M)	x (Sch)	x	—	—	x	—	x (Sch)	— (M)	
erzähl. Teil														
	Sit.	x	x	x	x	x	x	x	x	x	x	x	x	
	Hinw. a. d. bev. Tod (pers.)	2x	—	—	x (Sch)	—	2x (M)	x	x	—	—	x (M)	x (M)	
	Redeeinl.	x	x	—	x (M)	x	x	x	—	x	x	x	—	
Mittelteil														
	R. a. d. V.	x	x	x	x	x	x	x	x	x	x	x	x	
	Verh.	x	x	x	x	x	x	x	x	x	x	x	x	
	Zuk.	x	x	x	x	x	x	x	x	x	x	x	x	
Schlußrahmen														
	Redeabschl.	x	x	x	x	x	x	x (M)	x	x	x	x	x	x
	Best.	—	—	—	x	x	x	x (M)	x	x	—	x (M)	x	—
	Tod	x	x	x	x	x	x	x	x	x	x	x	x	x
	Best. d. d. S.	x	x	x	x	—	x	x	x	x	x	x	x	x
	Trauer	—	x	—	— (M)	—	—	—	—	—	—	—	—	—

0 = im erzählenden Teil   M = im Mittelteil   Sch = im Schlußrahmen

sein kann und auch ihre Abfolge nicht sklavisch einem Dreierschema folgt [217].

2) Neben diesen Formelementen gibt es andere, die nicht so häufig auftreten, als daß man ihnen formprägenden Charakter zuerkennen könnte. Dazu gehören im Anfangsrahmen die Redeeinleitungsformel, die immerhin in neun Testamenten die Aufmerksamkeit der Zuhörer auf die nun folgende Rede lenken soll (im TestJuda erst im Mittelteil 13,1 am Anfang eines Komplexes von Verhaltensanweisungen) und wohl als Pendant zur Redeabschlußformel im Schlußrahmen zu verstehen ist, und die Vergleichsdatierung zum Tode Josephs, die nur viermal ausdrücklich vermerkt ist und sich einmal indirekt erschließen läßt (TestIss 7,9) [218].

Die Bestattungsanweisungen im Schlußrahmen beziehen sich ausschließlich — sinngemäß auch TestJos 20,2 f. — auf den Wunsch des sterbenden Patriarchen, in Hebron „bei seinen Vätern" beigesetzt zu werden. Sie erklären sich also sämtlich aus der (fiktiven) Situation der Erzväter, die, wie es die Josephsgeschichte in allen Einzelheiten erzählt, im Zuge einer Hungersnot mit ihrem Vater Jakob nach Ägypten gezogen sind, um dort zu leben, aber natürlich wollen sie, da sie um den zukünftigen Exodus wissen (TestSim 9,1; TestJos 20,6; TestBen 12,3 f.), nicht dort beerdigt werden. Diesen Bestattungsanweisungen dürfte demnach über den Rahmen der TestXIIPatr. hinaus kaum eine, die Form des Testamentes bestimmende Bedeutung zukommen. Das gleiche gilt dann möglicherweise auch von der mit Ausnahme des TestIss in allen Testamenten bezeugten Bestattung des jeweiligen Patriarchen durch seine Söhne *in Hebron;* denn darauf scheint das Gewicht zu liegen. Vielleicht könnte der Vermerk der Bestattung gänzlich fehlen, wenn eben nicht ausdrücklich festgehalten werden sollte, daß diese in der Traditionsgrabstätte stattgefunden habe [219]. Der weitere Gang der Untersuchung wird das zeigen.

Die Trauer der Hinterbliebenen scheint für die Bestimmung der allgemeinen Test.-Form ohne Belang zu sein, da auf sie nur zweimal innerhalb der TestXIIPatr. hingewiesen wird.

3) Noch eine dritte Beobachtung erscheint bemerkenswert: Im großen und ganzen läßt sich zwar eine einheitliche Reihenfolge im Nacheinander der einzelnen Formbestandteile in Anfangs- und Schlußrahmen feststellen, doch fallen auch bemerkenswerte Änderungen und Verschiebungen auf. So werden gar nicht so selten Angaben, die man an sich im Anfangsrahmen erwartete, erst im Mittelteil oder im Schlußrahmen nachgetragen. Andere tauschen ihren Platz — am deutlichsten die Bestattungsanweisungen, die einmal hinter der Redeabschlußformel im Schlußrahmen, ein andermal vor ihr

---

[217] Siehe S. 38.

[218] Siehe S. 32.

[219] Ebenfalls durch die Situation in Ägypten bedingt ist die mitunter berichtete vorläufige Einsargung, da die endgültige Bestattung ja erst in Hebron erfolgen soll. Die Einsargung ist also keinesfalls als ein eigenes Formelement zu betrachten, wie J. Becker, Untersuchungen, S. 162, das vorschlägt.

am Ende des Mittelteiles erscheinen. Auch der am meisten stereotyp gehaltene überschriftartige Teil des Anfangsrahmens ist nicht von Umstellungen (in den erzählenden Teil hinein) und Weglassungen frei, so daß es sich überhaupt nicht empfiehlt, auf diese Unterscheidung der beiden Teile innerhalb des Anfangsrahmens allzu großen Nachdruck zu legen. Es dürfte sich hier um eine stilistische Eigenheit der TestXIIPatr. handeln, die den einen Teil der Formbestandteile in eine feste, geprägte Form gießt, während sie den anderen in freier Erzählweise fließen läßt, ohne doch auch darin bis ins letzte konsequent zu sein.

Ist diese Unterscheidung des Anfangsrahmens in einen überschriftartigen und einen erzählenden Teil für die TestXIIPatr. noch zweckdienlich, wenngleich man für die Bestimmung der allgemeinen Test.-Form kein zu großes Gewicht darauf legen sollte, so kann man doch jedenfalls einer Dreigliederung des Schlußrahmens keinen realen Erkenntniswert zusprechen. Wenn J. Becker hier eine Grundform A (vier Testamente als Zeugen), eine Variante B dieser Grundform (sechs Testamente) und eine Mischform aus Grundform A und Variante B (drei Testamente — bei Doppelzählung des TestBen, siehe Tabelle) unterscheidet [220], dann muß man sich doch fragen, ob es überhaupt sinnvoll ist, bei Grundform, vermittelnder Variante und Variante von drei verschiedenen Formen zu sprechen. Hier scheint eher dem Text eine Zwangsjacke angelegt zu werden, die ihn in verschiedene (Schein-) Formen preßt, ohne zu berücksichtigen, daß die Gattung „Testament" eben weit angelegt ist und damit wandelbar, daß Veränderungen auftreten können, die erst dann Gewicht bekommen, wenn sie die Grundform des Testamentes merklich beeinflussen. Das scheint aber bei diesen Variationen des Schlußrahmens nicht der Fall zu sein.

Überhaupt verfällt Becker nicht nur bei der Behandlung des Rahmens sondern auch des Mittelteils, der Rede, nicht selten in einen unbarmherzigen Schematismus, der m. E. den Text und seine Form eher zu- als aufschließt. Eine Form ist kein äußeres Schema in unserem Sinn. Formkritik und Schematismus sind zwei verschiedene Dinge. Gerade wo der Schematismus nur an der Oberfläche entlangstreicht, da vermag eine verantwortlich betriebene formkritische Methode die Tiefen, die Hintergründe, die unausgesprochenen Voraussetzungen einer Literaturgattung zu erhellen. Allerdings muß man die Grenzen der Erkenntnismöglichkeit, die der formkritischen wie auch anderen Methoden gesetzt sind, stets im Auge behalten, sonst wird der Text der Sklave der an ihn herangetragenen Methoden, und alle so gewonnenen Urteile sind dann letztlich doch nichts anderes als Scheinurteile [221]. Eine Form kann in gewissen Grenzen variabel sein. Das muß

---

[220] J. Becker, Untersuchungen, S. 161—169.

[221] Man kann doch beispielsweise keine „reine Form" herausarbeiten, wenn man für diese reine Form nur einen einzigen Zeugen aufführen kann (so J. Becker, Untersuchungen, bei der Bestimmung des erzählenden Teils des Anfangsrahmens, den er annalenhaft-berichtenden nennt, auf S. 160)! Siehe hierzu auch die kritischen Anmerkungen auf S. 25 Anm. 43, 38 und 83 f. Im gleichen Sinn kritisiert auch E. Cortès, Discursos, S. 180 Anm. 68, die allzu schematische und inhaltlich kaum begründete Dreiteilung des Schlußrahmens durch J. Becker.

ernstgenommen werden. Sie kann in verschiedenen stilistischen Ausprägungen einhergehen, worauf vor allem die neuere katholische Forschung hingewiesen hat. Umso notwendiger ist es also zu fragen: Was ist formnotwendig, was gehört zum Kern der Form und was ist variabel, stilbedingt? Darauf wird besonders bei der Suche nach Vorläufern der Test.-Form zu achten sein.

Einige Einzelheiten innerhalb des Rahmens verdienen noch besondere Beachtung:

1) Das hier „Redeeinleitungsformel" genannte Formelement hat schon früher H. W. Wolff genauer untersucht — unabhängig von den TestXII Patr. — und ihm den Namen „Lehr-Eröffnungsformel" gegeben [222]. Seit G. v. Rads Deuteronomium-Kommentar [223] hat sich der Ausdruck „Lehr-Eröffnungsruf" eingebürgert, den dann auch J. Becker und D. Haupt [224] aufgenommen haben. Wenn hier trotzdem die Bezeichnung „Redeeinleitungsformel" beibehalten werden soll, dann vor allem, um die Parallelität zur „Redeabschlußformel" und die Zusammengehörigkeit beider zu unterstreichen. Es ist inkonsequent und willkürlich, wenn J. Becker die Redeeinleitungsformel zum Mittelteil, also zur Rede selbst, schlagen will, die Abschlußformel aber zum Schlußrahmen [225]. Beide umschließen die Rede und gehören eben deshalb genauso zum Rahmen wie die anderen in der Tabelle aufgeführten Elemente auch [226]. Bemerkenswert und für die Intention eines Testamentes bezeichnend ist die Tatsache, daß sowohl H. W. Wolff wie auch G. v. Rad die Redeeinleitungsformel zur ausgesprochen weisheitlichen Redeweise rechnen. Daher ihre Benennung „*Lehr*-Eröffnungsruf" bzw. „-formel". Diese Formel kennzeichnet also die nachfolgende Rede als Lehre, Belehrung, Ermahnung, obwohl hier in den TestXIIPatr. doch auch die Elemente Rückblick auf die Vergangenheit und Zukunftsansage eine gewichtige Rolle spielen. Das scheint daraufhinzuweisen, daß der Verhaltensanweisung die beherrschende Funktion zukommt, dem Rückblick und der Zukunftsansage aber die dienende. Dieser Eindruck wird verstärkt durch den Charakter der Redeabschlußformel: Er ist zwar in den überwiegenden Fällen wertfrei gehalten, vermerkt also lediglich das Ende der Rede, doch die Formulierungen in TestRub, Sim, Levi und Naph (ἐντειλάμενος τοῖς υἱοῖς αὐτοῦ ταῦτα o. ä.) verstehen wiederum *alles* Vorhergehende als Verhaltensanweisung. Diese Beobachtung wird bei einer

---

[222] H. W. Wolff, Dodekapropheton I. Hosea, Neukirchen, 1965, S. 122 f.

[223] G. v. Rad, Das fünfte Buch Mose, Göttingen, 1964, S. 140, ebenfalls in: Weisheit, S. 32 f.

[224] D. Haupt, Levi, passim; J. Becker, Untersuchungen, S. 182; K. Baltzer, Bundesformular, S. 148, verzichtet auf eine Benennung.

[225] J. Becker, Untersuchungen, S. 158 Anm. 1 (Lehreröffnungsruf) und S. 162 (Abschlußformel).

[226] So entscheiden sich auch K. Baltzer, Bundesformular, S. 148, und D. Haupt, Levi, S. 85 Anm. 2.

genaueren Untersuchung der Funktion und der Argumentationsweise der drei Hauptelemente des Mittelteils zu überprüfen sein [227].

2) Die Bestattungsanweisungen stehen einmal am Ende der Rede im Mittelteil, einmal innerhalb des Schlußrahmens. Welchem Teil gehören sie nun wesensmäßig an? Die Entscheidung innerhalb der Tabelle, sie in den Schlußrahmen mithineinzunehmen, bedarf doch noch einer näheren Begründung.

a) Am einfachsten liegt der Fall in TestIss 7,8 und in TestNaph 9,1. Hier sind die Bestattungsanweisungen, die nur in indirekter Rede wiedergegeben werden, eindeutig Bestandteil des Schlußrahmens. Die Rede ging vorher bereits zu Ende.

b) Ebenfalls unproblematisch sind TestGad 8,3; TestAss 8,1 und TestBen 12,1 (übr. MSS, A, S¹). Zwar spricht hier noch der Patriarch direkt zu seinen Söhnen, doch ist die eigentliche Rede beendet — in TestAss 8,1 und TestBen 12,1 durch die den Bestattungsanweisungen voraufgehende Redeabschlußformel deutlich markiert. Die Bitte des Sterbenden um Beerdigung in Hebron wird durch einen redaktionellen Neueinsatz eigens eingeführt.

c) Etwas verwickelter stellt sich schon TestJuda 26,2—4 dar. Auch diese Verse sind durch einen klaren Neueinsatz von der eigentlichen Rede abgesetzt — sie enthalten den eigenen Hinweis auf den bevorstehenden Tod, eine Altersangabe und die durch ein Mumifizierungsverbot erweiterten Bestattungsanweisungen, aber erst nach diesen Elementen stehen die die ganze Rede insgesamt beendende Redeabschlußformel, dann Tod und Bestattung. Wir haben hier also eine eigenartige Mittelstellung zwischen Rede und Schlußrahmen vor uns, die sonst nie mehr in den TestXIIPatr. zu finden ist.

d) In TestDan 6,11 schließlich ist der Wunsch des Patriarchen, in Hebron beigesetzt zu werden, ganz an das Ende des Mittelteils hinaufgerutscht, ohne allerdings irgendeine inhaltliche Verbindung zu den vorausgehenden Worten der Rede gewinnen zu können. Das weist noch auf die ursprüngliche Fremdheit der Bestattungsanweisungen innerhalb des Mittelteils, der Rede, hin.

Ganz ähnlich gelagert ist der Fall in TestJos 20,1—3 mit dem Unterschied allerdings, daß jetzt die Bestattungsanweisungen dank einer speziellen Josephstradition auch eine gute inhaltliche Verbindung zu ihrem Kontext aufweisen [228].

Die wesensmäßige Zugehörigkeit der Bestattungsanweisungen zum Schlußrahmen dürfte kaum einem Zweifel unterliegen [229]. Umso bemerkens-

---

[227] K. Berger, Zur Geschichte der Einleitungsformel „Amen, ich sage euch", in: ZNW 63, 1972, S. 45—75, vermutet, daß die Ausbildung dieser typischen Einleitungsformel paränetischer Stücke wesentlich von der Gattung der Testamente beeinflußt worden sei. Auch er erkennt, daß die Paränese Mittel- und Zielpunkt der Form des Testamentes sei, was dann durch eine besondere Einleitungs- bzw. Bekräftigungsformel noch eigens unterstrichen werde (S. 55 f.).

[228] Siehe die Ausführungen auf S. 80.

[229] Auch J. Becker, Untersuchungen, S. 164, stimmt dem zu.

werter ist die auch hier wieder zu konstatierende Variabilität der Form, die unter bestimmten Voraussetzungen Formverschiebungen bzw. -veränderungen zuläßt, ohne daß diese jedoch den Formcharakter insgesamt entscheidend zu beeinflussen vermögen.

3) Es ist schon mehrfach angeklungen, daß im Mittelteil der Verhaltensanweisung die beherrschende Stellung zukommt, während die beiden anderen Elemente nur eine dienende Funktion innehaben. Einzelbeobachtungen legten diese Erkenntnis nahe, doch steht eine grundlegende Bestimmung des Verhältnisses, der „dienenden Funktion" des Rückblickes auf die Vergangenheit und der Zukunftsansage zur Verhaltensanweisung, noch aus.

Einen Hinweis auf den Charakter dieses Verhältnisses liefert bereits die in den bisherigen Ausführungen „Schlußmahnung" genannte Zusammenfassung, in der der Patriarch am Ende seiner langen Rede alle seine Ausführungen in einigen wenigen Kernworten gipfeln läßt. Am klarsten ist das ausgedrückt in TestJuda 26,1:

> „Bewahrt nun, meine Kinder, das ganze Gesetz des Herrn;
> denn es ist eine Hoffnung für alle, die seine Wege innehalten!"

und in TestSeb 10,5:

> (v. 4: „Ich eile zu meiner Ruhe wie meine Väter [230];)
> ihr aber fürchtet den Herrn, euren Gott, aus aller Kraft alle Tage
> eures Lebens!"

Dem doppelten Charakter der Verhaltensanweisungen des TestNaph entsprechend zerfällt auch die dortige Schlußmahnung in zwei voneinander unabhängige Teile: [231]

Der *handlungsorientierten* Anweisung gehört 8,4—6 zu:

> v. 4: „Wenn ihr das Gute tut, meine Kinder, so werden euch die Engel
> und die Menschen segnen..." (ausgeführt in v. 4b und 5).
> v. 6: „Den aber, der das Gute nicht tut, den werden die Engel und die
> Menschen verfluchen..." (in v. 6b fortgeführt).

Der Schlußmahnung des *erkenntnisorientierten* Teiles der Anweisungen geht eine kurze Abhandlung über die Ordnung der Gebote Gottes voran (v. 7—9). Dann folgt die abschließende Verhaltensanweisung in v. 10:

> „Werdet nun weise in Gott und verständig, da ihr die Ordnung seiner
> Gebote wißt und die Gesetze jeder Handlung, damit der Herr euch
> lieben wird."

Die Schlußmahnung kann aber auch durch verschiedene Erweiterungen aufgesprengt werden, die die Funktion haben, sie irgendwie zu untermauern. So präsentiert sich in TestIss 7,1b—6 zuerst der Patriarch selbst seinen Söhnen als einer, der vor Gott und seinen Mitmenschen ein vorbild-

---

[230] Ebenfalls in TestBen 10,2 geht der Schlußmahnung ein pers. Hinweis auf den bevorstehenden Tod voraus. Beide fehlen jeweils im Anfangsrahmen.

[231] Siehe S. 42 f. und 52 f.

liches Leben geführt habe (negative Bekenntnisreihe). Darauf gründet er
dann die Aufforderung in v. 7:

> „Tut auch ihr das, meine Kinder, und jeder Geist des Beliar wird von
> euch fliehen, und keine Tat böser Menschen wird über euch Macht ha-
> ben, und jedes wilde Tier werdet ihr bezwingen, da ihr bei euch den
> Gott des Himmels habt, welcher wandelt mit den Menschen, die ein-
> fältigen Herzens sind."

In TestDan 6 beginnt die Schlußmahnung mit v. 8:

> „Bewahrt euch nun selbst, meine Kinder, vor jedem bösen Werk und
> werft den Zorn weg und jegliche Lüge und liebt die Wahrheit und
> die Langmut..."

Doch dann schaltet der Patriarch die Angabe der Motivation dazwischen,
aus der heraus er redet: Seine Söhne sollen das Gehörte nicht für sich behalten, sondern ihren Kindern weitergeben, „damit euch der Retter der
Völker aufnimmt" (v. 9). Die Rede ist also qualifiziert als Weitergabe von
Wissen, wie man vor Gott gerecht leben kann. Dem entspricht auch der
abschließende Teil der Schlußmahnung (v. 10):

> „Steht nun ab von jeglicher Ungerechtigkeit und hängt der Gerechtig-
> keit des Gesetzes des Herrn an!"

Bei den bisherigen Beispielen stand die Schlußmahnung tatsächlich am
Ende des Mittelteils. Ihr folgte lediglich der Schlußrahmen des Testamentes, in TestDan noch zusätzlich die dem Schlußrahmen vorgeschaltete Bestattungsanweisung. Diese Position der abschließenden Verhaltensanweisung, die ihrer Intention als Zusammenfassung entspricht und die man auch
erwartet, wird aber nicht immer durchgehalten:

Im TestGad sind der kurzen, für dieses Testament besonders charakteristischen Schlußmahnung (7,7):

> „Schafft nun den Haß aus euren Seelen fort
> und liebt einander mit aufrichtigem Herzen!"

in 8,1 ein knapper Levi-Juda-Spruch und in v. 2 das 1. Element eines SER-
Spruches (Abfall) angefügt, bevor der Schlußrahmen einsetzt. Darin erschöpft sich der ganze Zukunftsansageteil des TestGad [232]!

Auch der knappen abschließenden Anweisung in TestJos 19,6 (11):

> „Ihr nun, meine Kinder, bewahrt die Gebote des Herrn..."

folgt in v. 11b—12 noch ein Levi-Juda-Spruch. Die dann zum Schlußrahmen überleitenden Bestattungsanweisungen 20,1—3 sind aufgrund einer speziellen Josephstradition mit einer kurzen Zukunftsansage eine enge Verbindung eingegangen [233], so daß sich hier im TestJos also an die Schlußmahnung noch zwei Zukunftsansagen anschließen.

Würde man diese Schlußrahmen der bisher besprochenen Testamente
nicht kennen, so käme man vollends nicht auf den Gedanken, in TestBen
10,3 ebenfalls eine Schlußmahnung zu erblicken:

---

[232] Siehe S. 57.

(v. 2: „Wißt nun, meine Kinder, daß ich sterbe [234].)

Übt nun Wahrheit und Gerechtigkeit ein jeder an seinem Nächsten und bewahrt das Gesetz des Herrn und seine Gebote!"

Nun ist hier sicherlich der Charakter dieses Satzes als Schlußmahnung unbestritten, doch ist damit der Patriarch noch lange nicht am Ende seiner Rede angelangt. Er begründet diese zusammenfassende Verhaltensanweisung zunächst durch die Angabe der *Motivation*, aus der heraus er redet — sie ist dieselbe wie auch in TestDan 6,9: Weitergabe dieser Lebensregeln an die Kinder, wie auch er, Benjamin, sie über die Kette Abraham, Isaak und Jakob empfangen habe. Diese Namen bürgen sozusagen für die Qualität der Lebenserfahrungen. Sie geben die Legitimation dafür ab, daß das, was der sterbende Patriarch seinen Söhnen jetzt ans Herz legt, nicht aus der Luft gegriffen ist, sondern auf den Erfahrungen beruht, die die Erzväter in ihrem besonders engen Verhältnis zu Gott sammeln konnten. Die Herleitung der Verhaltensanweisungen von anerkannten Autoritäten verleiht ihnen also besonderes Gewicht. Zu dieser Art der Motivation gehört neben TestBen 10,4 f., TestDan 6,9 auch TestSim 7,3 („Deshalb befehle ich euch alles, damit auch ihr es euren Kindern befehlt, damit sie es bewahren auf ihre Geschlechter").

Anscheinend anders argumentiert der sterbende Simeon, wenn er als Begründung für seine Rede angibt (6,1): „Siehe, ich habe euch alles vorausgesagt, damit ich ohne Schuld sei an der Sünde eurer Seelen" — ganz ähnlich auch TestNaph 4,1 und 8,1. Liegt hier eine andere Motivation der Rede vor? Geht es also hauptsächlich um die Vorhersage zukünftiger Geschichtsabläufe, nicht mehr um die Weitergabe ererbter Lebenserfahrungen? Die Verbindung stellt TestLevi 10 her. Hier begründet der Patriarch seine Worte in v. 1: „Nun also bewahrt, was ich euch befehle, Kinder! Denn was ich von meinen Vätern gehört habe, habe ich euch verkündigt." — Das ist also ganz im Sinne der oben beschriebenen Traditionskette gesprochen. — Doch er fährt dann fort in v. 2: „Unschuldig bin ich an jeder Gottlosigkeit und Übertretung euerseits, die ihr begehen werdet am Ende der Zeiten..." Hier ist nun beides verbunden, die Weitergabe bewährter Erfahrung im Umgang mit Menschen und Gott und das Bewußtsein des Scheiterns der Nachkommen in der Zukunft. Hätte sich also der Patriarch alle seine Worte auf dem Sterbebett schenken können, da er ja weiß, daß sie in den Wind gesprochen sind? Oder liegt im scheinbaren Widerspruch doch noch ein tieferer Sinn? Wieder hilft eine Motivationsangabe weiter. In TestIss 6,3 heißt es: „Und ihr nun sagt dies euren Kindern, damit, wenn sie sündigen, sie schneller umkehren zum Herrn..." Die Nachkommen der Patriarchen werden also trotz des ihnen vorhergesagten Abfalls eine neue Chance der Umkehr haben, die es zu nutzen gilt. Eine große Hilfe werden dabei die Lebenserfahrungen der Alten sein. Gehorsam ihnen gegenüber verspricht Wohlergehen und ein neues Leben vor Gott und den Menschen. Zu fragen,

---

[233] Siehe S. 80 und 94.
[234] Siehe TestSeb 10,4, S. 95.

7

wer diese Nachkommen seien, denen die Ermahnungen der Patriarchen in einer Situation der Sünde und des Abfalls gelten, erübrigt sich fast: Es sind eben die Kinder der Erzväter, die Söhne Abrahams, Israel, d. h. die Leser der TestXIIPatr. Das sind die eigentlichen Adressaten der zwölf Sterbereden. Nun kommt anhand der Motivationsangaben auch schon das Verhältnis von Verhaltensanweisung und Zukunftsansage in den Blick: Die Verhaltensanweisung, die eigentliche Intention dieser Schrift, gilt nicht den Patriarchensöhnen damals sondern den gegenwärtigen Lesern. Zur Überbrückung der Zeitspanne von der damaligen Situation bis hin zu der des Lesers bedarf es aber der weissagenden Vorausschau der Patriarchen, wovon später noch eingehender gehandelt werden soll [235].

Doch zurück zum TestBen: Der Schlußmahnung in 10,3 folgt nach der Angabe der Motivation noch eine Reihe von drei Zukunftsansagen in v. 6—10, v. 11 und Kap. 11 [236], bevor der Schlußrahmen einsetzt.

Was ist nun der Inhalt dieser abschließenden Ermahnungen und vor allem: Ist er einheitlich? Läßt er sich auf einen gemeinsamen Nenner bringen? Der sterbende Juda faßt seine Ermahnungen ebenso wie Joseph im Aufruf zusammen, das ganze Gesetz des Herrn zu bewahren; das vorbildliche Leben Issachars gipfelt in Gottes- und Nächstenliebe; Sebulon ermahnt zu Gottesfurcht; Dan warnt seine Söhne vor jeglicher Ungerechtigkeit und legt ihnen die Gerechtigkeit des Gesetzes des Herrn ans Herz; mit der Verheißung von Segen für die gute und Androhung von Fluch für die böse Tat bzw. mit der Ermahnung zur Erkenntnis der von Gott gesetzten Ordnung schließt das TestNaph; Gad ruft auf, den Haß abzuschaffen und der Nächstenliebe anzuhängen; Benjamin schließlich gibt seinen Söhnen die Maxime mit auf den Weg, Gerechtigkeit am Nächsten zu üben und das Gesetz des Herrn zu bewahren. Alle diese Schlußmahnungen kreisen also in der Tat um ein Thema mit doppeltem Charakter: Gottesfurcht und Nächstenliebe [237]. Gottesfurcht realisiert sich in Achtung vor dem Gesetz Gottes; Nächstenliebe zeigt sich in Wahrheit und Gerechtigkeit dem Mitmenschen gegenüber. Zu solch einem Verhalten fordern die Patriarchen ihre Söhne auf und damit die TestXIIPatr. ihre Leser. Auch die verschiedenen Rückblicke auf die Vergangenheit und die Zukunftsansagen, die mit Ausnahme des TestGad in allen Testamenten den Schlußmahnungen vorangehen, werden unter dieser Maxime zusammengefaßt. Sie dienen einer Intensivierung und Aktualisierung der Verhaltensanweisung, des Aufrufes zu Gottesfurcht und Nächstenliebe an die Leser dieser Schrift. So haben also Redeeinleitungs- und Redeabschlußformel, Motivationsangabe und Schlußmahnung jeweils unabhängig voneinander die dominierende Rolle der Verhaltensanweisung als der eigentlichen Intention der TestXIIPatr. — und wohl auch der Form des Testaments als solcher — herausgestri-

---

[235] Siehe S. 103—106.

[236] Dazu siehe S. 87—89.

[237] Siehe auch S. 33 f.

chen [238]. Eine eingehendere Untersuchung des Rückblickes auf die Vergangenheit und der Zukunftsansage in ihrem Verhältnis zur Verhaltensanweisung wird diese Beobachtung bestätigen [239].

1) *Rückblick auf die Vergangenheit:* Die TestXIIPatr. wollen ihre Leser belehren über die rechte Art, vor Gott und den Menschen zu leben. Die Normen eines solchen gerechten Lebens sind Gottesfurcht und Nächstenliebe, wie oben beschrieben. Doch worauf gründen sich diese Normen? Lassen sie sich bestätigen, beweisen, ja kann man sie überhaupt letztgültig erkennen? Um die letzte Frage zuerst zu beantworten: man kann; ja, es ist sogar nicht einmal schwer [240]. Jeder, der Augen und Ohren hat und sich bemüht, kann erfahren und erkennen, wie diese Normen sich im täglichen Leben bewahrheiten.

„Wer eine gute Gesinnung hat, sieht alles richtig."
(TestBen 3,2b)

„Wenn nun die Seele im Guten will, so ist jede
Handlung von ihr in Rechtschaffenheit, und wenn
sie sündigt, so tut sie sogleich Buße.
Denn wer dem, was recht ist, nachsinnt und
die Schlechtigkeit von sich wirft, der stößt
sogleich das Böse zu Boden und rottet die Sünde
mit der Wurzel aus."
(TestAss 1,6 f., vgl. Prv 2,1—5.9)

Das sind Erfahrungssätze, gewonnen aus der Beobachtung des menschlichen Zusammenlebens. Aber außer der Beobachtung bietet sich noch eine andere Möglichkeit zur Bestätigung der Normen an: Man kann sich den Schatz an Erfahrungen der Alten zunutze machen:

„Frage doch das frühere Geschlecht,
achte auf das, was die Väter erforschten!"
(Hiob 8,8)

Die Vorfahren hatten doch mit den gleichen Problemen des täglichen Lebens zu kämpfen. Wie könnte man deren Erfahrungen so ohne weiteres übergehen? Nur ein Tor lernt nicht aus den Fehlern, aber auch aus den erfolgreichen Taten derer, die vor ihm den gleichen Schwierigkeiten gegenüberstanden wie er jetzt. Dieses Reservoir an positiven wie negativen Erfahrungen, das jedem Verständigen zur Verfügung steht, gilt es unbedingt zu nutzen. Es ist in der Tat der wertvollste Schatz, die profundeste Hilfe zur Bewältigung des Lebens! „Stammte ein Satz aus der Erfahrung der Väter,

---

[238] Zu diesem Ergebnis kommt für die TestXIIPatr. aufgrund anderer Beobachtungen auch H. Aschermann, Formen, S. 26.

[239] Siehe schon S. 38.

[240] Ausführlich begründet bei G. v. Rad, Weisheit, Kap. „Der Grund des Vertrauens", S. 245—251.

so konnte er eigentlich schon a se eine normative Bedeutung für sich beanspruchen" [241].

Vor diesem Hintergrund sind die „Rückblicke auf die Vergangenheit" in den TestXIIPatr. zu sehen. In ihnen halten die Patriarchen ihren Söhnen ihren Lebenslauf vor, aber nicht in chronistisch-objektiver Manier. Es ist bereits ein gewerteter Lebenslauf. Das Interesse liegt nicht darauf, daß der Vater dies oder jenes erlebt hat, sondern wie er damit fertig geworden ist, welche Erfahrungen er daran gewonnen hat. Die Lebensgeschichte hat also Vorbildcharakter in positiver wie in negativer Hinsicht. Die Söhne sollen daraus die Lehre für ihr eigenes Leben ziehen. Der Rückblick in die eigene Vergangenheit zielt also folgerichtig und notwendig auf die Verhaltensanweisung [242]. Er braucht deswegen auch nicht sklavisch am Anfang zu stehen, sondern kann immer wieder in die Einzelanweisung hineinfließen, sie durch ein Exempel aus der eigenen Erfahrung untermauern. Sehr schön kann man das an TestJuda 17,1 sehen:

„Ich befehle euch nun, meine Kinder, nicht das Geld zu lieben
und nicht auf die Schönheit der Frauen zu sehen;
denn auch ich wurde durch das Geld und die Schönheit
verführt zu der Kanaaniterin Batschua hin."

Selbstverständlich ist auch die umgekehrte Reihenfolge möglich. Die negative Bekenntnisreihe in TestIss 7 endet mit der positiven Zusammenfassung (v. 6):

„Den Herrn liebte ich mit meiner ganzen Kraft
und jeden Menschen liebte ich gleichermaßen wie meine Kinder."

„Tut auch ihr das, meine Kinder . . .",

fährt der v. 7 fort.

So bietet also der Blick in die Vergangenheit der Verhaltensanweisung Anschauungsstoff in Fülle und Farbe, sei es daß er sie vorbereitet, sei es daß er ihr nachträglich zur Begründung dient. Zu Recht nennt ihn Aschermann das „biographische Beispiel für die Mahnung [243]." Keinesfalls will der Rückblick auf die Vergangenheit etwa Geschichte darbieten [244]. An einem Kontinuum liegt ihm nichts. Deswegen kann auch wahllos einmal hier ein Ereignis herausgegriffen werden, dann dort eines. Der jeweilige Zusammenhang im Leben des Patriarchen spielt keine Rolle. Das geht so weit, daß der sterbende Benjamin unbefangen aus dem Leben Josephs erzählen kann, ohne daß hier etwa ein Stilbruch vorläge. Der Rückblick auf

---

[241] G. v. Rad, Weisheit, S. 128. Vgl. auch N. C. Habel, Appeal to ancient tradition as a literary form, in: ZAW 88, 1976, S. 253—272.

[242] Zum Verhältnis von Verhaltensanweisung und Rückblick auf die Vergangenheit siehe schon S. 33.

[243] Formen, S. 6.

[244] Siehe K. Baltzer, Bundesformular, S. 151, und die Gegenüberstellung von Bundesformular und Testament in: „Die Lehre der Alten II", S. 414—440 (masch. Diss.).

die Vergangenheit dient allein als Vorbild eines in beiderlei Hinsicht folgenreichen Verhaltens, aus dem es gilt, die richtige Lehre für die Gegenwart zu ziehen.

2) *Zukunftsansage:* Die Verhaltensanweisung gründet auf der Autorität dessen, der sie ausspricht. Sie erhält Gewicht durch die Tatsache, daß sie sich mit Hilfe des Schatzes der Erfahrungen der Alten als richtig, zweckdienlich erweisen läßt. Doch darin erschöpft sie sich noch nicht. Sie will ja denjenigen, dem sie gilt, nicht vergewaltigen. Es genügt durchaus nicht, daß sie einmal, früher, im Leben der Alten, ihren Wert und ihre Richtigkeit hatte. Der sterbende Patriarch erzählt ja nicht aus seinem Leben, um sich in seiner letzten Stunde noch einmal vor seinen Söhnen Anerkennung zu verschaffen — wie könnte er da von eigenen, peinlichen Fehltritten berichten! —, sondern weil er sich um das Wohl seiner Kinder sorgt. Deshalb gibt er ihnen Verhaltensanweisungen mit auf den Weg, deshalb untermauert er diese durch Erfahrungen aus seinem eigenen Leben. Er ist der festen Meinung, daß sich an den Normen, die er in der Vergangenheit aufgrund von Fehlern wie von richtigem Verhalten erkannt hat, auch die Zukunft seiner Söhne entscheidet. Der Sterbende sieht ganz von sich weg und ganz hin auf seine Nachkommen. Werden sie einsichtig genug sein, um die Konsequenzen ihres Verhaltens immer richtig abschätzen zu können? Oder haben sie vielleicht die besten Absichten, tun aber aus Unkenntnis das Falsche? Dem will der sterbende Patriarch vorbeugen, indem er seinen Söhnen nicht nur die nackten Verhaltensanweisungen an den Kopf wirft, sondern sie immer zugleich auch auf die Konsequenzen hinweist, die sie in *ihrem* Leben sowohl bei einem den Anweisungen ihres Vaters entsprechendem wie auch widersprechendem Verhalten treffen werden. Sie sollen nicht in Unkenntnis der Folgen ihres Handelns leben, sondern sie sollen wissen, was sie tun. Erst dann können sie sich in Verantwortung entscheiden [245].

„Übt Gerechtigkeit, meine Kinder, auf der Erde,
damit ihr sie im Himmel findet.
Und säet das Gute in eure Seelen,
damit ihr es in eurem Leben findet.
Denn wenn ihr Schlechtes sät,
werdet ihr jegliche Unruhe und Trübsal ernten."
(TestLevi 13,5 f.)

„Redet die Wahrheit ein jeder zu seinem Nächsten,
so werdet ihr nicht in Zorn und Verwirrung geraten,
sondern werdet in Frieden sein und den Gott des Friedens haben,
und kein Krieg wird euch überwinden."
(TestDan 5,2)

Beispielhaft zeigt der schon zitierte Schluß des TestIss, wie Rückblick auf die Vergangenheit, Verhaltensanweisung und Zukunftsansage als Hin-

---

[245] Sicherlich folgt der Schluß der Rede Levis in TestLevi 19 einer fremden Form, dem Bundesformular, aber durch die Aufnahme gerade dieser Form wird der hier angesprochene Charakter der Entscheidung besonders deutlich.

weis auf die Konsequenzen eines der Verhaltensanweisung entsprechenden Verhaltens ineinandergreifen:

„Ich bin 122 Jahre alt und habe an mir keine Todsünde erkannt: Außer meinem Weibe habe ich keiner anderen beigewohnt. Ich hurte nicht durch Erhebung meiner Augen . . . 7,1—6	Vorbild des eigenen Lebens
Tut auch ihr das, meine Kinder, (7,7a)	als Verpflichtung für die Söhne
und jeder Geist des Beliar wird von euch fliehen, und keine Tat böser Menschen wird über euch Macht haben, und jedes wilde Tier werdet ihr bezwingen . . .“ (7,7b)	unter Hinweis auf die positiven Auswirkungen

Der Zukunftsansage kommt also die Aufgabe zu, die Konsequenzen eines bestimmten Verhaltens aufzuzeigen, zu dem ein Älterer seine Söhne aufruft bzw. vor dem er sie warnt. Zur Untermauerung seiner Ermahnungen verweist der Alte auf diesbezügliche Erfahrungen seines eigenen Lebens. In dieser Funktion stehen Rückblick auf die Vergangenheit, Verhaltensanweisung und Zukunftsansage als Formelemente ganz in der Tradition der altisraelitischen Weisheit:

„Beides habe ich gesehen in meinem flüchtigen Dasein:
Mancher Fromme kommt um bei all seiner Frömmigkeit,
und mancher Gottlose wird alt bei all seiner Schlechtigkeit.
Sei nicht überfromm und gebärde dich nicht gar zu weise;
warum willst du dich zugrunde richten?
Sei auch nicht zu gottlos und sei kein Tor;
warum willst du vor der Zeit sterben?“
                                                    (Pred 7,16—18)

V. 16 formuliert die eigene Erfahrung zu einem speziellen Sachverhalt; v. 17a und 18a ziehen daraus eine bestimmte Lehre; v. 17b und 18b schließlich warnen in fragend-überzeugender Weise vor den Konsequenzen eines Fehlverhaltens in dieser Angelegenheit.

Ganz ähnlich der Aufriß der ersten Rede des Eliphas von Theman an Hiob (Hiob 4—5):

1) Nach einer kurzen Einleitung, die auf Hiobs gegenwärtige Situation eingeht, wagt es Eliphas, Hiob auf dessen (!) eigene Erfahrung hin anzusprechen, da er ja in diesen Dingen kein unerfahrener Mann sei:

4,7: „Besinne dich doch:
        Wer verdarb je unschuldig?
        Wo wurden Gerechte vernichtet?“

2) Unterstützend breitet nun Eliphas die Erfahrungen *seines* Lebens ausführlich und eingehend vor Hiob aus:

    v.8: „Soviel ich gesehen:
        Die Unrecht pflügen und Unheil säen,   R. a. d. V.
        die ernten es auch . . .“ (bis 5,7).

3) Nun folgt der Ratschlag, die Lehre aus diesen Erkenntnissen. Sie ist umschlossen von den programmatischen Sätzen:

    5,8: „Ich aber würde an Gott mich wenden
        und meine Sache vor Gott bringen . . .   Verh.
    v.17: Wohl dem Menschen, den Gott zurechtweist.
        So verwirf nicht die Zucht des Allmächtigen!“

4) Wenn Hiob sich so zu Gott hinwenden und seine Sache ihm anheimstellen würde, dann werde er auch sicherlich dessen Segnungen erfahren (v. 18—26):

    v.25: „Dann wirst du erfahren,
        daß sich mehrt dein Geschlecht,   Zuk.
        deine Sprößlinge wie das Kraut der Erde.
    v.26: In voller Reife steigst du zu Grabe,
        wie die Garbe einkommt zu ihrer Zeit.“

5) Schließlich beendet Eliphas seine Rede mit wenigen schroffen Worten, in denen noch einmal zum Ausdruck kommt, daß die Mahnung an Hiob sich auf Erfahrung gründet:

    v.27: „Siehe, das haben wir ergründet:
        So ist es!
        Wir haben's gehört;
        du aber merke es dir!“

Bei beiden hier aufgeführten Beispielen läßt sich auch schön die Abfolge der einzelnen Formelemente erkennen: Rückblick, Verhaltensanweisung, Aufzeigen der Konsequenzen des die Verhaltensanweisung respektierenden wie des sie nicht respektierenden Verhaltens — wie bei den TestXIIPatr. auch. Die Reihenfolge ergibt sich hier ganz natürlich, aus logischer Konsequenz heraus. Sie kann jedoch jederzeit abgeändert, wiederholt, verkürzt werden, wenn es die Gedankenführung innerhalb der Rede erfordert [246].

Die hier vorgestellten Formelemente aus Reden der altisraelitischen Weisheit treffen sich also mit denen des Mittelteils der TestXIIPatr. in Intention, Motivation und Argumentationsweise. Das wird ein wichtiger Hinweis sein für die Suche nach dem Sitz im Leben der Gattung Testament.

Doch zurück zur Zukunftsansage innerhalb der TestXIIPatr.: Neben der Funktion, die Konsequenzen eines Verhaltens aufzuzeigen, das der vorauf-

---

[246] Zur Erklärung der Abfolge der drei Formelemente in den TestXIIPatr. braucht also keineswegs das Gliederungsprinzip des Bundesformulars herangezogen zu werden, wie es J. Becker, Untersuchungen, S. 157.378, unter Berufung auf K. Baltzer, Bundesformular, S. 146—168, vorschlägt.

gehenden Verhaltensanweisung entspricht bzw. widerspricht, kommt der Zukunftsansage in den TestXIIPatr. eine weitere Aufgabe zu. Hierzu muß man sich an die fiktive Situation erinnern: Die Patriarchen sind mit ihrem Vater Jakob auf Einladung ihres Bruders Joseph nach Ägypten gezogen, wo sie bis zu ihrem Lebensende auch wohnen bleiben. In der Stunde ihres Todes versammeln sie nun ihre Söhne um sich, um ihnen aus ihrer reichen Erfahrung Ratschläge für ihr zukünftiges Leben mit auf den Weg zu geben. Nun ist diese Situation aber fiktiv. Die in Wahrheit Angeredeten sind ja gar nicht die Patriarchensöhne damals sondern die Leser der Test-XIIPatr. später. Ihnen gelten die Verhaltensanweisungen der Patriarchen, sie sind die zum Gehorsam diesen Lebensregeln gegenüber Aufgerufenen. Doch wenn die Fiktion aufrechterhalten werden soll, wie kann dann der Patriarch zu ihnen sprechen, d. h. sie direkt anreden? Wie können die Leser der TestXIIPatr. zweifelsfrei feststellen, daß nun wirklich sie gemeint sind, und nicht mehr die Patriarchensöhne der Vergangenheit? Als Möglichkeit dafür bieten sich die vaticinia ex eventu an: Der Patriarch überbrückt in weissagender Vorausschau die große Kluft zwischen seiner eigenen Zeit und der des Lesers. Er sieht die Geschichtsabläufe von der Situation des werdenden Volkes Israel in Ägypten vor dem Exodus bis hin zur spät-nachexilischen Zeit in Palästina voraus. Diese große Geschichtsschau geht aber keineswegs objektiv-berichtend einher, sondern sie ist ganz deutlich geprägt, gewertet. Es ist eine Zeit zunehmenden Abfalls des Volkes Israel von den Geboten seines Gottes und entsprechender Strafen, die es dafür erleiden muß, m. a. W. es liegt die typisch apokalyptische Geschichtsschau vor, die sich ableitet vom Geschichtsbild des Deuteronomisten [247]. Der Tiefpunkt dieser Gottverlassenheit Israels markiert gleichzeitig Zeit und Situation des Verfassers der TestXIIPatr. und damit natürlich auch des Lesers. Das Gericht von 721 bzw. 587 v. Chr. wird als ein bis in die Gegenwart von Verfasser und Leser hinein andauerndes vorgestellt. Im Angesicht dieses Gerichtes dienen die Verhaltensanweisungen der alten Patriarchen, die das kommende Elend des Volkes schon lange vorausgesehen haben, als Predigt zu Umkehr und Gehorsam, als Aufruf zu Gottesfurcht und Nächstenliebe. So werden die Mahnungen der Vergangenheit zur Umkehrpredigt für die Gegenwart [248]. Nur so sei es möglich, der unmittelbar bevorstehenden Heilsrestitution gerecht zu werden, dem gleichfalls unmittelbar bevorstehenden Gericht an den Gottlosen aber zu entgehen — in beiden Gedanken ist der Verfasser der TestXIIPatr. ein echter Apokalyptiker [249]. So

---

[247] Siehe hierzu die ausführliche Darstellung bei O. H. Steck, Israel und das gewaltsame Geschick der Propheten, spez. zu den TestXIIPatr. S. 149—153.

[248] Zu diesen Gedanken, besonders dem Sinn der Verhaltensanweisungen als Aufruf zur Umkehr, siehe O. H. Steck, Israel, S. 151 f., und K. Baltzer, Bundesformular, S. 163. Dort finden sich auch die Belegstellen, die hier nicht wiederholt zu werden brauchen.

[249] „Apokalyptik ist die Sprache, welche anzeigt, daß jetzt die entscheidende Stunde schlägt, von welcher jede Zukunft auf Erden und im Himmel abhängt ..." (E. Käsemann, Der Ruf der Freiheit, Tübingen, 1968, S. 145).

stellt sich also die Zukunftsansage nach dem SER-Schema wesentlich dar als ein Mittel zur Aktualisierung der Verhaltensanweisung: Was der Patriarch damals seinen Söhnen auftrug, ist durch den inzwischen eingetretenen Abfall Israels keinesfalls überholt, da ja der Sterbende diese Entwicklung vorausgesehen hat, vielmehr gelten seine Verhaltensanweisungen ganz eigentlich erst jetzt, in der Situation des Lesers:

„Und ihr nun sagt dies euren Kindern,
damit, wenn sie sündigen, sie schneller umkehren zum Herrn!"

(TestIss 6,3) [250]

Diese Kinder leben jetzt, und sie haben gesündigt. Gehorchen sie nun dem Aufruf ihrer Vorväter, dann werden sie am kommenden Heil teilhaben; sind sie ungehorsam, so werden sie dem endlichen Gericht verfallen. Neben der Funktion der Aktualisierung der Verhaltensanweisung hat die Zukunftsansage also auch immer noch den Konsequenzcharakter inne: Sie zieht weiterhin die Folgen eines gehorsamen wie ungehorsamen Verhaltens in die Zukunft aus, auch hier als „echte" Weissagung des zukünftigen Gerichtes und Heiles.

Ähnliches gilt auch von den Zukunftsansagen der Levi-Juda-Sprüche. Hier sind ebenfalls ganz konsequent Verhaltensanweisung und Zukunftsansage miteinander verbunden und aufeinander bezogen: Die Patriarchen verpflichten häufig ihre Söhne zum Gehorsam gegenüber Levi und Juda. Die Begründung dafür liefert die Zukunftsansage: Von beiden Stämmen wird Heil für Israel ausgehen. Sicherlich gibt nun dieser Aufruf zum Gehorsam auch in der fiktiven Rahmenhandlung der TestXIIPatr., also in der alten Zeit, einen Sinn — die Nachkommen der Patriarchen sollen besonders die Stämme Levi und Juda ehren, da von ihnen später einmal, in ferner Zukunft, die Errettung Israels ausgehen werde, — aber seine eigentliche Bedeutung gewinnt auch er erst zur Zeit und in der Situation des Lesers, zu einem Zeitpunkt des größten Abfalls und des tiefsten Elends Israels also. Der ersehnten, als unmittelbar bevorstehend erwarteten Errettung Israels gilt es gerecht zu werden durch Gehorsam gegenüber Levi und Juda.

Wer aber sind Levi und Juda? Als Stämme sind sie längst untergegangen bzw. ohne reale Bedeutung. Es sind die alten, von Jahwe diesen beiden Stämmen anvertrauten Segnungen und Verheißungen (der Judaspruch in Gen 49 und der Levispruch in Dt 33), auf die der Verfasser der TestXII Patr. seine Leser verweist. Es sind die Institutionen des Priesterums und des Königtums, von denen trotz aller gegenwärtigen Befleckung und Veruntreuung ihres Amtes und Auftrages doch allein Hoffnung ausgeht und Heil zu erwarten ist, eben weil sie die Träger der alten, unvergänglichen Verheißungen Gottes sind [251].

Auch bei den Levi-Juda-Stücken treten also Verhaltensanweisung und Zukunftsansage ganz eng zusammen. Die Verhaltensanweisung steht im

---

[250] Zu dieser Angabe der Motivation siehe S. 97 f.

[251] Zu diesem Gedanken siehe S. 28 f. Dort finden sich auch die Belegstellen.

Mittelpunkt, die Zukunftsansage zieht nun weniger die Konsequenzen aus, sondern liefert vielmehr die Begründung für die Verhaltensanweisung aus der Zukunft. Ihre dienende Funktion bleibt also auch bei den Levi-Juda-Stücken erhalten, wenngleich in leicht veränderter Nuancierung. Nicht ganz so auffällig wie bei den SER-Stücken sondern mehr im Hintergrund spielt auch das Element der Aktualisierung eine Rolle; denn die Ansage künftigen Heiles und damit auch die Anweisung zum Gehorsam den Trägern dieses Heils gegenüber gewinnen ihre eigentliche Bedeutung ja erst aus Zeit und Situation des Lesers der TestXIIPatr. heraus, nicht aus dem fiktiven Rahmen, in dem sie gesprochen sind.

Nachdem so die Zusammengehörigkeit der drei Formelemente Rückblick auf die Vergangenheit, Verhaltensanweisung und Zukunftsansage und ihr wechselseitiges Verhältnis, ihre Funktion aneinander geklärt sind, fallen einige, in diesem Zusammenhang geäußerte Hypothesen ganz von selber:

1) Keinen Anhaltspunkt hat die These für sich, die TestXIIPatr. setzten sich in ihrem Grundbestand aus zwei Quellen zusammen. Diese Theorie vertrat als erster Fr. Schnapp [252], der die Verhaltensanweisungen von den Zukunftsansagen trennen und sie zwei verschiedenen Verfassern zuschreiben wollte. Dagegen wandte sich schon bald W. Bousset mit guten Argumenten [253]. Trotzdem griff P. Rießler in seiner Übersetzung des altjüdischen Schrifttums diese These nahezu unverändert wieder auf [254].

2) Gar kein Verständnis für die Funktion der Zukunftsansage innerhalb der TestXIIPatr. zeigt M. de Jonge, wenn er urteilt, daß ihr Autor die weissagenden Stücke an das Ende der einzelnen Testamente gestellt hätte „without connecting them with the preceding passages". Als Grund für ihre Existenz überhaupt und für ihre Hereinnahme in die TestXIIPatr. gibt er an: Es sei nur natürlich, daß die letzten Worte eines sterbenden Patriarchen genau so gut Vorhersagen der Zukunft enthielten wie Erinnerungen an die Vergangenheit und Ermahnung für die Gegenwart [255]. Schon K. Baltzer hat hier — wenn auch aufgrund ganz anderer Argumentation — de Jonge vorgeworfen, daß er den Sinn der Zukunftsansage im Rahmen des gesamten Mittelteils, der Rede, nicht verstanden habe [256].

3) Wie gezeigt sind der Rückblick auf die Vergangenheit wie die Zukunftsansage integrierte Bestandteile der TestXIIPatr.; sie lassen sich nicht beliebig als sekundär hineingetragen eliminieren. Da nun aber der Rückblick oft von rein jüdischem Interesse aus konzipiert ist (z. B. die Beschneidung in TestLevi 6), wird schwerlich der Verfasser der TestXIIPatr.

---

[252] Fr. Schnapp, Die Testamente der zwölf Patriarchen, Halle, 1884.

[253] W. Bousset, Die Testamente der zwölf Patriarchen, in: ZNW 1, 1900, S. 141 bis 175 und 187—209, spez. S. 174.

[254] P. Rießler, Schrifttum, S. 1335.

[255] M. de Jonge, Testaments, S. 120.

[256] K. Baltzer, Bundesformular, S. 158.

ein Christ gewesen sein, wie de Jonge postulierte [257]. Das gleiche gilt von der Zukunftsansage. Die endliche, vollkommene Restitution von Priestertum und Königtum aufgrund der alten Verheißungen dürfte wohl kaum christlichen Intentionen entsprechen.

4) Die TestXIIPatr. sind als eine einheitliche Schrift entworfen und verfaßt worden. Viele Traditionen, die aufgenommen wurden, sind zweifellos älter, aber die Einheit der Form verweist auf Abfassung aller zwölf Testamente als *einer* Schrift [258]. Die Vermutung der allmählichen Entstehung einzelner Testamente, die dann später auf die Zwölfzahl hin ergänzt worden seien, wie u. a. L. Rost [259] sie jüngst geäußert hat, wobei er sich sehr auf de Jonge stützt, trifft sicher nicht den wahren Sachverhalt.

Damit sind nun die wesentlichen Formelemente der Gattung „Testament" soweit sie bisher aus den TestXIIPatr. erhoben werden konnten, vorgestellt, definiert und in ihrer Funktion aneinander beleuchtet worden. Es hat sich ergeben, daß sich tatsächlich die Einzelteile zu einer in sich sinnvollem Gesamtform zusammenschließen, die durch sie zugleich einen bestimmten Charakter, eine qualifizierte Zielgerichtetheit gewinnt. Das „Testament" hat damit als Gattung Gestalt gewonnen; es läßt sich nach seinem Äußeren wie nach seiner Intention, seiner Argumentationsweise und seiner Motivation erfassen und von anderen Gattungen deutlich und klar absetzen. Aufgabe der weiteren Untersuchung wird es nun sein, andere Beispiele dieser Gattung zum Vergleich heranzuziehen, um die an den TestXIIPatr. gewonnenen Ergebnisse an ihnen zu überprüfen.

Nachtrag

Neben den in dieser Untersuchung herangezogenen griechischen, armenischen und slawischen Handschriften, die den Text der TestXIIPatr. jeweils vollständig wiedergeben, sind — vor allem in den letzten Jahren — eine

---

[257] M. de Jonge, Testaments.

[258] Der zweite, sekundäre Schlußrahmen des TestBen will gerade das noch einmal unterstreichen.

[259] L. Rost, Einleitung in die alttestamentlichen Apokryphen und Pseudepigraphen, Heidelberg, 1971, S. 107.
K. H. Rengstorf, Patriarchen-Reden, S. 46, hält das TestJos für die Keimzelle, an die zunächst die beiden Testamente Levi und Juda, dann die übrigen neun angewachsen seien. Doch so deutlich die zentrale Stellung der drei erstgenannten Testamente auch hervortritt, so sprechen m. E. doch die in den TestXIIPatr. vorausgesetzte ideelle Einheit Israels trotz seiner Zerstreuung ebenso wie die notwendige Rückbindung der Diaspora an das Heimatvolk und -land, die auch in dem starken Interesse an einer integren Existenz der Institutionen Priestertum und Königtum zum Ausdruck kommt, für eine Komposition der Schrift in ihrer gesamten Zwölfzahl von Anfang an.
Die These A. B. Kolenkows, The narratives of TJ, in: Studies on the Testament of Joseph, S. 37—45, einer ursprünglichen Sechszahl (TestRub/Sim/Levi/Seb/Jos/Ben) steht auf sehr schwachen argumentativen Füßen.

Vielzahl von kleineren und größeren Fragmenten und Paralleltexten gefunden worden, die teils einen Ausschnitt aus den TestXIIPatr. wiedergeben, teils aber auch einen offensichtlich anderen Text enthalten, der zwar mit den jeweiligen Teilen der TestXIIPatr. verwandt erscheint, jedoch nicht identisch ist [260]. Alle diese Handschriften beziehen sich mit einer Ausnahme (ein rabbinischer Midrasch zeigt deutlich Parallelen zum TestJuda) auf die TestLevi und Naph.

1) Fragmente zum TestLevi

Ordnet man die drei großen Hauptfragmente [261] zusammen und versteht sie als Teile einer gemeinsamen, ursprünglichen Quellenschrift, wie R. H. Charles das vorschlägt, auch dann läßt sich formkritisch nicht mehr feststellen, als daß es sich um eine Rede handelt, die anfangs das Ende einer Vision mitteilt, dann zu einem weit ausschweifenden Rückblick auf die Vergangenheit, einem Lebensbericht, übergeht, der vornehmlich Opfervorschriften enthält, und mit einer Anweisung zu Wahrheit, Rechtschaffenheit und Weisheit schließt. Eine Rahmenhandlung fehlt völlig, d. h. sie ist uns nicht erhalten. Die Verse 81—83 im Mittelteil ähneln zwar Formelementen des Anfangsrahmens der bisher untersuchten Testamente, doch läßt sich nicht mit Sicherheit feststellen, ob sie tatsächlich die vorliegende Rede als die Rede eines Sterbenden qualifizieren wollen [262]. So muß eine einigermaßen exakte Formbestimmung spekulativ bleiben. J. Becker [263] wehrt sich denn auch mit Recht dagegen, diesen Fragmenten bzw. der aus ihnen zu rekonstruierenden Schrift den Charakter eines echten Testamentes zuzuerkennen, wie es D. Haupt [264] fordert. Allerdings läßt sich mit Beckers Benennung „in der Ich-Form erzählte pseudepigraphische Lebensgeschichte" für eine Formbestimmung auch nicht viel anfangen. Man sollte ehrlichkeitshalber gänzlich darauf verzichten.

2) Das hebräische Testament Naphtalis aus der Chronik des Jerachmeel [265]

Es handelt sich hier um kein Fragment sondern um einen vollständig erhaltenen Text. Damit bietet sich der Formbestimmung natürlich ein viel sicherer Boden:

---

[260] Detailliert aufgeführt unter Angabe der jeweiligen Editionen bei A.-M. Denis, Introduction aux pseudépigraphes grecs, S. 52 f., ausgewertet bei J. Becker, Untersuchungen, S. 69—128.

[261] Von R. H. Charles in seiner Textausgabe als Appendix III, S. 245—356, abgedruckt.

[262] Der Redende teilt selbst die Summe seiner Lebensjahre mit (127 Jahre), aber diese Zahl stimmt nicht überein mit seiner eigenen Angabe seines Lebensalters zum Zeitpunkt dieser Rede (118 Jahre). Das will formkritisch nicht unbedingt viel besagen, aber es ist doch ein starker Unsicherheitsfaktor.

[263] J. Becker, Untersuchungen, S. 72.

[264] D. Haupt, Levi, S. 5 Anm. 19.

[265] In der Kapitel- und Verseinteilung richte ich mich nach R. H. Charles, der das hebr. TestNaph als Appendix II seiner Ausgabe der TestXIIPatr. beigefügt hat.

a) *Anfangs- und Schlußrahmen*

Das hebräische TestNaph trägt eine kurze, knappe Überschrift: „Das ist das Testament (צוואת) Naphtalis, des Sohnes Jakobs". Dieser Überschrift entspricht eine ebenso kurz gehaltene Schlußbemerkung: „Zu Ende ist das Testament Naphtalis, des Sohnes Jakobs" [266]. Zusammen mit den beiden vorhergehenden Sätzen („So weit die Worte Naphtalis, des Sohnes Israels, die er seinen Söhnen einschärfte. Sie waren süßer für den Gaumen als Honig."), deren erster die Funktion der *Redeabschlußformel* über-   Redeabschl. nimmt, bildet die obige abschließende Bemerkung den ganzen Schlußrahmen. Kein Hinweis auf Bestattungsanweisungen, Tod oder Begräbnis! Das läßt fragen, ob der Anfangsrahmen überhaupt einen Hinweis auf den bevorstehenden Tod, in direkter Rede oder in berichtender Form, enthält. Hier findet sich nun zunächst nach der Generalüberschrift noch eine weitere, textinterne Überschrift (1,1a), die dem Element: *„Titel und Name"* aus   T. + N. den TestXIIPatr. nahekommt, hier allerdings mit einer Art Vorstellung des Patriarchen und einer Namensätiologie verbunden ist: „Testament Naphtalis, Naphtalis, des Sohnes Jakobs, den ihm Bilha, die Magd Rahels, geboren hatte [267], Kampf um Gott." Vorstellung und Namenserklärung waren in den TestXIIPatr. niemals Bestandteil des Anfangsrahmens, sondern hatten ihren Platz, soweit sie mitgeteilt wurden, eingangs des Rückblickes auf die Vergangenheit. Nach dieser zweiten Überschrift setzt nun erst eigentlich die Erzählung ein mit einer relativ breiten Beschreibung des hohen Alters des Patriarchen (v. 1b), die zwar keineswegs den nahenden Tod ankündigt, aber doch, von der Form her gesehen, an die Stelle des *Hinweises auf den bevorstehenden Tod in der berichtenden Form* tritt.   Hinw. a. d. bev. Tod (bericht.)

Die *Situationsbeschreibung*, die auch die *Adressaten* der Rede, die Söhne,   Sit., Adr. nennt, fällt wieder recht knapp aus (v. 1c); danach eröffnet der Vater   Redeeinl. seine Rede an seine Söhne mit einer *Redeeinleitungsformel* (v. 1d), die bereits die folgenden Worte als Anweisungen (מצות) qualifiziert [268].

Überraschend wird nun aber der Vater, bevor er mit der eigentlichen Rede beginnen kann, von seinen Söhnen unterbrochen durch einen kurzen Satz (v. 2), der offensichtlich als Antwort oder Bestätigung der Redeeinleitungsformel fungiert: „Wir sind bereit zu hören, um alles auszuführen, was du uns gebieten wirst." Aus diesem Einwurf entwickelt sich ein ein-

---

[266] Solche formelhaften Schlußsätze fügte gerne die MS g den Schlußversen einiger Testamente der TestXIIPatr. an, so in TestGad 8,5; TestAss 8,2; TestJos 20,6 und TestBen 12,4. Sie erwiesen sich dort deutlich als Zusätze von späterer Hand. Das dürfte für das hebr. TestNaph nicht zutreffen, da hier die handschriftliche Überlieferung einheitlich ist. So haben wir wohl schon allein in diesem Schlußsatz einen Hinweis auf das den TestXIIPatr. gegenüber jüngere Alter des hebr. TestNaph zu sehen.

[267] Die Aufnahme dieser Variante, des Nebensatzes, in den Text, die Fr. Schnapp in: E. Kautzsch, Apokryphen II, S. 489, vorschlägt, ist sicher gerechtfertigt.

[268] Ganz ähnlich TestRub 1,5; TestAss 1,2; in der Wortwahl allerdings unterscheiden sich nicht nur diese beiden sondern auch die anderen Redeeinleitungsformeln der TestXIIPatr. von der des hebr. TestNaph doch recht erheblich.

leitender Dialog zwischen dem Vater und seinen Söhnen, der sich bis ans Ende des ersten Kapitels hinzieht. Diese Wechselrede soll auf den Inhalt des Folgenden hinführen, ihren Sinn und Zweck im vornherein begründen. Dieser Inhalt wird ebenso pauschal wie in den Schlußmahnungen der Test XIIPatr. charakterisiert als Anweisung zu Gottesfurcht und Nächstenliebe (v. 5 f.). Interessant ist dabei wiederum die Angabe der Motivation, aus der heraus der Patriarch zu seinen Söhnen spricht: Er befürchtet, seine Söhne könnten in der Zukunft abirren (v. 8), ja, er weiß sicher, daß die Söhne Josephs ganz Israel zur Sünde verführen werden mit der üblen Folge der Vertreibung und des Exils, so wie Joseph auch schon schuld daran war, daß Jakob und seine Söhne nach Ägypten auswanderten, um dort versklavt zu werden (v. 10) [269].

Ganz ähnlich begründeten auch die Patriarchen der TestXIIPatr. ihre Ermahnungen (TestNaph 4,1; 8,1; TestSim 6,1; TestLevi 10,1 f.; TestIss 6,3) [270], so daß sich also nach Intention und Motivation das hebr. Test Naph durchaus nicht von den TestXIIPatr. unterscheidet.

Noch etwas fällt im Anfangsrahmen auf: In v. 3 scheint der Patriarch ein Mißverständnis seiner Söhne abwehren zu wollen: „Ich gebiete euch weder in betreff meines Silbers noch meines Goldes noch wegen der sonstigen Habe, die ich euch hinterlasse unter der Sonne." Die Söhne erwarten offensichtlich eine Aufteilung des Erbes, also einen juristischen Akt. Der Vater aber hält es für wichtiger, seinen Söhnen Ratschläge für die Bewältigung der Zukunft anzuvertrauen. In der Abwehr dieses Mißverständnisses der Söhne wie auch in der notariell anmutenden Überschrift und Schlußbemerkung [271] zeigt sich die Nähe zu einer anderen, grundlegend von den bisher untersuchten Testamenten verschiedenen Gattung, dem juristischen Testament, das die Aufteilung der Hinterlassenschaft eines Erblassers unter seine Anverwandten regelt. Beide Formen scheinen nur äußerlich verwandt,

---

[269] Diese negative Wertung Josephs steht zu den TestXIIPatr. in krassem Gegensatz. Dort war Joseph durchgängig der Glaubensheld, der Asket mit übermenschlicher moralischer Kraft; hier verkörpern die Söhne Josephs wohl allein das Nordreich, das den Söhnen Levis und Judas (dem mit dem Südreich identifizierten Priester- und Königtum?) entgegengesetzt wird. Von dieser Wertung her erklärt sich vielleicht auch der in den Levi-Juda-Stücken TestRub 6,5—7; TestSim 5,4—6 und TestDan 5,4 angekündigte Kampf der Nachkommen der jeweiligen Patriarchen mit Levi (und Juda).

[270] Siehe S. 97 f.

[271] E. Kautzsch, Apokryphen II, S. 489—492, übersetzt beidemale „(letzter) Wille Naphtalis". R. H. Charles, Versions, S. XLVI (Introduction) behauptet, צואת sei das hebräische Äquivalent für διαθήκη. Mag dies auch für die Grundbedeutung beider Begriffe, die juristische letztwillige Verfügung, zutreffen, so deckt doch צואת den übertragenen Gebrauch von διαθήκη, wie er in den TestXIIPatr. vorliegt, wohl nicht. Hierzu siehe J. Behm, Art. „διαθήκη" in ThW 2, S. 127 bis 137.

sie unterscheiden sich jedoch in ihrer Intention und entsprechend in ihrem Sitz im Leben diametral [272].

b) *Mittelteil*

In den Kap. 2—7 berichtet Naphtali seinen Söhnen von zwei großen Visionen, die er in der Vergangenheit erlebte, als er noch mit seinen Brüdern die Herde seines Vaters hütete [273]. Diese Visionen geben sich also wie ein Rückblick auf die Vergangenheit, und wie dieser dienen sie dazu, den Hörern eine Erkenntnis, eine Lehre zu vermitteln. Worin hier die Lehre besteht, zeigt der letzte Vers von Kap. 7. Der Patriarch warnt dort seine Söhne: „Deshalb, meine Söhne, gebiete ich euch, daß ihr euch nicht mit den Söhnen Josephs sondern nur mit den Söhnen Levis und Judas verbindet" (7,5b). Den Grund für diese Warnung entfalten die beiden Visionen. Im ersten Teil der ersten Vision (Kap. 2) sieht Naphtali, wie sein Vater Jakob kommt und ihm und seinen Brüdern befiehlt, die Gestirne zu ergreifen. So ergreifen denn Levi die Sonne, Juda den Mond und die anderen Brüder je ein Gestirn außer Joseph, der sich weigert, der Aufforderung seines Vaters nachzukommen. Im zweiten Teil der Vision (3,1—12) erscheint ein himmlischer Stier. Den besteigt Joseph und brüstet sich vor seinen Brüdern. Er raubt Juda zehn der zwölf Stäbe, die dieser in der Hand hält, worauf zehn Brüder Levi und Juda verlassen und sich zu Joseph gesellen [274]. Nur Benjamin bleibt bei den beiden Brüdern. Nun kommt ein gewaltiger Sturm auf, der die Brüder trennt und sie zerstreut. Damit endet diese erste Vision. Naphtali berichtet noch, daß er sie seinem Vater erzählt habe; er aber habe sie nicht ernstgenommen, da sie sich ja nicht wiederholt habe (v. 13).

Es ist klar, worauf diese Vision hinauswill: Sie weissagt in bildlicher Form die zukünftige Reichsteilung und das Exil bzw. die Zerstreuung [275]. Bezeichnenderweise wird wieder Joseph die Schuld an beidem zugeschrieben.

Nun folgt sofort der Bericht einer zweiten Vision (Kap. 4—6): Jakob und alle seine Söhne entdecken ein Schiff ohne Besatzung in Ufernähe und nehmen es in Besitz. Es ist voller Kostbarkeiten und gehört, laut Anschlag am Mast, Jakob — als ein Geschenk Gottes. Auf Befehl ihres Vaters bemannen die Söhne das Schiff, wobei Levi und Juda den Ausguck auf den beiden Masten besetzen, die anderen Brüder aber die Ruder. Nur Joseph

---

[272] Zu den griech. und römischen Rechtstestamenten siehe E. Lohmeyer, Diatheke, S. 17 ff. Daß die hier untersuchten Testamente mit der Regelung von Erbschaftsangelegenheiten nichts zu tun haben, bedarf keiner weiteren Diskussion. Darüber hinaus liegt jedoch der Test.-Form überhaupt jegliches juristische Interesse und juristische Denken fern, wie auch der Vergleich zwischen der Test.-Form und dem Bundesformular ergibt (vgl. masch. Diss. S. 414—442).

[273] Zum Vergleich mit den beiden Träumen des griech. TestNaph siehe S. 50 Anm. 115.

[274] Die Zwölfzahl ist hier nicht konsequent eingehalten.

[275] Zum Verhältnis von Exil und (bis in die Gegenwart des Verfassers hinein andauernde) Zerstreuung Israels siehe S. 104 und O. H. Steck, Israel, S. 151.

weigert sich wieder. Darauf übergibt ihm Jakob das Steuer. Nun ist der erste Sinnabschnitt zu Ende. Im folgenden Teil der Vision wird berichtet, daß alles gut geht und das Schiff sich dem sicheren Ufer nähert, solange die Brüder einträchtig zusammenarbeiten. Bald aber wird Joseph übermütig; er folgt nicht mehr den Anweisungen Judas aus dem Mastkorb, so daß das Schiff an den Felsen geworfen wird und zerschellt. Die Brüder versuchen einzeln, ihr Leben zu retten, und werden dabei völlig auseinandergetrieben. Hier endet aber die zweite Vision nicht, wie es die bisherige Parallelität zur ersten vermuten lassen würde. Jakob erscheint wieder und tadelt seine Söhne; die beschuldigen Joseph. Nun sammelt Jakob seine Söhne, stellt das Schiff wieder her und rügt Joseph wegen seines leichtsinnigen Verhaltens. Auch diese zweite Vision berichtet Naphtali seinem Vater (Kap. 7). Der ist darüber sehr bestürzt, vor allem wegen seiner Liebe zu Joseph, deutet dann aber Naphtali gegenüber beide Visionen zusammen als Voraussage der Exilierung und der Zerstreuung unter die Völker wegen der Schuld Josephs.

Eigenartigerweise vernachlässigt die Deutung den letzten Akt der zweiten Vision, die Heilsrestitution der Gemeinschaft der zwölf Brüder.

Beide Visionen übernehmen also die Funktion der Zukunftsansage nach dem SER-Schema [276], obwohl sie als Rückblick auf die Vergangenheit stilisiert sind. Wie in den TestXIIPatr. so ist es auch hier die Aufgabe und der Sinn der Zukunftsansage, nicht allein die Zukunft vorherzusagen, sondern zu einem richtigen Verhalten in der Zukunft anzuleiten, wie die abschließende, schon zitierte Verhaltensanweisung in 7,5b bestätigt.

In 8,1 bietet Naphtali seinen Söhnen noch eine, allerdings sehr beschränkte geschichtliche Vorausschau: Er verheißt seinen Nachkommen, also dem Stamm Naphtali, einen Erbbesitz im schönsten Teil des Landes und allen Wohlstand. Diese Vorhersage dient dem Patriarchen aber nur dazu (v. 2 f.), seine Söhne zu warnen, daß sie nicht vor lauter Sattheit [277] den Geboten Jahwes widerstrebten und ihn schließlich ganz vergäßen, Jahwe, den sich Abraham erwählt habe (so!) [278]. Nun erinnert der Patriarch in einem ausführlichen Rückblick auf die Vergangenheit (8,4—10,2) seine Söhne daran, wie zur Zeit Pelegs 70 Engel, an ihrer Spitze Michael,

---

[276] Ebenso wie die Träume in TestNaph 5 f. (S. 50—52) und TestJos 19 (S. 79.).

[277] Wörtlich: „in ihrem Fett".

[278] Welch ein Wandel in der Vorstellung der Erwählung, hier speziell zu Gen 12 und den Vätergeschichten! Die Argumentation im folgenden läuft darauf hinaus, daß man sich deswegen zu Jahwe halten müsse, weil Abraham damals, zu Zeiten der babylonischen Sprachverwirrung, sich den höchsten Gott, den Schöpfer, als seinen Gott erkoren habe, während die anderen Völkerpatrone so töricht waren, sich mit untergeordneten Engelgottheiten zu begnügen. Solch eine Denkweise wäre dem ganzen kanonischen Schrifttum des AT sicherlich als höchstes Sakrileg erschienen. Auch das deutet darauf hin, daß der Verfasser dieses Testamentes nur in einem weiten Abstand von diesen Schriften und ihren frühen Nachfolgern gelebt und geschrieben haben kann.

die 70 Völker ihre jeweilige Sprache lehrten, wobei Hebräisch, die heilige Sprache, dem Hause Abrahams vorbehalten blieb. Michael habe dann im Auftrage des Höchsten die Völkerpatrone aufgefordert, sich einen Gott, einen Fürsprecher im Himmel, zu wählen. Nun hätten sich alle Völker jeweils den sie ihre Sprache lehrenden Engel erwählt; nur Abraham habe allein und direkt Jahwe, den Schöpfer der Welt und jedes Menschen, dienen wollen.

Hieran knüpft nun die Mahnung an, diese heilige und wertvolle Tradition nicht aufs Spiel zu setzen, sondern allezeit allein dem Gott der Väter anzuhangen (10,3).

Diese Anweisung wird nun noch eigens untermauert durch eine weisheitlich-belehrende Rede, die das Ziel verfolgt zu zeigen, daß Jahwe der Höchste und Mächtigste ist, dessen Erhabenheit in seinen Werken offenbar wird, besonders in der Erschaffung der Menschen (10,4—8).

Das hebräische TestNaph schließt mit einer Segensverheißung für den Menschen, der den ihm am Tag der Geburt eingeblasenen Geist Gottes an seinem Tode Gott so rein zurückgibt, wie er ihn empfangen habe (v. 9).

c) *Beurteilung*

Wie sich gezeigt hat, entspricht das hebr. TestNaph unter formkritischen Gesichtspunkten durchaus der bisher erarbeiteten Test.-Form: Die Anweisung zu einem bestimmten Verhalten steht deutlich im Mittelpunkt; Rückblick auf die Vergangenheit und Zukunftsansage, hier als Vision stilisiert, stehen zu ihr in untergeordneter, ihr dienender Funktion. Inhaltlich wird allerdings nicht recht klar, in welchem Verhältnis die Aufforderung, Levi und Juda untertan zu sein, als Skopus der Visionen (7,5b) zu der Lehre aus dem Rückblick auf die Vergangenheit steht, keinem anderen Gott als Jahwe zu dienen (10,3), und zu der die Weisheitsrede zusammenschließenden Anweisung, den dem Menschen von Gott eingegebenen Geist nicht zu besudeln (10,9). Diese Diskrepanz der Inhalte läßt sich wohl nicht mehr erklären. Vielleicht rührt sie daher, daß in der Spätzeit der vermutlichen Abfassung dieses Testamentes, die sich von verschiedenen, bereits angesprochenen Gesichtspunkten her nahelegt, viele Traditionen zusammengeflossen sind, deren ursprüngliche Intentionen dem Verfasser des hebr. TestNaph gar nicht mehr bekannt waren bzw. deren er sich jedenfalls nicht mehr bewußt war.

Der Rahmen läßt einerseits Verwandtschaft zur Test.-Form erkennen, andererseits fallen aber auch starke Anzeichen der Erweichung dieser Form auf: So ist der Anfangsrahmen nicht mehr deutlich von der eigentlichen Rede abgesetzt, sondern bereits in sie so hineingearbeitet, daß es schwer fällt, das Ende des einen vom Anfang des anderen richtig abzuheben. Weiterhin paßt die Form des Dialoges nicht zum Testament; sie sprengt dessen Rahmen, auch wenn sie, wie hier, nur im Eingangsteil aufgenommen ist [279].

---

[279] Sie erinnert hier vielmehr an den Disput, wie ihn Rabbinen mit ihren Schülern pflegten.

Schließlich fehlt ein dem Testament auch nur in etwa entsprechender Schlußrahmen. Er erweckt beim hebr. TestNaph vielmehr den Eindruck einer Schlußformel, die in notarieller Art das Ende eines Schriftstückes kennzeichnet. Hier geht also nicht mehr die Situation eines Sterbenden, der seinen Söhnen letzte Anweisungen mit auf den Weg gibt, ihrem Ende entgegen, auch wenn der in dieser Hinsicht freilich etwas ungenau gehaltene Anfangsrahmen das noch nahelegt.

Einige Anzeichen deuten endlich auf eine Nähe zum juristischen Testament hin, auch wenn diese Formverwandtschaft von der Struktur und der Intention des Mittelteiles her klar verneint werden kann.

Alles in allem kann man also zusammenfassend feststellen, daß im hebr. TestNaph die Form des bisher erarbeiteten Testamentes zwar weitgehend festgehalten ist, sich aber doch einige Aufweichungen dieser Form nicht übersehen lassen, so daß sich auch von daher die Vermutung nahelegt, daß wir es hier mit einer Schrift aus erheblich späterer Zeit zu tun haben, die sich mehr oder weniger formal an das TestNaph aus den TestXIIPatr. anlehnt.

§ 2. DAS TESTAMENT 'AMRAMS (4Q 'AMRAM)

Text und Übersetzung: J. T. Milik, 4Q Visions de 'Amram et une citation d'Origène, in: RB 79, 1972, S. 77—97.

Milik teilt in diesem Aufsatz mit, daß sich unter den Fragmenten aus der Qumranhöhle 4 auch Bruchstücke einer Schrift befänden, die den Titel trage: „Abschrift des Buches der Worte der Visionen 'Amrams, des Sohnes Kahats, des Sohnes Levis". Diese Schrift sei in insgesamt 5 MSS in Aramäisch repräsentiert (Siglum 4Q'Amram abcde). Milik schlägt vor, sie „Visions de 'Amram" oder „Testament de 'Amram" zu benennen.

Milik teilt nun aus diesen Fragmenten einige Abschnitte mit, die ihm besonders bemerkenswert erscheinen, darunter auch die vollständige Überschrift. Da diese Textpassagen nicht allzu umfangreich sind, können sie hier ganz wiedergegeben werden [1]:

„*1* Abschrift des Buches der Worte der Visionen 'Amrams, des Sohnes Kahats, des Sohnes Levis, alles, was *2* er seinen Söhnen verkündete und was er ihnen anbefahl am Tage seines Todes im Jahr *3* 136, das war das Jahr seines Todes, im Jahr einhundert- *4* zweiundfünfzig des Exils Israels in Ägypten." [2]

„(... Ich sah Wächter) *10* in meiner Vision, der Traumvision, und siehe zwei stritten sich über mich und sagten (...) *11* und sie begannen meinetwegen einen großen Streit. Da fragte ich sie: ‚Ihr, nachdem ihr so .. (...) über mich.' Sie aber antworteten und (sagten zu mir: ‚Wir *12* haben empfangen) Macht und sind mächtig über alle Menschensöhne.' Und sie sagten zu mir: ‚Welchen von uns (wählst) du (...' ...) ich erhob meine Augen und sah *13* einer von ihnen, sein Anblick war schrecklich wie das eines Drachen und seine Kleidung war gefärbt und er war dunkel wie die Finsternis (...). *14* Und ein anderesmal sah ich und siehe (...) bei seinem Anblick, und sein Angesicht war das einer Otter, und er war bedeckt mit (...) *15* sehr und (alle) seine Augen (...)" [3]

„*2,1'* (...) mächtig über dir (... *2'* ...)' Und ich fragte ihn und sagte: '... der Wächter) da, wer ist er?' Und er sagte zu mir: 'Der W(ächter da ... *3'* ... und seine drei Namen sind...) und Malkî-réša'.' Da sagte ich: ‚Mein Herr, was ist (seine) N(atur ...' Er antwortete mir und sagte: '... *4'* ... und sein ganzer Weg) ist finster und all sein Tun ist finster und es ist in der Finsternis, daß er (... *5'* ... du) siehst. Und er herrscht über alle Finsternis, ich aber (herrsche über alles Licht ... *6'* ..., auf) Befehl des Höchsten, bis hin zu Welten, herrsche ich über alles Licht und alles, (was zu Gott gehört,) und ich herrsche über die Menschheit *3,1* aus seiner Gnade und aus seinem Frieden, (und ich, über alle Söhne des Lich)ts bin ich zur Herrschaft eingesetzt. Und ich fragte ihn und sagte zu ihm: We(lche

---

[1] Die Übesetzung richtet sich nach der Textrekonstruktion und der französischen Übersetzung Miliks.

[2] MS c, vervollständigt durch Fragmente der MSS a+d.

[3] MS b, Fragment 1, Zeile 10—14, vervollständigt nach MSS a+d.

sind deine Namen ... 2 ...' Er antwortete und) sprach zu mir: '(Meine) drei
Namen sind (...)" [4]

Von einem weiteren Bruchstück, dem einzigen Rest einer MS, vermutet
Milik, daß es auch zu dieser Schrift hinzugehöre. Daraus zitiert er folgende
Passage:

„9 Ich lasse (euch [dies] wis)sen, ja ich möchte euch ganz gewiß veranlassen zu
entsagen (der Ungerechtigkeit; denn alle Söhne des Lichts) 10 werden leuchten (und
alle Söhne) der Finsternis werden dunkel sein. (Denn die Söhne des Lichts...) 11
und aufgrund all ihrer Kenntnis werden sie sein (...), aber die Söhne der Finsternis werden ausgemerzt sein (...). 12 Denn alle Torheit und Ungerechtigkeit sind
dunkel, aber aller Friede und alle Wahrheit leuchten. (Denn alle Söhne des Lichts
13 werden gehen) auf das Licht zu, auf die (ewige) Freude und Fröhlichkeit zu,
während alle Söhne der Finsternis gehen werden (auf die Finsternis zu, auf den
Tod) 14 und den Untergang zu. (...) das Volk wird die Klarheit haben und man
wird leben (...)."

Es ist durchaus möglich, daß dieses Stück tatsächlich zu den vorhergehenden dazugehört; denn die Begrifflichkeit ist auffallend ähnlich der der
drei ersten Fragmente (Licht — Finsternis, hell — dunkel, Söhne des Lichts).

Lassen sich nun genügend Formmerkmale erkennen, um diese Schrift mit
Recht ein Testament zu nennen?

a) Anfangsrahmen

T. + N.
Adr.
Hinw. a. d.
bev. Tod
(bericht.)
Altersang.
Vergl.

Wir finden zunächst eine textinterne *Überschrift*, die schon angeführt
wurde. Dann folgen die Benennung der *Adressaten*, an die die Rede gerichtet ist, seine Söhne, und ein kurzer *Hinweis auf den bevorstehenden
Tod* des Patriarchen. Den Schluß bildet eine doppelte Jahresangabe: Zunächst wird das *Lebensalter* 'Amrams genannt, das zu der Notiz in Ex
6,20 um 1 Jahr differiert, dann eine *Vergleichsdatierung* des Todesjahres
zu den Jahren des Aufenthaltes Israels in Ägypten.

b) Schlußrahmen

Er fehlt leider völlig. Sofern er ganz oder teilweise in den verbliebenen
Fragmenten erhalten ist, hat Milik jedenfalls nichts davon mitgeteilt.

c) Mittelteil

Alle Fragmente sind durchgehend Rede, Bericht in der 1. Person 'Amram
erzählt seinen Söhnen von einer Vision, die er zur Zeit seines Aufenthaltes
von 41 Jahren in Hebron gehabt hatte, wo er mit dem Bau der Gräber
der Patriarchen beschäftigt, dann aber verhindert war, sogleich nach Ägypten zurückzukehren wegen des Krieges zwischen den Ägyptern und den
Kanaanäern, die von den Philistern unterstützt wurden. Am Anfang der
Vision versichert ihm ein Engel, daß er in Frieden nach Ägypten zu seiner

---

[4] MSb, Fragmente 2 und 3, ebenfalls ergänzt nach MSSa+d.

Frau zurückkehren werde [5]. Dann folgt die eigentliche Vision, die ihm der Engel Stück für Stück deutet. 'Amram sieht zwei „Wächter"/Dämonen über seine Person streiten. Der eine von ihnen wird als Fürst der Finsternis beschrieben, der Deuteengel stellt sich vor als Fürst des Lichts. Zum Schluß ermahnt 'Amram seine Kinder zu einem Lebenswandel im Licht.

Zusammenfassung

Bei der Betrachtung der Form der Fragmente fällt sofort die große Ähnlichkeit des Anfangsrahmens mit den TestXIIPatr. ins Auge. Die hier erkennbaren 5 Formelemente entsprechen exakt dem überschriftartigen Teil des Anfangsrahmens der TestXIIPatr. Kein Formelement fehlt, keines ist zuviel! Es erscheint sogar der für die TestXIIPatr. typische Begriff „Abschrift" (ἀντίγραφον — פרשגן) zu Anfang. Anders ist lediglich die Kennzeichnung des Inhalts der Schrift als Visionen und die Tatsache, daß sich die Vergleichsdatierung nicht nach dem Lebensalter Josephs sondern nach dem Aufenthalt der Israeliten in Ägypten ausrichtet. Davon abgesehen ist jedoch die Ähnlichkeit zwischen den Anfangsrahmen der TestXIIPatr. und dem des Test'Amram so auffallend und im Vergleich mit den anderen Testamenten so singulär, daß sie die bloße Entsprechung innerhalb der gleichen Gattung deutlich übersteigt. Diese Ähnlichkeit kann nur auf direkter literarischen Bekanntschaft beruhen. Da Milik die Fragmente des Test'Amram in das 2. Jhdt. v. Chr. datiert, mag das auch ein neues Licht auf das Alter der TestXIIPatr. werfen.

An den überschriftartigen Teil des Anfangsrahmens hat sich — gemäß der knappen Inhaltsangabe Miliks (S. 85) — auch noch eine erzählende Einleitung angeschlossen: 'Amram beschreibt seinen Söhnen die Situation, in der ihm die Vision zuteil wurde. Also haben wir auch hier wie in den TestXIIPatr. eine Aufteilung des Anfangsrahmens in einen überschriftartigen und einen erzählenden Teil.

Den Inhalt des ganzen Mittelteiles kennzeichnet der Anfangsrahmen als Visionen (חזה), die aber anscheinend für die Söhne die Funktion von Ermahnungen, *Verhaltensanweisungen* (פקד) übernehmen. Wenn das letzte Verh. Fragment tatsächlich zum Test'Amram dazugehört, so trifft sich das mit dieser Beobachtung ausgezeichnet; denn hier zieht der Redende aus seinen bisherigen Worten, also dann dem Visionsbericht, das Fazit für seine Söhne: Er deutet sie als Anweisung zu einem Lebenswandel „im Licht". Diese Ermahnung unterstreicht er dadurch, daß er die Konsequenzen eines seinen Worten entsprechenden wie auch widerstrebenden Verhaltens für die *Zukunft* Zuk. auszieht: Sein im Licht — Sein in der Finsternis. Die Vision zielt also auf eine Verhaltensanweisung; sie wird unterstrichen durch eine Zukunftsansage.

So ist nun deutlich geworden, daß nicht nur der Anfangsrahmen ganz offensichtlich nach der Test.-Form gestaltet ist sondern auch der Mittelteil.

---

[5] So nach MS[b], Fragm. 1, Z. 1—8, wie Milik auf S. 85 nur kurz inhaltlich mitteilt, ohne den Text selbst wiederzugeben.

Daß er als Vision in Erscheinung tritt, spricht nicht dagegen. Dasselbe läßt sich etwa auch beim TestLevi beobachten.

Nachtrag

Im gleichen Aufsatz zitiert Milik eine Passage aus einem weiteren Bruchstück aus 4Q, das er für den Teil eines bisher unbekannten aramäischen Testamentes Kahats hält:

> *„9 Und jetzt, 'Amram, mein Sohn, ermahne ich dich (. . .)*
> *10 und deine Söhne und ihre Söhne ermahne ich (. . .)*
> *11 und sie gaben [sie] Levi, meinem Vater, und Levi, mein Vater, mir (. . .)*
> *12 alle meine Bücher zum Zeugnis, damit ihr gewarnt seid durch sie (. . .)"*

Von Inhalt und Form her ist diese Vermutung Miliks möglich: Der Redende muß Kahat, der Vater 'Amrams, sein. Die Form entspricht der Schlußmahnung der TestXIIPatr. Allein von diesem kleinen Bruchstück aus läßt sich jedoch Endgültiges zur Form nicht aussagen.

§ 3. DAS TESTAMENT HIOBS [1]

Text:

Testamentum Iobi, ed. S. P. Brock, Leiden, 1967.

R. A. Kraft u. a. (ed.), The Testament of Job according to the SV text. Greek text and english translation, Missoula/Mont. 1974 (Texts and Translations 5, Pseudepigrapha Series 4).

Übersetzung:

M. Philonenko, Le Testament de Job. Introduction, traduction et notes, Paris, 1968.

R. Spittler, The Testament of Job: Introduction, translation, and notes (masch. Diss.) Harvard, 1971 [2].

R. A. Kraft u. a. (ed.), s. o. (ausführliche Bibliographie).

P. Rießler, Schrifttum, S. 1104—1134.

Als nächste Schrift nach den TestXIIPatr. und dem Test'Amram soll das TestHiob behandelt werden, weil es unter den großen pseudepigraphen Testamenten den TestXIIPatr. inhaltlich am nächsten steht.

Das TestHiob ist eine Schrift, die sich deutlich an das kanonische Hiobbuch anlehnt, obwohl markante Unterschiede nicht zu übersehen sind. Wegen dieser Unterschiede wird man das TestHiob auch wohl kaum einen Midrasch nennen dürfen [3]; denn sein Verfasser bezieht sich eigentlich nur auf die Rahmenhandlung des Hiobbuches, den ganzen Mittelteil aber nimmt er nicht recht ernst. So sind die Reden des Buches Hiob bis auf einen kümmerlichen Rest zusammengeschmolzen, und auch darin zeigt sich Hiob nicht etwa als der Gottes Gerechtigkeit anklagende Rebell, sondern vertraut voll Zuversicht auf seine zukünftige Herrlichkeit. Nur ein Anklang auch (Test Hiob 42) an die große Gottesrede in Hiob 38—41, die auch keineswegs mehr die Funktion hat, Hiob zurechtzuweisen, sondern vielmehr dazu

---

[1] Kapitel- und Verseinteilung nach P. Rießler, dem sich hierin auch S. P. Brock angeschlossen hat. R. A. Kraft weicht in seiner Ausgabe etwas von der Verseinteilung, nicht aber von der Kapiteleinteilung von Rießler/Brock ab.

[2] War mir leider nicht zugänglich.

[3] Wie häufig in der Literatur zum TestHiob. Abweichend davon nennt J. J. Collins, Structure and meaning in the Testament of Job, in: G. MacRae (ed.), Society of Biblical Literature 1974 Seminar Papers, Vol. I, Cambridge/Mass., S. 35—52, das TestHiob „a re-writing of the canonical book of Job" (S. 35), wobei er allerdings die Unterschiede zwischen beiden Schriften durchaus sieht. I. Jacobs, Literary motifs in the Testament of Job, in: JJSt 21, 1970, S. 1—10, bezeichnet das TestHiob als „an early example of Jewish martyr-literature, in which Job, the biblical archetype of patience amid suffering, is transformed into a prototype for those who are exposed to danger on account of their faith and may be obliged to endure until death for love of God" (S. 4).

dient, Hiob vor seinen Freunden zu bestätigen. Dagegen werden Einzelzüge aus dem Rahmen des Hiobbuches in typischer Erbauungsmanier ins
Maßlose übersteigert [4] (Hiobs Reichtum — TestHiob 9; 13/ seine Frömmigkeit — 10; 11; 15/ seine Geduld im Leiden — 20,9/ der Gestank seiner
Krankheit — 31,2—4). Auch treten neue, im kanonischen Hiob nicht ver-
handelte Themen hinzu, wie vor allem die Götzenpolemik in Kap. 2—3.
Für den Hang zum Dualismus, wie er schon in den TestXIIPatr. beobachtet
werden konnte, ist es bezeichnend, daß hier die Polemik nicht dabei stehenbleibt zu behaupten, die Götzen seien allesamt nicht vorhanden, „Nichtse"
(wie z. B. Deuterojesaja) [5], sondern daß sie sich zu der Aussage versteigt,
hinter den Götzen verberge sich in Wirklichkeit die Macht des Satans (3,3).
Hiob bietet nun dem Satan durch die Zerstörung eines Götzenbildes die
Stirn und muß allein deshalb alle seine Leiden auf sich nehmen. So hat
sich auch die Begründung des Leidens Hiobs gegenüber dem Hiobbuch
grundlegend geändert.

Der Verfasser des TestHiob hat seinem Werk also kaum mehr als die
(umgedeutete) Rahmenhandlung, die Namen, die Personen und einige Motive des Hiobbuches zugrundegelegt und unter dem ebenfalls uminterpre-
tierten Oberthema „Das Leiden des Gerechten" zusammengefaßt. Von
haggadischer Schriftauslegung kann also kaum gesprochen werden. Es handelt sich beim TestHiob vielmehr um eine recht freie Nachdichtung, die
sich an das kanonische Hiobbuch nur oberflächlich anlehnt — es zwar als
Anregung aufnimmt, aber weder inhaltlich verarbeitet noch interpretiert [6].

Ob der Verfasser des TestHiob Christ oder Jude gewesen war, darüber
gab es im Laufe der Geschichte eine lebhafte Auseinandersetzung [7], die
begann, als James 1897 [8] behauptete, der Autor könne nur ein Judenchrist
gewesen sein, der einen hebräischen Midrasch paraphrasierend ins Griechische übertragen habe, wobei ihm bewußt-unbewußt neutestamentliche Aus-
drucksformen untergeschlüpft seien. Doch die Hauptschwierigkeit dieser
These ist — ganz ähnlich wie bei de Jonge's Behauptung des christlichen
Ursprungs der TestXIIPatr. — die Beantwortung der Frage, wer denn
nun eigentlich das Wesentliche zum TestHiob, so wie es uns jetzt vorliegt,

---

[4] Ein schon aus den TestXIIPatr. bekannter Zug.

[5] Hierzu G. v. Rad, Weisheit, Abschnitt „Die Polemik gegen die Götterbilder"
(S. 229—239); H. D. Preuß, Verspottung fremder Religionen im AT, Stuttgart,
1971, Abschnitt „Götzenbildverspottung ", S. 279—285.

[6] Unbeschadet der Tatsache, daß das TestHiob den Text der LXX zu Hiob mitunter nahezu buchstabengetreu wiedergibt (vgl. M. Delcor, Le Testament de Job,
la prière de Nabonide et les traditions targoumiques, S. 72).

[7] Die Forschungsgeschichte zum TestHiob (Editionen, Theorien über Verfasser,
Zeit und Ursprache) ist dargestellt bei M. Philonenko, „Le Testament de Job" et
les Therapeutes, S. 41 f.; D. Rahnenführer, Das Testament des Hiob in seinem
Verhältnis zum Neuen Testament, masch. Diss. Halle, 1967, S. 1—7; M. Delcor,
Job, S. 57 f.; A.-M. Denis, Introduction, S. 100—104, und H. C. Kee, Satan,
magic, and salvation in the Testament of Job, in: G. MacRae (ed.), Society of
Biblical Literature 1974 Seminar Papers, Vol. I, S. 53—76.

[8] M. R. James, Apocrypha anecdota II, Cambridge, 1897, S. LXXII—CII.

beigetragen habe: die jüdische „Vorlage" oder der christliche Bearbeiter. Der diesbezügliche Streit dürfte aber aufgrund der neuesten Untersuchungen wohl ein Ende gefunden haben: Rahnenführer [9] hat das von James ausführlich und mit Nachdruck vertretene Abhängigkeitsverhältnis des TestHiob vom Neuen Testament einer eingehenden Prüfung unterzogen mit dem Ergebnis, daß es sich beim TestHiob keineswegs um eine christlich beeinflußte, sondern um eine rein jüdische Schrift handle. Unabhängig von ihm gelangte Delcor [10] in seiner Untersuchung des Verhältnisses des Test Hiob zu den essenischen Schriften, speziell zum Gebet des Nabonid, und zu den Targumen zum gleichen Schluß. Damit dürfte wohl der jüdische Charakter des TestHiob in Zukunft nicht mehr bestritten werden. Es zeigt sich wieder — wie schon bei den TestXIIPatr. —, daß die frühe Christenheit offensichtlich auch mit und in diesen volkstümlichen jüdischen Schriften gelebt hat, und daß diese sicher einige Zeit lang Verbindungsfunktion innehatten zwischen der jüdischen und der christlichen Gemeinde.

a) Anfangsrahmen

Das TestHiob trägt eine Überschrift, die die einzelnen MSS recht verschieden wiedergeben [11], doch herrscht der Begriff διαθήκη vor. Wie bei den TestXIIPatr. gibt es aber auch noch eine textinterne Überschrift (1,1), der unter formkritischen Gesichtspunkten mehr Beachtung zu zollen ist. Auch darin gehen die Überlieferungen der MSS nicht konform:

P: Βίβλος λόγων Ιωβ τοῦ καλουμένου Ιωβαβ (S läßt λόγων fort.)
V: Βίβλος Ιωβ τοῦ καλουμένου Ιωβαβ καὶ βίος αὐτοῦ καὶ ἀντίγραφον διαθήκης αὐτοῦ [12].

Trotz der Unterschiede kann man doch das Formelement „Titel + Name" gut erkennen. P weiß noch genau — im Unterschied zur slawischen Version —, daß das folgende Buch Worte, d. h. eine Rede Hiobs enthält; V bringt gar das Stichwort ἀντίγραφον διαθήκης, obwohl sie noch zusätzlich angibt, das folgende Stück enthalte eine Lebensbeschreibung Hiobs — ein Hinweis schon in der Überschrift auf den immens erweiterten Rückblick auf die Vergangenheit.

T. + N.

---

[9] Siehe Anm. 7. Die Hauptthesen seiner Diss. hat R. in dem Aufsatz: Das Testament des Hiob und das Neue Testament, in: ZNW 62, 1961, S. 68—93, zusammengefaßt.

[10] Siehe Anm. 6. Delcor hat die Arbeit Rahnenführers offensichtlich nicht gekannt.

[11] P: Διαθήκη Ιωβ / S: Διατάξης τοῦ Ιωβ / V: Διαθήκη τοῦ ἀμέμτου καὶ πολυάθλου καὶ μακαρίου Ιωβ.
(Abkürzungen der MSS nach der Edition von S. P. Brock, S. 18)

[12] Die slawische Version holt hier die Generalüberschrift nach (Βίος καὶ πολιτεία τοῦ ἁγίου καὶ δικαίου Ιωβ). Dieser Titel zeigt allerdings, daß der Übersetzer ins Slawische nicht mehr wußte, was ein Testament ist. Deshalb gab er dem Werk die Überschrift einer Vita eines Heiligen.

Hinw. a. d.
bev. Tod
(bericht.)

Der restliche Anfangsrahmen ist nun in erzählendem Ton gehalten wie auch bei den TestXIIPatr. Er setzt ein mit dem *Hinweis auf den bevorstehenden Tod;* denn so darf man die Bemerkung ἐν ᾗ γὰρ ἡμέρᾳ νοσήσας (P) ohne Zweifel verstehen. Die Fortsetzung ἐξετέλει αὐτοῦ τὴν οἰκονομίαν (P) allerdings fällt sicherlich aus dem Rahmen der Test.-Form; denn bei der „Bestellung des Hauswesens" ist mit großer Wahrscheinlichkeit auch an die Verteilung des Erbes gedacht, an eine Art juristisches Testament also, das von dem hier untersuchten grundsätzlich zu unterscheiden ist [13]. Um die Verteilung des Erbes geht es auch im ganzen TestHiob nur innerhalb des deutlich sekundären Abschnittes 45,4 — 52, sonst nirgends. MS V scheint hier dem Originaltext des TestHiob näher, wenn es diese ganze Passage so wiedergibt: ἐν ᾗ ἂν ἡμέρᾳ νοσήσας καὶ ἐγνωκὸς τὴν ἀποδημίαν αὐτοῦ ἐκ τοῦ σώματος. Hier wird zugleich klar, daß diese Krankheit zum Tode führt, also eine echte „Testamentssituation" gegeben ist.

Adr.

Nun folgt die Nennung der *Adressaten* der Rede Hiobs, seiner sieben Söhne und drei Töchter, deren Namen sogar mitgeteilt werden (v. 2b bis 3) [14]. Hiob ruft seine Kinder und fordert sie auf, sich im Kreis um ihn

Sit.
Redeabschl.

aufzustellen (v. 4a), die typische *Situation* vor Beginn der Rede. Sie sollen sich aufstellen, um zu hören (eingliedrige *Redeeinleitungsformel* in v. 6b), was Hiob in seinem Leben widerfahren ist (v. 4b und 6c). Hier steht also am Anfang der Rede eine Inhaltsangabe, die alles Folgende als Rückblick auf die Vergangenheit versteht, nicht etwa als Zukunftsansage wie zum Teil in TestLevi 1,1 [15], obwohl hier das Verbum δηλοῦν Verwendung findet (v. 6c). Eine andere Inhaltsangabe, die die ganze folgende Rede als Paränese, Belehrung begreift, ebenfalls in Verbindung mit einer Redeeinleitungsformel, beschließt den Anfangsrahmen des TestAss (1,2) [16]. Diese Inhaltsangaben können sich also sowohl auf den Rückblick auf die Vergangenheit wie auf die Verhaltensanweisung und die Zukunftsansage beziehen. Sie dürften bei dieser starken Schwankung ihrer Aussage im ganzen ein sekundäres Element innerhalb der Test.-Form bilden.

Die Verse 5—6a enthalten eine kurze Vorstellung der Hauptpersonen (Name und Abstammung Hiobs und seiner Frau, Abstammung seiner Kinder, Hinweis auf den Tod seiner ersten Frau und seiner ersten zehn Kinder — im Vorgriff auf Kap. 18 und 40). Diese Daten den eigenen Kindern zu erzählen, ist unsinnig; es ist klar, daß sie den Leser in die Rahmensituation des TestHiob einführen sollen. Eine Selbstvorstellung des Patriarchen fand sich auch in den TestXIIPatr., allerdings niemals im Anfangs-

---

[13] Siehe S. 110 f. (hebr. TestNaph 1,3). Zur „Bestellung des Hauses" kurz vor dem Tod: 2. Kön 20,1; Jes 38,1.

[14] Der eigenartige Name der einen Tochter, „Horn der Amalthea", scheint auf eine gängige Redewendung im hellenistischen Raum zurückzugehen. Philostrat, Vitae sophistorum I, 7: „... denn er (Dion von Prusa) war ein Horn der Amalthea, wie man zu sagen pflegt, erfüllt von dem Vorzüglichsten, was je Vorzügliches gesprochen wurde..." (Es geht um die Redekunst.)

[15] Siehe S. 16 f.

[16] Siehe S. 58 f., ähnlich auch hebr. TestNaph 1,1.

rahmen sondern zu Beginn des Rückblickes auf die Vergangenheit. Nur im hebr. TestNaph (1,1) erscheint eine derartige, jedoch viel knapper ausgefallene Selbstvorstellung schon im Anfangsrahmen.

Nach der oben erwähnten Redeeinleitungsformel (v. 6b) und der Ankündigung, sein Geschick zu berichten (v. 6c), beginnt nun der Hauptteil des TestHiob, die Rede.

b) *Mittelteil*

Nahezu das ganze TestHiob ist stilisiert als ein einziger großer *Rück-*   R. a. d. V.
blick auf die Vergangenheit. Hiob erzählt seinen Kindern ausführlich und breit alles, was ihm in seinem Leben widerfahren ist. Nur zwei kurze *Verhaltensanweisungen* unterbrechen diese Lebensrückschau: die Ermah-   Verh.
nung zur Geduld (μαχροϑυμία) im Leiden (27,7) und die alles zusammenfassende Schlußmahnung in 45,1—3. Beide Stellen, so knapp sie auch gehalten sind, liefern jedoch den Schlüssel zum Verständnis des ganzen TestHiob: Die Schlußmahnung zeichnet das Bild eines traditions- und identitätsbewußten hellenistischen Juden, dessen Lebensprinzip es ist, den Herrn nicht zu vergessen (45,1b), die Schwachen nicht zu übersehen (v. 2) — Gottesfurcht und Nächstenliebe wie in den TestXIIPatr. — und sich nicht aus fremden Völkern Frauen zu nehmen (v. 3) [17]. Die in den ausführlichen Rückblick zwischengeschaltete knappe Verhaltensanweisung in 27,7 wendet diese drei Maximen nun auf eine spezielle Situation an. Auch wenn alle äußeren Umstände in einer unverständigen Umwelt dagegen sprechen, gilt es, trotzdem nicht am Herrn und seinen Geboten zu verzweifeln, sondern geduldig auszuharren, bis sich zuletzt notwendigerweise die Dinge wieder zum Guten wenden. Geduld im Leiden ist das Oberthema und der Skopus dieser Schrift. Welche (im damaligen Judentum) allseits bekannte Persönlichkeit aus der heiligen Überlieferung würde sich nun besser zur Illustration dieses Themas eignen als der große Dulder Hiob [18]? Für eine so phantasiebegabte und auch romantisch veranlagte Epoche wie die des Hellenismus [19] liegt nichts näher, als den aus dem Buch Hiob nur in wenigen Etappen bekannten Lebenslauf Hiobs in allen Einzelheiten auszumalen und vor allem die Züge, die einen Hinweis auf die Geduld Hiobs im Leiden und seine feste Zuversicht auf endliche Rehabilitierung durch Gott enthalten, bis an die Grenze des Erträglichen zu steigern und zu überspitzen. Der so ausführlich ausgebreitete Rückblick auf die im

---

[17] D. Rahnenführer (Diss.), S. 144. 180 ff., hält das TestHiob sogar für eine jüdisch-hellenistische Missionsschrift, d. h. der Charakter ihrer Aussage wäre nicht nach innen sondern nach außen gerichtet. Die Hervorhebung der Geduld im Leiden weist aber doch wohl eher auf versprengte und bedrängte jüdische Landsleute in der Diaspora als Adressaten dieser Schrift.

[18] Damit ist natürlich nur die Rahmenhandlung des Buches Hiob aufgenommen. Der Gott anklagende Rebell der Reden Hiobs wird im TestHiob geflissentlich übersehen.

[19] Dazu M. Braun, History and romance in graeco — oriental literature, Oxford, 1938.

Verhältnis zu Gott und den Menschen vorbildliche Vergangenheit Hiobs —
vom Ende seines Lebens her gesehen — fungiert dem Leser gegenüber als
indirekte Verhaltensanweisung, die in die beiden oben erwähnten direkten
Verhaltensanweisungen ausmündet. Obwohl weitgehend stilisiert als Lebensrückblick zeigt das TestHiob doch gerade darin eindeutig paränetischen
Charakter.

Man kann den Mittelteil des TestHiob in zwei große Abschnitte unter-
teilen: Kap. 2—27: Hiob und der Satan; Kap. 28—44: Hiob und die drei
Freunde.

Der erste Teil beginnt mit einer nochmaligen kurzen Vorstellung des
Redenden, Hiobs, der vordem Jobab hieß und bei einem viel verehrten
Götzenbild wohnte, an dessen Mächtigkeit ihm jedoch mit der Zeit Zweifel
aufkamen [20] (Kap. 2). Eines Nachts nun hat Hiob eine Vision, verbunden
mit einer Audition, in der ihn ein großes Licht über das wahre Wesen des
Götzen aufklärt: Hinter ihm stehe in Wirklichkeit der Satan (3,1—3) [21].
Hiob bittet um die Erlaubnis, das Götzenbild zu vernichten (v. 4—7).
Diese Erlaubnis erhält er auch, doch offenbart ihm das Licht die Folgen
dieser Zerstörungsaktion: Er müsse unendliche Plagen auf sich nehmen,
werde jedoch schließlich davon erlöst, in alle seine Güter wieder eingesetzt
und in der Auferstehung auferweckt (Kap. 4). Hiob stimmt trotzdem zu
und vernichtet noch in der Nacht das Götzenbild (Kap. 5). Am nächsten
Tag erscheint der in einen Bettler verkleidete Satan an der Haustür Hiobs
und läßt ihm durch die Pförtnerin seine zukünftigen Leiden verkünden
(Kap. 6—7). Satan steigt nun zum Himmel empor und läßt sich von Gott
Macht zur Vernichtung der Güter Hiobs geben (Kap. 8). Über sieben Kapitel hinweg (Kap. 9—15) schildert sodann Hiob seinen ehemaligen Reichtum. Dieser sei so unermeßlich gewesen, daß er mit seinem Ertrag die
Armen und Bedürftigen aller Länder versorgen konnte. Dem maßlosen
Reichtum entsprechen ins Übermenschliche gesteigerte Tugenden Hiobs
(neben dem Almosengeben noch seine Rechtlichkeit, seine Gastfreundschaft,
sein ehrlicher Geldverleih, seine Frömmigkeit und sein reichlicher Opfer-
dienst). Doch der Satan schlägt zu und vernichtet als erstes die Herden
Hiobs, doch dieser preist Gott, statt ihn zu lästern (Kap. 17). Als nächstes
verwandelt er sich in den Perserkönig und hetzt die Einwohner der Stadt
auf, Hiobs Eigentum zu plündern. Er selbst bringt dessen Kinder um, doch
Hiob läßt sich von seiner Trauer nicht übermannen, sondern lobt Gott,

---

[20] Bezeichnenderweise fragt sich Hiob, ob dieser Götze der Schöpfer des Himmels und der Erde sei. Mit diesem Schöpfungsargument polemisierte schon Dtjes
gegen die fremden Götter (siehe auch ApokAbr 1—8; Jub 12).

[21] Für diese Gleichsetzung des Satans mit den Götzen gibt es m. W. nur noch
einen weiteren Beleg: In 2. Kor 6,14—16 werden als Gegensatzpaare gegenübergestellt: Gerechtigkeit und Gesetzlosigkeit, Licht und Finsternis, Christus und
Beliar, Gläubige und Ungläubige, der Tempel Gottes und die Götzen. Hier werden die Götzen und Beliar auf gleicher Stufe gesehen, wenn nicht identifiziert.
Ein Vorläufer scheint der Gedanke zu sein, daß Beliar sich der Götzen bedient,
um die Menschen zu verwirren (Jub 11,4 f.; 12,19 f.).

indem er sich seiner zukünftigen Wiedereinsetzung in alle Herrlichkeit tröstet (Kap. 16—19). Schließlich läßt Satan sich von Gott die Erlaubnis geben, Hiob mit Krankheit zu schlagen. Er läßt zuerst den Thron Hiobs, auf dem dieser sitzt, zusammenstürzen, so daß Hiob drei Stunden darunter begraben liegt. Dann befällt Hiob eine eiternde, ekelerregende Krankheit; Würmer zerfressen seinen Leib. Er muß die Stadt verlassen und setzt sich außerhalb auf einem Düngerhaufen nieder, doch er bleibt gottergeben und voller Geduld (Kap. 20). Nach der Beschreibung des Elends Hiobs schildern die Kap. 21—23 die Erniedrigung seiner Frau: Sie muß wie eine Sklavin arbeiten, nur um das tägliche Brot zu verdienen, doch ihre Entlohnung ist so gering, daß sie noch zusätzlich auf dem Markt um Brot betteln muß. Um sie noch mehr zu erniedrigen, verwandelt sich Satan selbst in einen Händler und verlangt von ihr, als sie ihn um Brot bittet, sie solle ihm für drei Brote ihr Haar verkaufen. Sie willigt notgedrungen ein, und so wird sie denn schimpflich vor allen Leuten auf dem Marktplatz kahlgeschoren. In Kap. 24 und 25,9—11 kommt Hiobs Frau zu ihm und beklagt laut ihr Schicksal, schilt Hiob, weil er wider allen Augenschein auf baldige Rettung hofft, und schildert in fast den gleichen Worten wie im vorherigen Kapitel [22] das demütigende Ereignis vom Marktplatz. Am Ende ihrer Rede fordert sie in dürren Worten Hiob auf, sich an den drei Broten, dem Lohn ihrer Schmach, noch einmal satt zu essen, dann „ein Wort gegen den Herrn zu sagen" und zu sterben.

In diese Rede der Sitidos, der Frau Hiobs, ist ein poetisches Stück eingeschoben, eine Art Hymne (25,1—8). Sie setzt das schmachvolle Ereignis des Haarverkaufs, des Zeichens der tiefsten Armut, in Gegensatz zum früheren Reichtum dieser Frau. Diese Hymne ist deutlich in einzelne Strophen unterteilt, deren jede mit einer Art Refrain endet („doch nun verkauft sie ihr Haar um Brot" o. ä.). Äußerlich steht diese Hymne in keiner Verbindung zu der Klagerede der Sitidos. Sie ist ohne Anknüpfung nach vorne oder hinten in diese einfach eingeschoben. Heißt das auch, daß sie der Hand eines späteren Redaktors zuzuschreiben ist? Dieser Gedanke liegt natürlich nahe, wenngleich auch die Möglichkeit besteht, daß hier bewußt an den dramatischen Aufbau des griechischen Theaters angeknüpft wurde [23]. Dann hätte ein Chor diese Hymne zur Untermalung der Szene gesprochen, bevor Sitidos beim Höhepunkt ihrer Rede angelangt ist, dem diese Hymne unmittelbar vorangeht, der Aufforderung an Hiob, Gott zu fluchen und dann zu sterben. Endgültig dürfte sich jedoch die Frage, ob dramatischer Effekt oder späterer Zusatz, nicht entscheiden lassen. Der Einbau eines Chores in den Lebensrückblick eines Testamentes wäre allerdings recht ungewöhnlich.

Hiob widersteht natürlich den Anwürfen seiner Frau; er weist sie zurecht und ermahnt sie zu Geduld und Hoffnung auf das endliche Erbarmen

---

[22] Das kann durchaus Stilmittel der Erzählung sein und muß nicht Anzeichen redaktioneller Bearbeitung sein.

[23] So M. Philonenko, Job, S. 14.

des Herrn (26,1—5). Auch den Grund ihrer Verzweiflung und ihrer Anklage zeigt er ihr auf: Es ist der Satan selbst, der ihren Sinn verwirrt, um
ihn durch sie zu Fall zu bringen (v. 6). An den Satan selbst als seinen
eigentlichen Widersacher wendet er sich nun und fordert ihn auf, frei
offen anstatt versteckt mit ihm zu kämpfen (27,1). Beschämt gibt sich der
Satan zu erkennen, bewundert Hiobs Standhaftigkeit und läßt drei Jahre
von ihm ab (27,2—6). Hier geht nun die Rede vom Rückblick auf die
Vergangenheit über in eine direkte Ermahnung an die Söhne (v. 7), die
das Fazit aus den bisherigen Erinnerungen Hiobs zieht: Sie sollten sich
ihn, Hiob, zum Vorbild nehmen für geduldiges Leiden im Unglück; denn
Geduld sei größer als alles [24].

Mit dieser Anweisung schließt der erste Teil dieses so ungemein ausgeweiteten Rückblickes auf die Vergangenheit. Im folgenden berichtet Hiob,
wie seine drei Freunde als neue Versucher auf den Plan treten (Kap. 28
bis 44):

Zwanzig Jahre nach Beginn seines Leidens hören auch die Freunde
Hiobs von seinem Elend. Da machen sie sich mit ihrem Gefolge auf, ihn
zu besuchen. Die Kap. 28—31 schildern nun ausführlich und in nicht
immer ganz logischer Gedankenfolge [25] die Trauer der Freunde, ihre Ankunft in der Stadt, die Wiederbegegnung mit Hiob, der sich ihnen selbst
zu erkennen geben muß, da sie ihn von sich aus nicht wiedererkennen. Sie
klagen laut um ihn, werden vor Schmerz um ihn gar ohnmächtig. Schließlich erheben sie sich, streuen ausgiebig Räucherwerk aus (drei Tage lang:
31,4), um den Gestank seiner Krankheit zu überdecken, und nähern sich,
um mit Hiob zu reden. Als letzter von ihnen ergreift Eliu das Wort und
fragt noch einmal nach der Identität des vor ihnen sitzenden, unansehnlichen Kranken mit jenem reichen und angesehenen Manne Hiob, den sie
kannten. Als Hiob bejaht, stimmt Eliu ein langes Klagelied an, in das die
beiden anderen Freunde einstimmen (Kap. 32). Dieser Klagegesang ähnelt
inhaltlich und formal stark der in die Rede der Frau Hiobs eingeschobenen
Hymne (Kap. 25). Wie diese setzt sie die einstige Herrlichkeit Hiobs in
Kontrast zum gegenwärtigen Elend. Dabei folgt jedem Satz, der an den
früheren Prunk und den Reichtum Hiobs erinnert, als Refrain die rhetorische Frage: „Wo ist nun deines Thrones Pracht?" Im Unterschied zu Kap.
25 ist dieses Klagelied jedoch so gut in den Kontext eingearbeitet (Ankündigung des Liedes in 31,7 f., rückblickender Bezug darauf in Kap. 33), daß
es sich ohne Mutwillen nicht mehr daraus lösen läßt [26]. Dennoch macht
dieses Lied nicht den Eindruck, als ob es ad hoc vom Verfasser des Test
Hiob entworfen worden sei. Er wird wohl vielmehr ein bereits vorhan-

---

[24] Zu dieser Verhaltensanweisung siehe S. 123 f.

[25] In Kap. 28 läuft die Erzählung parallel zu Hiob 2,11—13: Die Freunde
kommen zu ihm und sitzen schweigend sieben Tage und sieben Nächte vor ihm.
Gegen Ende dieses Kapitels und in den folgenden beiden wird aber noch einmal die
Ankunft der Freunde geschildert und ihr ungläubiges Wiedererkennen Hiobs.

[26] So auch J. J. Collins, Structure, S. 45.

denes, volkstümliches Lied über das Unglück Hiobs in sein Werk eingearbeitet haben [27].

In Kap. 33 antwortet Hiob auf die klagende, rhetorische Frage, wohin die Pracht seines Thrones entschwunden sei, mit der Behauptung, sein wahrer Thron stehe in der Überwelt, zur Rechten des Vaters (v. 3), und deshalb sei nicht eigentlich er zu bedauern, sondern sie, seine Freunde seien es, da ihre Pracht und ihr Reichtum am Tage des Unterganges der Welt mit vergehen müßten, während sein Thron im Reich der Unvergänglichkeit stehe [28].

Über diese Worte, die er nur als Hochmut und Überheblichkeit deuten kann, ist Eliphas so erzürnt, daß er sogleich wieder aufbrechen und nach Hause zurückkehren will (Kap. 34), doch Baldad hält ihn zurück, da er vermutet, Hiob rede nur vor lauter Schmerzen so bzw. sei gar wahnsinnig geworden (Kap. 35). Er erbietet sich nun, anhand einiger Fragen herauszufinden, ob Hiob wachen Geistes sei (Kap. 36), aber nur eine dieser Fragen, die Baldad im nächsten Kapitel an Hiob stellt, verfolgt wirklich diesen Zweck (37,8). Es ist ein Naturrätsel über Aufgang und Untergang der Sonne. Der Sinn der vorhergehenden Fragen (v. 1—7) dagegen ist nicht recht klar. Zuerst fragt Baldad Hiob, auf wen er denn noch hoffe, dann, wer ihm dies Leiden zugefügt habe. Da er beidesmal die Antwort „Gott" erhält, sollte man erwarten, Baldad würde Hiob Inkonsequenz vorwerfen, da er auf den hoffe, der ihn geschädigt habe, doch das ist nicht der Fall. Er klagt vielmehr Hiob an, weil dieser Gott vorwerfe, ihm ungerechterweise Leid und Schmerz zugefügt zu haben — das aber hat gerade der Hiob des Testamentes nie getan! Man sieht hieran gut die ganze Unfertigkeit dieser Schrift: Auf der einen Seite verwandelt der Verfasser den Ankläger Hiob in den stillen Dulder, auf der anderen Seite will er sich doch auch immer wieder auf das kanonische Hiobbuch zurückbeziehen, ohne die dadurch aufgeworfenen Inkonsequenzen zu erkennen bzw. auszugleichen.

Hiob antwortet in Kap. 38 allein auf die letzte Frage, die seine Verstandeskräfte prüfen soll. Er antwortet allerdings nicht direkt, sondern legt seinem Freund seinerseits ein Naturrätsel über die verschiedenen Ausscheidungen des Körpers vor, das dieser nicht beantworten kann (v. 1—4).

Aufgrund dieser Unfähigkeit im Irdischen verweist er ihm dann auch jegliche Spekulation über das Himmlische (v. 5). Sophar [29] bescheinigt nun

---

[27] Dieser Meinung ist offenbar auch D. Rahnenführer, wenn er — etwas unklar — von „verarbeiteten Hiobtraditionen" und „eingefügten Psalmen" spricht (Diss., S. 177). Den Sitz im Leben dieser Hymne in den heiligen Wachstunden der Therapeuten ansiedeln zu wollen, wie M. Philonenko, Therapeutes, es im Sinn hat, dürfte zu speziell sein — wie seine ganze These.

[28] Es ist hier das erste Mal im TestHiob, daß apokalyptische Gedanken auftauchen ebenso wie in der Tat stark an das NT anklingende Phraseologie; doch speziell der v. 3 könnte auch ohne Zuhilfenahme des NT, als Anklang an Ps 110,1, verstanden werden.

[29] Er ist der vierte der drei Freunde — auch diese Unstimmigkeit bleibt unerklärt stehen.

Hiob geistige Wachheit und bietet ihm ärztliche Hilfe an (v. 6—7), doch dieser lehnt im Vertrauen auf Gott, der auch die Ärzte geschaffen habe, ab (v. 8) [30].

Jetzt tritt Hiobs Frau Sitidos vor die Freunde und beklagt laut ihren elenden Zustand. Vor allem bittet sie, die Gebeine ihrer toten Kinder aus dem Schutt des Hauses, das über ihnen zusammenstürzte, auszugraben und zu bestatten, da ihnen das bisher wegen der damit verbundenen Kosten nicht möglich gewesen sei (39,1—10). Hiob verwehrt ihr dieses Ansinnen mit dem Hinweis, seine Kinder seien bereits in den Himmel aufgenommen (v. 11 f.). Daraufhin erklären ihn seine Freunde zum zweitenmal für verrückt (v. 13). Hiob bittet seine Freunde nur, ihn aufzurichten, spricht ein Gebet und zeigt ihnen dann in einer Vision seine Kinder gegen Sonnenaufgang „bekränzt mit der Herrlichkeit des Himmlischen" (40,1—3). Als Sitidos ihre Kinder sieht, fällt sie zur Erde nieder, spricht voller Dankbarkeit ein Gebet, und geht dann in die Stadt, um dort im Stall bei den Rindern ihres Dienstherrn „wohlgemut" zu sterben (v. 4—6). Die Kunde von ihrem Tod dringt schnell durch die ganze Stadt; die Tiere und die Armen beklagen sie; dann begräbt man sie neben dem Haus, das einst über ihren Kindern zusammenstürzte (v. 7—14).

Kap. 41 blendet wieder zurück auf die Freunde. Es wird nur pauschal von ihnen berichtet, sie hätten mit Hiob „gerechtet" (ἀνταποκρινόμενοι) und große Reden geführt und hätten dann in ihr Land zurückkehren wollen (v. 1 f.), doch Eliu habe sie zurückgehalten. Er möchte vorher noch in einer Rede Hiobs Prahlerei [31], er sei gerecht, und sein Thron stehe im Himmel, zurückweisen und ihm verkünden, daß er vielmehr keinen Anteil dort habe (v. 3—5). Die eigentliche Rede Elius wird jedoch dann gar nicht mehr mitgeteilt.

Bei diesem Kapitel fällt auf, daß die vorhergegangene Vision, die die Frau Hiobs so ungemein beeindruckt hat, die Freunde offensichtlich gar nicht berührt. Sie gehen mit keinem Wort darauf ein, obwohl sie ja nun den Grund für die unerschütterliche Hoffnung Hiobs kennen und wissen, daß er sich mit Recht seiner zukünftigen Wiedereinsetzung in alle Herrlichkeit tröstet. Ist ihr Schweigen Anzeichen dafür, daß sie die Vision gar nicht kannten, d. h. also, daß der ganze vorhergehende Sinnabschnitt ein späterer Zusatz ist, wie Rahnenführer aufgrund dieser Beobachtung vermutet [32]? Diese Möglichkeit ist sicher nicht von der Hand zu weisen, doch gibt es auch Argumente, die für die Ursprünglichkeit dieser Passage sprechen können: Da ist zuerst die schon an anderen Stellen aufgefallene gedankliche Inkonsequenz des TestHiob. Es scheint seinen Verfasser wenig zu kümmern, wenn die Handlung nicht exakt logisch abläuft, wenn die neue Aussage sich nicht von der alten ableitet oder auf ihr aufbaut, wenn die Dialoge

---

[30] Deutlicher Anklang an JesSir 38,1 f., doch mit genau umgekehrter Argumentation. Dort heißt es, man dürfe sich getrost dem Arzt anvertrauen, da ihn der Herr geschaffen habe, und im Grunde jegliche Heilung vom Höchsten komme.

[31] Zu dieser unzutreffenden Anklage siehe S. 127.

[32] Diss., S. 129.

keine echten Dialoge sind, weil die Gegenrede sich nicht an der Rede orientiert. Als ein weiteres Argument für die Originalität von Kap. 39—40 könnte man anführen, daß in dieser Schrift eine Erinnerung an den Tod von Hiobs erster Frau Sitidos zu erwarten ist, da Hiob selbst in der Einleitung seiner Rede auf den Tod seiner ersten Kinder und seiner ersten Frau hinweist (1,6) und der Tod seiner Kinder ja auch bereits berichtet wurde (18,1). Schließlich fordert auch die angestrebte Parallelität zum kanonischen Hiobbuch, daß die Freunde Hiobs erst nach der großen Gottesrede durch einen eigens an sie gerichteten Tadel Gottes selbst überwunden werden und nicht schon zuvor, während sie noch mit Hiob reden. Aus alledem kann man schließen, daß die Klage der Frau Hiobs und ihr Tod doch zum ursprünglichen Text gehören, obwohl Kap. 41 so wenig Notiz davon nimmt.

Nun folgt in Kap. 42 die große Gottesrede, doch wie anders fällt sie aus als in Hiob 38—41! Dort zerschmettert Gott Hiob durch den Aufweis seiner Schöpfermacht; hier wird in einem kurzen Vers nur berichtet, daß Gott mit Hiob geredet habe, ohne daß auch nur ein Wort über den Inhalt dieser Rede mitgeteilt wird. Was hätte Gott auch mit Hiob zu reden gehabt, da es doch keine Meinungsverschiedenheit zwischen beiden im ganzen TestHiob gegeben hat? Dafür kommen die Freunde umso härter ins Gericht: Über Eliu fällt das Verdikt, nicht ein Mensch sondern ein Tier habe aus ihm gesprochen (v. 2). Die anderen drei werden nur um Hiobs willen nicht vernichtet. Ein Opfer, von Hiob stellvertretend für sie dargebracht, erwirkt ihnen Vergebung ihrer Sünden. Blickt man noch einmal auf das kanonische Hiobbuch zurück, so läßt sich wiederum feststellen, daß nur die kurze Gottesrede aus dem Rahmen (Hiob 42,7—9) im TestHiob Aufnahme und Verarbeitung findet, dagegen die ganze große Gottesrede in Hiob 38—41 ignoriert wird und mit ihr zugleich die Thematik und der Inhalt aller Reden Hiobs, von der Rahmenhandlung wiederum abgesehen. Diese allein ist Muster und Vorbild für die Abfassung des TestHiob gewesen; der Mittelteil des Hiobbuches wurde dabei weder ernstgenommen noch berücksichtigt [33].

Aus Freude über die Vergebung ihrer Schuld singt einer der Freunde Hiobs, Eliphas, ein Lied (Kap. 43), in dem er aber im gleichen Atemzug auch Eliu als Missetäter verdammt. So weist es der Refrain am Anfang und am Ende dieser Hymne aus (v. 4b—5a/v. 17). Den weitaus größten Teil des Liedes nimmt die Genugtuung über den Untergang Elius ein (v. 5b—12), neben der die Freude über das gerechte Gericht Gottes und die zukünftige Herrlichkeit der Heiligen (v. 13—16) fast verblaßt.

In der Frage, ob diese Hymne urspünglich zum TestHiob dazugehörte, gilt das gleiche wie vom Klagelied des Eliu Kap. 32 [34]. Wieder kann man feststellen, daß dieses Lied wohl kaum vom Verfasser des TestHiob im Verlaufe der Abfassung seiner Schrift konzipiert worden ist. Auf der an-

---

[33] Wie auch heute noch im volkstümlichen Verständnis.
[34] Siehe S. 126 f.

deren Seite ist auch hier die Einarbeitung in den Kontext so gut, daß man sie ungern einem späteren Redaktor zuschreiben möchte. Es wird sich demnach auch hier um eine dem Verfasser des TestHiob bereits fertig vorliegende Hymne handeln, die er gerne in sein Werk einbezog, da sie ihm thematisch sehr gelegen kam.

Kap. 44 erzählt — eigentlich recht kurz — von der Wiedereinsetzung Hiobs in seine früheren Güter, d. h. er sei, so berichtet Hiob seinen Kindern, sogar zu doppeltem Besitz gekommen, was nach der Art der Beschreibung seines früheren Reichtums gar nicht mehr vorstellbar ist. Erstaunlicherweise werden der Vorgang und die Tatsache seiner Heilung von einer immerhin überaus ekelerregenden Krankheit völlig übergangen [35]. Überhaupt scheint auf dieser Rehabilitierung Hiobs kein großes Gewicht mehr zu liegen. Sie stand ja sowieso von vornherein fest. Auch wird der ganze Handlungsablauf, die Szene der mit Hiob disputierenden Freunde, nur ganz oberflächlich geschlossen.

Mit Kap. 45 kommt die Sterberede Hiobs offenbar zum Abschluß. Er weist zuerst auf seinen *unmittelbar bevorstehenden Tod* hin (v. 1a) — ein Formelement, das man im Anfangsrahmen vermißte und das hier nachgeholt wird, — und gibt dann seinen Kindern drei abschließende Ermahnungen für ihre Zukunft: Die erste betrifft ihr Verhältnis zu Gott („vergeßt den Herrn nicht!" v. 1b), die zweite das zu ihren Nächsten („tut den Armen Gutes, übersehet die Schwachen nicht!" v. 2), die dritte das zu ihrer nichtjüdischen Umgebung („nehmt euch nicht Frauen von den Fremden!" v. 3). Die ersten beiden Gebote entsprechen ganz der Schlußmahnung in den TestXIIPatr. [36] sowohl inhaltlich (Gottesfurcht und Nächstenliebe) wie auch in ihrer Funktion als Zusammenfassung, als Fazit des Vorhergehenden: Treue gegen Gott und hingebende Armenpflege sind sicherlich die richtige Lehre aus dem so ausführlichen Lebensrückblick Hiobs. Die dritte Anweisung erklärt sich gut aus der Diasporasituation des Judentums in dieser Epoche. Sie findet sich deswegen auch noch öfter in der jüdischen Literatur dieser Zeit [37] und gründet in der Sorge um die Identität des eigenen Volkes.

Hinw. a. d. bev. Tod (pers.)

c) *Schlußrahmen*

An sich müßte das TestHiob mit 45,1—3 enden; denn hier faßt Hiob all das, was er bisher gesprochen hat, in drei kurzen Ermahnungen zusammen. Seine Rede ist zu einem natürlichen Ende gekommen. Doch das Test Hiob enthält noch eine weitere Episode: Hiob verteilt sein Hab und Gut unter seine Kinder, seine drei Töchter aber läßt er dabei scheinbar aus. Als diese sich daraufhin beschweren, tröstet er sie, er habe für sie ein weit besseres Erbe vorgesehen als äußeren Reichtum. Dann übergibt er ihnen drei

[35] Erst in 47,4—7 erhält der Leser von beidem Kenntnis.

[36] Siehe S. 95—99.

[37] Tob 4,12; Jub 30,11.13; TestLevi 9,10; Joseph und Asen. 7,5. Zu diesen drei Geboten vgl. auch D. Rahnenführer, ZNW 62, 1971, S. 91 f.

wunderbare Gürtel (45,4 — 46). Die Skepsis seiner Töchter diesem anscheinend minderwertigen Erbteil gegenüber überwindet Hiob durch die Beschreibung ihrer Wunderkraft. Sie seien ein Geschenk des Herrn, durch
das er seinerzeit augenblicklich seine Gesundheit wiedererlangt habe. Die
Töchter legen daraufhin die Gürtel an und erhalten durch deren wunderbare Wirkung ein neues Herz, das sie alles Irdischen überhebt. Sie reden
in Engelsprache (Glossolalie) und loben laut den Herrn (Kap. 47—50).

Kap. 51 erklärt dann die Entstehung des vorliegenden Buches: Hiobs
Bruder Nereus war ebenfalls bei der Verteilung der Wundergürtel anwe-
send. Er hörte die drei Töchter Hiobs singen und hörte auch die Deutun-
gen mit an, die die Töchter untereinander austauschten, um sich ihre Lie-
der gegenseitig zu erklären. All das schrieb Nereus auf als die großen
Taten Gottes. Drei Tage danach wird Hiob krank, doch er leidet keine
Schmerzen, da er ·einen der Gürtel angelegt hat. Drei weitere Tage später
nahen sich Engel auf leuchtenden Wagen. Hiob und seine Töchter begrüßen sie feierlich, die Töchter singen Lobhymnen in der Engelssprache. Der
Wagenlenker des größten Wagens nimmt die Seele Hiobs in seine Arme
und fährt mit ihr gen Osten [38]. Der Leichnam Hiobs aber wird zu Grabe
getragen — wieder unter Lobeshymnen der Töchter (Kap. 52). Das folgende Kapitel 53 hat zu der Episode von Hiobs Töchtern keine inhaltliche Verbindung mehr.

Wie ist nun dieser ganze Abschnitt in seinem Verhältnis zum übrigen
TestHiob zu beurteilen?

Einige Beobachtungen drängen sich direkt auf:

1) Nach TestHiob 1,2 ist die Krankheit Hiobs der Grund, warum er
seine Söhne und Töchter zu sich ruft, um mit ihnen zu sprechen — ja, er
merkt, daß er sterben muß (45,1). Gemäß 52,1 erkrankt Hiob erst drei
Tage nach seiner Rede, und nach weiteren drei Tagen kommt der Engel,
um seine Seele zu holen.

2) Die doppelte Inhaltsangabe im Anfangsrahmen (1,4b.6c) versteht
alles Folgende als einen Rückblick auf die Vergangenheit Hiobs, und
das mit Recht, wie wir gesehen haben. Er wird durch die Schlußmahnung
in 45,1—3 sinnvoll abgeschlossen. Von Erbverteilung ist in der Inhaltsangabe nicht die Rede. Sie klingt allenfalls an in dem Halbsatz: „er wollte
sein Haus bestellen" (1,2b), dessen Ursprünglichkeit aber zweifelhaft
ist [39]. Die Thematik des Abschnittes 45,4 — 52 steht also im Widerspruch
zur Inhaltsangabe des Anfangsrahmens.

3) Auch umgekehrt läßt sich argumentieren: In 51,3 f. erklärt Nereus,
der Bruder Hiobs, er habe dieses Buch geschrieben „voller Hymnen und
deren Erklärungen der drei Töchter meines Bruders" [40]. Diese Definition

---

[38] Zur Funktion der Leib-Seele-Trennung in einem Testament siehe S. 158
Anm. 51.

[39] Siehe S. 122.

[40] „καὶ ἀνεγραφάμην τὸ βιβλίον ὅλον πλείστων σημειώσεων τῶν ὕμνων παρὰ τῶν
τριῶν θυγατέρων τοῦ ἀδελφοῦ μου..."

des Inhaltes des TestHiob paßt nun ihrerseits ganz und gar nicht auf die Kap. 1—45,3.

4) Die Schlußmahnung in 45,1—3 faßt den Lebensrückblick Hiobs zusammen unter den Maximen, den Herrn nicht zu vergessen und die Schwachen nicht zu übersehen. Dem ist Hiob in seiner Vergangenheit auch durchaus gerecht geworden durch seine überreichliche Armenpflege und seine Treue zu Gott auch im Leiden. Die Episode der Töchter Hiobs fällt jedoch ganz aus diesem Rahmen. Sie kann unter den Stichworten Gottesfurcht und Nächstenliebe keinesfalls mehr beschrieben werden und will auch gar nicht zu irgendeinem Verhalten anregen, sondern nur Gottes große Taten (51,4) erzählen. Sie ist also auch von ihrer Abzweckung her den vorangegangenen Kapiteln fremd.

5) Aber nicht nur inhaltlich, auch von der Form her passen die Teile 1—45 und 46—52 nicht zusammen. Kap. 1 endet mit den Worten: „Hört mich an, Kinder, ich will euch aufzeigen, was mir widerfahren ist." Dann berichtet Hiob ausführlich alles aus seinem Leben, was mit seinem Leiden und seiner Rehabilitierung in Zusammenhang steht. Mit der Schlußmahnung in 45,1—3 („Vergeßt den Herrn nicht! Tut den Armen Gutes, überseht die Schwachen nicht! Nehmt euch nicht Frauen von den Fremden!") ist er wieder in der Gegenwart angelangt.

Formal paßt nun zwar der Aufruf zum Empfang des Erbteils noch dazu (v. 4), nicht aber mehr die Fortführung: „Sie *holten* herbei, was unter sie, die sieben Söhne, zur Verteilung kommen sollte..." (46,1 ff.). Die Söhne Hiobs stehen ja vor ihm, und er redet mit ihnen — das ist die Situation. Wie kann er dann im Präteritum von der Ausführung eines seinen Söhnen gegebenen Befehles berichten? Der ab Kap 46 Redende kann also gar nicht mehr Hiob sein. Es ist, wir erfahren es erst in 51,2, Nereus, der Bruder Hiobs. Er will (51,4) dieses ganze Buch geschrieben haben; also wäre er auch der Berichterstatter der ganzen ausführlichen Rede Hiobs an seine Kinder. In diesem Fall aber würde man doch irgendeinen Hinweis darauf auch im Anfangsrahmen erwarten, aber dort findet sich nichts dergleichen [41]. Das TestHiob beginnt so wie eines der Einzeltestamente aus den TestXIIPatr. auch, und es sollte am Ende plötzlich in eine zweite Rede übergehen, die des Nereus? Das wäre zumindest ungewöhnlich; im Verein mit den anderen, bisher aufgeführten Beobachtungen aber dürfte es zu dem Schluß führen, daß der Abschnitt 45,4 — 52 nicht zum ursprünglichen Bestand des TestHiob zu rechnen ist.

Auch die meisten anderen Untersuchungen zu dieser Schrift kommen zum gleichen oder zu einem ähnlichen Urteil, jedenfalls, soweit ihren Verfassern der Bruch zwischen Kap. 45 und 46 zum Problem wurde:

Rahnenführer [42] spricht von verarbeiteten Hiobtraditionen, unter die er auch 46—52 zählt, bei denen es dem Verfasser des TestHiob nicht gelun-

---

[41] Ganz abgesehen davon, daß dieses „Buch" von seiner inhaltlichen Charakterisierung her gar nicht das TestHiob sein kann, siehe oben Nr. 3.

[42] Diss., S. 177.

gen sei, sie nahtlos in den Text aufgehen zu lassen. Er übersieht dabei allerdings, daß die Teile 1—45 und 46—52 einander in ihrer Intention nicht entsprechen, also wesensfremd sind. Aus welchem Grund also sollte der Verfasser beides zusammengefügt haben?

Philonenko [43] zählt auch das Kap. 53, den Schluß des TestHiob, zu dem Zusatz hinzu, von dem er glaubt, ein anderer Verfasser, aber ebenfalls ein Therapeut wie auch der Verfasser des TestHiob nach seiner Meinung, habe ihn eingearbeitet. Dann würde jedoch dem TestHiob der Schluß fehlen; denn mit Kap. 45 kann es schwerlich enden.

Collins [44] hält es ebenfalls für möglich, in 46—52 einen späteren Einschub zu sehen, betont aber, daß dieser Einschub dann die Struktur des Buches nicht zerstört sondern vervollkommnet habe.

James [45], der sich mit diesem Problem eingehend auseinandersetzt, kommt ebenfalls zu dem Ergebnis, bei 46—52 könne es sich nur um einen Zusatz von späterer Hand handeln. Er erkennt einen klaren Bruch zwischen Kap. 52 und 53, da beide einen starken Zug von Tautologie enthielten, wenn nicht gar eine doppelte Darstellung von Hiobs Begräbnis, und MS P anfangs von Kap. 53 einen echten Anakoluth aufweise. Man könnte dem noch die Beobachtung hinzufügen, daß in Kap. 52 die Töchter bei der Bestattung des Leichnams ihres Vaters Lobeshymnen singen, in Kap. 53 aber die bei der Beerdigung Anwesenden laut klagen. James vermutet nun, daß sich an Kap. 45 sofort eine einfache Feststellung des Todes Hiobs angeschlossen habe und danach genau so eine Erzählung von seinem Begräbnis, wie sie in Kap. 53 vorliegt. Diese Rekonstruktion des ursprünglichen Textes dürfte dem gestellten Problem am ehesten gerecht werden. Allerdings gehört 45,4, die Ankündigung der Erbverteilung, inhaltlich zum Zusatz hinzu; auch ist Kap. 53 nicht ganz von Bearbeitung frei, wie sogleich noch zu zeigen ist.

Der von James monierte Anakoluth am Anfang von Kap. 53 [46] löst sich sehr gut auf, wenn man das erste Subjekt des Satzes, Nereus, — gleichzeitig das einzige Wort in diesem Kapitel, das an den Zusatz 45,4 — 52 erinnert — streicht und das zweite Subjekt, die sieben Söhne, in den Plural erhebt. Für das letztere findet sich sogar ein Zeuge, MS V.

Danach beginnt Kap. 53 mit einem *Klagelied* der Söhne Hiobs samt aller Armen, Waisen und Schwachen, die das Hinscheiden ihres Versorgers und Ernährers betrauern (v. 1—4). Dem folgt die *Bestattung* Hiobs, die die Witwen und Waisen drei Tage lang verhindern, weil sie sich nicht von ihrem Wohltäter trennen können, bis man Hiob endlich zu guter Ruhe bringen kann (v. 5—7). Ein kurzer, Hiob rühmender Nachsatz beschließt die Schrift. Die MSS S, V und die slawische Version tragen noch eine Al-

Trauer

Best. (d. d. S.)

---

43 Therapeutes, S. 52; Job, S. 10; ebenfalls E. Cortès, Discursos, S. 127 f.

44 Structure, S. 48.

45 Apocrypha anecdota II, S. XCV—XCVI.

46 „Καὶ ἐγὼ Νηρεὺς ὁ ἀδελφὸς αὐτοῦ μετὰ τῶν ἑπτὰ τέκνων τῶν ἀρρενικῶν, σὺν τοῖς πένησιν καὶ ὀρφανοῖς καὶ πᾶσιν τοῖς ἀδυνάτοις κλαίουσιν καὶ λέγουσιν." (v. 1).

tersangabe und einige andere Bemerkungen über Söhne und Töchter nach, die offensichtlich vom Schluß des kanonischen Hiobbuches inspiriert und daher hier im TestHiob sekundärer Art sind.

Eine vermutlich kurze Notiz über den Tod Hiobs stand wohl ursprünglich an Stelle des großen Zusatzes 45,4 — 52, wie oben ausgeführt. Sie mußte natürlich weichen, als die Zufügung eingearbeitet wurde.

Zusammenfassung

Insgesamt kann man feststellen, daß uns im TestHiob durchaus die Form des Testamentes wiederbegegnet, die sich schon bei der Untersuchung der TestXIIPatr. herauskristallisiert hat, wenn auch, vor allem in der stilistischen Gestaltung, in derart veränderter Form, daß sich schon jetzt gut erkennen läßt, daß auch die TestXIIPatr. durchaus nicht die Ur- und Grundform *des* Testamentes schlechthin darstellen, sondern ihrerseits ein charakteristisches Gepräge tragen. Das zeigt sich in den TestXIIPatr. am besten an dem stereotypen überschriftartigen Teil des Anfangsrahmens und an den Bestattungsanweisungen und der Bestattung durch die Söhne im Schlußrahmen. Trotz dieser stilistischen Unterschiede lassen sich aber die tragenden Formelemente jeweils gut wiedererkennen. Die TestXIIPatr. und das TestHiob sind von der Form her in der Tat vergleichbar; sie gehören der gleichen Gattung an.

Dieses Urteil läßt sich auch von der inhaltlichen Seite her untermauern. Beide Schriften verfolgen die gleiche *Intention:* Dem Leser soll ein bestimmtes Verhalten vor Augen geführt werden, ein Verhalten, zu dem eine anerkannte Autorität der Vergangenheit aufruft, und das diese Person auch selbst im eigenen Leben in vorbildlicher Weise demonstriert hat. Im TestHiob sind es Geduld im Leiden und unerschütterliches Vertrauen auf Gott trotz heftiger Anfeindungen — Diasporatugenden also.

Es fällt beim Vergleich beider Schriften weiter auf, daß im TestHiob das Element der Zukunftsansage fehlt, und zwar sowohl in seiner Eigenschaft als Konsequenz der Verhaltensanweisung wie als Mittel der Aktualisierung, der Gleichzeitigkeit von Redner in der geheiligten Vergangenheit und Leser in der Gegenwart [47]. Das erstere mag Zufall sein; das zweite ist vermutlich bedingt durch die Diasporasituation, in die hinein das TestHiob spricht und aus der es wohl auch stammt. Die Zerstreuung unter die Völker birgt einen gewissen zeitlosen Zug in sich. Zwischen Exil und Zerstörung des Tempels 70 n. Chr. gab es für die Juden in der Diaspora kein geschichtliches Ereignis von wesentlicher Tragweite. So fallen also die Schriften, die in der hellenistischen Epoche in der Diaspora entstehen, im Grunde zeitlos aus, sofern nicht apokalyptisches Gedankengut so stark in sie eindringt, daß es in der Lage ist, die ganze Schrift jeweils auf Zeitenspekulation und Naherwartung hin festzulegen. Das ist im TestHiob nicht der Fall.

Festzuhalten bleibt schließlich noch, daß offenbar eines der beiden Elemente Rückblick auf die Vergangenheit und Zukunftsansage, vielleicht

---

[47] Siehe S. 101—106.

sogar beide, in einem Testament fehlen können, ohne daß der Formcharakter des Testamentes verlorengeht, solange nur die Anweisung zu einem bestimmten Verhalten im Mittelpunkt steht, die *Intention* der Testamentsform also erhalten bleibt.

§ 4. DIE TESTAMENTE DER DREI PATRIARCHEN [1]

Die TestIIIPatr. lassen inhaltliche Verwandtschaft zum TestHiob [2] wie zu den TestXIIPatr. erkennen und sollen deswegen als nächste Schrift untersucht werden. Sie sind im Rahmen der Prüfung der Test.-Form beson-

---

[1] Diese Benennung ist in der bisherigen Forschung nicht üblich gewesen. Wenn hier trotzdem die folgenden drei Schriften (TestAbr, TestIsaak und TestJak) unter diesem gemeinsamen Titel zusammengefaßt werden, dann aus folgenden Gründen: Zunächst fällt schon beim ersten Überlesen auf, daß alle drei Testamente den gleichen Aufbau zeigen, in die gleiche Rahmenhandlung eingebettet sind: Der Engel Michael kommt, dem jeweiligen Patriarchen dessen nahenden Tod zu verkünden. Er gibt ihm den Auftrag, seinen Haushalt zu bestellen. Die Hinterbliebenen beklagen den baldigen Tod ihres Familienoberhauptes. Dieser unternimmt zusammen mit dem Engel Michael als angelus interpres eine Himmelsreise, die ihn an den Ort führt, an dem die Seelen der Sünder die Strafe für irdische Schuld erleiden. Die Freude der gerechten Seelen wird nurmehr nebenbei erwähnt. Nach seiner Rückkehr auf die Erde stirbt der Patriarch in seinem Hause. Engel geleiten seine Seele unter Triumph in den Himmel; sein Leichnam wird von seinen Angehörigen bestattet.

Der Gleichheit im Aufbau der drei Schriften entspricht auch ein gleicher Skopus, eine gleiche Grundintention: Der Tod der drei Patriarchen wird mehr oder weniger breit erzählt nicht um seiner selbst willen, sondern um anschaulich darzustellen, wie ein erfülltes und vor Gott gerechtes Leben zu Ende geht und das heißt, direkt in den Himmel einmündet. Um die unbedingte Gültigkeit dieses Vorbildes noch zu unterstreichen, erfährt der Leser in den drei Himmelsreisen ausführlich und mit aller Deftigkeit, welche Qualen die in Sünden gestorbenen Seelen erwarten. Weshalb gerade Abraham, Isaak und Jakob zu dieser Demonstration herangezogen werden, bleibt im Dunkeln. Diesbezügliche frühe Traditionen für sie gibt es nicht, bzw. sie sind uns nicht bekannt. Vermuten läßt sich nur, daß gerade diese drei Patriarchen gewählt wurden, die in jüdischen (und frühen christlichen Kreisen des Orients!) eine sehr hohe Autorität genossen, um den besonderen Ernst dieses Problems gebührend zu unterstreichen.

Neben dieser augenfälligen inneren Einheit der drei Schriften lassen sich auch direkte textliche Querverbindungen anführen, die die Zusammengehörigkeit untermauern.

(a) In TestIsaak 1,1 heißt es: „Als die Tage unseres Vaters Isaak sich dem Ende näherten, wo er die Welt und seinen Leib verlassen sollte, da sandte der Mitleidige, Barmherzige den Engelfürsten Michael zu ihm, den er zu seinem Vater Abraham gesandt hatte." Keine andere Quelle berichtet davon, daß der Engel Michael zu Abraham gesandt worden sei, um ihm den nahenden Tod zu verkündigen, auch finden sich keine Anklänge daran anderswo. Im TestAbr hingegen ist ganz ausführlich davon die Rede. Es kann keinem Zweifel unterliegen, daß der oben zitierte Satz nur von diesem Testament her zu verstehen ist.

(b) Im TestJak spricht ein Engel in einer Rede Jakob gegenüber den Patriarchensegen zu: Abraham wegen seiner Gastfreundschaft, Isaak wegen seines Gehorsams bei seiner — beinahe vollzogenen — eigenen Opferung (Gen 22), Jakob, weil er Gott habe schauen dürfen (Himmelsleiter, Gen 28). Die Gastfreundschaft Abrahams ließe sich auch von Gen 18 her, der Einkehr der drei Männer bei Abraham,

ders interessant, weil man in ihnen einen Formübergang vom Testament
zum Roman hin erkennen kann.

---

erklären, obwohl sie ebenfalls ein Hauptelement des TestAbr bildet. Der Segen
über Isaak in TestJak aber gibt allein, als einziges Zeugnis dieser Art, den Grund
an, warum Isaak kurz vor seinem Tod seine Zuhörer so ausführlich und detailliert
(TestIsaak 4,19—5,10) über das richtige Verhalten bei der Darbringung des Opfers
und über die korrekte Verwaltung des Priestertums belehrt — Mahnworte, die
Isaak auch in TestLevi 9 weitergibt, ohne daß dort erklärt und begründet würde,
warum gerade die Person Isaaks mit Opfervorschriften in Verbindung gebracht
wird; denn für dieses Faktum findet sich im AT keinerlei Anhaltspunkt. TestJak
jedoch gibt dafür eine so unerwartete, originelle Antwort, daß hier kein Zufall
walten kann, vielmehr die Vermutung sich nahelegt, daß TestJak TestIsaak bewußt aufgreift und interpretiert.

Sieht man diese Argumente zusammen, so läßt sich sicherlich berechtigt der
Schluß ziehen, daß ein Titel in der Art von „Διαθῆκαι τῶν τριῶν πατριάρχων" —
gäbe es ihn — von niemand als Obertitel dieser drei Schriften bestritten würde.

Ein Einwand gegen die ursprüngliche Zusammengehörigkeit der drei Testamente
bleibt allerdings noch offen: Nach den bisherigen Ergebnissen wäre immer noch
der Fall denkbar, daß ein späterer Verfasser dem TestAbr zwei weitere Schriften
nachempfunden und angegliedert habe (so M. Delcor, Testament d'Abraham,
S. 46 f.). Hierzu muß nun der textgeschichtliche Befund des TestAbr, Isaak und
Jak befragt werden:

(a) In den orientalischen Versionen (kopt., arab., äthiop.) erscheinen in allen
MSS die drei Testamente hintereinander und als die einzige, zusammengehörige
Schrift. Dies unterstreicht eine gemeinsame Einleitung und ein ausführlicher Nachtrag, der alle drei Testamente zusammenfaßt und ein abschließendes Resümee
formuliert. Nur in den MSS, die in den drei westlichen Sprachen (griech., slaw.,
rumän.) gehalten sind, ist uns das TestAbr separat überliefert, wobei die slaw.
und die rumän. Version ohne Zweifel auf die griech. Überlieferung zurückgehen.

(b) In den Apostolischen Konstitutionen (VI, 16) zählt ein Satz eine Reihe von
apokryphen, alttestamentlichen Büchern auf, die als Verderben bringend und der
Wahrheit feindlich beurteilt werden. Unter ihnen erscheint als letztes die Bezeichnung „τῶν τριῶν πατριάρχων". Daß mit den „drei Patriarchen" Abraham, Isaak
und Jakob gemeint sind, wird schlechterdings niemand bestreiten. Um welche
Schrift aber könnte es sich handeln? Wir kennen nur eine, auf die dieser Titel sehr
gut passen würde, eben die drei Testamente. Keine andere Schrift könnte auch nur
mit einigem Recht diese Titelumschreibung für sich in Anspruch nehmen. (Dazu
die ausführliche Diskussion bei M. R. James, Abraham, S. 11 f., und bei M.
Delcor, Testament d'Abraham, S. 73—75.) Schon zu so früher Zeit (4. Jhdt.) also
sind alle drei Testamente unter obigem gemeinsamen Titel bekannt. Daß keine
der anderen Auflistungen apokrypher und pseudepigrapher Bücher aus früher Zeit
die drei Testamente oder auch nur eines von ihnen mehr erwähnt, sollte angesichts
der offensichtlich weitgehenden Unbekanntheit dieser Schrift damals wie heute
nicht zu sehr verwundern.

Aufgrund aller dieser Überlegungen kann man den Schluß ziehen, daß zwar
sicherlich kein schlüssiger Beweis für die ursprüngliche Einheit dieser Schrift erbracht werden kann, daß aber die Wahrscheinlichkeit einer solchen Einheit sehr
hoch veranschlagt werden sollte.

[2] M. Delcor, Testament d'Abraham, untersucht auf S. 47—51 die besondere
Beziehung des TestAbr zum TestHiob.

Der Verfasser der TestIIIPatr. hat nur ein Ziel bei der Abfassung seiner Schrift vor Augen: Er will seinen Lesern das himmlische Gericht in seiner ganzen Strenge und Endgültigkeit vor Augen führen — weshalb auch der Ort der Seligen verhältnismäßig geringe Beachtung findet —, um sie aus der Gleichgültigkeit ihres Alltags wachzurütteln und aufzurufen, auf Erden das Gericht nach dem Tode nicht zu vergessen, sondern sich so mustergültig zu verhalten wie Abraham, Isaak und Jakob, die hier Repräsentanten derer sind, die durch die enge Pforte eingehen. Die ganze Schrift ist ein Appell an den Leser: Vergiß das kommende Gericht nicht! Sorge hier dafür, daß du dort nicht ins Verderben kommst! Um das zu erreichen, verhalte dich wie die drei Patriarchen: Lebe tugendsam vor dem Herrn (typisch dafür TestAbr B 9,4) [3]!

Diesem Ziel dient jeder Satz, jedes Bild in den drei Testamenten. Es ist unsinnig und zeugt von einem Mißverstehen der Absicht des Verfassers, die TestIIIPatr. teilen zu wollen in einen legendarischen (Ereignisse um den Tod der Patriarchen) und einen apokalyptischen Teil (Himmelsreise), die beide verschiedenen literarischen Entwicklungsstufen angehörten [4]. Vielmehr machen alle drei Schriften einen recht geschlossenen Eindruck; die wenigen christlichen Zusätze und Veränderungen greifen nur unwesentlich in den Text ein. Der Verfasser verrät hohes literarisches Können, wenn er durch Wechselreden, Verfremdungseffekte, gutes psychologisches Einfühlungsvermögen und Darlegung von Gedanken anhand von Mißverständnissen den Leser zu fesseln versucht.

Mit den TestXIIPatr. und dem TestHiob verbindet die TestIIIPatr. die starke Betonung des Gefühlsmäßigen. Wieder wird eine bestimmte Tugend herausgegriffen und überspitzt bis nahe ans Groteske — im TestAbr ist es die Gastfreundschaft wie auch im TestHiob. Beide Testamente haben auch die Trennung von Leib und Seele nach dem Tode gemeinsam: Die Seele wird direkt in den Himmel aufgenommen — zu Lohn oder Strafe —, der Körper ruht in der Erde bis zur allgemeinen Totenauferweckung am Ende der Welt.

Mit der Konstatierung der geistigen Verwandtschaft der drei Schriften ist auch schon die Frage vorentschieden, ob der Verfasser der TestIIIPatr.

---

[3] Die Drohung mit dem Jenseitsgericht als Begründung für die Verhaltensanweisung ist in einem Testament zunächst einmal auffällig. Bei näherem Zusehen allerdings merkt man, daß hier nur das Element „Zukunftsansage" in seiner Funktion, die Konsequenzen eines bestimmten Verhaltens aufzuzeigen, abgewandelt ist. Das Eingehen in den Strafort oder in den Ort der Seligen stellt sich dar als natürliche Konsequenz einer bestimmten Lebensführung. Allerdings sind damit der rationale Charakter der Zukunftsansage und die entsprechende Argumentationsweise aufgehoben. An die Stelle der Einsicht des Verstandes tritt das gehorsame Akzeptieren. Es ist jedoch auch möglich, daß die Basis der Verständigung zwischen dem Verfasser dieser Schrift und seinen Lesern so groß war, daß über eine jenseitige Vergeltung gar nicht mehr diskutiert zu werden brauchte, vgl. auch S. 155 Anm. 42.

[4] So H. Weinel, Die spätere christliche Apokalyptik, in: Eucharisterion für Gunkel, Teil 2, 1923, S. 170 f.

Christ oder Jude gewesen sei. Er war ohne Zweifel Jude, wie schon 1895 Kohler [5] und 1927 erneut Box [6] unzweideutig herausgearbeitet haben [7]. Die Aufnahme der drei Testamente in eine Sammlung mit der Überschrift „Die spätere christliche Apokalyptik" durch Weinel [8] entbehrt jeder Grundlage. Box verweist auf Parallelkompositionen in der rabbinischen Literatur, Kohler trifft gut den Charakter der TestIIIPatr. mit seiner Beobachtung, daß Abraham der einzige ist, der fürbittet, und das nur in sehr begrenztem Umfang. Sonst hat weder eine umfassende Fürbitte eine Funktion noch ein wie auch immer geartetes stellvertretendes Leiden bzw. Opfer [9]. Das Gericht wird vielmehr in aller Gerechtigkeit durchgehalten — nach beiden Seiten hin. Maßstab ist das Handeln der Seelen während ihrer Erdenzeit. Zwar übersteigt die Zahl der Ungerechten bei weitem die der Gerechten, das schließt aber nicht aus, sondern bestätigt nur, daß ein gerechtes Leben auf Erden durchaus möglich ist, sofern man sich nur aus ganzem Herzen darum bemüht.

In dem Streit, ob jüdisch oder christlich, schien James — wie schon beim TestHiob auch — mit der Entscheidung „judenchristlich" den probaten Ausweg gefunden zu haben [10]. So sicher das nur eine Scheinlösung ist, so richtig ist doch die zugrundeliegende Erkenntnis, daß diese Art von volkstümlichen Schriften sowohl in jüdischen wie in christlichen Gemeinden gelesen werden konnte — womöglich noch eine Zeitlang gleichzeitig —, ohne daß eine der beiden Seiten befürchten mußte, ihre Identität zu verlieren, nur weil sie Schriften in Gebrauch hatte, die auch die andere Seite für wertvoll erachtete. Es gab demnach christliche Gemeinden im Orient, die noch selbstverständlicher in und mit dem Alten Testament lebten, als es die Großkirche gemeinhin tat, und die die Trennung von der jüdischen Gemeinde nicht für so abgrundtief hielten, daß kein Gedankenaustausch mehr möglich war. Als ein Beispiel kann heute noch die gegenseitige Durchdringung des Christlichen und Jüdischen in der äthiopischen Kirche gelten.

---

[5] K. Kohler, The pre-talmudic Haggada II. The Apocalypse of Abraham and its kindred, in: JQR VII, 1895, S. 581—606; ihm folgend auch L. Ginzberg, Art. „Abraham, Testament of", in: Jewish Encyclopedia I, 1901, S. 93—96.

[6] G. H. Box, The Testament of Abraham, London, 1927.

[7] In neuerer Zeit bestätigt durch die Untersuchungen von Fr. Schmidt, Testament, Bd. 1, S. 115—124: „Date et milieu d'origine du Testament d'Abraham" (hier auch ein Forschungsüberblick); M. Delcor, Testament d'Abraham, S. 63—73; E. Janssen, Testament, S. 199; N. Turner, The Testament of Abraham: A study of the original language, place of origin, authorship, and relevance, masch. Diss. London, 1952; ders., The „Testament of Abraham": Problems in biblical greek, in: NTS 1, 1955, S. 219—223.

[8] H. Weinel, christliche Apokalyptik, S. 170—172.

[9] K. Kohler, Abraham, S. 588 f.: „Christ has no place there, neither as a judge in the neather world, as the first Christians took him to be, nor as an atoning high priest who obtains/mercy for the sinner by his vicarious sacrifice."

[10] M. R. James, The Testament of Abraham, Cambridge, 1892, S. 50—55.

1) *Das Testament Abrahams* [11]

Text:

a) griechisch:

M. R. James, The Testament of Abraham. The greek text now first edited with an introduction and notes, Cambridge, 1892 (Rez. A + B).

Francis Schmidt, Le Testament d'Abraham. Introduction, édition de la recension courte, traduction et notes, 2 Bde, masch. Diss. Straßburg, 1971 (Rez. B).

Michael E. Stone, The Testament of Abraham. The greek recensions translated, Missoula/Montana, 1972 (Rez. A + B — Text von James wiederabgedruckt).

b) koptisch (bohairisch):

I. Guidi, Il testo copto del Testamento di Abramo, in: RRAL. Cl. d. sc. mor., stor. e filol. V, 9, Rom, 1900, S. 157—180.

c) arabisch: keine Edition.

d) äthiopisch:

C. Conti Rossini, Nuovi appunti Falascia, in: RRAL. Cl. d. sc. mor., stor. e filol. V, 31, Rom, 1922, S. 227—240.

A. Z. Aeščoly, Recueil de textes falachas. Introduction. Textes éthiopiens (édition critique et traduction). Index, Paris, 1951, S. 50—77.

e) rumänisch:

M. Gaster, The Apocalypse of Abraham. From the roumanian text discovered and translated, in: TrSBA IX, 1887, S. 195—226, wiederabgedruckt in: ders., Studies and texts in folk-lore, magic, medieval romance, hebrew apocrypha and samaritan archaeology, London, 1925, Vol. I, S. 92—123.

f) slawisch:

Auflistung aller slaw. Editionen bei Fr. Schmidt, Testament, S. 6—9. In seiner Edition der griech. Rez. B hat Fr. Schmidt die Lesarten der slaw. Version mitberücksichtigt.

g) neugriechisch:

S. Agourides, Diatheke Abraam, in: Deltion Biblikon Meleton Bd. 1, Athen, 1972, S. 238—248.

Übersetzung:

a) griechisch:

G. H. Box, The Testament of Abraham. Translated from the greek text with introduction and notes, London, 1927 (Rez. A+B).

P. Rießler, Schrifttum, S. 1091—1103 (Rez. B).

Francis Schmidt, s. o. (Rez. A + B).

Michael E. Stone, s. o. (Rez. A + B).

---

[11] P. Rießler hat in seiner Übersetzung die Kapiteleinteilung von Box und James übernommen und eine eigene Verseinteilung (für Rez. B) hinzugefügt, die von Fr. Schmidt übernommen und um eine Verseinteilung auch für die Rez. A ergänzt wurde. Die folgenden Angaben richten sich nach dieser Zählung.

M. Delcor, Le Testament d'Abraham. Introduction, traduction du texte grec et commentaire de la recension grecque longue suivi de la traduction des Testaments d'Abraham, d'Isaac et de Jacob d'après les versions orientales, Leiden, 1973 (Rez. A + B).

E. Janssen, Testament Abrahams, in: JSHRZ III, 2, Gütersloh, 1975, S. 193 bis 256 (Rez. A + B).

b) koptisch (bohairisch):

E. Andersson, Abraham's Vermächtnis aus dem Koptischen übersetzt, in: Sphinx 6, 1903, S. 220—236.

M. Delcor, s. o., S. 186—196.

G. MacRae, The coptic Testament of Abraham, in: G. W. E. Nickelsburg Jr. (ed.), Studies on the Testament of Abraham, Missoula/Mont., 1976, S. 327—340.

c) arabisch:

W. E. Barnes, Appendix containing extracts from the arabic version of the Testaments of Abraham, Isaac and Jacob (Anhang zu M. R. James, Abraham — Teilübersetzung).

M. Delcor, s. o., S. 242—252.

d) äthiopisch:

A. Z. Aešcoly, s. o.

W. Leslau, Falasha anthology. Translated from ethiopic sources with an introduction, New Haven/London, 1951, S. 92—102.

M. Gaguine, The Falasha version of the Testaments of Abraham, Isaac and Jacob. A critical study of five unpublished ms. with introduction, translation and notes, masch. Diss. Manchester, 1965.

M. Delcor, s. o., S. 214—224.

e) rumänisch: M. Gaster, s. o.

f) slawisch: D. S. Cooper — H. B. Weber, The church slavonic Testament of Abraham, in: G. W. E. Nickelsburg Jr. (ed.), Studies on the Testament of Abraham, S. 301—326.

g) neugriechisch: keine Übersetzung.

Das TestAbr ist im Griechischen in zwei verschiedenen, voneinander unabhängigen Rezensionen überliefert: in einer längeren (A) und einer kürzeren (B). Die Versionen in den anderen Sprachen sind keine wortgetreuen Übersetzungen einer der beiden Rezensionen, sie scheinen jedoch mit Ausnahme einiger MSS der rumänischen Version alle der kürzeren griechischen Rezension B näher verwandt zu sein als der längeren. Es ist hier nicht der Ort, die Textgeschichte des TestAbr aufzurollen [12]. Nur soviel sei hier fest-

---

[12] M. R. James, Abraham, hat auf den Seiten 34—49 sehr sorgfältig das Verhältnis der beiden Rezensionen zueinander und zur arabischen Version untersucht. Ausführliche Angaben zur Textgeschichte finden sich ebenfalls bei A.-M. Denis, Introduction, S. 31—39; G. W. E. Nickelsburg Jr., Eschatology in the Testament of Abraham: A study of the judgment scenes in the two recensions, in: SCS 2, 1972, S. 180—227, hier S. 210—227; M. Delcor, Testament d'Abraham, und am exaktesten wohl bei Fr. Schmidt, Testament. Insgesamt gilt jedoch von der Textsituation des TestAbr der resignierte Satz von Fr. Schmidt, Testament, S. 26: „Quot codices tot recensiones".

gehalten: Die kürzere griechische Rezension B scheint dem Original-Test Abr näher zu stehen als die längere [13], da diese eine Reihe von auffälligen Ausführlichkeiten, Steigerungen und Erklärungen (z. B. Kap. 4) enthält, die der Rez. B gegenüber sekundär erscheinen. Einmal allerdings (Kap. 16) bringt A einen eindeutig sinnvolleren Gedankengang als B, die an dieser Stelle verderbt zu sein scheint, jedenfalls Brüche aufweist. Die Originalsprache dürfte Hebräisch bzw. Aramäisch gewesen sein, da Fr. Schmidt in der ältesten MS E der griech. Rez. B den Gebrauch von Semitismen nachweisen konnte [14]. Diese kurzen Feststellungen mögen zur Textgeschichte des TestAbr genügen. Im folgenden werden die Unterschiede der beiden Rezensionen nur dann erwähnt, wenn sie besonders bemerkenswert sind bzw. etwas für die Untersuchung der Form des TestAbr austragen.

a) *Anfangsrahmen*

Rez. A: Alle sechs MSS [15] tragen eine textinterne Überschrift in der schon bekannten Art, die dem Formelement *„Titel und Name"* entspricht.

T. + N.

Dabei erscheint in fünf Fällen der Begriff διαθήκη; nur das MS F umgeht ihn: Διήγησις περὶ τῆς ζωῆς καὶ τοῦ θανάτου τοῦ δικαίου Ἀβραάμ. Nun

Hinw. a. d. bev. Tod (bericht.)

folgt — immer noch im Rahmen der Überschrift — ein *Hinweis auf den bevorstehenden Tod Abrahams* διαλύων δὲ καὶ θανάτου πέραν (MS A; leicht abgewandelt in den anderen MSS außer D und F, bei denen solch ein Hinweis in der Überschrift fehlt). MSS A und E beurteilen sodann den Inhalt der folgenden Erzählung für den Leser, wenn sie die Überschrift abschließen mit der kurzen Bemerkung τὸ πῶς δεῖ ἕκαστος ἐτελεύτησεν (MS A, ähnlich E). MS F gibt statt dessen eine echte Inhaltsangabe: τὸ πῶς ἐδιετάχθη τῆς ζωῆς καὶ τῆ(ς) φυλοξενίας αὐτοῦ καὶ πῶς ἐδιελέγετο μετὰ τοῦ ἀγγέλου καὶ μετὰ τὸν θάνατον.

Mit Ausnahme von MS D stehen bei allen MSS doxologische Kurzformen am Ende der Überschrift. Der erzählende Teil des Anfangsrahmens

Altersang.

setzt ein mit einer Angabe des *Lebensalters* Abrahams (hier differieren die MSS nur in der Zahl der Jahre), der eine ausführliche Schilderung seiner Gastfreundschaft folgt. Noch einmal, diesmal ausführlicher und klarer,

Hinw. a. d. bev. Tod (bericht.)

verweist der Erzähler auf den *bevorstehenden Tod des Patriarchen*, bevor die eigentliche Handlung beginnt. Es ist deutlich eine Handlung, die weitererzählt wird, keine Rede. Es fehlt ja auch jeder Hinweis auf einen Adressaten einer solchen Ansprache.

T. + N.

Rez. B: Die Überschriften der sieben MSS [16] dieser Rezension enthalten alle das Element *„Titel und Name"*, fallen jedoch recht unterschiedlich aus:

---

[13] Mit P. Rießler, N. Turner, Fr. Schmidt und E. Janssen gegen M. R. James, K. Kohler, G. H. Box und G. W. E. Nickelsburg Jr., Eschatology.

[14] Testament, S. 34 f. M. Delcor, Testament d'Abraham, S. 32—34, hält Griechisch für die Originalsprache, bezieht sich dabei aber nur auf die jüngere Rez. A.

[15] Bisher sind nur sechs MSS durch die Edition von M. R. James, Abraham, zugänglich. Zwölf weitere MSS sind aufgezählt bei Fr. Schmidt, Testament, S. 2.

[16] Zugrundegelegt wird hier die Edition von Fr. Schmidt. Er hat in die Edition des MS E auch zwei MSS der slaw. Version durch Rückübersetzung ins Griechische miteingearbeitet.

MSS A, D: Διαθήκη τοῦ πατριαρχοῦ Ἀβραάμ (statt πατριαχοῦ hat MS D ἐν ἁγίοις πατρὸς ἡμῶν.) MSS B, F, G: Διήγησις περὶ τῆς διαθήκης καὶ περὶ τοῦ θανάτου τοῦ ἐν ἁγίοις πατέρος ἡμῶν Ἀβραάμ τοῦ πατριαρχοῦ καὶ δικαίου καὶ φιλοξένου (MS F hat für alles Folgende nach διαθήκης nur τοῦ δικαίου πατρὸς ἡμῶν Ἀβραάμ).

MS E (und slawische Version): Ἀποκάλυψις ἀποκαλυφθεῖσα τῷ πατρὶ ἡμῶν Ἀβραάμ ὑπὸ Μιχαὴλ τοῦ ἀρχαγγέλου περὶ τῆς διαθήκης αὐτοῦ.

MS C: Λόγος περὶ τῆς θανῆς τοῦ Ἀβραάμ.

In allen MSS außer C und F beschließt jeweils eine doxologische Kurzformel die Überschrift, in der MS C eine Inhaltsangabe (ὅτε ἀπεστείλεν κύριος ὁ θεὸς τὸν ἄγγελον αὐτοῦ καὶ ἦρεν αὐτὸν σωματικῶς εἰς τά ἐπουράνια). In MS F fehlt die Doxologie.

Ein kurzer *Hinweis* des Erzählers auf den *bevorstehenden Tod* Abrahams, der in allen MSS ähnlich ausfällt, leitet bereits über zur eigentlichen Handlung. Auch hier beginnt der Hauptteil nicht mit einer Rede, wie man nach dem Begriff διαθήκη erwarten sollte.

Hinw. a. d. bev. Tod (bericht.)

Rumänische Version: Ihre Überschrift ähnelt in ihrem ersten Teil der MS F der längeren Rezension A: „Leben und Tod unseres Vaters Abraham, des Gerechten". Ihr zweiter Teil allerdings erscheint völlig fremd und ungewohnt: „aufgeschrieben nach der Apokalypse in wunderbaren Worten".

Im Fortgang des Anfangsrahmens schließt sich die rumän. Übersetzung dann ganz der griechischen Rezension A an.

T. + N.

Koptische Version: Da in der kopt. Übersetzung alle drei Testamente aufeinander folgen — wie in der äthiop. und arab. auch —, so erscheint es auch nur sinnvoll, wenn die kopt. Version mit einer Einleitung zu allen drei Testamenten beginnt. Sie ist deutlich zweigegliedert: Teil I setzt ein mit einer Überschrift, die dem Element *„Titel und Name"* verwandt ist: „Dieses ist das Hinscheiden unserer heiligen Väter, der drei Patriarchen Abraham, Isaak und Jakob Israel". Dann folgt die Datierung des Todestages bzw. des Tages der Aufnahme der drei Patriarchen in die Himmel. Teil I schließt dann mit einer Angabe des christl. Redaktors dieser Schrift (Athanasius, Erzbischof von Alexandria) und einer Quellenangabe: Athanasius habe seine Kenntnisse „in den alten Sammlungswerken unserer heiligen apostolischen Väter" gefunden.

T. + N.

Mit dem zweiten Teil beginnt Athanasius selbst zu berichten: Er versucht zunächst, mit einer Redeeinleitungsformel die Aufmerksamkeit seiner Leser zu gewinnen: „Höre auf mich, o Volk, das Christus lieb hat", und fährt dann in Analogie zur Überschrift fort: „daß ich dir von dem Leben und dem Hinscheiden unserer heiligen Väter, der Patriarchen Abraham, Isaak und Jakob, erzähle." Dann stellt sich der Erzbischof noch einmal selbst vor und gibt wiederum seine Quelle — die gleiche wie oben — bekannt. Nun läßt er noch schnell eine Nutzanwendung für den Leser folgen: „einem jeden zu Nutzen, der darauf hören wird, damit Gott gepriesen werde", bevor er mit der eigentlichen Erzählung beginnt. Diese setzt ein mit einem *Hinweis auf den bevorstehenden Tod* Abrahams und geht dann sogleich zur Haupthandlung über, den Ereignissen, die den Tod Abrahams begleiten.

(Redeeinl. des Erzählers)

Hinw. a. d. bev. Tod (bericht.)

Arabische und äthiopische Version: Sie sind nach allgemeiner Auffassung Übersetzungen der koptischen Version, wobei die äthiopische die arabische Version übersetzt und diese die koptische.

Neugriechische Version: war mir nicht zugänglich.

b) *Mittelteil*

Die Handlung wird direkt „klassisch" durch einen Prolog im Himmel eröffnet (Kap. 1) [17]. Gott gibt dem Engel Michael den Befehl, Abraham die Nachricht seines baldigen Todes zu überbringen. Schon hier am Anfang schaltet die längere Rezension A eine ausführliche Beschreibung der Gerechtigkeit und des Reichtums Abrahams dazwischen.

Michael besucht sogleich Abraham; sie begrüßen sich; Abraham lädt Michael gastfreundlich in sein Haus ein; sie begeben sich unter höflichen Reden in die nahe Stadt (Kap. 2). Deutlich sind die Anspielungen auf Gen 12,1—3; 17,5; 18,1—8, nur daß jetzt Haus und Stadt — der soziale Ort der Leser — an die Stelle des Zeltes treten.

Unterwegs hört Abraham aus einm großen Baum eine Stimme, die ihm etwas zuruft, was er zwar nicht versteht, das ihn aber erschreckt (3,1—4).

Zuhause angekommen trifft Abraham sogleich Vorbereitungen für ein großes Gastmahl und für eine Fußwaschung seines Gastes. Dabei überfällt ihn zum erstenmal eine Todesahnung (fehlt in Rez. A). Abraham, Isaak und Michael versinken darüber in große Trauer. Michaels Tränen werden zu Edelsteinen, was aber keinerlei Wirkung hinterläßt und auch das Geheimnis seiner Identität nicht aufzudecken hilft (3,5—11). Es ist nicht mehr als eine romantische Arabeske am Rande, die der Leser dieser Schrift offensichtlich erwartet und deswegen ohne viel Nachdenken akzeptiert.

Sarah hört das laute Klagen, erhält aber keine Auskunft über die Ursache, um „dem Gast nicht lästig zu fallen". Sie soll statt zu fragen lieber für die Vorbereitung des Gastmahles Sorge tragen [18]. Michael unterbricht nun seinen Besuch bei Abraham, um Gott anzubeten; denn es war Sonnenuntergang geworden (so die Begründung). Bei dieser Gelegenheit möchte Michael Gott seinen Auftrag zurückgeben; denn er bringt es nicht übers Herz, Abraham die Todesbotschaft zu verkünden („er ist ja dein Freund, ein gerechter Mann und gastfrei" — 4,10). Michael wird auch tatsächlich von seiner Aufgabe entbunden, jedoch soll er zu Abraham zurückkehren. In der folgenden Nacht wird Gott in einem Traum Isaak den baldigen Tod seines Vaters ankündigen — welch ein psychologisches Geschick des Verfassers! Damit endet das 4. Kapitel [19].

---

[17] Die Kapitel- und Versangaben beziehen sich, wenn nicht anders angegeben, auf die kürzere griech. Rezension B.

[18] Dieser ganze Passus fehlt in der kopt. Version und ebenso in der Rez. A, die dafür eine ausführliche Beschreibung des Gastmahles bringt.

[19] Die Rez. A sieht sich noch genötigt zu erklären, wie es möglich sein kann, daß ein körperloser Engel ißt.

Das Gastmahl geht seinem Ende entgegen; man geht zu Bett, wobei Michael eine bevorzugte Schlafstelle eingeräumt wird (Kap. 5). Mitten in der Nacht stürmt Isaak in die Kammer seines Vaters voller Todesahnung für ihn. Abraham, Isaak und Michael weinen wieder einmal gemeinsam. Wieder wird auch Sarah [20] durch das laute Klagen angelockt und erfährt auch diesmal nicht den Grund dafür. Ganz geschickt leitet der Erzähler über zu einem Gespräch Abrahams und Sarahs unter vier Augen, worin die beiden sich gegenseitig erklären, woran sie den Engel als solchen erkannt hätten (Kap. 6).

Abraham fragt nun Michael nach dem Zweck seines Besuches. Der aber verweist auf den Traum Isaaks, den dieser nun berichtet: Eine Sonne habe sein Haupt gekrönt, aber der „Vater des Lichtes" habe sie ihm weggenommen, jedoch die Strahlen zurückgelassen. Die wolle er später erst holen [21]. Michael deutet nun den Traum und richtet damit seinen Auftrag doch noch aus. Abraham bittet daraufhin Michael, zuvor schon leiblich den Himmel durchreisen zu dürfen, um die ganze Schöpfung Himmels und der Erde zu bewundern. Michael verspricht, seinem Herrn diese Bitte auszurichten (Kap. 7) [22].

Michael richtet die Bitte vor Gott aus. Gott gewährt sie und gibt entsprechenden Befehl (8,1—2). Hier beginnt nun die Himmelsreise Abrahams, bei der ihn Michael als angelus interpres nach echt apokalyptischer Manier begleitet. Als erste Station auf dieser seiner Himmelsreise kommt Abraham zur engen und zur weiten Pforte, zwischen denen ein Mann sitzt, der häufig weint, selten lacht. Michael deutet das Bild: Es ist Adam, der alle seine Nachkommen sieht, wenn ihre Seelen die eben gestorbenen Körper verlassen. Weitaus die Mehrzahl von ihnen geht durch das breite Tor ins Verderben, nur wenige gelangen durch die enge Pforte zum Leben (8,3 bis 16). Abraham will daraufhin auch an seiner eigenen Erlösung zweifeln, doch Michael beruhigt ihn: Wer ihm gleiche, dessen Eingang durch das enge Tor sei gesichert — ein ganz klarer Appell an den Leser: der eigentliche Skopus der Himmelsreise und des ganzen TestAbr! Zur richtigen Abschreckung des Lesers wird gleich im Anschluß noch berichtet, wie an Abraham vorbei 60.000 Seelen ins Verderben getrieben werden, unter denen sich nur eine einzige befindet, deren „Sünden ganz genau wie alle ihre Werke" wie-

---

[20] In der kopt. Version ist es Rebekka. Sie unterhält sich längere Zeit mit Michael, ohne daß doch der Sinn des Abschnittes geändert würde.

[21] Eine klare Umschreibung der Vorstellung, daß die Seele nach dem Tode direkt in den Himmel aufgenommen wird, der Körper aber erst bei der späteren Auferstehung dazukommt.

[22] In der längeren Rez. A stellt sich Michael nach seiner Deutung des Traumes selbst vor und wiederholt seinen Auftrag, doch Abraham weigert sich schlicht. Nun berichtet Michael in einem eingeschobenen Kapitel Gott diese Weigerung, doch Gott beauftragt Michael erneut, indem er durch ihn als Boten Abraham eine lange Rede ausrichten läßt, die ihn dazu bewegen soll, von seiner Weigerung abzustehen (Rez. A Kap. 8). Michael richtet alles aus; Abraham gehorcht und bittet um die Himmelsreise. Michael richtet diese Bitte aus und empfängt den Befehl, Abraham auf einem Cherubenwagen in den Himmel heraufzuholen (Rez. A Kap. 9).

gen. Sie wird an einen Zwischenort (in der kopt. und arab. Version ins Leben) gebracht (Kap. 9) [23].

Abraham wünscht nun, von Michael zum Ort des Gerichtes geleitet zu werden. Michael bringt ihn daraufhin ins Paradies (!). Dort erlebt er mit, wie eine Seele vor Gericht gestellt wird. Als sie die ihr vom Richter angelastete Sünde leugnet, wird sie vom Chronisten, der drei Zeugniskränze auf dem Haupt trägt und ein Schreibrohr in der Hand hält, überführt, indem er ihre Sünde aus zwei großen Büchern nachweist [24]. Daraufhin klagt die Seele, daß alle ihre Sünden, die sie längst vergessen hätte, im Himmel nicht vergessen seien (Kap. 10) — ein zweiter direkter Appell an die Leser. Abraham fragt nun, wer der Richter und wer der Chronist seien. Michael erklärt den Richter für Abel — als den ersten Märtyrer? — und den Chronisten für Henoch, den „Schreiber der Gerechtigkeit". Zum Schluß dieser Szene erhält Abraham noch Antwort auf die besonders diffizile Frage, wie Henoch denn jemanden zum Tode verurteilen könne, da er doch selbst den Tod nie gekostet habe. Die Antwort: Henoch dürfe ja gar nicht verurteilen; er habe nur die Sünden nachzuweisen (Kap. 11) [25].

Zum Abschluß seiner Himmelsreise darf Abraham auf einer Wolke am Firmament dahingleiten, von wo er die ganze Erde überblicken kann. Dreimal muß er Vorbereitungen zu einer Missetat mitansehen — dreimal bittet er Michael, die Sünder zu vernichten, was dieser auch sofort geschehen läßt. Dann schreitet Gott ein aus Furcht, Abraham könnte die ganze Schöpfung vernichten, „weil er kein Erbarmen für die Sünder kenne". „Dagegen ich erbarme mich der Sünder, auf daß sie sich bekehrend leben und Reue über ihre Sünde fühlen und so Rettung finden" (12,13). Das ist die einzige Stelle im ganzen Testament, die von Erbarmen, Umkehr, Reue

---

[23] Rez. A stellt hier um, ohne sich in der Sache sehr von Rez. B zu unterscheiden. Auffälligerweise fehlt allerdings der Appell an den Leser, den Rez. B so deutlich bringt (9,4). Die Parallelität beider Rezensionen setzt wieder ein bei der Vielzahl der Seelen, die ins Verderben getrieben werden (B 9,5—9/A 12). Die koptische Version, die ebenfalls geringfügig umstellt, hat hier einen Zusatz gegenüber Rez. B und Rez. A: Michael unterrichtet Abraham über die Zahl der Seelen, die täglich ihre Körper verlassen. Die arabische Version folgt bis auf geringfügige Kleinigkeiten der koptischen, sowohl in der Umstellung wie im Zusatz. Beide fallen erstaunlicherweise beim Zweifel Abrahams, ob er durch die enge Pforte eingehen werde, in die 1. pers., und zwar ganz betont: „Ich, Abraham, ich antwortete...", doch wird man das mehr als einen stilistischen Ausrutscher werten müssen als als einen Hinweis darauf, daß das ganze TestAbr ursprünglich eine Rede Abrahams gewesen sein könne.

[24] S. M. Paul, Heavenly tablets and the book of life, in: The Gaster Festschrift. The Journal of the Ancient Near Eastern Society of Columbia University, Vol. 5, 1973, S. 345—353, verfolgt die Vorstellung des „divine bookkeeping" von Talmud und NT aus über die Pseudepigraphen und das AT bis zurück nach Sumer, ohne allerdings diese Stelle aus dem TestAbr und das Vorkommen in den TestXIIPatr. (TestAss 2,10; 7,5) zu berücksichtigen.

[25] Eine eingehende Untersuchung der gesamten Gerichtsszenerie und eine Diskussion ihrer möglichen Beeinflussung durch griech. bzw. ägyptische Vorstellungen finden sich bei G. W. E. Nickelsburg Jr., Eschatology; vgl. auch Fr. Schmidt, Testament, S. 63—78, und M. Delcor, Testament d'Abraham, S. 39—42.

spricht — vielleicht, um zu erklären, warum offenkundige Sünder weiterhin auf Erden leben. Ansonsten kennt das TestAbr nur Belohnung bzw. Strafe für die auf Erden vollbrachten Taten.

Gott befiehlt nun Michael, Abraham in sein Haus zurückzubringen, um weiteres Wüten in seiner Schöpfung zu verhindern. Michael führt den Befehl sogleich aus, und Abrahams erste Handlung zuhause ist es, seine Frau Sarah zu bestatten, die aus Kummer über das plötzliche Verschwinden ihres Gatten in der Zwischenzeit gestorben war (Kap. 12). Damit ist Abrahams Himmelsreise zu Ende [26].

Das TestAbr schließt nun mit einer letzten, in sich großartigen Szene, dem Dialog Abrahams mit dem Tod (13—14,5). Er fällt in beiden Rezensionen und in der koptischen Version je verschieden aus. Gemeinsam ist aber allen drei Darstellungen das Interesse am Tod: Wie er erscheint, wer ihn sieht und wer ihn nicht sieht, ob es einen Tod oder mehrere Todesengel gibt, in welchem Verhältnis der Tod zu Gott steht usw. Bemerkenswert ist dabei die Feststellung: Der Tod naht sich jedermann in der Gestalt, die er verdient: Den Gerechten erscheint er anmutig, den Ungerechten abgrundhäßlich. Ist es zu kühn, bei dieser Neugier, dieser Spekulationsfreudigkeit hinsichtlich alles dessen, was mit dem Tode zu tun hat, an Platon's Phaidon zu erinnern? Aus dem jüdischen Bereich allein jedenfalls ist dieses Interesse nicht zu erklären. Es kann erst nach einem Kontakt mit der hellenistischen Welt in dieser Art entstanden sein. Der Test.-Form, wie wir sie bisher kennengelernt haben, ist dieses Spekulieren um den Tod jedenfalls wesensmässig fremd.

Schließlich nützt Abrahams Weigerung [27] nichts mehr; sein Ende naht sich unwiderruflich. Nach der Rez. A (Kap. 20) gelingt es dem Tod mit

---

[26] Rez. A brachte die Fahrt am Firmament schon zu Beginn der Himmelsreise. Auch sie wird auf Befehl Gottes abgebrochen, nur nicht durch die Rückkehr Abrahams in sein Haus sondern durch den Besuch der ersten Station der Himmelsreise, der engen und der weiten Pforte (A Kap. 10).

In der koptischen Version geleitet Michael Abraham ohne eigentlichen Abschluß der Himmelsreise wieder zurück in sein Haus, wo er allen Knechten und Mägden Freiheitsbriefe ausstellt und den Armen ein großes Gastmahl zurichtet. Daß die Motive einer derartigen Himmelsreise, die in den jüdischen Apokalypsen weit verbreitet ist, (siehe G. Lohfink, Die Himmelfahrt Jesu, München, 1971, S. 51—53: „Die Himmelsreise") auch in die späteren christlichen Apokalypsen gerne aufgenommen wurden, zeigt als Beispiel die Paulusapokalypse oder Visio Pauli aus dem 4. Jahrhundert. Dort sieht Paulus auf seiner Fahrt durch die Himmel: 1) Strafengel, die die Sünder holen; 2) Engel der Herrlichkeit, die die Sünder geleiten; 3) er erkennt die Sünden der Menschen auf Erden; 4) er sieht den Gerichtsort; 5) Henoch erscheint als Zeuge des Jüngsten Tages.

[27] Daß die Hauptperson sich dem Sterben mit allen Mitteln widersetzt, ist ein verbreiteter Zug in der Literatur dieser Zeit (Apok Esra 6; Apok Sedrach 9—11). Es wird offenbar nicht als anstößig, als Ungehorsam gegen Gott empfunden. Eine ausführlich berichtete Weigerung Moses zu sterben bildet den Kern des Midrasch pᵉtirät mošæ (s. K. Haacker/P. Schäfer, Nachbiblischen Traditionen vom Tod des Mose, in: Josephusstudien (FS O. Michel), Göttingen, 1974, S. 147—174, spez. S. 168—170).

einer List, der Seele Abrahams habhaft zu werden. In der Rez. B kommt Gott selbst herab und versenkt Abrahams Seele wie in Träume, so daß sie der Erzengel Michael in den Himmel emportragen kann (14,6). Die kopt. Version teilt über den Tod Abrahams selbst gar nichts mit. Dafür berichtet sie ausführlich, wie Michael die Seele Abrahams in Sterbegewänder hüllt und sie auf einem leuchtenden Wagen unter dem Geleit von Scharen von Engeln in den dritten Himmel einziehen läßt.

c) Schlußrahmen

Rez. A: Von einem eigenen Schlußrahmen kann man bei dieser Rezension überhaupt nicht sprechen. Er ist völlig in die Erzählung mit hineinverwoben und erscheint überhaupt nicht mehr als Rahmen sondern als folgerichtiger Abschluß der Erzählung. An die Testamentsform klingt höchstens noch die Bestattung des Körpers Abrahams an, schon nicht mehr sein Tod: Der Todesengel ϑάνατος hatte Abraham betrogen, indem er ihm versprach, ihn wieder zu Kräften zu bringen, wenn er seine rechte Hand berührte. Doch kaum gab Abraham dem Tod die Rechte, da blieb auch schon seine Seele an der Hand des Todes haften.

(Tod)

(Best. d. d. Engel)

Nun kommen sogleich Michael und eine große Schar von Engeln, die die Seele Abrahams auf ihren Händen tragen. Seinen Körper aber *bestatten* sie unter der Eiche in Mamre (Isaak ist an der Bestattung nicht beteiligt). Nachdem dies vollbracht ist, tragen die Engel die Seele Abrahams unter Trishagion-Gesängen in die Himmel empor direkt vor Gott selbst, den sogleich Abrahams Seele und alle Engel anbeten. Gott befiehlt daraufhin, die gerechte Seele direkt ins Paradies zu bringen.

Dem TestAbr wurde nun noch ein deutlich sekundärer Appell an den Leser angehängt, Abraham in seinen guten Eigenschaften nachzuahmen, um so das ewige Leben zu gewinnen. Eine kleine trinitarische Doxologie beschließt diesen Zusatz [28].

Rez. B und slaw. Version: Mit ein wenig mehr Recht kann man bei diesen beiden Versionen von einem selbständigen Schlußrahmen sprechen. Zwar ist auch hier noch der Tod Abrahams bzw. die Aufnahme seiner Seele durch Michael in die Himmel ganz mit dem Schluß der Erzählung verflochten (14,6), doch im nächsten und letzten Vers ist Isaak der Handelnde — der himmlische Schauplatz ist verlassen. Der Sohn *bestattet* seinen Vater — wie in den TestXIIPatr. auch —, und zwar ebenfalls in einer Art Familiengrabstätte: neben seiner Frau Sarah.

Best. d. d. S.

Auch in der Rez. B und in der slaw. Version beschließt eine sekundäre trinitarische Doxologie das Testament [29].

---

[28] Die Varianten der einzelnen MSS dieser Rez. im Schlußteil des TestAbr können unberücksichtigt bleiben, da sie keine wesentlichen Unterschiede aufzuweisen haben.

[29] Die MS C dieser Rez. hat anscheinend versucht, die unterschiedlichen Schlüsse beider Rezensionen zu harmonisieren. Sie bleibt aber doch mehr bei der Rez. B; denn es ist auch hier Isaak, der den Leichnam seines Vaters bestattet, und nicht die Engel.

Koptische Version: Einen deutlichen und echten Testamentsabschluß finden wir allein am Ende der kopt. Version. Nachdem berichtet wird, wie Michael die Seele Abrahams auf einem leuchtenden Wagen in den dritten Himmel geleitet, bricht die Erzählung abrupt ab. In chronikartigem Stil — wie in den TestXIIPatr. — teilt der Erzähler das Todesdatum Abrahams mit, sein *Lebensalter,* die *Trauer* Isaaks und ihre Dauer und daß dieser seinen Vater *bestattet* habe in dem Grab, in dem schon Sarah, seine Mutter, lag. Allerdings folgen noch zwei weitere Bemerkungen, deren eine aber durch die Erzählung selber bedingt ist: Es ist die Nachricht, daß Isaak den Sklaven, denen sein Vater Freiheitsbriefe ausgestellt hatte, auch tatsächlich die Freiheit schenkt, nicht ohne sie zu ermahnen, nun auch der wahren, inneren Freiheit nachzueifern. Die zweite Bemerkung bezieht sich auf das Vertrauen, das Isaak dem Gott seines Vaters entgegenbringt, ebenso wie es sein Vater auch selbst gehalten hatte.

Altersang.
Trauer
Best. d. d. S.

Hier endete wohl das ursprüngliche, jüdische Testament. Von christlicher Hand stammt die angehängte trinitarische Doxologie.

Und noch ein dritter und letzter Schluß findet sich: „Das Leben unseres Vaters, des Patriarchen Abraham, ist zu Ende. Sein heiliger Segen bleibe mit unserem ganzen Volke bis in ewige Zeit. Amen." So dürfte wohl der Schluß einer Heiligenlegende, einer „Vita", aussehen, der hier also, in einem Testament, ebensowenig ursprünglich sein kann wie die christliche Doxologie.

Arabische und äthiopische Version: gleich der koptischen.

Rumänische Version: Sie geht exakt parallel der längeren Rezension A.

Neugriechische Version: war mir nicht zugänglich.

Zusammenfassung

Den Namen „Testament" trägt diese Schrift — alles in allem gesehen — zu Unrecht. Zwar enthalten Anfangs- und Schlußrahmen einige Formelemente der Test.-Form, unterschiedlich klar ausgeprägt in den einzelnen Rezensionen und Übersetzungen, doch fehlt das Wesentliche: Das Werk enthält keinerlei Abschiedsrede. Die Person, deren Tod unmittelbar bevorsteht, kommt selbst gar nicht zu Wort [30], vielmehr berichtet ein Erzähler ihre Erlebnisse. Entsprechend fehlen natürlich auch die den Hauptteil eines Testamentes konstituierenden Teilformen Verhaltensanweisung, Rückblick auf die Vergangenheit und Zukunftsansage. Trotzdem dient natürlich das TestAbr der Ermahnung des Lesers zu einer bestimmten Haltung, einer Lebenseinstellung. Die Schrift richtet einen unüberhörbaren Appell an den Leser. Das geschieht jedoch nicht in Form einer direkten Mahnung sondern einer indirekten. Die Geschehnisse selbst reden so deutlich, daß ihre Botschaft nicht ausdrücklich, als persönliche Anrede an den Leser, ausgesprochen zu werden braucht.

---

[30] Mit Ausnahme zweier Stellen in der kopt. und arab. Version (in Kap. 9 und 11).

Von der Form her ist das TestAbr kein Testament. Man könnte es viel eher einen Roman nennen, aber einen Roman mit starkem apokalyptischen Einschlag (Himmelsreise, eindringlicher Appell an den Leser). Wenn die Form des Romans wesentlich im hellenistischen Kulturbereich zu Hause ist, dann hätten wir im TestAbr eine jüdische Schrift vor uns, die eine Botschaft apokalyptischer Prägung in eine hellenistische Literaturform kleidet. „Testament" wurde das TestAbr vielleicht nur benannt — möglicherweise in Anlehnung an andere, bereits bekannte Testamentsliteratur —, weil es das Geschehen kurz vor Abrahams Tod behandelt. Die Überschrift der MS C (Rez. B) Λόγος περὶ τῆς θανῆς τοῦ Ἀβραάμ ... ist deshalb sachlich richtiger.

2) Das Testament Isaaks [31]

Text:

a) koptisch (bohairisch):

I. Guidi, Il testamento di Isacco e il testamento di Giacobbe, in: RRAL. Cl. d. sc. mor., stor. e filol. V, 9, Rom, 1900, S. 223—264.

b) koptisch (sahidisch):

K. H. Kuhn, The sahidic version of the Testament of Isaac, in: JThSt 8, 1957, S. 225—239.

c) arabisch: keine Edition.

d) äthiopisch: keine Edition.

Übersetzung:

a) koptisch (bohairisch):

E. Andersson, Isak's Vermächtnis aus dem Koptischen übersetzt, in: Sphinx 7, 1903, S. 77—94.

S. Gaselee, Appendix containing a translation from the coptic version of the Testaments of Isaac and Jacob (Anhang zu G. H. Box, The Testament of Abraham).

M. Delcor, Testament d'Abraham, S. 196—205.

b) koptisch (sahidisch):

K. H. Kuhn, An english translation of the sahidic version of the Testament of Isaac, in: JThSt 18, 1967, S. 325—336.

c) arabisch:

W. E. Barnes, Appendix containing extracts from the arabic version of the Testaments of Abraham, Isaac and Jacob (Anhang zu M. R. James, Abraham) (Teilübersetzung).

P. Rießler, Schrifttum, S. 1135—1148 (übersetzt Barnes).

M. Delcor, Testament d'Abraham, S. 252—261.

---

[31] Nur M. Delcor und P. Rießler bieten eine Kapiteleinteilung, allerdings eine je verschiedene. Da jedoch P. Rießler allein eine Verseinteilung vorgenommen hat, richtet sich die folgende Zählung nach seinem System.

d) äthiopisch:

M. Gaguine, The Falasha version of the Testaments of Abraham, Isaac and Jacob.

M. Delcor, Testament d'Abraham, S. 224—233.

Für die Testamente Isaaks und Jakobs liegen uns keine griechischen Überlieferungen mehr vor. Die Kenntnis dieser beiden Testamente beruht allein auf den östlichen Textzeugen (siehe aber zum TestJak S. 160 Anm. 61).

a) *Anfangsrahmen*

Die koptische Version [32] beginnt mit einer textinternen Überschrift, die der des TestAbr gleicht, nur daß dort die Überschrift für alle drei Testamente galt. Sie lautet hier: „Dies ist das Hinscheiden des Patriarchen Isaak. Er starb am 24. Tag des Monats Mesori [33], im Frieden Gottes. Amen." Die boh. Version nennt als Todestag den 28. Mesori. Ganz ähnlich, allerdings unter Voranstellung einer kurzen Eingangsformel, lautet auch der Eingangsteil der äthiop. Version. Die arab. Version formuliert etwas anders, ändert aber dadurch weder den Inhalt (bis auf die Datierung auf den 18. Tag) noch die Form. Der Anfang entspricht in allen Versionen nur in etwa dem Formelement „*Titel und Name*"; die restlichen Angaben sind der Test.-Form fremd.

T. + N.

Nun folgt in der kopt. Version in einem neuen Absatz noch einmal eine Überschrift, die aber ganz anders ausfällt als die vorhergehende. Sie dient mehr der Zweckbestimmung der folgenden Schrift als Einstimmung für den Leser: „Der Patriarch Isaak schrieb sein Testament und sprach seine Worte zur Lehre für Jacob, seinen Sohn, und für alle, die bei ihm versammelt waren, damit die Segnungen des Patriarchen bleiben sollten bei denen, die zuhörten, und auch bei denen, die nach ihnen kommen würden [34]." Die

---

[32] Die Unterschiede zwischen der bohairischen und der sahidischen Übersetzung tragen für die Untersuchung der Form der Schrift wenig aus und können daher hier weitgehend vernachlässigt werden. (Die wichtigsten Unterschiede sind zusammengestellt bei P. Nagel, Zur sahidischen Version des Testamentes Isaaks, in: WZ (H)GS XII, 3/4, 1963, S. 259—263. Auch K. H. Kuhn hat die Differenzen in seiner Edition wie in der Übersetzung in den Fußnoten festgehalten.)

Die Textzitate entstammen, wenn nicht anders angegeben, der sah. Version, die offensichtlich älter ist als die boh. (vgl. K. H. Kuhn, The sahidic version, S. 225; P. Nagel, Version, S. 260 f.).

[33] Der Monatsname lautet im Äthiop. durchgehend Nahasē, im Arab. Misri. Der 28. Mesori (boh.) ist der gemeinsame Gedenktag der drei Patriarchen (vgl. TestJak Kap. 8).

[34] So die boh. Version, die hier wohl ursprünglicher ist als die sah. In beiden Versionen stehen bezeichnenderweise die beiden Fachausdrücke „Testament" (διαθήκη) und „Lehre" (ⲤⲂⲰ — kopt. / šbꜣjt — altägypt.) nebeneinander. Der erste kennzeichnet Schriften seiner Gattung im jüdisch-hellenistischen Bereich, der zweite solche im alten Ägypten, die den Testamenten sowohl der Form wie der Intention nach sehr verwandt sind, wie noch zu zeigen sein wird (s. „Die Lehre der Alten II"). Nicht überraschend vollzieht sich die Identifikation beider Schrif-

äthiop. Version weicht nur geringfügig von dieser Formulierung ab, während die arab. Version anstelle dieser Passage nur einen kurzen Segenswunsch bietet. In der kopt. wie in der äthiop. Version kann man hier, wenn auch in etwas anderer Form, das Element „*Titel und Name*" wiedererkennen, dazu auch den bzw. die *Adressaten* der angekündigten Lehre.

T.+N.
Adr.

Daß der Patriarch die folgenden Worte, sofern man darunter die in Aussicht genommenen Belehrungen versteht, selbst gesprochen habe, kann ein gutgläubiger Leser allenfalls noch hinnehmen. Daß Isaak aber die ganze Schrift, das „Testament", selbst niedergeschrieben habe einschließlich des Berichtes über seinen eigenen Tod, das zeigt nur, daß die Form dieser Schrift nicht durchgehalten ist: Sie beginnt annähernd wie ein Testament, geht dann aber über in eine Erzählung, einen Roman, der sich auch häufig der Worte „unser Vater Isaak" bedient, also genau von dem Mann in der 3. pers. spricht, der doch eingangs als der Redende angekündigt wurde. Dieses Problem hatten die TestXIIPatr. mit Hilfe des Begriffes ἀντίγραφον, das man mit „Abschrift" oder auch „Niederschrift" übersetzen kann, sehr viel eleganter gelöst.

Ganz aus der Test.-Form heraus fällt der nun folgende längere Abschnitt, in der der — diesmal nicht genannte — Verfasser der Schrift seine Leser aufruft, die folgenden Belehrungen Isaaks als ein „Heilmittel" (kopt. und arab.) gerne aufzunehmen und in der „Tiefe des Herzens" (boh./äthiop./arab.) zu bewahren. Es handelt sich in allen Versionen um ein homiletisches Stück, das seine christliche Herkunft nicht verleugnet und wohl ursprünglich den Zweck gehabt haben dürfte, eine jüdische Schrift christlichen Lesern anzuempfehlen. Diese klare Zielsetzung steht hinter allen christlichen Interpolationen im TestIsaak und nicht nur hier. Es ist ein Markstein dieser Literaturgattung zu dieser Zeit überhaupt.

Hinw. a. d.
bev. Tod
(bericht.)

Die eigentliche Handlung — wieder wie beim TestAbr keine Rede trotz der diesbezüglichen Ankündigung hier beim TestIsaak — beginnt nun mit einem *Hinweis des Erzählers auf den bevorstehenden Tod* der Hauptperson, des Patriarchen Isaak.

b) *Mittelteil*

Statt des einführenden Prologes im Himmel kennt das TestIsaak nur die einfache Notiz, Gott habe den Engel seines Vaters Abraham zu Isaak gesandt (boh.: „den Erzengel Michael, den er schon zu seinem Vater Abraham gesandt hatte" 1,1). Isaak ist überraschenderweise gar nicht sonderlich erstaunt darüber, einen Engel bei sich zu sehen; denn „es war die tägliche

---

ten gerade im koptischen Bereich, in dem beide Traditionsströme, der christlich-jüdische wie der ägyptische, in oft unbefangener Weise miteinander verbunden wurden. (Das TestIsaak ist nicht die einzige kopt. Schrift, in dem der Begriff „Lehre" an zentraler Stelle vorkommt: In Nag Hammadi wurde eine gnostische Schrift gefunden, die den Titel „Lehren des Silvanus" trägt und in Aufbau und Form dem hebr. Spruchbuch ähnelt; vgl. „Die Lehren des Silvanus". Die vierte Schrift aus Nag-Hammadi-Codex VII eingeleitet und übersetzt vom Berliner Arbeitskreis für koptisch-gnostische Schriften, in: ThLZ 100, 1975, Sp. 7—23).

Gepflogenheit des gerechten alten Mannes Isaak, mit den Engeln zu sprechen" (1,2). Was ihn jedoch diesmal aufs höchste verwundert, ist, daß dieser
Engel die Gestalt seines verstorbenen Vaters Abraham angenommen hatte.
Der Engel begrüßt Isaak, kündigt ihm seinen baldigen Tod an und verheißt
ihm ein herrliches Erbteil in den Himmeln. Er solle sich über seinen kommenden Tod freuen; denn nun werde er „aus dem Gefängnis in die Weite"
geführt (v. 10) [35]. Darüber solle Isaak jedoch nicht vergessen, sein Testament aufzusetzen und sein Besitztum zu ordnen, da sein Eingehen „in einer
Ruhe ohne Ende" unmittelbar bevorstehe. Mit einem Segen über alle drei
Patriarchen beschließt der Engel seine einführende Rede (Kap. 1) [36].

Jakob, Isaaks Sohn, gesellt sich zu ihnen, als er beide miteinander reden
hört, beteiligt sich selbst aber nicht am Gespräch.

Isaak äußert nun Bedenken hinsichtlich seines Todes, da er ja dann Jakob
schutzlos zurücklassen müsse [37]. Der Engel zerstreut sie durch den Hinweis
auf den hohen Segen, den Jakob von seinem Vater Isaak empfangen und
den sogleich in den Himmeln Gott samt allen seinen Engeln bestätigt und
bekräftigt habe: Jakob werde zu einem großen Volk werden; zwölf Geschlechter würden von ihm ausgehen.

Daraufhin zeigt sich Isaak beruhigt; er bittet jedoch den Engel, Jakob
über sein Hinscheiden nichts mitzuteilen, um ihn nicht zu erschrecken.

Der Engel preist nun noch einmal alle die selig, die als Gerechte von
dieser Erde scheiden und ruft ein dreimal Wehe über die Ungerechten aus.
Er legt Isaak eindringlich nahe, seine Söhne in dem zu unterweisen, was
er selbst an Ratschlägen für die Bewältigung des Lebens von seinem Vater
empfangen habe [38]. Jakob solle das Gehörte aufschreiben [39] als Mahnung
und Lebenshilfe für alle kommenden Generationen. Mit einem Friedensgruß
verabschiedet sich der Engel. Isaak drückt sein Erstaunen über das Gese-
hene und Gehörte in einem rätselvollen Spruch aus (Kap. 2).

Jakob stürmt darauf in das Schlafgemach seines Vaters und erfährt auf
seine Frage, was geschehen ist. Er bricht in lautes Klagen aus, beide weinen
schließlich miteinander, doch dann tröstet Isaak seinen Sohn (Kap. 3).

Er richtet nun eine kurze Rede an seinen Sohn — eingeleitet durch eine
eingliedrige *Redeeinleitungsformel* —, die Jakob über den nahenden Tod   Redeeinl.

---

[35] Zu jüdisch-christlichen und altägyptischen Traditionen gesellen sich nun auch
noch griechische — welch eine Ideenverbindung!

[36] Die Aufgabe der Ankündigung des Todes scheint dem Engel diesmal kein
Problem zu sein. Er entledigt sich ihrer mit Nonchalance.

[37] Seine Weigerung zu sterben fällt zwar nicht so direkt aus wie die seines
Vaters Abraham, aber freudige Bereitschaft äußert auch er nicht.

[38] Hier erscheint also, klar und deutlich ausgesprochen, die Motivation, aus der
heraus ein Sterbender vor seinem Tod seinem Sohn etwas anbefiehlt — der Skopus
der Test.-Form, wie er sich in den TestXIIPatr. herausgeschält hat (siehe S. 97 f.).

[39] Das entspricht in etwa der Fiktion der TestXIIPatr.: Die Söhne schreiben
die Sterberede ihrer Väter als Testament nieder. Der Anfangsrahmen des TestIsaak
hatte jedoch eine andere Lösung vorgeschlagen (siehe S. 152).

seines Vaters hinwegtrösten soll (4,1—3). Ihre Argumentation: Alle unsere Väter von Adam an bis heute mußten sterben mit Ausnahme Henochs, des Vollkommenen, der direkt in die Himmel aufgenommen wurde. Ein christlicher Interpolator hat diese Aufzählung der Vorfahren zum Anlaß genommen, die Kette auch nach vorwärts zu verlängern und in eine Weissagung auf Christus hin umzudeuten (4,3 — boh.; im sah. Text folgen noch eine kurze Vita Jesu und einige Ausführungen über das Abendmahl.). Der Zusatz ist hier deswegen einwandfrei als solcher zu erkennen, weil er den Sinn des Kontextes (Trost) klar durchbricht. Wenn eine Schrift so auffallend christianisiert wird, dann spricht wohl einiges dafür, daß sie ursprünglich nicht christlich, d. h. hier jüdisch, gewesen sein muß.

Im Anschluß an die Vollkommenheit Henochs berichtet der Erzähler in den folgenden fünf Versen (v. 4—8) von dem vorbildlichen asketischen Lebenswandel, den Isaak zeit seines Lebens geführt hatte. Es ist ein echter (R. a. d. V.) Rückblick auf die Vergangenheit seiner Funktion nach (eine Autorität wird als leuchtendes Vorbild vorgestellt), nur der Form nach will er nicht recht zur Test.-Form passen; denn er ist ja nicht Teil einer Rede. Der Erzähler berichtet in der 3. pers. von der über- bzw. schon unmenschlichen Askese des Patriarchen.

Der Faden der Erzählung wird nach der Einblendung des idealen Lebens Isaaks wiederaufgenommen, allerdings nicht bruchlos: Die große Menge, das Volk, hört, Isaak könne wieder sehen — nur in der sah. Version war vorher davon die Rede, daß er blind geworden sei. Die Leute kommen jedenfalls, weil sie — zu Recht — vermuten, es müsse etwas Wunderbares geschehen sein, und sie erhoffen sich Auskunft darüber. Ihre Ältesten sprechen es deutlich vor dem alten Isaak aus. Dieser kann nichts anderes sagen, als daß Gott dieses Wunder gewirkt habe als Trost für sein Alter und den nahenden Tod. Durch dieses Wunder gilt nun offensichtlich Isaak als Autorität auf allen Gebieten des Lebens, als ein Gottbegabter. Ein „Priester Gottes" (kopt./äthiop.) [40] bittet ihn daraufhin um Rat, wie er Trost und Zufriedenheit für sein Leben erlangen könne. Isaak antwortet ihm mit Verh. einer ganzen Kette von *Lebensregeln* (4,14—5), von denen die einen mehr die anderen weniger das Priesteramt betreffen. Ganz speziell dem Priester gilt ein langes Gebet, eine Art Sündenbekenntnis und Bitte um Reinigung und Vergebung, zu sprechen vor dem Hintritt an den Altar (4,22b—5,2). Dieses Gebet nimmt auf Adam, Abel, Noah, Abraham und sogar auf Isaak und Jakob bereits als auf „Väter" Bezug — ohne Rücksicht auf die Rahmensituation, nach der ja Isaak selbst noch es ist, der den Priester dieses Gebet lehrt [41]. Diese Unstimmigkeit einerseits und die Geschlossenheit des

---

[40] In der arab. Version bezieht Isaak den Titel „Priester des Herrn" auf sich selbst. Die folgende Rede ist dann an seinen Sohn Jakob gerichtet. Das wäre von der Form des Testamentes her an sich viel sinnvoller, doch müßte eine genaue Textanalyse erst ergeben, ob hier die arab. Version gegenüber der kopt. und äthiop. wirklich ursprünglicher sein kann.

[41] Wieder ist die arab. Version sinnvoller; denn hier endet die Aufzählung der Patriarchen mit Abraham; Jakob wird direkt angeredet.

Sündenbekenntnisses andererseits sprechen dafür, in ihm eine kleine, selbständige Einheit zu sehen, die entweder vom Verfasser selbst in seine Schrift aufgenommen wurde, weil sie sich ihm als eine willkommene Ergänzung zu dem Thema anbot, das er gerade abhandelte (kultische Vorschriften für den Priester), oder die von späterer Hand eingefügt wurde. Die zweite These hat weniger Wahrscheinlichkeit für sich; denn der Interpolator war auf keinen Fall Christ, und man wäre so genötigt, zwischen der jüdischen Abfassung und der christlichen Redaktion noch eine jüdische Interpolationsstufe anzunehmen, wozu ansonsten keine Veranlassung besteht.

Gegen Ende zu (5,11—13) gelten die Anweisungen Isaaks wieder jedermann wie zu Beginn. Eine zusammenfassende Schlußmahnung (5,13) rundet sie ab. 6,1—3 bringt auch die Rahmensituation der Verhaltensanweisungen zu einem sinnvollen Abschluß: Die Menge, die alles mitangehört hat, applaudiert und bestätigt alle Worte des Gottesmannes. Isaak aber zieht sich zurück und bedeckt sich mit seinem Mantel. Das Volk schweigt nun, um dem offensichtlich Erschöpften Ruhe zu gönnen.

Mit 6,4 beginnt die Himmelsreise Isaaks[42]. Ein Engel kommt und erhebt ihn in die Himmel und führt ihn zum Ort der Strafe. Dort sieht er schauerliche Gestalten mit den verschiedensten Tierköpfen, teilweise auch Einäugige. Hier leitet nun die Erzählung, die in der 3. pers. begonnen hatte, urplötzlich und ohne Übergang in die 1. pers. über — ein stilistischer Bruch, dessen Grund man höchstens vermuten kann: Es ist der im TestIsaak häufig zu beobachtende Wechsel zwischen Erzählung und Test.-Form, der hier wieder einmal durchschlägt; denn für die Test.-Form ist natürlich die 1. pers., die Rede, das Gegebene.

Kaum ist Isaak an diesem Ort des Schreckens angelangt, da muß er schon die Bestrafung eines Sünders miterleben. Der Schuldige wird wilden Löwen vorgeworfen, die ihn verschlingen, wieder ausspeien, so daß er seine ursprüngliche Gestalt wieder annimmt, wieder verschlingen usw. Isaak fragt seinen angelus interpres nach dem Grund dieser grausamen Tortur und erfährt, daß dieser Mann seinen Nachbarn beleidigt habe und gestorben sei, ohne sich mit diesem Nachbarn zu versöhnen. Er werde dafür jetzt fünf

---

[42] Interessant ist die Funktion, die hier die Himmelsreise übernimmt: Sie erzählt eigentlich nur das, wozu die vorangehende Rede ermahnt. Der Sinn beider ist es, ein bestimmtes Verhalten beim Leser anzuregen. Daneben dient die Himmelsreise aber auch der Legitimation: Isaak wurde von der umstehenden Menge als Gottesmann anerkannt. Daß er eine Himmelsreise erlebt, muß von daher dem Leser glaubwürdig erscheinen. Mit der Himmelsreise aber wird auch der ihr innewohnende Appell ernstgenommen. Es geht also letztlich um die Glaubwürdigkeit des Appells. Die Test.-Form wird allerdings durch die Hereinnahme einer Himmelsreise nicht unwesentlich verändert: Bisher wurde beim Leser die Einsicht des Verstandes gefordert, die Anweisungen waren rational nachprüfbar. Jetzt wird der Appell rein auf Autorität hin akzeptiert, rational ist er nicht mehr nachprüfbar. Das läßt fragen, ob vielleicht die von der Einsicht des Verstandes getragenen irdischen Erfahrungen zu der Zeit nicht mehr eindeutig waren, so daß an ihre Stelle himmlische Autorität treten mußte. Jedenfalls weist die Veränderung der Form hin auf eine Veränderung der Argumentationsweise.

Strafvollziehern überlassen, die ihn für jede Stunde seines Vergehens ein Jahr lang peinigten. Von diesen Ungeheuern gebe es 600 000 [43], die bereitstünden, jeden Menschen in gleicher Weise zu strafen, der ohne Reue gestorben sei (Kap. 6).

Von diesem Ort bringt ihn der Engel zum nächsten, nicht weniger erschreckenden: Es ist ein Feuerstrom [44], in den alle Seelen tief hineinsinken. Der Strom ist aber verständig: Er brennt und quält nur die Sünder — er erkennt sie an dem sie umgebenden Gestank —, den Gerechten aber tut er nichts zuleide. Neben dem Feuerstrom muß Isaak noch die verschiedensten Qualen mitansehen einschließlich des ganz in Feuer gehüllten Engels, der die Oberaufsicht über die peinigenden Dämonen führt und sie anstachelt, die Sünder zu malträtieren, damit sie wüßten, daß Gott existiere. So viele und so mannigfache Arten der Peinigung der Sünder tun sich vor Isaak auf, daß sein Auge sie gar nicht alle fassen kann. Schaudernd fragt er seinen Begleitengel, wie lange die Schuldigen ihre Pein ertragen müßten, und erhält zur Antwort: „Bis der barmherzige Gott sich erbarmt" (Kap. 7). So schaurig der Verfasser die Strafen der Sünder auch ausmalt, so scheint er doch trotzdem eine endliche Begnadigung aller Ungerechten, eine ἀποκατάστασις πάντων, im Auge zu haben, für die er allerdings weder Zeit noch Umstände angeben möchte.

Nach all diesen Schrecknissen führt der Engel Isaak nun zu dem Ort, an dem Gott und alle Heiligen residieren. Hier wird Isaak von Abraham und den Heiligen willkommen geheißen, die ihn dann zu Gott geleiten. Dort beten alle Gott an unter Lobeshymnen und Trishagiongesängen. Nach dem Gebet läßt Gott selbst sich vernehmen: Er verheißt Abraham, alle seine Wünsche zu erfüllen, die er im Namen Isaaks vorbrächte. Doch Abraham nimmt die Chance nicht wahr; er antwortet nur mit einer Doxologie [45]. Daraufhin verheißt Gott selbst allen den Menschen dauernden Segen, die etwas ihm zur Ehre und im Namen Isaaks vollbringen würden: sei es daß jemand seinem Sohn den Namen Isaak gibt oder dessen Testament (das vorliegende) abschreibt, sei es daß er einen hungernden Armen am Gedächtnistage Isaaks speist — die anderen Tage scheinen nicht so wichtig zu sein. Nun versucht Abraham mit Erfolg, die Bedingungen dieses Segens herunterzuhandeln — ganz in Analogie zu Gen 18. Gott gewährt ihm jede diesbezügliche Bitte, besteht aber letzten Endes doch darauf, daß es für jedermann, der in das Himmelreich gelangen will, das Beste sei, ein Opfer im Namen „meines geliebten Isaak" (8,17) darzubringen. Gott beschließt seine Rede mit einem Friedensgruß an alle, die vor ihm erschienen sind

---

[43] Die Zahlen schwanken. Der Sinn dieser Stelle in der arab. Version ist unklar.

[44] Ist das Urbild dieses, in so viele Apokalypsen eingegangenen Merkmales des Strafortes vielleicht in Dan 7,10 zu sehen? Dort wird der feurige Strom zwar nicht als Instrument zur Peinigung der Sünder vorgestellt, aber um eine himmlische Gerichtsszene handelt es sich einwandfrei.

[45] Oder verbirgt sich dahinter eine Zustimmung Abrahams, der sich entsprechende Bitten für später aufhebt? Der weitere Verlauf der Gottesrede könnte das bestätigen.

(Kap. 8). Das Ende der Rede Gottes bekräftigen alle Engel und Heiligen mit einem erneuten Trishagion (9,1).

Danach befiehlt der Herr dem Erzengel Michael, eine Schar Engel und alle Heiligen zusammenzurufen. Er besteigt dann den Cherubenwagen, dem die Seraphim und die Engel mit allen Heiligen voranziehen (v. 2—3) [46]. Der Zweck der Fahrt ist klar: Gott will die Seele Isaaks in den Himmel führen. (Nur sah.: Isaak begrüßt Gott, Michael und alle Heiligen, als sie bei ihm ankommen.)

Jakob aber klagt um seinen Vater und fällt ihm weinend um den Hals (v. 4b) — die Szene spielt also wieder auf Erden; die Himmelsreise ist zu Ende. Isaak tröstet seinen Sohn und gebietet ihm Schweigen (v. 5). Dann bittet er Gott für ihn. Der spricht daraufhin Jakob Segen und Besitz des Landes zu [47].

Schließlich gibt Isaak seinem Sohn Jakob noch eine letzte Anweisung mit auf den Weg: Verh.

„Mein geliebter Sohn, das ist das letzte Gebot,
das ich dir heute anbefehle. Nimm dich besonders wohl in acht!
Plage nicht Gottes Ebenbild (εἰκών); denn was du wider das Ebenbild
des Menschen tun wirst, das wirst du auch gegen das Ebenbild
Gottes tun, und Gott wird dich auch so behandeln an dem Ort,
an dem (boh.: zu der Zeit, wenn) du ihm begegnen wirst.
Dies ist der Anfang und das Ende" (v. 9—12) [48].

Diese letzte Ermahnung faßt alles zusammen, was Isaak in dieser Schrift gelehrt und auch, was er auf seiner Himmelsreise an den Orten der Strafe und des Friedens erlebt hat, also die ganze Schrift. Damit eignet diesen vier abschließenden Versen ganz deutlich der Charakter der Schlußmahnung, wie sie sich in den TestXIIPatr. herausgeschält hat [49], — ein klares Kennzeichen der Test.-Form!

c) Schlußrahmen

Eine *Redeabschlußformel* setzt diesmal den Rahmen erkennbar vom Mittelteil ab, auch wenn beide trotzdem eng zusammengehören. Der Patriarch hat kaum ausgeredet, da kommt Gott selbst und führt die schneeweiße Seele Isaaks aus seinem Körper (v. 13) [50]. Er bewillkommnet sie,   Tod

    Redeabschl.

---

[46] Die Versionen differieren hier stark.

[47] So die boh. Version, die hier wohl ursprünglicher ist als die sah., die die Verheißung des Besitzes des Landes durch eine christologische Weissagung ersetzt. Die boh., arab. und äthiop. Version fügen vor der Bitte Isaaks für Jakob noch eine Bitte Abrahams ein — offensichtlich im Himmel. Dieser Passus ist wohl sekundär, schon wegen des unmotivierten Ortswechsels Erde — Himmel.

[48] Die arab. Version schaltet der Schlußmahnung noch eine Art Bestattungsanweisung vor, die aber durch den übrigen Text keine Stützung erfährt und daher wohl sekundär ist. Der Sinn der Stelle in der äthiop. Version wird nicht recht klar.

[49] Siehe S. 95—99.

[50] Von der Bestattung des Körpers Isaaks verlautet — im Gegensatz zum TestAbr — nichts.

setzt sie neben sich auf den Wagen („Sitz" in der arab. Version) und fährt mit ihr unter dem Geleit aller heiligen Engel gen Himmel. Dort gewährt er ihr den Einzug in sein Reich und — nur im kopt. und arab. — verheißt Isaak Erfüllung aller seiner Bitten für alle Zeiten (10,1—3) [51].

Damit enden die Erzählung und dieser erste Schlußrahmen. Es folgen noch zwei Nachträge:

Der erste entspricht ganz der textinternen Überschrift des Anfangsrahmens: Der *Tod* des Patriarchen wird konstatiert und datiert [52], dazu wird — allerdings nicht in der sah. und arab. Version — die *Altersangabe* Isaaks nachgeholt (180 Jahre) [53].

Tod
Altersang.

Der Altersangabe Isaaks folgt noch ein weiteres wichtiges Datum aus seinem Leben: der Tag seiner Beinahe-Opferung durch Abraham. Dieses Opfer und besonders der Gehorsam Isaaks (nicht der Abrahams!) werden nun hoch gelobt, und Segen wird jedem verheißen, der dieser beiden Patriarchen gedenkt und an ihrem Gedenktag Barmherzigkeit übt. Eine kurze Doxologie beendet diesen ersten Nachtrag, dessen wesentlicher Inhalt dem christlichen Redaktor zugesprochen werden muß [54].

Der zweite Nachtrag ist kurz und betrifft in der boh. Version — in der sah. fehlt er ganz — allein einen der Abschreiber dieser Schrift, Makarius, der um ein Fürbittgebet für sich bittet, damit seine schwache Seele Ruhe finde. Die äthiop. Version endet stattdessen mit einem Segenswunsch für den Schreiber, den Leser und den Ausleger der Schrift. Die arab. Version kombiniert eine kurze Abschlußformel mit einer ebenso kurzen Doxologie:

„Die Erzählung des Hinscheidens unseres Vaters Isaak ist zu Ende. Dank und Lob sei Gott für immer und ewig!"

Auch dieser zweite Nachtrag ist natürlich christlichen Ursprungs.

---

[51] Die Leib-Seele-Trennung und die anschließende Aufnahme der Seele in die Himmel sind der Test.-Form an sich fremd. Der Tod und seine Umstände spielen ja keine Rolle, da allein entscheidend ist, was der Sterbende an Lebenserfahrung seinen Söhnen hinterläßt. Nicht so in den TestIIIPatr.: Wenn hier die Seele des Patriarchen sofort nach seinem Tod in die Himmel aufgenommen wird, dann kommt dem doch auch eine legitimierende Funktion zu: Gott bestätigt dadurch die Worte des sterbenden Patriarchen bzw. erkennt sein Leben als ein gerechtes an. Himmelsreise (vgl. S. 155 Anm. 42) und Aufnahme der Seele in die Himmel dienen damit dem gleichen Zweck. Der Drang nach irrationaler Legitimation fällt bei den TestIIIPatr. stark ins Auge.

[52] In der boh., der arab. und der äthiop. Version wird hier auch der Tod Abrahams miterwähnt — aus unerfindlichen Gründen. Als ein Anzeichen dafür, daß ursprünglich nur die TestAbr und TestIsaak zusammengehörten, kann dies aber wohl kaum gewertet werden; denn der gemeinsamen Einleitung der drei Testamente am Anfang des TestAbr in allen orientalischen Versionen entspricht ein ebensolcher Abschluß am Ende des TestJak, so daß alle drei Testamente in gleicher Weise zusammengefaßt sind.

[53] Ebenso wie für Abraham am Ende des TestAbr.

[54] Zum ursprünglichen Bestand des Textes gehören vielleicht die Datierungen und die Altersangabe.

Zusammenfassung

Konnte man beim TestAbr noch ohne viele Umschweife behaupten, daß diese Schrift den Namen „Testament" zu Unrecht führe, so kann man das für das TestIsaak in dieser Deutlichkeit keinesfalls mehr feststellen. Zwar tragen weite Partien dieses Testamentes eindeutig den Charakter eines Romans, in der die Hauptperson Objekt, nicht Subjekt ist, doch läßt sich zu Beginn der Himmelsreise ein plötzlicher, anscheinend durch nichts motivierter Sprung in die 1. pers., die Redeform, beobachten, der seinen Grund nur in der Erinnerung oder Angleichung an die Test.-Form haben kann. Weiter finden wir eine Rede Isaaks, eine Mahnrede, die zwar nicht das ganze Testament umfaßt, aber doch einen ansehnlichen Raum in ihm einnimmt. Allerdings — und das ist wieder ungewöhnlich für die Test.-Form [55] — gelten diese Mahnungen nicht dem Sohn Jakob (so nur in der arab. Version) sondern einem Priester bzw. dem ganzen zuhörenden Volk. Derlei Beobachtungen, die teils auf die Test.-Form hin teils von ihr wegweisen, lassen sich noch mehr machen: Der Anfangsrahmen gibt an, Isaak habe dieses sein Testament selbst niedergeschrieben, so daß man erwarten sollte, der Patriarch berichte nun in der 1. pers.; demgegenüber fällt aber im weiteren Verlauf häufig der Ausdruck „unser Vater Isaak" [56].

Auch ein echter Rückblick auf die Vergangenheit, der die Funktion der Untermauerung der Verhaltensanweisung durchgängig ausfüllt, fehlt nicht, nur ist auch er in Berichtsform gehalten und nicht in der Form einer Rede des Sterbenden [57].

Ein Formelement allerdings verstärkt doch sehr den Charakter des Test Isaak als Testament: die Schlußmahnung. Sie enthält alle Merkmale, wie sie sich in der bisherigen Untersuchung herausgestellt haben [58]: Sie faßt alles Vorhergehende in ein, zwei kurzen Sätzen zusammen, begreift den Kern alles bisher Gesagten als Verhaltensanweisung (hier also auch die Himmelsreise) und ist an den *Sohn* gerichtet, obwohl doch Jakob im Test Isaak kaum eine Rolle spielt. Hier merkt man ganz deutlich den Zwang, den eine Form ausüben kann: Der Sohn wird in der Schlußmahnung angesprochen, wie es die Form vorschreibt, während doch die Mahnrede im Inneren des TestIsaak außer in der arab. Version an den Priester bzw. an die umstehende Menge gerichtet ist.

Alle diese Beobachtungen führen zu dem Schluß, daß wir es beim Test Isaak mit einer kombinierten Form zu tun haben, die neben Formelementen der Test.-Form auch Merkmale eines Romans in sich vereinigt. Es handelt sich klar um Formübergänge, nicht um verschiedene literarische Schichtungen. Die Öffnung der Test.-Form, die in ihren Grundbestandteilen noch

---

[55] Auch in Jos 23 spricht der sterbende Josua zum gesamten Volk, aber er spricht sie auf *ihre* Erfahrung hin an. Hier wäre ein Sohn vorhanden, dem Isaak die Erfahrungen seines Lebens anvertrauen könnte, und doch spricht er zur umstehenden Menge (in der kopt. und äthiop. Version).

[56] Siehe dazu S. 152.

[57] Siehe dazu S. 154.

[58] Siehe S. 95—99.

gut zu erkennen ist, hin zum Roman ist offensichtlich nicht Zufall, sondern bewußt gewählt.

Die Christianisierung der Schrift ist nicht stark und beschränkt sich auf kurze, eindeutig christliche Einfügungen und die christliche Erweiterung des Schlußrahmens [59].

Die bewußte Betonung der Abkehr von der Welt und der starken Askese — vor allem im Gebet und in der Belehrung über das Priesteramt in Kap. 4 und 5 — weisen in eine Gedankenwelt, die der der Gemeinde von Qumran nahe verwandt ist [60].

3) Das Testament Jakobs [61]

Text:

a) koptisch (bohairisch):

I. Guidi, Il testamento di Isacco e il testamento die Giacobbe, in: RRAL. Cl. d. sc. mor., stor. e filol. V, 9, Rom, 1900, S. 223—264.

b) arabisch: keine Edition.

c) äthiopisch: keine Edition.

Übersetzung:

a) koptisch (bohairisch):

E. Andersson, Jakob's Vermächtnis aus dem Koptischen übersetzt, in: Sphinx 7, 1903, S. 129—142.

S. Gaselee, Appendix containing a translation from the coptic version of the Testaments of Isaac and Jacob (Anhang zu G. H. Box, The Testament of Abraham).

M. Delcor, Testament d'Abraham, S. 205—213.

b) arabisch:

M. Delcor, Testament d'Abraham, S. 261—267.

(W. E. Barnes, Appendix containing extracts from the arabic version of the Testaments of Abraham, Isaac and Jacob — Anhang zu M. R. James, Abraham — bietet keine Übersetzung sondern nur eine kurze Inhaltsangabe.)

c) äthiopisch:

M. Gaguine, The Falasha version of the Testaments of Abraham, Isaac and Jacob.

M. Delcor, Testament d'Abraham, S. 233—241.

---

[59] Vgl. K. H. Kuhn, The sahidic version, S. 227.

[60] Vgl. M. Delcor, Testament d'Abraham, S. 78—83: „Le Testament d'Isaac".

[61] Kapiteleinteilung nach M. Delcor. Eine Verseinteilung gibt es für dieses Testament noch nicht. Die Zitate folgen, wenn nicht anders vermerkt, der kopt. Version.
M. E. Stone, Art. „Jacob, Testament of", in: EJ Vol. 9, Sp. 1213, verweist auf eine griechische Handschrift aus dem 12. Jhdt. in Paris, in der das TestJak als ein separates Wert erscheine. Diese Handschrift ist aber bis jetzt weder ediert noch übersetzt.

a) *Anfangsrahmen*

In der kopt. Version entspricht die textinterne Überschrift ganz der des TestIsaak, nur daß natürlich die Namen der Hauptpersonen ausgetauscht sind:

> „Dies wiederum ist das Hinscheiden unseres Vaters,
> des Patriarchen Jakob, den man Israel nennt,
> am 28. Tag des Monats Mesori, im Frieden Gottes.
> Amen."

Ganz ähnlich, nur erweitert durch ein Eingangsvotum am Anfang, auch die äthiop. Version.

Bei beiden Versionen kann man in der Überschrift von den Formmerkmalen der Test.-Form allenfalls das Element *„Titel und Name"* wiedererkennen, sonst nichts.

T. + N.

Die arab. Version beginnt mit dem gleichen Eingangsvotum wie die äthiop. Version, doch geht sie dann ganz eigene Wege:

> „Wir beginnen mit der Hilfe des allmächtigen Gottes und seiner Gnade,
> das Leben unseres Vaters, des Vaters Jakob, Sohn des Vaters Isaak,
> am 28. Tag des Monats Misri, aufzuschreiben. Möge der Segen
> seines Gebetes uns schützen und uns bewahren vor den Versuchungen
> des aufrührerischen Feindes!
> Amen, amen, amen."

Zum Schluß des Eingangsteiles ergeht noch ein Aufruf an die Leser:

> „Er sagt: ‚Kommt, meine Geliebten, meine lieben Brüder,
> die ihr den Herrn liebt, hört, was gesagt wird!'"

Von der Form her entspricht dieser Satz an sich der Redeeinleitungsformel, doch da in diesem Fall völlig offen bleibt, wer eigentlich redet und wer angeredet wird, und da obendrein auch gar keine Rede folgt, sondern von einer Handlung berichtet wird, hat dieser ganze Satz offensichtlich gar keine Beziehung zu seinem Kontext und fällt als Zeuge für die Form des TestJak aus.

Ohne weitere Einleitung beginnt danach in allen Versionen sofort die eigentliche Handlung, die auch diesmal erwartungsgemäß eben eine Handlung und keine Rede ist. Sie wird eingeleitet durch einen *Hinweis des Erzählers auf den bevorstehenden Tod* Jakobs, noch untermauert durch die Bemerkung, der Patriarch habe sich in schon vorgerücktem Alter befunden.

Hinw. a. d. bev. Tod (bericht.)

b) *Mittelteil*

Wie beim TestIsaak steht auch hier wieder zu Beginn der Handlung eine einfache, kurze Notiz, daß der Herr den Erzengel Michael zu Jakob gesandt habe. Dieser richtet Jakob aus, er solle die „Worte seiner Belehrung" [62] für seine Söhne aufschreiben, ein Testament für sie aufsetzen und seinen Haushalt ordnen; denn die Zeit seines Abschiednehmens von dieser

---

[62] Siehe hierzu S. 151 f. Anm. 34.

11

Welt sei gekommen [63]. Jakob, auch dessen tägliche Beschäftigung (wie bei Isaak) es war, mit Engeln zu verkehren, antwortet in völligem Gehorsam, ohne Widerstreben.

R. a. d. V.   Hier schließt sich nun ein kurzer *Rückblick auf die Vergangenheit* an, in dem der Erzähler Jakobs bisheriges Leben als vorbildlich in seiner Askese darstellt: Gott habe ihn gesegnet und ihm einen einsamen Ort gegeben, an dem Jakob Tag und Nacht seine Gebete verrichtete, während die Engel ihn versorgten und beschützten. Jakob als der erste Anachoret!

Diesen kurzen Rückblick, der gemäß der Test.-Form Jakob als Vorbild hinstellt, hat ein Interpolator geglaubt, erweitern zu müssen durch geschichtliche Erinnerungen, die an Gen 46 anknüpfen: Jakobs Wiedersehen mit Joseph in Ägypten (Ende Kap. 1 — Anfang Kap. 2). Bis auf einen kurzen Satz enthalten diese Ausführungen keinen Vorbildcharakter und sind deswegen aller Wahrscheinlichkeit nach sekundär [64].

Nach diesem Rückblick folgt ganz offensichtlich ein eigenständiger, zweiter Anfang des Mittelteils, der mit dem ersten keinesfalls zu vereinbaren ist:

Zu Jakob kommt ein Engel in der Gestalt seines Vaters Isaak — wie in TestIsaak 1,2 der Engel in der Gestalt Abrahams auftrat — und spricht ihn an. Jakob erschrickt und fürchtet sich — kein Gedanke daran, daß er täglich mit Engeln zu verkehren pflegte! Der Engel stellt sich ihm nun vor als sein Schutzengel bzw. als der מלאך יהוה selbst. Diese Namen werden nicht genannt, ergeben sich aber aus den Funktionen, die sich der Engel des weiteren zuerkennt: Er sei von Jakobs Kindheit an mit ihm gewesen. Er habe ihm den Segen Isaaks verschafft; er habe ihn vor Laban (arab.: „Satan") beschützt; er habe ihn vor Esau gerettet und ihm den Weg nach Ägypten gezeigt.

Nun preist er die drei Patriarchen selig: Abraham wegen seiner Gastfreundschaft, Isaak wegen des vollkommenen Opfers (Gen 22), Jakob, weil er im Traum von der Himmelsleiter habe Gottes Angesicht schauen dürfen [65]. Ein spezieller Segen wird Jakob zuteil, weil man ihn und seine Kinder bis zum Ende dieses Äons „Patriarchen" nennen wird — welch eigenartiger Grund für einen Segen! Die äthiop. Version fügt noch einen Segen über Jakobs Mutter hinzu, weil sie über Jakobs Reinheit und seine guten Werke gewacht habe.

---

[63] Wie in TestIsaak 1,11; TestAbr 7,18; TestHiob 1,2; 1. Makk 9,55; Jes 38,1 par. 2. Kön 20,1. Für die Test.-Form ist diese Aufforderung keineswegs konstitutiv, obwohl sie gedanklich der Ausgangspunkt sein wird: Der Sterbende will noch möglichst gut für seine Nachkommen sorgen. Deshalb gibt er ihnen die besten Erfahrungen seines Lebens mit.

[64] Die Sache wird noch komplizierter dadurch, daß dieses Stück einen offensichtlichen Widerspruch enthält: Eingangs dieses Rückblickes wird berichtet, daß Jakobs geschwächte Augen in dem Moment ihre volle Sehkraft wiedererlangten, als er seinen Sohn Joseph in die Arme schließen konnte. Der letzte Satz dieser Passage konstatiert aber wieder Sehschwäche wegen großen Alters, so als hätte es die erste gefühlvolle Bemerkung nie gegeben.

[65] Dazu siehe S. 136 f. Anm. 1 (b).

Schließlich spricht der Engel jedem Volk und jedem Menschen Segen zu, die Jakob in seinen Tugenden nachzuahmen versuchen, an seinem Gedenktag ein Fest ihm zu Ehren abhalten, an einem Menschen in seinem Namen Barmherzigkeit üben, in seinem Namen ein Opfer darbringen etc. Ganz besonders aber sollen gesegnet sein der Verfasser einer Lebensbeschreibung Jakobs, deren Leser und Hörer — hier spricht der Autor dieser Schrift pro domo.

Zuletzt entledigt sich der Engel seines eigentlichen Auftrages: Er kündigt Jakob dessen bevorstehenden Tod an, trägt ihm auf, seine Söhne zu belehren, und grüßt ihn mit dem Friedensgruß (Ende Kap. 2). Darauf entschwindet er.

Beide Anfänge sind also in sich komplett. Sie können unmöglich von Anfang an hintereinander gestanden haben. Welcher aber ist der ursprüngliche? Der Vergleich mit den Eingangsteilen der beiden anderen Testamente trägt in diesem Fall nichts aus; denn verwandte Züge mit diesen finden sich in beiden Anfängen. Es bleibt nur eine Beobachtung: Die Seligpreisung dessen, der zu Ehren eines Patriarchen entweder opfert oder Barmherzigkeit übt oder etwas dergleichen tut, findet sich im TestIsaak zwar auch schon in der himmlischen Unterredung zwischen Gott und Abraham, sie wird aber betont wiederaufgenommen im ersten, weitgehend sekundären Nachtrag. Der Redaktor hatte also besonderes Interesse gerade an diesem Zug des TestIsaak — vielleicht ist er deswegen auch verantwortlich für den zweiten Einleitungsteil des TestJak.

Die übrigen Hausbewohner hören, wie Jakob Gott lobt und preist. Daraufhin versammeln sich alle seine Söhne bei ihm und klagen — ahnend, daß ihr Vater ihnen genommen werde. Die Söhne bitten ihn daraufhin um Rat, was sie tun sollten, da sie doch Fremdlinge in diesem Land seien. Jakob tröstet sie, indem er sie an den Segen erinnert, den er von Gott einst empfangen habe, und an die Verheißung Gottes, seine Nachkommen würden in Israel zu einem großen Volk werden (Mischzitat aus Gen 28,13 und 15 und erweitertes Zitat von Gen 46,3 f.). Abschließend fordert Jakob seine Söhne unsinnigerweise auf, schon jetzt aus Ägypten nach Palästina („zu mir" — in der zitierten Gottesrede) zurückzukehren (Ende Kap. 3) [66].

Nun folgt in Kap. 4 eine reine Paraphrase von Gen 47,29—31 [67]. (Jakob läßt Joseph schwören, daß er seinen Leichnam nur in Palästina beisetzen werde.) Auch weiterhin hält sich die Erzählung in Kap. 4 an die Jakobsgeschichte der Genesis mit Ausnahme folgender Verse: Gen 48,2—7.11 f. 17—20. Ein Grund für die Auslassung läßt sich nicht erkennen. Die Zitate enden anfangs von Kap. 5 mit einer Paraphrase der beiden ersten Verse des sog. Jakobssegens Gen 49, der selbst wieder ein Testament ist (s. „Die Lehre der Alten II"). Die Stammessprüche v. 3—21 faßt das TestJak in einer

---

[66] So dürfte der Sinn dieser sehr undeutlichen Passage zu verstehen sein.

[67] Hier zitiert der Verfasser auch den Hinweis auf den nahenden Tod aus v. 29, obwohl doch das ganze Testament von dieser Situation ausgeht.

summarischen Oberbemerkung zusammen, sie mit v. 28b als Segen verstehend [68].

Die Reihe der Zitate aus der Genesis endet damit, aber bevor nun etwas Neues, die Himmelsreise des Patriarchen, einsetzt, fügt die kopt. Version noch einen in diesem Zusammenhang völlig unsinnigen Satz dazwischen: „Darauf schwieg die Menschenmenge, damit er sich ein wenig ausruhen könnte" [69]. Das stammt aus dem TestIsaak (6,3) und ist dort der sinnvolle Abschluß der Situation, die die Mahnworte Isaaks umrahmt. Hier aber, im TestJak, war niemals vorher von einer Menschenmenge die Rede, die Jakobs Worten zuhörte. Der einzige Sinn, den dieser Satz haben könnte, ist der, daß Jakob in einen leichten Traum gesunken sei, in dem er dann die nun im folgenden geschilderte Himmelsreise erlebt habe.

Sie führt Jakob zuerst wieder zu den schon aus dem TestIsaak bekannten „Strafvollstreckern", die aber diesmal nicht näher beschrieben werden außer, daß jeder von ihnen eine vom anderen verschiedene Gestalt hätte. Die Sünder werden aufgezählt und auch die Foltermittel, die sie erwarten. Ein kurzer Kommentar dazu, an der unerwarteten Anrede an den Leser erkennbar, untermalt die schaurige Darstellung der Sündenstrafen [70]. „Er", der angelus interpres, der aber bisher gar nicht erwähnt wurde, führt den Patriarchen daraufhin zu einem angenehmeren Ort, dem Ort der Ruhe und des Friedens, der für alle Gerechten zubereitet ist samt dem,

> „das kein Auge geschaut und kein Ohr gehört hat
> und nicht zum Herzen der Menschen gekommen ist,
> dieses, das Gott denen zubereitet hat, die ihn lieben werden
> und seinen Willen auf Erden tun werden, wenn sie ein
> gutes Ende erreicht haben werden, indem sie seinen Willen taten" [71].

---

[68] Die Sprüche selbst dürfte der Verfasser des TestJak nicht mehr verstanden haben.

[69] Die arab. und die äthiop. Version glätten hier ein wenig: „Danach schwiegen *sie* . . ." So könnte sich das Subjekt „sie" auf die 12 Söhne Jakobs beziehen, die von ihm soeben gesegnet wurden. Allerdings wurde von ihnen nicht gesagt, daß sie geredet hätten.

[70] Ob es sich dabei um eine Zufügung von sekundärer Hand handelt, mag dahingestellt bleiben; denn plötzliche Änderungen im Stil scheinen in dieser Schrift nichts Ungewöhnliches zu sein.

[71] Das ist in seinem Anfang exakt das Zitat, das Paulus in 1. Kor 2,9 aufgreift. Meine Vermutung, daß Paulus hier das TestJak zitiere, habe ich in dem Aufsatz „Das Zitat des Paulus in 1 Kor 2,9 und seine Beziehung zum koptischen Testament Jakobs" (ZNW 65, 1974, S. 112—120) ausführlich dargelegt und begründet.
In der gleichen Zeitschrift schrieb O. Hofius ein Jahr später eine Erwiderung („Das Zitat 1 Kor 2,9 und das koptische Testament des Jakob", S. 140—142), in der er meine These als „schlechterdings unhaltbar" bezeichnete. Seiner Meinung nach gibt sich die gesamte Schilderung der Himmelsreise „eindeutig als eine von christlicher Hand stammende Darlegung zu erkennen". Die Stelle sei also von

Paulus abhängig, nicht umgekehrt. In seiner Argumentation beschränkt sich Hofius ausschließlich (mit Ausnahme der Versparallele zu Heb 10,31) auf die Begrifflichkeit. Er geht dabei so vor, daß er alle die Begriffe aus der Himmelsreise Jakobs, die auch im NT erscheinen, für genuin christlich hält und damit jüdischer Tradition abspricht. Das nimmt er auch für den Lasterkatalog in Anspruch, für die Sündenstrafen im Jenseits (von denen das nicht verlöschende Feuer und der nicht sterbende Wurm schon in Jes 66,24 erscheinen und mit den anderen Strafsymbolen wohl letztlich im Alten Orient zu Hause sind) wie auch für den Satz, daß Jakob Abraham und Isaak im „Königreich der Himmel" geschaut habe. (Zur Versparallele Heb 10,31 und zur Erwähnung der himml. Stadt habe ich mich in meinem Aufsatz geäußert.) Wenn diese Beobachtungen nach Hofius „den christlichen Charakter der fraglichen Schilderung beweisen", dann bleibt für eine Kontinuität zwischen dem Judentum der hellen.-röm. Zeit und dem frühen Christentum wohl kaum noch Raum übrig. Ich möchte dem einen Satz von K. Berger aus seinem Aufsatz „Zur Geschichte der Einleitungsformel ‚Amen, ich sage euch'" (ZNW 63, 1972, S. 45 bis 75) gegenüberstellen: „Man muß wohl des öfteren mit einer gewissen soziologischen Kontinuität und einer fast unmerklichen und nur in bestimmten Bereichen sich vollziehenden Christianisierung apokalyptischer Traditionen rechnen" (S. 46).

Wiederum ein Jahr später richtete H. F. D. Sparks eine kritische Anfrage an meine These in dem Artikel „1 Kor 2,9 a quotation from the coptic Testament of Jacob?" (ZNW 67, 1976, S. 269—276). Mit ihm stimme ich zunächst darin überein, daß bei der Lösung dieses Problems die Frage nach der Zugehörigkeit des TestJak zum TestIsaak und zum TestAbr eine ganz wichtige, ja die entscheidende Rolle spielt. M. E. ist die Verbindung der drei Schriften aufgrund inhaltlicher wie gattungsmäßiger Kriterien so eng, daß ich sie als eine Trilogie, „TestIIIPatr.", verstehen möchte (dazu siehe § 4 Anm. 1). Zum ursprünglich jüd. Charakter des TestIsaak hat Sparks das statement von K. H. Kuhn selbst zitiert (S. 273). Die jüd. Abstammung des TestAbr aber dürfte nach den neuesten eingehenden Untersuchungen (außer N. Turner) von Francis Schmidt, M. Delcor, Testament d'Abraham, und E. Janssen wohl nicht mehr angezweifelt werden. So darf man also zunächst auch den jüd. Ursprung der Grundschrift des TestJak in Betracht ziehen. Wenn dem auch Sparks wieder entgegentritt mit einer Aufzählung von Begriffen des TestJak, die auch im NT erscheinen, so möchte ich ihm wie auch Hofius die Gegenfrage stellen: Wo ist denn das speziell Christliche im TestJak, das diese Schrift von jüd. Schriften unverkennbar unterscheidet? Wo finden sich spezifisch christl. Vorstellungen, Aussagen, Intentionen? Gehören die Intention, die Abzweckung der ganzen Schrift und ihre Argumentationsweise in den christl. Bereich oder nicht vielmehr in den jüdischen der hellen.-röm. Zeit (vgl. die Einleitung zu § 4)? Auf diesem Feld sollte die Auseinandersetzung gesucht werden, anstatt bei einer bloßen Aufreihung von Begriffen, die auch christlich sein könnten. Kann man eine Schrift denn schon allein deshalb christl. nennen, wenn sie einige Begriffe enthält, die auch im NT vorkommen? Gerade im Bereich der volkstümlichen apokalyptisch-spekulativen Schriften wird das frühe Christentum dem Judentum gegenüber noch lange Zeit viel eher der nehmende als der gebende Teil gewesen sein.

War also das TestJak die Schrift, aus der Paulus 1 Kor 2,9 zitiert hat? Ich möchte diese Frage bejahen — wenigstens solange, bis ein jüd. Apokryphon des Elia gefunden wird, das auch die fragliche Stelle enthält. Daß Paulus aber auf jeden Fall aus einer jüdischen Schrift zitiert hat, erhellt schon daraus, daß das gleiche Zitat auch in LibAntBibl 26,13 erscheint, einer Schrift, die von Paulus sicher unabhängig ist (vgl. dazu Chr. Dietzfelbinger, Pseudo-Philo, (JSHRZ II,2), S. 178; M. Philonenko, Quod oculus non vidit, I Cor. 2,9, in: ThZ 15, 1959, S. 51 f.). Jüdischen Ursprung des Pauluszitates vermutet auch G. Dautzenberg unter

Damit endet diese verhältnismäßig kurze Himmelsreise — ohne eigentlichen Abschluß und ohne Übergang zum Folgenden. Auch in sich ist sie stilistisch uneinheitlich: Ihr erster Teil, der Besuch des Strafortes, gibt sich ganz als Bericht und ist in der 3. pers. gehalten, während im zweiten Teil Jakob selbst in der 1. pers. erzählt, wie er zu den himmlischen Ruhestätten emporgehoben worden sei — ein Stilbruch mehr in dieser so konfus sich darbietenden Schrift [72].

c) Schlußrahmen

Im Gegensatz zu den beiden vorhergehenden Testamenten besitzt das TestJak einen deutlich von der Erzählung des Mittelteils abgehobenen Testamentsabschluß. Diese Tatsache dürfte aber in erster Linie dem Jakobssegen Gen 49 zu verdanken sein, der gleichfalls der Testamentsliteratur zuzurechnen ist und dessen Schluß TestJak hier weitgehend übernimmt, wie es sich ja auch bisher schon in weiten Partien auf die Jakobserzählung der Gen gestützt hatte.

Nach einem kurzen Neueinsatz in der Rede Jakobs („Darauf sagte Jakob zu seinen Söhnen") [73] lassen sich dann folgende Formelemente der Test.-Form unterscheiden:

Hinw. a. d. bev. Tod (pers.) Best.	1) *Eigener Hinweis auf den bevorstehenden Tod* (Gen 49,29b — mit etwas anderen Worten); 2) *Bestattungsanweisungen* (49,29c. 31—32 — ohne Verweis auf Rebekka und Lea);
Redeabschl.	3) *Redeabschlußformel* (49,33a);

---

positiver Aufnahme meiner These (Botschaft und Bedeutung der urchristlichen Prophetie nach dem ersten Korintherbrief (2:6—16; 12—14), in: Prophetic vocation in New Testament and today, J. Panagopoulos (ed.), Leiden, 1977, S. 131 bis 161).

In einem soeben erschienenen Aufsatz „Zur Diskussion über die Herkunft von I Kor. ii.9" (NTS 24, 1978, S. 270—283) stellt K. Berger das Zitat in einen größeren Kontext jüdisch-apokalyptischer Schultradition. Er bietet weitere Parallelen aus jüdischen und christlichen Schriften und unterstreicht dabei nachdrücklich den Einfluß der jüdischen apokalyptischen Tradition auch auf die christlichen Schriften, die diese Textpassage aufnehmen.

[72] Die arab. Version hat schon von Anfang der Himmelsreise die 1. pers., die Redeform. Allerdings fehlen in der MS der ganze 2. Teil der Himmelsreise Jakobs einschließlich der Parallelstelle zu 1 Kor 2,9 und der Schlußrahmen bis zum 1. Nachtrag.

[73] Jakob muß ja als der Redende, seine Söhne als die Zuhörer erst eingeführt werden. Zwar ließe sich aus dem zweiten Teil der Himmelsreise, der in der Redeform, der 1. pers., gehalten ist, erschließen, daß Jakob spricht, aber seine Zuhörer hätten sinngemäß sowohl seine Söhne wie die erwähnte Menschenmenge sein können.

4) *Tod*   Tod

(49,33b — etwas verkürzt, dafür mit dem Zusatz: „er ging aus dem
Leib wie alle Menschen".) [74]

Ganz so nüchtern wie in Gen 49 durfte der Tod des Patriarchen aber
offensichtlich nicht vonstatten gehen. Waren schon Abrahams und Isaaks
Seelen mit allem Prunk und unter dem Geleit der Engel und Erzengel direkt in die Himmel aufgenommen worden, so darf dieser triumphale Einzug der Seele in die himmlischen Ruhestätten auch hier nicht fehlen. Gott
selbst fährt inmitten von „Engelslegionen" nieder zur Erde und erhebt die
Seele „Jakob Israels" in die leuchtenden Hütten seiner heiligen Väter Abraham und Isaak (Ende Kap. 5). Als letztes Formelement der Test.-Form
folgt schließlich noch eine genaue

5) *Altersangabe*, aufgeschlüsselt nach der Lebenszeit Jakobs außerhalb   Altersang.
und innerhalb Ägyptens [75].

Mit einer kurzen idealen Charakterisierung — des Patriarchen Leben
sei vollkomen in jeder Beziehung gewesen — und mit einem bekräftigen-
den „Amen" findet das TestJak seinen ersten und wohl ursprünglichen Abschluß.

Auch diese Schrift ist nicht von Nachträgen verschont geblieben, wie schon
angedeutet.

Ein erster (bis Ende Kap. 6) ist kaum mehr als eine paraphrasierende
Wiedergabe von Gen 50,1—14 mit nur wenigen, kleinen Veränderungen   Trauer
und Zusätzen [76]. Das Motiv, diesen Absatz dem schon abgeschlossenen Test- Best. d. d. S.
Jak noch anzufügen, läßt sich unschwer erraten: Irgendjemandem fiel auf,
daß im Schlußrahmen des TestJak zwar von der Aufnahme der Seele Jakobs berichtet wurde, daß aber die Bestattung seines Körpers, für die Jakob
eigens Anweisungen erlassen hatte, noch ausstand. Also trug er diesen Abschnitt nach in der besten Absicht, die ihm schon fertig vorliegende Schrift
zu ergänzen, zu vervollständigen. Ob dieser Redaktor Christ oder Jude
war, läßt sich bei diesem seinen Motiv nicht mehr erheben.

Der zweite Nachtrag (Kap. 7—8) ist Schlußrahmen für alle drei Testamente. Er gehört zur Einleitung der TestIIIPatr. am Beginn des TestAbr. [77]
Hier wie dort stellt sich als christlicher Redaktor der TestIIIPatr. (nur in
der koptischen Version) der „Vater Athanasius" vor: Er konstatiert zuerst

---

[74] In Gen 49 brauchte das nicht besonders betont zu werden, es war selbstverständlich. Wie sollte Jakob auch sonst sterben? Hier im TestJak dagegen ist solch
ein Hinweis schon am Platze; denn die Leser, an die sich die TestIIIPatr. richten,
erwarteten wohl ohne weiteres, daß ein wunderbarer Mann auch auf wunderbare
Weise stirbt. Die ganze Rahmenhandlung der drei Testamente bestätigt das ja
(der Engel Michael wird bemüht usw.).

[75] Nach Gen 47,28.

[76] So wird z. B. Joseph ein „Weiser" (nur in der kopt. Version) und „König
über Ägypten" genannt. Die arab. und die äthiop. Version haben allerdings die
Ortsnamenätiologie Gen 50,11 nicht mehr verstanden.

[77] Siehe S. 143.

den Abschluß des TestJak und versichert erneut, diese Schrift „in den uralten Sammlungswerken unserer heiligen Väter, der Apostel" gefunden zu
haben. Jeden, der seinen Worten und dem Inhalt des TestJak keinen Glauben schenke, verweist er auf die „Genesis des Propheten Mose, des Gesetz-
gebers", in der er die Bestätigung für die Glaubwürdigkeit des TestJak
finden könne — keine allzu kühne Behauptung bei der Häufigkeit der Zitate aus der Jakobserzählung der Genesis [78]. Dann verweist er generell auf
die Vätergeschichten der Genesis und hängt — wieder speziell für Jakob
— noch zwei Zitate an (Gen 28,14a — sinngemäß — und Gen 48,3—4,
zwei Verse, die bei der Paraphrase dieses Kapitels im TestJak unberücksichtigt geblieben waren) [79]. Mit dem kurzen Satz: „Dieses nun, meine Geliebten, haben wir über unsere Väter, die Patriarchen, gehört" zieht er
einen Schlußstrich unter die TestIIIPatr., ohne daß jedoch damit alles, was
er zu dieser Schrift noch anmerken will, auch schon gesagt wäre: Bisher
sprach das Geschehen, die vor dem Leser ablaufende Handlung, für sich:
Die Patriarchen als die großen Vorbilder, die Qualen der himmlischen
Strafen als Abschreckung, die Plätze des Friedens und der Ruhe in Gemeinschaft der Engel und Erzengel als in Aussicht gestellte Belohnung für Wohl-
verhalten während der Erdenzeit. Doch das alles genügt dem „Vater Athanasius" nicht. Er vermißt den weniger diskreten, direkten Appell an den
Leser in den TestIIIPatr. und trägt ihn nun seinerseits in unüberhörbarer
und auch nicht mißzuverstehender Art nach: Er faßt die Vorbildlichkeit
der Patriarchen zusammen in der Maxime der Gottes- und der Nächstenliebe [80], der die Gastfreundschaft zugesellt wird, und ruft seine Leser zur
Nachahmung dieser „Tugenden" auf, um dadurch die Fürbitte der Patriarchen zu erlangen, „damit Gott uns errette vor den Strafen der Hölle".
Eigenartigerweise zitiert er hier noch zwei Aussprüche Jakobs, die weder
im AT Anklang finden noch im TestJak vorkommen. Ob er hier zuvor im
TestJak Gekürztes nachträgt oder eigene Gedanken dem Patriarchen in
den Mund legt, bleibt unklar.

Schließlich ermahnt der christliche Redaktor seine Leser ganz allgemein
und ohne direkten Bezug auf die TestIIIPatr. zur Einhaltung der verschiedensten Tugenden und warnt sie vor einer Reihe von Lastern, „damit dein
eigener Name in das Buch des Lebens in den Himmeln geschrieben werde"
(Ende Kap. 7). Außerdem solle jedermann den gemeinsamen Gedächtnistag
der drei heiligen Patriarchen, den 28. Mesori (äthiop.: Nahasē, arab.:
Misri), halten und feiern, um an ihrem Los im „Reiche unseres Herrn"
Anteil zu bekommen. Eine kurze christliche Doxologie auf die Trinität be-

---

[78] Den Zitaten aus einer anerkannt heiligen Schrift wird also hier die Funktion
zugewiesen, ihren neuen Kontext zu größerer Glaubwürdigkeit zu verhelfen.
Hier sind es die apokalyptischen Spekulationen über den Ort der Strafe und den
des Friedens, auf die es dem Verfasser allein ankommt, die durch Einbettung in
Genesiszitate an Wahrheitsgehalt gewinnen sollen, vgl. auch S. 155 Anm. 42 und
S. 158 f. Anm. 51.

[79] Siehe S. 163.

[80] Er stellt damit — zu Recht! — die TestIIIPatr. auf eine Linie mit den Test
XIIPatr. und dem TestHiob.

schließt diese redaktionelle Zusammenfassung der TestIIIPatr. (Ende Kap. 8).

Aber noch ist die Reihe der Nachträge nicht zu Ende: Nach der kopt. Version erbittet sich in Kap. 9 ein Abschreiber vom Leser fürbittendes Gedenken, um so Vergebung seiner Sünden, Einsicht und Ruhe ohne Sünden zu erlangen. In der äthiop. Version erstreckt sich eine ähnliche Bitte auch auf den Auftraggeber der Abschrift, auf die Leser, die Ausleger und die Hörer. In der arab. Version fehlt dieser letzte Nachtrag ebenso wie die vorausgehende kurze Doxologie. Stattdessen erscheint hier ein längeres Gebet um Errettung im jüngsten Gericht.

Zusammenfassung

Von der Form her steht das TestJak dem TestIsaak sehr nahe. Wie bei jenem haben wir auch hier eine kombinierte Form vor uns, die sowohl Formmerkmale der Test.-Form wie des Romans in sich vereinigt. So findet sich ein kurzer Rückblick auf die Vergangenheit des Patriarchen, der diesen auch als Vorbild hinstellt, aber er ist — wie im TestIsaak auch — in der 3. pers. gehalten, also als Erzählung gestaltet. Die Himmelsreise Jakobs beginnt in der 3. pers. und fährt dann ganz unvermittelt und unmotiviert in der 1. pers. fort (kopt./äthiop.). Dieser plötzliche Stilwechsel, der sich eben nur aus dem Wechsel vom Roman zur Test.-Form herleiten läßt, konnte auch im TestIsaak beobachtet werden. Ausgesprochene Verhaltensanweisungen finden sich im TestJak (außer im 2. Nachtrag) allerdings nicht — von einem Genesiszitat abgesehen. Den Hauptteil der Schrift bilden Dialoge, die — soweit sie nicht das Gespräch mit dem Erzengel Michael betreffen — ausnahmslos von der Jakobserzählung der Genesis abhängen.

Der Schlußrahmen allerdings enthält einen echten, klar hervortretenden Testamentsabschluß, den der Verfasser jedoch wieder einmal aus der Genesis (Kap. 49) übernommen hat, so daß er als Stütze der Test.-Form des TestJak nur bedingt herangezogen werden darf. Doch genauere Beobachtung zeigt, daß der Verfasser hier nicht wortgetreu überträgt, vielmehr durch kleinere Veränderungen, Auslassungen, Umstellungen den Genesis-Schluß bis zu einem gewissen Grad in seinen neuen Kontext integriert. Er mag ihn ganz bewußt — auch von der Form her, der er folgen wollte, — hier übernommen haben, wie er sich ja auch die Freiheit nimmt, sein Werk statt mit einer nüchternen Bestattung mit der Aufnahme der Seele Jakobs in die Himmel ausklingen zu lassen. Daher erscheint es nicht unberechtigt, diesen Schlußrahmen, obwohl er schon Teil einer älteren, bewußt aufgegriffenen Test.-Form ist, auch hier wieder als Element der Test.-Form zu werten, wenn auch mit Einschränkung.

Somit hat sich auch von der Form her die Einheitlichkeit und Zusammengehörigkeit der drei Testamente bestätigt. Die TestAbr/Isaak/Jak wollen alle eher eine Erzählung, ein Roman, sein als ein Testament. Sie verlassen den Monolog und damit die direkte Verhaltensanweisung (mit Ausnahme eines Teils des TestIsaak), um die Ereignisse um den Tod der drei Patriarchen einschließlich der kurz davor stattfindenden Himmelsreise zu berichten. Auch diese Erzählungen fungieren natürlich als Verhaltensanweisung, nur ergeht sie nicht mehr direkt, sondern klingt verhalten, aber doch vernehmlich durch die Geschehnisse hindurch.

Obwohl die Schrift in christlichen Gemeinden gelesen wurde, hält sich doch ihre christliche Bearbeitung in engen Grenzen. Sie ist jeweils klar erkennbar (vor allem am Anfang und am Schluß) und greift in den Ablauf der Handlung nur selten, und da geringfügig, ein.

§ 5. DAS TESTAMENT ADAMS

Text:

a) syrisch:

M. E. Renan, Fragments du livre gnostique intitulé Apocalypse d'Adam, ou Pénitence d'Adam ou Testament d'Adam, in: JA V, 2, 1853, S. 427—471.

J.-P. Migne, Dictionnaire des Apocryphes, Tome I, Paris, 1856, Sp. 290—294.

M. Kmosko, Testamentum Patris nostri Adam, in: Patrologia syriaca, ed. R. Graffin, Pars I, Tomus II, Paris, 1907, S. 1307—1360.

b) arabisch:

M. D. Gibson, Studia Sinaitica 8. Apocrypha arabica, London, 1901, S. 12—17.

c) arab. und äthiop.:

C. Bezold, Das arabisch-äthiopische Testamentum Adami, in: Orientalische Studien Theodor Nöldeke zum 70. Geb. gewidmet, Band 2, Gießen, 1906, S. 893—912.

Übersetzung:

a) syrisch:

M. E. Renan (wie oben).

J.-P. Migne (wie oben).

M. Kmosko (wie oben — lat.).

P. Rießler, Schrifttum, S. 1084—1090 (übersetzt Renan). ·

E. A. Wallis Budge, The Book of the Cave of Treasures, London, 1927.

b) arabisch:

M. D. Gibson, wie oben, S. 13—17.

c) äthiopisch: keine Übersetzung.

Der Kreis der Adam-Literatur vereinigt in sich eine Vielzahl von einzelnen Schriften, jüdischen, christlichen und gnostischen, wobei aber sicherlich die beiden letzteren auf jüdischen Quellen aufbauen. Über die Zusammengehörigkeit und wechselseitige Abhängigkeit dieser Schriften sind schon viele Hypothesen aufgestellt worden [1]. Es kann und soll hier nicht darum gehen, diesen Theorien eine weitere an die Seite zu stellen; denn nicht der ganze Kreis der Adamschriften steht hier zur Diskussion sondern nur das TestAdam. Andererseits sind diese Schriften in einem Maße miteinander verwandt, ja direkt ineinander verzahnt, daß eine Untersuchung des Test Adam notwendigerweise diese anderen Schriften mit in Betracht ziehen muß, wenn sie überhaupt zu sinnvollen Ergebnissen kommen will. Ganz besonders gilt das für das TestAdam, das man kaum eine Schrift, viel eher aber ein Konglomerat von Einzelfragmenten nennen kann, die, sofern über-

---

[1] Zusammenstellung bei A.-M. Denis, Introduction, S. 14.

haupt, nur sehr oberflächlich von einem christlichen Redaktor zusammengearbeitet wurden.

Das TestAdam besteht aus drei Fragmenten, von denen jedes einer anderen Thematik zugeordnet ist, eine andere Form aufweist und aus einem
anderen Interesse heraus geschrieben ist. Das 1. Fragment ist ein sog.
νυχθήμερον, eine Aufzählung der einzelnen Stunden der Nacht und des
Tages mit genauen Angaben, welche Wesen auf Erden und im Himmel zu
welchen Stunden Gott, den Herrn, anzubeten und ihm zu dienen haben [2].

Im 2. Fragment weissagt Adam seinem Sohn Seth das Kommen des Messias und seine eigene, endliche Erlösung und Wiederaufnahme in die Gemeinschaft mit Gott, da er ja nach Gottes Ebenbild geschaffen sei (Teil 1).
Seth fragt nach der Art der verbotenen Frucht im Paradies und erhält zur
Antwort, es sei der Feigenbaum gewesen, zusammen mit einem erneuten
Hinweis auf die Ankunft des Messias (Teil 2). In Teil 3 dieses Fragmentes
kündigt Adam Seth die Sintflut an, die über die ganze Erde hereinbrechen
wird „wegen der Sünde der Töchter Kains" (bleibt unerklärt), „der aus
Eifersucht auf deine Schwester Lebora deinen Bruder Abel totschlug", und
verrät die Zeitspanne, die vergehen wird bis zum Ende der Welt. Der 4.
Teil berichtet die Bestattung des Leichnams Adams in der Schatzhöhle, in
der auch Gold, Weihrauch und Myrrhen aufbewahrt sind, bis sie einst die
königlichen Magier holen und dem Gottessohn darbringen werden. Dieses
Fragment schließt mit der Bemerkung „Ende des Testamentes unseres Vaters
Adam".

Das 3. und letzte Fragment des TestAdam dient ganz didaktischem Interesse: Es will den Leser belehren, informieren über die Hierarchie der
Engelmächte und ihre Aufgaben. Schon die äußere Form signalisiert die
Absicht dieses Kapitels: Am Anfang steht eine Eingangs- und Leitfrage,
die das Thema des Folgenden bestimmt:

„Wie ist die Natur der himmlischen Mächte beschaffen?
Welches sind die Dienstleistungen und Aufgaben, die der Allmächtige
ihnen für die Leitung dieser Welt übertragen hat?
Hört es, meine Freunde!" (v. 2 f.) [3]

---

[2] G. Roeder druckt in seinen „Urkunden zur Religion des Alten Ägypten",
Jena, 1923, S. 34—45, einen ägyptischen Mysterientext ab, der sich „Die Stundenwachen an der Leiche des Osiris" nennt. Wie im TestAdam werden hier die zwölf
Stunden des Tages und der Nacht aufgezählt in Verbindung mit Anweisungen
und Belehrungen, welche himmlischen und irdischen Gestalten zu welchen Stunden
vor dem toten Osiris zu erscheinen und welche Handlungen sie durchzuführen
haben. Wenn sich auch manche überraschenden Ähnlichkeiten finden (z. B. „Die
zweite Stunde des Tages. Das ist die Stunde, in welcher Re über dem Gottesleibe
aufgeht. Die Götter, die hinter der Bahre stehen, erweisen ihm Verehrung"), so
besteht doch sicherlich keine direkte Verbindung zwischen den Stundenwachen des
Osiris und dem TestAdam. Das erstere ist Teil eines Kultdramas, speziell eine
Dienstvorschrift für die Tempelpriester, während Sinn und Zweck des νυχθήμερον
des TestAdam nicht so am Tage liegen. Beide verbindet jedenfalls ein starkes magisches Interesse: Der ewig wiederkehrende Rhythmus des Geschehens im Himmel
(bzw. vor Osiris) hat Auswirkungen auf den Ablauf dieser Welt, die es zu erfor-
schen und zu nutzen (Heilkräfte) gilt.

[3] Verseinteilung nach P. Rießler, Schrifttum.

Dem korrespondiert der Schlußvers als Feststellung und Unterstreichung des Ergebnisses:

„Dies ist in Wahrheit die Einteilung der Ämter, die den Engeln, die die Leitung dieser Welt haben, anvertraut sind." (v. 23)

Zwei redaktionelle Sätze zu Beginn und am Ende dieses Fragmentes stellen die Verbindung zum 2. Fragment her, dem eigentlichen Kern des TestAdam, ohne daß doch die geringste inhaltliche Ähnlichkeit zwischen beiden Teilen bestünde.

Im folgenden soll nun versucht werden, die einzelnen Passagen des Test Adam, die jetzt mehr oder weniger unverbunden nebeneinanderstehen, größeren Traditionskreisen innerhalb der Adam-Literaur zuzuordnen und, soweit möglich, Aufschluß zu gewinnen über den jeweiligen Ausgangspunkt zusammengehöriger Traditionen, also auf ein Ur-TestAdam o. ä. rückzuschließen.

1) *Der erste Traditionskreis* ist uns am besten faßbar in der *Schatzhöhle 6,6—21:* [4]

v. 6: „Und es lebte Adam 930 Jahre, bis zum 135. Jahre des Mahalaleel.

v. 7: Es kam aber heran und nahte sich der Tag seines Hinscheidens.

v. 8: Da versammelten sich und kamen zu ihm sein Sohn Seth und Enos und Kenan und Mahalaleel; und sie wurden von ihm gesegnet, und er betete über sie.

v. 9: Er gebot seinem Sohne Seth und sprach zu ihm: ‚Mein Sohn Seth! Achte auf das, was ich dir heute gebiete,

v. 10: und du sollst es am Tage deines Hinscheidens dem Enos gebieten und sagen, und Enos dem Kenan, und Kenan dem Mahalaleel; und dieses Wort soll fortgepflanzt werden in allen Generationen.

v. 11: Und wenn ich gestorben bin, sollen sie mich einbalsamieren mit Myrrhen, Zimt und Stakte und sollen meinen Körper in die Schatzhöhle legen.

v. 12: Und derjenige, welcher übrigbleibt von allen euren Nachkommen, soll an jenem Tage, da euer Ausgang sein wird aus diesem Lande, der Umgebung des Paradieses, meinen Leichnam mit sich nehmen und soll ihn forttragen und niedersetzen in der Mitte der Erde.

v. 13: Denn dort wird mir die Erlösung zuteil werden, mir und allen meinen Nachkommen.

v. 14: Und du, mein Sohn Seth, sei der Führer der Söhne deines Volkes, und leite sie rein und heilig in aller Gottesfurcht, und haltet eure Nachkommen fern von den Nachkommen Kains, des Mörders!'

(v. 15: Und als man das Wort vernahm, daß Adam sterbe, da versammelten sich und kamen zu ihm alle seine Nachkommen: sein Sohn Seth und Enos und Kenan und Mahalaleel, sie und ihre Weiber und ihre Söhne und Töchter.

---

[4] Übersetzung nach C. Bezold, Schatzhöhle, Leipzig, 1883; Kapitel- und Verseinteilung nach P. Rießler, Schrifttum.

v. 16: Und er segnete sie und betete über sie.) [5]

v. 17: Und im Jahr 930, von der Schöpfung an gerechnet, war das Hinscheiden Adams aus dieser Welt; am 14. des Monats, im Monate Nisan,
in der 9. Stunde, an einem Freitag,

v. 18: in derselben Stunde, da des Menschen Sohn am Kreuze seinen Geist
dem Vater zurückgab, in der nämlichen gab unser Vater Adam seine
Seele seinem Schöpfer zurück und schied aus dieser Welt.

v. 19: Und als Adam gestorben war, salbte ihn sein Sohn Seth, wie er ihm
befohlen hatte, mit Myrrhen, Zimt und Stakte.

v. 20: Deshalb, weil er der erste Gestorbene auf Erden war, war die Trauer
um ihn sehr groß;

v. 21: sie trauerten über seinen Tod 140 Tage und brachten seinen Leichnam auf den Gipfel des Berges hinauf und begruben ihn in der
Schatzhöhle."

Inhaltlich baut dieses kurze Testament Adams auf auf einem vorangegangenen Befehl Gottes an Adam:

v. 10: „Aber befiehl deinen Kindern und sag ihnen, daß sie nach deinem
Tode deinen Körper salben sollen mit Myrrhen, Zimt und Stakte
und ihn in die Höhle legen sollen, darinnen ich euch wohnen lasse
(von) heute bis zu der Zeit, da euer Ausgang geschehen wird aus der
Umgebung des Paradieses auf die außerhalb liegende Erde.

v. 11: Und der, welcher übrig ist in jenen Tagen, wird deinen Leichnam
mit sich nehmen, ihn wegtragen und niedersetzen in der Mitte der
Erde, wo ich es ihm zeigen werde;

v. 12: denn dort wird dir die Erlösung zuteil werden, dir und allen deinen
Kindern [6]."

Diese Überlieferung der Schatzhöhle begegnet wieder — leicht umgearbeitet — in einer *Präambel der arabischen MSS des TestAdam,* die in den
syrischen fehlt [7]. Sie lautet:

(„Dies ist das Testament Adams, des Vaters des Menschengeschlechtes,
gerichtet an seinen Sohn Seth. Diese *Offenbarung* erhielt er zu der Zeit, als
er noch im Paradiese war.)

---

[5] Die eingeklammerten Verse fallen als Doublette zu den Versen 7—8, der
ersten Situationsangabe, heraus.

[6] Von diesem Befehl Gottes an Adam und dem kurzen Testament Adams sind
noch eine ganze Reihe weiterer Testamente in der Schatzhöhle inhaltlich und
formal direkt abhängig: Das Testament Seths (7,15—23), Enos' (8,11—18), Kenans
(9,3—11), Mahalaleels (10,3—11), Jareds (13,1—10), Henochs (13,14—19), Me-
thusalahs (16,1 — 17,4: durch Anweisungen hinsichtlich der Sintflut erheblich
erweitert) und Noahs (22,1—14: dieser 14. Vers fehlt bei P. Rießler). Diese
Testamente können demnach nicht als eigenständige Zeugen der Test.-Form gewertet werden.

[7] In den arabischen MSS bildet das TestAdam — im Gegensatz zu den syrischen
MSS — einen Bestandteil der Schatzhöhle.

Und er sprach:

,Höre und bewahre in deinem Herzen, o mein Sohn Seth, die *Belehrungen* (die ich dir durch dieses Testament gebe,) und gib sie weiter bei deinem Tod an deinen Sohn Enos, daß er sie weitergibt an Kainan, und Kainan an Malaleel, daß alle eure Nachkommen sich nach diesen *Vorschriften* richten und davon unterrichtet sind von Generation zu Generation.

Das erste, was ich befehle, mein Sohn, ist: Wenn ich sterben werde, sollst du meinen Körper mit Myrrhe und Zimt einbalsamieren und sollst ihn in die Schatzhöhle legen, zu Füßen des heiligen Berges. Und die von deinen Nachkommen, die zu der Zeit leben werden, wo ihr die heilige Region, die das Paradies umgibt, verlassen werdet, sollen meinen Körper mit sich nehmen, ihn in eine Arche einschließen, ihn zum Mittelpunkt der Welt bringen und ihn dort niederlegen. Dort wird die Rettung für mich und meine ganze Nachkommenschaft erscheinen.

Und nach meinem Tod sollst du deinen Stamm mit Gottesfurcht regieren, und du und deine Familie sollen mit den Kindern Kains, des Mörders, keinen Umgang haben.

(Und erfahre, mein Sohn, die einzelnen Stunden des Tages und der Nacht, die Namen dieser Stunden, und welches die Wesen sind, die zu jeder dieser Stunden ihr Lob zu Gott erheben, wie sie Gott anbeten müssen, und zu welcher Stunde die Gebete und Anbetungen stattfinden müssen. Mein Schöpfer hat mich alle diese Dinge gelehrt, ebenso die Namen aller Tiere, die auf Erden sind, und der Vögel unter dem Himmel. Und er hat mich belehrt über die Zahl der Stunden der Nacht und des Tages, über das, was die Engel betrifft, ihr Vermögen und ihr Wesen. Und wisse, mein Sohn Seth, daß in der ersten Stunde der Nacht...') [8]."

Man sieht hier deutlich einmal, daß die Schatzhöhlentradition zugrunde liegt, zum anderen, daß bereits eine Verarbeitung stattgefunden hat. Die Präambel soll ja dazu dienen, das TestAdam einzuleiten, also muß sie auch irgendwie auf den Inhalt seiner Fragmente hinweisen. Diese redaktionelle Schicht läßt sich leicht wiedererkennen. Sie ist im Text eingeklammert. Eine weitere Beobachtung stützt dieses Ergebnis: Der Redaktor bezeichnet in der Überschrift den Inhalt des Folgenden als Offenbarung; im Text selbst hingegen kündigt Adam seinem Sohn Seth Belehrungen und Vorschriften an. Das ist auch jeweils völlig in Ordnung und zutreffend, nur erkennt man daran besonders gut die Zusammenarbeitung von zwei Dingen, die ihrem Wesen nach völlig verschieden sind, auch wenn sie von einem Redaktor unter der gemeinsamen Überschrift „Testament Adam" zusammengefaßt wurden.

Der Schlußrahmen aus Schatzhöhle 6 fehlt natürlich in der Präambel, aber das ist zu erwarten; denn das eigentliche Testament soll ja erst folgen. Ansonsten ist der Inhalt dieses Abschnittes der Schatzhöhle vollständig aufgenommen.

---

[8] Übersetzung nach M. E. Renan, Fragments, S. 463 f.

Eutychius Alex. [9] weiß in seinen Annalen über das Lebensende Adams Folgendes zu berichten:

„Adamus antea, appropinquante iam morte ipsius, convocatis filio suo Setho, Sethique Enosho, Enoshi Kainano, et Kainani Mahlaliele, praecepit, dicens ipsis: Sit hoc mandatum omnibus filiis vestris. Ubi mortuus fuero, corpus meum myrrha, thure et cassia conditum reponite in spelunca Alcanuz: et quicunque fuerit e filiis vestris eo tempore cum e confiniis paradisi abeundum vobis sit, corpus meum secum sublatum ponat in medio terrae, quoniam inde futura est salus mea, et salus omnium filiorum meorum.

Totum autem vitae Adami spatium erat nongentorum triginta annorum, ac mortuus est die Veneris, luna decima quarta, sexto Nisan (qui est Barmudah) hora nona diei Veneris; qua enim hora e paradiso pulsus est. Mortuum ergo Adamum pollinxit, iuxta ipsius mandatum, filius eius Seth, corpusque eius ad fastigium montis sublatum in spelunca Alcanuz sepelivit: ipsumque centum quadraginta dies planxerunt."

Wenn auch hier Eutychius bemerkenswert geschickt kürzt, so gibt er doch fast vollständig die Schatzhöhlentradition wieder. Lediglich der zweite Teil der Ermahnungen (Gottesfurcht, Kain) fehlt. Der Schlußrahmen gleicht dem der Schatzhöhle bis auf das Datum, und hier wird es interessant: Hatte die Schatzhöhle die Todesstunde Adams mit der Jesu in Verbindung gebracht, so bezieht sie Eutychius auf Adams Vertreibung aus dem Paradies [10]. Diese Vergleichsdatierung erscheint aber ursprünglicher! Eutychius hat demnach offenbar seinem Bericht über Adams Ende eine ältere Quelle zugrunde gelegt als die Schatzhöhle. Da diese die Vergleichsdatierung offensichtlich bewußt verändert [11], christianisiert hat, muß die Quelle, aus der vermutlich beide geschöpft haben, jüdisch gewesen sein. Es ist ja auch sonst ein auffallender Zug des Verfassers der Schatzhöhle, jüdische Tradition aufzunehmen, umzubiegen und sie dann polemisch gegen die Juden zu wenden. Ein Beispiel: Nach Schatzhöhle 23,15 u. ö. ist Golgatha der Mittelpunkt der Erde. Auch jüdische Tradition kennt diese Vorstellung einer „Mitte der Erde", nur lokalisiert sie sie natürlich im Zion (Jub 8,19; siehe auch die alttestamentliche Vorstellung vom Gottesberg Ps 48; Jes 2,1—4; Sach 14,9 f. u. ö. [12]). Die Abänderung durch die Schatzhöhle ist sicher nicht nur als Korrektur sondern auch als Polemik zu verstehen. Bei Eutychius finden sich keine Spuren einer Christianisierung; denn auch die Verheißung „quoniam inde futura est salus mea et salus omnium filiorum meorum" ist in

---

[9] J.-P. Migne, PG, Bd. 111, Paris, 1863, Sp. 911.

[10] Auch die Nachschrift des Cedrenus vermerkt dieses Bezugsdatum, siehe S. 177.

[11] Die Sache war zu verführerisch: Freitag, 9. Stunde, Nisan stimmten bereits überein. Der Verfasser der Schatzhöhle brauchte nur noch die beiden Worte „luna" und „sexto" zu streichen, um das Sterbedatum Christi zu erhalten.

[12] Siehe hierzu G. v. Rad, Die Stadt auf dem Berge, in: GesSt, München, 1961, S. 214—224.

jüdischem Mund — bezogen auf Jerusalem und den Zion — durchaus denkbar, vor allem in der Spätzeit (z. B. TestLevi 18).

In sein großes Geschichtswerk Σύνοψις ἱστοριῶν hat *Georgius Cedrenus* auch eine Aufstellung der Stunden des Tages aufgenommen [13], die der des 1. Fragmentes des TestAdam sehr nahekommt. Er stellt dieser Aufzählung eine kurze Einleitung voran und beschließt sie mit einer ebenfalls nicht sehr ausführlichen Nachschrift, die in diesem Zusammenhang von Interesse ist. Sie lautet:

„Τῷ δὲ ἐννακοσιοστῷ τριακοστῷ ἔτει Ἀδὰμ ἐκοιμήθη κατ' αὐτὴν τῆς παραβάσεως ἡμέραν καὶ εἰς τὴν γῆν ἐξ ἧς ἐλήφθη ἀπῆλθε, καταλείφας ἄρρενας υἱοὺς τριάκοντα τρεῖς καὶ θυγατέρας εἴκοσιν ἑπτά.

Οὗτος ἡγεμόνευσε τοῦ γένους τῶν ἀνθρώπων δι' ὅλης αὐτοῦ ζωῆς.

Ἡ δὲ ταφὴ αὐτοῦ κατὰ τὴν τῶν Ἱεροσολύμων γέγονε γῆν ὡς Ἰώσηπος ἱστορεῖ."

Cedrenus bezieht diese Kenntnisse zum Teil wenigstens aus dem Werk Ἐκλογὴ χρονογραφίας eines älteren Chronisten, *Georgius Syncellus*, wie die fast wörtliche Übereinstimmung beider zeigt:

„Τῷ ἐννακοσιοστῷ τριακοστῷ ἔτει Ἀδὰμ ἐκοιμήθη, καταλείφας ἄρρενας υἱοὺς τριάκοντα τρεῖς καὶ θυγατέρας εἴκοσιν ἑπτά.

Οὗτος ἡγεμόνευσε τοῦ γένους τῶν ἀνθρώπων τὰ ὅλα τῆς ζωῆς αὐτοῦ ἔτη" [14].

Beide Chronisten bieten nur den Schlußrahmen dieses Überlieferungsstückes, und auch er erscheint nicht unwesentlich verändert. In zwei Angaben stimmt er jedoch mit diesem ersten Traditionskreis überein: in der Altersangabe (Syncellus und Cedrenus) und in dem Hinweis, daß Adams Sterbedatum mit einem anderen Datum zusammengefallen sei (nur Cedrenus). Interessant dabei ist, daß hier Cedrenus wie Eutychius das ältere, jüdische Datum übernehmen im Gegensatz zu der viel früheren Schatzhöhle, die christianisiert.

Syncellus und Cedrenus vermerken darüberhinaus noch die Anzahl der Söhne und Töchter, die Adam hinterlassen habe. Auch im „Leben Adams und Evas" (24) und der ihm verwandten Apokalypse des Mose (5) finden sich derartige Angaben, aber die Zahlen stimmen nicht überein (33 Söhne, 30 Töchter). Daß Adam zeit seines Lebens über das Geschlecht der Menschen geherrscht habe, ist eine unsinnige Bemerkung, da die ganze Menschheit ja nur aus seinen Kindern bestand. Sie wird jedoch sinnvoll, wenn man sie mit dem Gebot Adams an seinen Sohn Seth in Verbindung bringt, sein Volk in aller Gottesfurcht zu führen, ein Gebot, das dieser an seinen Sohn Enos weitergibt, der an seinen Sohn Kenan usw. (Schatzhöhle 6 ff.). Diese Kette der Führerschaft soll nun nach vorne, auf Adam, verlängert werden.

Diese zusätzlichen Angaben der beiden Chronisten (Anzahl der Kinder, Herrschaft) könnten ein Hinweis darauf sein, daß die ursprüngliche jüdische Quelle mehr enthalten hat als das, was die Schatzhöhle (6) überliefert, doch ist diese Schlußfolgerung sehr vage; denn Syncellus, von dem Cedrenus hier

---

[13] J.-P. Migne, PG, Bd. 121, Paris, 1864, Sp. 41.
[14] W. Dindorf, Georgius Syncellus et Nicephorus, Bd. I, Bonn, 1829, S. 18.

abhängig ist, kann dieses zusätzliche Wissen auch einer anderen, uns unbekannten Quelle entnommen haben.

Die Schlußbemerkung des Cedrenus, das Grab Adams befinde sich in Jerusalem, gehört zu der ursprünglich jüdischen Vorstellung, Jerusalem sei die Mitte der Welt, bzw. der Ort, an dem sich das Geschick der Welt entscheide.

In diesen Traditionskreis könnte nun auch noch der *Teil 3 des 2. Fragmentes des TestAdam* gehören [15]: Einmal läßt sich in ihm im Unterschied zu den anderen drei Teilen dieses Fragmentes keinerlei christliche Bearbeitung erkennen, zum anderen verweisen die Bemerkung über die Sünde der Töchter Kains, und daß ihretwegen die Sintflut über die Erde gekommen sei, ferner der Name seiner Schwester, „Lebora", (in Schatzhöhle 5 „Lebuda") und die Eifersuchtsgeschichte als Grund für den Totschlag an Abel diesen Teil eindeutig in den Traditionskreis der Schatzhöhle [16].

Dieser 3. Teil nun verrät obendrein Testamentsstil (Anrede an den Sohn, Belehrung über den Ursprung der Sünde, Weissagung künftiger Ereignisse: Sintflut und Ende der Welt). War er also einmal Bestandteil der jüdischen Quelle dieses Traditionskreises, eines alten, in seiner ursprünglichen Form uns nicht mehr erhaltenen Testamentes Adams? Wenn das der Fall ist, dann hätten Eutychius, der sowieso schon kürzt, Schatzhöhle 6 und die Präambel der arab. MSS nur eine Kurzfassung wiedergegeben, nicht aber das vollständige alte, jüdische TestAdam! Das ist denkbar, aber nur wahrscheinlich zu machen, nicht zu beweisen; denn dafür sind die Verbindungslinien leider doch zu dürftig.

Versuch einer Rekonstruktion der Form des alten jüdischen TestAdam:

Anfangsrahmen

a) Altersangabe	(Sch. 6,6a; Eutychius, Cedrenus und Syncellus im Schlußrahmen)
b) Vergleichsdatierung (Alter)	(Sch. 6,6b)
c) Hinweis auf den bevorstehenden Tod (bericht.)	(Sch. 6,7; Eutychius)
d) Situation	(Sch. 6,8; Eutychius)
e) Adressat	(Sch. 6,9a; Eutychius; 3. Teil d. 2. Fragmentes — nur Anrede an den Sohn)
f) Redeeinleitungsformel	(Sch. 6,9b; Präambel)

---

[15] Nach P. Rießlers Zählung 3,15—17.

[16] Eine weitere, nur in arab. und äthiop. MSS erhaltene, christliche Adamschrift, der „Kampf Adams und Evas (gegen den Satan)", die nahe mit der Schatzhöhle verwandt ist und auf ihr aufbaut, bringt gleichfalls die Abschiedsworte Adams hinsichtlich der Bestattung seines Leichnams (ganz ähnlich wie Schatzhöhle 6) mit einer Ankündigung der Sintflut in Verbindung. (Französische Übersetzung des „Kampfes" in J.-P. Migne, Dictionnaire, Sp. 297—388.)

Mittelteil

a) Verhaltensanweisung	(Sch. 6,10.14; Präambel; Eutychius; 3. Teil d. 2. Fragmentes — Belehrung).
aa) Bestattungsanweisungen [17]	(Sch. 6,11—12; Präambel; Eutychius)
b) Zukunftsansage	(Sch. 6,13; Präambel; Eutychius; 3. Teil d. 2. Fragmentes)

Schlußrahmen

a) Sterbedatum	(Sch. 6,17a.c; Eutychius)
b) Tod	(Sch. 6,17b.18b; Eutychius; Cedrenus; Syncellus)
c) Vergleichsdatierung (Sterbedatum)	(Sch. 6,18a; Eutychius; Cedrenus)
d) Bestattung durch die Söhne	(Sch. 6,19.21b; Eutychius; Cedrenus — nur Angabe des Grabes)
e) Trauer	(Sch. 6,20.21a; Eutychius)

Man kann die Test.-Form deutlich wiedererkennen. Ob allerdings dieses alte, jüdische Testament eine eigene Schrift war — dann fehlt heute das Formelement Titel und Name — oder nur Teil eines uns heute in seiner ursprünglichen Gestalt unbekannten Werkes, das läßt sich nicht mehr feststellen. Das letztere ist wohl wahrscheinlicher. Über die Zeit seiner Entstehung läßt sich anhand dieser Rekonstruktion wenig sagen. Die Tatsache, daß Jerusalem bzw. der Zion als Mittelpunkt der Erde bezeichnet wird, würde doch wohl in eine Zeit weisen, in der der Tempel noch nicht zerstört war.

2) Zum *zweiten Traditionskreis* gehören: das 2. Fragment des TestAdam (außer Teil 3), besser: die jetzige, christliche Gestalt des TestAdam ohne die klar erkennbaren eigenständigen Stücke (das wären die Fragmente 1 und 3 und der 3. Teil des 2. Fragmentes), und die Abschnitte 45—48 der Vita Adae et Evae. Sie heben sich wegen der anderen Art der Bestattung Adams und ihrer Begleitumstände deutlich und einwandfrei vom ersten Traditionskreis ab. Es liegt hier eine gesonderte Überlieferung vor.

Vita Adae et Evae [18]:

45: „Und wie der Erzengel Michael vorausgesagt hatte, nach sechs Tagen kam Adams Tod.

Als Adam merkte, daß seine Todesstunde nahte, sprach er zu allen seinen Söhnen:

---

[17] Sie stehen hier ungewöhnlicherweise im Mittelteil. Das ist eine Besonderheit, die in der speziellen Bedeutung des Grabes Adams begründet liegt.

[18] Text und Kapiteleinteilung nach C. Fuchs in: E. Kautzsch, Apokryphen II, S. 524—527.

,Seht, ich bin 930 Jahre alt [19]. Wenn ich nun gestorben bin, so begrabt mich gen Tagesaufgang in der Gegend jener Wohnung.'
Und es geschah, als er seine Reden alle beendet hatte, gab er den Geist auf.

46: Da verfinsterten sich Sonne, Mond und Sterne sieben Tage lang. Während nun Seth klagend den Leib seines Vaters von oben umschlungen hielt, und Eva zur Erde blickte, die Hände über ihr Haupt gefaltet, und alle ihre Söhne bittere Tränen vergossen: Siehe, da erschien der Engel Michael, sich zu Häupten Adams stellend, und sprach zu Seth: Stehe auf vom Leibe deines Vaters, komm her zu mir und sieh, was Gott, der Herr, über ihn verordnet. Sein Gebilde ist er, darum hat er sich seiner erbarmt."

47: (Seth sieht nun, wie die Engel alle den Herrn loben wegen seiner Barmherzigkeit. Dieser übergibt den Leichnam Adams Michael und verheißt die endliche Einsetzung Adams in Herrlichkeit.)

48: „Und abermals sprach der Herr zu den Engeln Michael und Uriel: Bringt mir drei Byssuslinnen her und breitet sie über Adam aus und andere Linnen über seinen Sohn Abel; begrabt dann Adam und seinen Sohn! Und alle Engelkräfte zogen vor Adam her.
So wurde der Toten Schlaf geweiht. Und die Engel Michael und Uriel begruben Adam und Abel im Bereiche des Paradieses.
Das sah Seth und seine Mutter, sonst aber niemand. Da sprachen Michael und Uriel: Wie ihr es gesehen, so begrabt eure Toten!"

Auch hier läßt sich die Test.-Form gut wiedererkennen:

Anfangsrahmen

a) Hinweis auf den bevorstehenden Tod (bericht.) 45, Satz 1 und 2

b) Adressat 45, Satz 2

c) Hinweis auf den bevorstehenden Tod (pers.) [20]

d) Altersangabe 45, Satz 3

Mittelteil

Bestattungsanweisungen 45, Satz 4

---

[19] Nach der Ausgabe von J. H. Mozley, The ,Vita Adae', in JThSt 30, 1929, S. 121—149, lautet die Stelle folgendermaßen:
„Et cum cognouisset Adam quod uenit hora mortis eius, dixit ad omnes filios suos et filias: Ecce nunc morior et est numerus annorum meorum in hoc mundo nongenti triginta."
Hier leitet also Adam seine Rede mit einem eigenen Hinweis auf den bevorstehenden Tod ein, der in der Übersetzung von C. Fuchs ebenso wie in der Übersetzung von E. Piatelli, Vita Adae et Evae, in: Annuario di Studi Ebraici, Rom, 1969, S. 9—23, fehlt.
[20] Nur in der Ausgabe von J. H. Mozley.

Schlußrahmen

a) Redeabschlußformel	45, Satz 5a
b) Tod	45, Satz 5b
bb) Begleitumstände in der Natur	46, Satz 1
c) Trauer	46, Satz 2
d) Bestattung (hier durch die Engel)	48

Ein Testament im Kleinformat [21]: Anfangs- und (erweiterter) Schlußrahmen heben sich deutlich heraus, nur der Mittelteil ist so gut wie ganz ausgefallen. Er besteht nur noch aus den Bestattungsanweisungen, die an die Stelle der Verhaltensanweisungen getreten sind [22].

Dieses kleine, jüdische Überlieferungsstück nimmt nun das 2. *Fragment des TestAdam* auf und füllt es mit christlichem Gedankengut. Dabei hat aber sein Verfasser offenbar keinen großen Wert auf die Beibehaltung der äußeren Form gelegt:

a) Der Anfangsrahmen fehlt fast völlig, und es gibt auch keine Anzeichen dafür, daß er früher einmal vorhanden war und später, etwa bei der Zusammenstellung der Einzelfragmente zum TestAdam, verlorenging.

b) Die Rede des Sterbenden beginnt abrupt (3,1 [23]), fast ohne Vorbereitung, ja der Leser erfährt nur aus der Überschrift „Testament" [24] des Test Adam, daß es sich hier um die Rede eines Sterbenden handelt.

c) Im Mittelteil unterbricht eine Frage seines Sohnes den Monolog Adams (3,13).

d) Schließlich fällt das Ausbleiben der Bestattungsanweisungen auf, da diese doch das einzige Thema des Mittelteiles in der Vita darstellten. Trotz dieser Mängel in der Form hat dieses Fragment doch den anderen zwei seinen Stempel aufgedrückt: „Testament Adam" heißt seinetwegen nun die Überschrift für alle.

Obwohl die Form so weitgehend verändert wurde, zeigen doch die inhaltlichen Ähnlichkeiten des 2. Fragmentes (außer Teil 3) mit dem Stück

---

[21] Diesem kleinen TestAdam korrespondiert ein ganz ähnliches TestEva in 49—51. Noch überzeugender liegt hier die Test.-Form zugrunde: Vergleichsdatierung (49, Satz 1a), Hinweis auf den bevorstehenden Tod (bericht.) (49, Satz 1b), Situation (49, Satz 2), Adressat (49, Satz 2), Redeeinleitungsformel (49, Satz 3), Rückblick auf die Vergangenheit (49, Satz 4—6), Redeeinleitungsformel (50, Satz 1), Verhaltensanweisung (50, Satz 2), Redeabschlußformel (50, Satz 5a), Tod (50, Satz 5b), Bestattung durch die Söhne (50, Satz 6), Trauer (51, Satz 1—2).

[22] Die Bestattung der Toten wurde in der Antike als eine nicht gerade unwichtige Sache angesehen (Antigone, Buch Tobit). Sie galt als eine Pflicht, die sich aus einer bestimmten, gottesfürchtigen Lebenseinstellung ableitete. Diese Grundeinstellung wird mit der Anweisung, den Toten zu bestatten, auch mit angesprochen.

[23] Zählung nach P. Rießler, Schrifttum.

[24] Dieser Ausdruck wird erst im Schlußrahmen 3,18.20.22 wiederaufgenommen.

aus der Vita zur Genüge, daß beiden Schriften bzw. Schriftteilen die gleiche
Tradition zugrundeliegt, ja mehr noch, daß aller Wahrscheinlichkeit nach
der Verfasser dieses Fragmentes, der mit dem Redaktor des uns vorliegenden TestAdam identisch sein dürfte, die Überlieferung der Vita kannte.
Sein Werk will ein christliches Gegenstück zu den jüdischen Adambüchern
sein — wie die Schatzhöhle auch, ist also in seinem Grundzug polemisch
ausgerichtet. Es ist möglich, daß es früher noch umfangreicher war; denn
es fehlen die Übergänge zwischen den einzelnen Teilen des 2. Fragmentes.
Allerdings ist sein Gedankengang so, wie es uns vorliegt, einigermaßen geschlossen und scharfsinnig.

3) Schließlich schält sich noch ein *dritter Traditionskreis* heraus, dem
jegliche Verbindung zu den beiden ersten mangelt. Ihm gehören an das
1. Fragment des TestAdam (die Stunden der Nacht und des Tages), ein
Auszug aus einer magischen Schrift „Apotelesmata", die sich als Werk des
Apollonius von Tyana ausgibt [25], die Aufzählung der Stunden des Tages
und ihre Einleitung bei Cedrenus und ein Passus aus dem Werk des Syncellus, der dem bereits zitierten Abschnitt vorausgeht.

Der Auszug aus den „Apotelesmata" und die Aufzählung der Tages-
stunden des Cedrenus sind nur Variationen des 1. Fragmentes. Die jeweiligen Unterschiede brauchen hier keine Rolle zu spielen.

Hochinteressant sind jedoch die Einleitung des νυχθήμερον bei Cedrenus
und die ihr fast aufs Wort gleichende Passage bei *Syncellus*. Die letztere
lautet:

„Τῷ ἑξακοσιοστῷ ἔτει μετανόησας ὁ Ἀδὰμ ἔγνω δι' ἀποκαλύψεως τὰ περὶ
τῶν ἐγρηγόρων καὶ τοῦ κατακλυσμοῦ καὶ τὰ περὶ μετανοίας καὶ τῆς θείας
σαρκώσεως καὶ τῶν περὶ καθ' ἑκάστην ὥραν ἡμερινὴν καὶ νυκτερινὴν ἀνα-
πεμπομένων εὐχῶν τῷ θεῷ ἐξ ὅλων τῶν κτισμάτων διὰ Οὐριὴλ τοῦ ἐπὶ
τῆς μετανοίας ἀρχαγγέλου οὕτως."

Syncellus und Cedrenus bieten hier über das νυχθήμερον hinaus bemerkenswerte Einzelheiten aus dem Leben Adams. Woher haben sie diese
Kenntnisse? Zuerst ist man versucht zu glauben, beide würden hier kurz
den Inhalt des ganzen TestAdam beschreiben. Das kann aber nicht gut
sein; denn

1) ist dort nirgendwo von einer Buße Adams die Rede. Es fehlt auch
eine entsprechende Jahreszahl.

2) hätten Syncellus und Cedrenus doch sonst irgendwie von einem „Testament" oder von letzten Worten Adams sprechen müssen.

---

[25] Bekannt geworden durch die Anmerkungen von G. Gaulmyn zum Dialog
des M. Psellos ΠΕΡΙ ΕΝΕΡΓΕΙΑΣ ΔΑΙΜΟΝΩΝ in J.-P. Migne, PG, Vol. 122,
Paris, 1864, Sp. 846 Anm. 70 und Sp. 853/854 Anm. 91; schließlich ediert durch
M. R. James, Apocrypha anecdota I, Cambridge, 1893, S. 138—145 und F. Nau,
Apotelesmata Apollonii Tyanensis edidit, latine vertit, in: Patrologia syriaca,
Pars I, Tomus II, Paris, 1907, S. 1362—1392. Die Bezeichnung „griechisches
TestAdam" für den Auszug aus dem Werk des Apollonius, die A.-M. Denis,
Introduction, S. 10 und 11, verwendet, ist falsch und irreführend.

3) Beide heben klar den ersten Teil ihres Berichtes über Adam vom zweiten ab. Auch zeigt der Unterschied in den Jahreszahlen (Teil 1: 600. Lebensjahr Adams, Teil 2: 930.) deutlich, daß beide zwei verschiedene Adam-Traditionen vor Augen haben.

Wir müssen demnach mit einer besonderen Schrift rechnen und den Bericht des Syncellus und Cedrenus als eine Inhaltsangabe auffassen. Diese Schrift hätte dann am Anfang eine Erzählung von Adams Buße in seinem 600. Lebensjahr enthalten, bei deren Anlaß er eine Offenbarung erhalten hätte mit einem kurzen Geschichtsabriß als Inhalt: Engelwelt — Sintflut — Buße (auf Noah anspielend?) — göttliche Inkarnation, dazu noch magisches Material, das νυχθήμερον. Dieses Material dürfte aber seinerseits bereits in fester Form in diese Schrift aufgenommen worden sein, wenn wir davon ausgehen, daß das νυχθήμερον des 1. Fragmentes des TestAdam Teil eben dieser Schrift gewesen war; denn es ist nur sehr oberflächlich — durch zwei Einfügungen im Ich-Stil (v. 4b und 5b) — nachträglich in eine Redeform gebracht.

Wir hätten also eine, uns heute bis auf das νυχθήμερον unbekannte Schrift vor uns, zu der der Titel „Buße Adams", der den drei Fragmenten des TestAdam zu Unrecht auch beigegeben wurde, gut passen würde. Sie war wohl z. T. magisch ausgerichtet und hat deswegen entsprechendes Material aus anderen Quellen angezogen. Sie stammte von einem christlichen Verfasser und muß in geistiger Verwandtschaft zum TestSalomo gesehen werden.

Hierher könnte auch das Zitat aus dem Barnabas-Brief 2,10 gehören, wie M. R. James vermutet [26]. Es lautet:

„Θυσία τῷ θεῷ καρδία συντετριμμένη.
Ὀσμὴ εὐωδίας τῷ κυρίῳ καρδία δοξάζουσα τὸν πεπλακότα αὐτήν."

Das Barnabas-MS aus Konstantinopel vermerkt hier am Rande:

ψαλμ. Ν' καὶ ἐν ἀποκαλύφει 'Αδάμ.

Keine der uns bekannten Adamschriften enthält dieses Zitat, es könnte jedoch vom Inhalt her gut in einer „Buße Adams" stehen. Daß diese Schrift dann auch den Titel „Apokalypse Adams" angenommen hätte, ist bei der oben skizzierten Stilisierung des Ganzen als Offenbarung durchaus verständlich.

4) Ganz separat von diesen drei Traditionskreisen ist das *3. Fragment des TestAdam* zu sehen und zu beurteilen. Die verknüpfenden Verse 1 („Noch etwas vom Testament unseres Vaters Adam") und 24 („Wir haben das Testament unseres Vaters Adam mit Hilfe des Herrn zu Ende geschrieben.") sind künstliche Zusätze. Die Form ist nicht die des Testamentes sondern die der Diatribe. Aber nicht nur Form sondern auch Inhalt zeigen, daß es sich nicht um ein Testament handeln kann: Das Fragment führt David, Sanherib, Sacharja und Judas Makkabäus als allgemeinverständliche Beispiele an. Das geschieht so, daß deutlich wird, daß die Schicksale bzw.

---

[26] M. R. James, Apocrypha anecdota I, S. 144 f.

die Worte dieser Personen der Vergangenheit angehören, so daß jeder aus ihnen lernen kann (v. 14: „wie man dies am König von Assyrien sieht.“). Nun ist es an sich nicht anstößig, daß in einem Testament Adams von Judas Makkabäus die Rede ist — das ist in der Testamentsliteratur der Spätzeit durchaus denkbar —, sondern daß das in einem allgemeinen Rückbezug geschieht und nicht, wie es die Test.-Form forderte, in einer Weissagung auf die Zukunft hin! Dieses 3. Fragment wollte also von Haus aus kein Testament sein sondern ein Lehrgespräch. Vielleicht wurde es nur wegen seiner entfernten, thematischen Ähnlichkeit mit den Stunden des Tages und der Nacht mit den anderen beiden Fragmenten in Verbindung gebracht [27]. Es könnte jüdischen, es könnte aber auch christlichen Ursprungs gewesen sein, worauf aber nichts weiter hinweist als die zweimalige Nennung des Namens Jesu Christi.

Zusammenfassung

Damit hat sich also das TestAdam durchaus als ein heterogenes Gebilde herausgestellt, dessen Bausteine auf jüdischen Quellen fußen, die zum größten Teil nur mehr im Rückschlußverfahren rekonstruiert werden konnten. Die äußere Form ist jeweils verschieden, doch lassen sich teilweise klare Bezüge auf die Test.-Form nicht übersehen.

Weit mehr als andere Gestalten der jüdischen Geschichte hat Adam offenbar die Phantasie der Spätzeit und der frühen christlichen Zeit auf sich gezogen. Als Vater nicht nur Israels sondern der Menschheit und als Urheber des Abfalls von Gott war er geradezu prädestiniert dafür, als Angelpunkt für die verschiedensten Modelle von Erlösung zu fungieren (Magie, endliche Restitution, Inkarnation).

---

[27] Nach M. Kmosko, Testamentum, ist dieses Fragment überhaupt nur in einem einzigen MS dem TestAdam angefügt. Alle übrigen MSS kennen dieses Fragment nicht. M. Kmosko geht sogar so weit, zu vermuten, daß es überhaupt nur aufgrund eines Abschreibungsversehens in den Text gekommen sei (S. 1318).

§ 6. DAS TESTAMENT SALOMOS [1]

Text:

Ch. Ch. McCown, The Testament of Solomon edited . . . with introduction, Leipzig, 1922.

Übersetzung:

Fr. A. Bornemann, Das Testament des Salomo. Aus dem Griechischen übersetzt und mit Einleitung und Anmerkungen begleitet, in: ZHTh 14,3, 1844, S. 9—56.

F. C. Conybeare, The Testament of Solomon, in: JQR 11, 1899, S. 1—45.

P. Rießler, Schrifttum, S. 1251—1262 (nur die Kapitel 1—2 und 20—26).

Handelte es sich beim TestAdam um eine Schrift bzw. um Fragmente, deren Testamentscharakter man allenfalls noch erahnen und erst in komplizierten Rekonstruktionsversuchen wiedergewinnen konnte, so ist das TestSal ein echtes Pseudotestament. In Motivation, Intention und Art der Argumentation zeigt es sich zwar von einem echten Testament klar geschieden; dazu fehlen auch die wesentlichen Formmerkmale. Trotzdem gab man dieser Schrift den Titel Διαθήκη — der Begriff als solcher verlieh anscheinend bereits eine gewisse Autorität. Das konnte nur zu einer Zeit geschehen, als die Literaturgattung „Testament" bereits großes Ansehen genoß. Wir haben es also im TestSal nicht mehr mit der eigentlichen Form des Testamentes zu tun sondern schon mit ihrer Wirkungsgeschichte.

In 1. Kön 5,9—14 wird Salomo als ein Mann beschrieben, der mit einer derart überreichlichen Weisheit begabt war, daß kein Mensch auf Erden ihm gleichkam. Diese Weisheit äußerte sich zum einen als Lebenserfahrung, als tiefe Einsicht in die menschliche Psyche („salomonisches Urteil"), zum anderen aber im oben genannten Text als wissenschaftliche Bildung, als Kenntnis und Verarbeitung der Naturwissenschaft dieser Zeit. Salomo, so heißt es, sprach „von der Zeder auf dem Libanon bis zum Ysop, der aus der Mauer wächst" (1. Kön 5,13), d. h. er hatte Kenntnis von allen Pflanzen, von der größten bis zur kleinsten, dazu von den großen Tieren und den kleinen, den Vögeln und den Fischen (v. 13). Salomo beherrschte also die sog. „Listenwissenschaft" seiner Zeit [2].

Seine Weisheit hatte demnach einen doppelten Charakter: Sie gründete sich einerseits auf eine reiche Lebenserfahrung, repräsentierte andererseits den naturwissenschaftlichen Standard ihrer Zeit.

---

[1] Kapitel- und Verseinteilung nach Ch. Ch. McCown.

[2] Vgl. hierzu G. v. Rad, Hiob 38 und die altägyptische Weisheit, in: GesSt, München, 1961, S. 262—271.

Bald rankte sich eine reiche Literatur um Salomo als den Weisen schlechthin [3], wobei beiden Formen der ihm zugeschriebenen Weisheit durchaus Rechnung getragen wurde: seiner Lebenserfahrung z. B. durch die Übertragung der Bücher der Sprüche, des Predigers und der Weisheit auf seinen Namen und seine Urheberschaft, seinen naturwissenschaftlichen Kenntnissen dadurch, daß man ihm Wissen zuschrieb, das den begrenzten, sichtbaren Bereich überstieg und nun auch Engel und Dämonen umfaßte. So wurde auf dieser zweiten Linie aus Salomo, dem Gelehrten, der König der Zauberer, Magier und Beschwörer.

Ausschließlich in diesem Gewand tritt uns der berühmte Weise im Test Sal gegenüber. Hier wird uns berichtet, wie Salomo aufgrund eines Gebetes von Gott den berühmten Siegelring erhält und damit jeden Dämonen unter seine Macht zwingen kann. Er läßt nun auch sogleich eine Vielzahl der verschiedenartigsten Dämonen vor seinem Thron erscheinen, befragt sie nach ihren Namen, der Art ihrer üblen Wirkungsweise an den Menschen, dem Namen dessen, der sie bezwingen, und der Formel, mit der man sie beschwören kann, und manchem anderen. Schließlich bestimmt Salomo die meisten von ihnen dazu, beim Bau seines Tempels die schwersten Arbeiten zu verrichten.

Obwohl diese Situation des Tempelbaus das ganze Buch durchzieht, hat sie doch mehr die Funktion des Hintergrundes, vor dem der Verfasser seine Kenntnisse der Dämonenwelt ausbreiten kann. Sein eigentliches Interesse ist „medico-magical" [4]. Er schreibt, um der Welt bekanntzugeben, welches die Krankheiten und Beschwerden sind, die die Dämonen der Menschheit bringen, und wie man ihren üblen Anschlägen entgehen kann [5].

In dieser seiner Intention ist das TestSal ein Glied in der großen Kette der Zauberbücher, die durch die Jahrtausende und alle Generationen hindurch überliefert wurden und bis heute nicht ausgestorben sind. Man wird daher auch mit der Vermutung nicht fehlgehen, daß viel Material des Test Sal aus anderen Quellen entlehnt ist. Sicher nachweisen läßt es sich beim Asmodäus (Kap. 5) aus dem Buch Tobit und der Legion Engel (Kap. 11) aus Mk 5,1—8 (par.). Das wirft die Frage nach der Entstehungszeit dieser Schrift auf.

Das TestSal ist uns fast ausschließlich griechisch überliefert, und kein Argument von Gewicht spricht dagegen, daß das nicht auch die Originalsprache ist, in der das Testament abgefaßt wurde [6]. Aus der verwickelten

---

[3] Siehe G. Salzberger, Die Salomosage in der semitischen Literatur: ein Beitrag zur vergleichenden Sagenkunde. I. Teil: Salomo bis zur Höhe seines Ruhmes, Berlin, 1907; ders., Salomos Tempelbau und Thron in der semitischen Sagenliteratur, Berlin, 1912.

[4] Nach der Definition von Ch. Ch. McCown, Solomon, S. 4.

[5] Ebd.

[6] Auf einige späte, arabische MSS, die bis jetzt noch nicht ediert sind, verweist G. Graf, Geschichte der christlichen arabischen Literatur, Bd. 1, Vatikan, 1944, S. 210.
Da nach McCowns Edition des TestSal, der eine ausführliche Einleitung vorangestellt ist, keine gründlichere Untersuchung dieser Schrift mehr erschienen ist,

Geschichte der Überlieferung des Textes soll hier nur interessieren, daß das
gute Dutzend Handschriften, die das TestSal teils vollständig, teils fragmentarisch aufbewahrt haben, sich in drei Rezensionen gliedern läßt (A, B,
C), die Test.-Form zeigen, während eine einzige Handschrift (MS d) deutlich abseits steht. Sie enthält keinerlei magisch-medizinische Formeln, sondern bietet eine einfache Erzählung von Salomos Geburt und Größe, seinem
Tempelbau und seinen Erlebnissen mit einigen Dämonen [7]. Die ganze kom-
pendienhafte Dämonologie, die den größten Teil des TestSal umfaßt, fehlt.
Dieser kurzen Lebensbeschreibung Salomos, die bis auf diese Abweichungen
große Ähnlichkeit und enge Verwandtschaft mit dem Text der übrigen
Handschriften aufweist, eignet im Gegensatz zu diesen keinerlei Testamentscharakter. Da diese Kurzbiographie Salomos weitgehend frei ist von
christlichen Gedanken oder Begriffen, vermutet McCown in ihr den —
leicht überarbeiteten — ursprünglichen Kern des TestSal (d), der einem
jüdischen Verfasser zuzuschreiben ist. In späterer Zeit dann — McCown
denkt an das 3. Jhdt. n. Chr. — habe ein Christ dieses Werk aufgegriffen
und unter weitgehender Aufnahme römisch-hellenistischen Gedankengutes
zu einem Zauber-vade-mecum in Test.-Form umgearbeitet. „We conclude,
then, that while the original story d was probably Jewish, the demonolo-
gical document which first called itself a Testament, best represented in
Rec. A, was a Christian work" [8].

Für die hier in erster Linie interessierende Frage, ob das TestSal und
aufgrund welcher Merkmale es als ein Testament anzusprechen ist, kann
also die Lebensbeschreibung Salomos von vornherein außer Betracht bleiben. Zu prüfen sind allein die drei Rezensionen.

a) *Anfangsrahmen*

Alle Handschriften, die das TestSal vollständig überliefert haben, stellen
ihm auch einen Titel voran, aber kaum einer stimmt mit einem anderen
überein. Allen gemeinsam ist jedoch zu Anfang — der Struktur nach — das
Element *„Titel und Name"*, das jedoch inhaltlich variieren kann: T. + N.

Διαθήκη bzw. Διήγησις Σολομῶντος υἱοῦ Δαυείδ, Διήγησις περὶ τῆς διαθήκης
Σολομῶντος, Διαθήκη τοῦ σοφωτάτου Σολομῶντος.

Dann folgt in den Rezensionen A und B eine teils kürzer teils länger
gefaßte Inhaltsangabe, den Tempelbau und die Geheimnisse der Dämonen
betreffend. Dieselben beiden Rezensionen beschließen den Anfangsrahmen

---

beziehe ich mich im folgenden wesentlich auf dieses Werk. Eine ausführliche Biblio-
graphie der bis 1922 erschienenen Literatur zum TestSal hat McCown auf den
Seiten 127—136 seiner Ausgabe zusammengestellt. Neuere Literatur siehe bei
A.-M. Denis, Introduction, S. 67—69, und J. H. Charlesworth, Pseudepigrapha,
S. 197—202.
Zu Entstehungszeit, -ort und Ursprache vgl. auch K. Preisendanz, Art. „Salomo.
Testament des S.", in: RE Suppl. 8, Sp. 684—690.

[7] Von Ch. Ch. McCown auf den Seiten 88[+]—97[+] gesondert abgedruckt.

[8] Solomon, S. 89. Belege für diese These auf den Seiten 87—90.

mit einer Doxologie, die Gott, den Herrn, preist, der Salomo so große
Macht gegeben habe. Die Rez. C hat offensichtlich diese Doxologie ersetzt
durch einen ausführlichen Prolog, in dem Salomo den von ihm über alles
gepriesenen Gott um Einsicht in seine verborgene Weisheit bittet, die er
auch zugestanden bekommt zusammen mit dem Auftrag, den Tempel Zion
zu erbauen.

Alle diese verschiedenen Variationen des Anfangsrahmens erwecken den
Eindruck, von der Hand sehr viel später lebender Abschreiber zu stammen.
Auszunehmen ist vielleicht allein die Doxologie der Rez. A und B. Ob das
TestSal ursprünglich einen Titel (entsprechend dem Element „Titel und
Name") getragen hat, läßt sich anhand des überlieferten Textbestandes
nicht mehr sicher ermitteln. Einen ausgeführten Anfangsrahmen nach Art
der Test.-Form hat es aber keinesfalls besessen.

b) *Mittelteil*

Eine kleine, menschliche Szene am Rande des Tempelbaues bietet gleich
zu Anfang dem Autor die Möglichkeit, die zwei großen Themen seines
Werkes, den Tempelbau und die Begegnung mit den Dämonen, zu verbinden (Kap. 1): Ein jüngerer Arbeiter, der wegen seines besonderen Eifers
den doppelten Lohn und doppelte Verpflegung erhält, verfällt trotzdem
gesundheitlich zusehends. Als Salomo der Sache auf den Grund geht, erfährt er von dem Arbeiter, daß jeden Abend ein Dämon zu ihm käme, der
ihm die Hälfte seines Lohnes und seiner Verpflegung raube und dazu noch
am Daumen seiner rechten Hand Blut sauge. Salomo bittet nun Gott um
Macht über diesen Dämon. Sein Gebet wird erhört; er erhält durch den
Erzengel Michael einen Siegelring, mit dessen Hilfe er alle Geister bezwingen könne. Diesen Ring übergibt Salomo dem jungen Arbeiter mit dem
Auftrag, den Dämon zu bannen, sobald er wieder erscheine, und ihn vor
den Thron des Königs zu schleppen. Wie befohlen, so geschieht es auch:
Der Arbeiter führt den um Freiheit winselnden Dämon mit Hilfe des Rin-
ges vor Salomo, ohne der Versuchung zu erliegen, gegen alles Gold und
Silber dieser Erde den Geist wieder freizulassen.

Auffällig und für die Untersuchung der Form interessant ist die Beobachtung, daß jede Redeeinleitung fehlt. Der Mittelteil beginnt wie eine Erzählung, ein Bericht, und erst allmählich und wie nebenbei schwenkt er
über in die 1. pers., so daß das Ganze als eine Rede Salomos kenntlich
wird. Auch setzt dieser Redestil nicht bei allen Handschriften an der gleichen Stelle ein sondern bei der einen schon am Ende des langen, ersten
Verses, bei anderen erst im zweiten, dritten oder vierten Vers. Die Handschriften der Rez. C, die auch die Begebenheit mit den jungen Arbeiter anders darstellen, und eine Handschrift der Rez. A sprechen sogar von Salomo eingangs ausdrücklich in der 3. pers.! Aufgrund dieser Beobachtung
kann man die These McCowns nur bestätigen, daß vermutlich dem TestSal
eine Erzählung über den berühmten König zugrundelag, der erst nachträglich die Test.-Form übergestülpt wurde.

Mit dem Erscheinen des ersten Dämons, Ornias mit Namen, beginnt
nun der große Geisterreigen, der die ganze erste Hälfte des TestSal aus-

füllt (Kap. 2—18). Salomo zwingt den Ornias, Beelzebul, den Obersten der Dämonen, vorzuführen, und beide zitieren dann abwechselnd eine Vielzahl von weiteren Geistern herbei bzw. diese erscheinen schon allein aufgrund des Befehles Salomos. Die Schemata der Dämonenauftritte gleichen sich weitgehend, obwohl gelegentlich Abweichungen zu beobachten sind, denen aber keine größere Bedeutung zuzukommen scheint. Schluß und Höhepunkt der Vorstellung der Dämonenwelt bildet das gemeinsame Auftreten aller 36 Geister des Tierkreises (στοιχεῖα), die in gleicher Monotonie wie die vorherigen Dämonen befragt werden nach ihrem Namen, ihrer üblen Wirkungsweise an den Menschen, dem Namen ihres Bezwingers und/ oder nach der Formel, mit der man sie beschwören kann. Auch die Frage nach dem Sternbild, in dem der jeweilige Geist wohnt, scheint zu dem Auftrittsschema hinzuzugehören. Nachdem die Dämonen Salomo befriedigende Auskunft gegeben haben, werden sie entweder gefesselt oder — häufiger — zu Arbeiten am Tempelbau abgeordnet.

Interessanterweise heißt es von Asmodäus, daß er die Zukunft vorauswisse (τὸ προγνωστικὸν εἶχεν — 5,12), und auch ein weiterer Dämon, der weibliche Geist Ἐνήφιγος, gibt eine Reihe von Unglück ankündigenden *Zukunftsansagen* von sich aus Zorn über die Fesselung durch Salomo (15,8 bis 12). Sie weissagt dem König das Ende seiner Herrschaft, die Zerstörung des eben entstehenden Tempels und die Plünderung Jerusalems durch die Perser, Meder und Chaldäer. Weiterhin sagt sie ihm die endliche Befreiung aller jetzt gebundenen Dämonen an, die andauern wird bis zur Kreuzigung des Sohnes Gottes mit Namen Emmanuel, des Sohnes der Jungfrau, dem alle Geister untertan sein werden. Die Abzweckung dieser Weissagung erhellt aus den beiden folgenden Versen: Salomo glaubt dem Dämon nicht, aber als er später sieht, daß alle diese Prophezeitungen eintreffen [9], da richtet er an seinem Lebensende dieses Testament an das Volk Israel, um ihm mitzuteilen

> „die Wirkungsweisen der Dämonen, ihr Aussehen und die Namen der Engel, durch die die Dämonen bezwungen werden." (v. 14)

Diese Zukunftsansage dient also nicht irgendeiner Verhaltensanweisung; sie will nicht die Konsequenzen in der Zukunft aufzeigen, um so vor irgendeinem Verhalten in der Gegenwart zu warnen oder zu einem anderen aufzurufen. Die Voraussage der zukünftigen Geschehnisse soll allein die Glaubwürdigkeit des Dämonen und damit die Zuverlässigkeit des vorliegenden Testamentes untermauern [10]. Was die Dämonen Salomo anvertrauen, entspricht der Wahrheit; man kann sich auf die magischen Rezepte verlassen und sie getrost anwenden. Diese Art von Zukunftsansage zielt also allein ab auf die Gewinnung von Autorität und Glaubwürdigkeit für die

Zuk.

---

[9] Welch eine Unbefangenheit der Argumentation! Salomo kann — nach der Legende — nur das Ende seiner Herrschaft miterlebt haben, mehr nicht. Der christliche Leser dagegen weiß, daß alle Voraussagen des Geistes eingetroffen sind.

[10] Ähnliche Funktion erfüllt auch die Episode mit dem Greis und seinem Sohn in Kap. 20.

vorliegende Schrift. Mit der alten Funktion der Zukunftsansage im Rahmen der Test.-Form hat das kaum noch etwas gemein.

Im 2. Teil des Testamentes steht wieder mehr der Bau des Tempels im Mittelpunkt, obwohl auch hier noch Dämonen eine wichtige Rolle spielen.

Kap. 19 preist Salomos Ruhm unter den Menschen und sein blühendes Königreich. Alle Könige der Welt, mit besonderer Betonung der Königin von Saba, kommen zu Salomo, huldigen ihm und bringen ihre Schätze für den Tempel.

In Kap. 20 erfährt der Leser von einer eigenartigen Episode: Ein Greis kommt zum König und verklagt seinen Sohn wegen Gewalttätigkeit, was dieser kategorisch bestreitet. Als der Alte den Tod des Sohnes verlangt, lacht der mit anwesende Geist Ornias. Salomo schickt daraufhin die beiden fort und erfährt auf Befragen von Ornias, daß der angeklagte Sohn sowieso in drei Tagen sterben werde. Als Salomo sich wundert, wieso der Dämon dies wissen könne, enthüllt dieser ihm:

> „Wir Dämonen gehen am Firmament des Himmels dahin und fliegen mitten durch die Sterne, da hören wir die Ratschlüsse Gottes für die Seelen der Menschen." (v. 12)

Dann wenden sich die Dämonen wieder zur Erde zurück und führen die (unheilvollen) Ratschlüsse Gottes aus.

Wäre der Verfasser des TestSal konsequent gewesen, dann hätte er diese Begründung auf keinen Fall in sein Werk aufnehmen dürfen; denn wenn die Geister nur am Himmel lauschen, um die Beschlüsse Gottes auszuführen, dann hätte es ja gar keinen Sinn, sie beschwören zu wollen. Wenn, dann müßte man schon Gott selbst beschwören. Das aber hält nicht einmal das TestSal für möglich.

Nach drei Tagen stirbt tatsächlich der Sohn des Alten, und Salomo rechnet dies Ereignis dem Geist Ornias zur Glaubwürdigkeit an.

Kap. 21 berichtet erneut von der Königin von Saba und ihrer so überaus großen Bewunderung für den nahezu vollendeten Tempel. Die Kap. 22 bis 25 sind noch einmal zwei Dämonen gewidmet. Der erste ist ein Sturmgeist mit Namen Ephippas [11], der die Bewohner Arabiens plagt. Salomo sendet auf einen Bittbrief des Araberkönigs hin einen Diener, der den Dämon mit Hilfe des Ringes in einem Schlauch fangen kann. Der Geist muß den überschweren, von Menschenhand nicht bewegbaren Schlußstein in die Tempelkrone einsetzen. Gleichzeitig berichtet er Salomo von einer Luftsäule (Wolkensäule?), die im Roten Meer läge und unter sich einen anderen Dämon begraben halte. Ephippas schafft nun auf Befehl Salomos diesen Geist samt der Säule herbei. Beide Geister müssen dann diese Säule im Tempel aufrichten und für alle Zeiten festhalten. Salomo ist aber noch neugierig auf die Wirkungsweise des Geistes aus dem Roten Meer. So befragt er ihn und erfährt, daß er es war, der beim Auszug Israels aus Ägypten das Herz des Pharao verstockte, die ägyptischen Zauberer im Kampf gegen Mose

---

[11] Möglicherweise steckt dahinter der ägyptische Chaosgott Apophis.

unterstützte und die Ägypter anstachelte, die abziehenden Israeliten zu verfolgen [12].

Das letzte Kap. (26) berichtet in den Versen 1—7 noch kurz den Abfall Salomos: Eine Frau aus dem Jebusiterreich, die er in seinen Harem aufnehmen will, verführt ihn dazu, den Götzen Moloch und Raphan zu opfern. Daraufhin weicht der Geist Gottes von Salomo, so daß auch seine Weisheit schwindet und seine Reden leerem Geschwätz gleichen. Sein Geist verdunkelt sich, er erbaut Götzentempel und wird den Dämonen zum Gespött.

Mit diesem knappen Bericht über das unrühmliche Ende des weisen Königs endet der Mittelteil des TestSal.

c) *Schlußrahmen*

Einen ausgeprägten Schlußrahmen in der Art der Test.-Form besitzt das TestSal nicht. Die meisten Handschriften schließen mit einem 8. Vers, in dem Salomo angibt, er habe dies Testament geschrieben, damit man für die letzten, und d. h. auch für ihn, Fürbitte einlege. Diese Begründung wird jedoch der eigentlichen Intention des TestSal, wie wir gesehen haben, in keiner Weise gerecht.

Zwei Handschriften, je eine aus den Rez. A und B, wiederholen jedoch im v. 8 die echte Intention des TestSal, wie es schon in 15,14 klar ausgesprochen wurde: Es geht um die Kenntnis der Macht der unreinen Geister und der Kräfte der Engel, die sie bezwingen. In beiden Handschriften folgt darauf (v. 9) ein der Test.-Form ähnlicher Schluß: Salomo gibt an, er selbst habe dieses Testament geschrieben und mit dem ihm von Gott geschenkten Ring versiegelt. Dann fährt er jedoch in seiner Rede fort mit den Worten:

„und *ich* starb in meinem Königreich und wurde in Frieden zu meinen Vätern in Jerusalem gelegt."

Salomo berichtet seinen eigenen *Tod* und sein *Begräbnis!* Wenngleich hier das einzige Mal im TestSal echte Elemente der Test.-Form zum Tragen kommen, so kann man doch in dieser Stilisierung kaum etwas anderes sehen als eine gedankenlose Perversion dieser Literaturgattung.

Tod,
Best.

Mit dem Hinweis auf die schließliche Vollendung des Tempelbaues und einem von Myriaden von Engeln gesungenen Lobpreis Gottes schließen diese beiden Handschriften. Weitere, kurze Zufügungen in diesen und anderen Handschriften stammen deutlich von sehr viel späterer Hand.

Zusammenfassung

Die Untersuchung der Gesamtform des TestSal kann wiederum die These McCowns nur bestätigen, daß dieses Werk ursprünglich eine reine

---

[12] Man merkt den Unterschied zum Auftreten der Geister im ersten Teil des TestSal: Im Gegensatz zur dortigen Darstellung fehlt hier das magische Interesse; denn dieser Geist braucht nicht beschworen zu werden, da er nur kurze Zeit in der Vergangenheit und nur für bestimmte Menschen Unheil angerichtet, in der Gegenwart aber keine Bedeutung mehr hat. Die Magie ist der Geschichtsdeutung gewichen.

Erzählung gewesen sei, der später im Zuge einer Überarbeitung die Test.-Form übergestülpt worden sei. Die Stilisierung als „Testament" geschah aber offensichtlich ohne Tiefgang, allein durch Hinzufügung weniger Formalia; denn die meisten Formelemente, die die Test.-Form konstituieren, fehlen. Wo doch einige eingetragen wurden, merkt man deutlich den sekundären Charakter. So fällt zu Beginn des Mittelteils auf, daß das Einsetzen der 1. pers., die das Ganze als Rede kennzeichnet, in den einzelnen Handschriften keineswegs an der gleichen Stelle geschieht, ja teilweise von Salomo kurz zuvor noch in der 3. pers. gesprochen wird. Im Schlußrahmen sind zwar in zwei Handschriften die Formelemente Tod und Bestattung eingearbeitet, aber die Redeform geht weiter, statt zuvor abzubrechen. Salomo berichtet selbst von seinem Tod und seinem Begräbnis! Eine solche Formverfälschung, die gut zeigt, daß die Form im Grunde gar nicht mehr verstanden wurde, ist ohne Beispiel in der übrigen Testamentsliteratur.

Die halbherzige, nachträgliche Stilisierung als Testament liegt in einer veränderten Abzweckung der Schrift begründet: Sie will nicht zur Bewältigung des Lebens helfen durch Anweisung zu einem bestimmten Verhalten, das durch die Erfahrungen von Generationen erprobt und bewährt ist, sondern meint, durch die beständige Anwendung aller Zauber- und Magierezepte, die es in reicher Fülle überliefert, könne der Leser dieser Schrift allen Gefahren des Lebens trotzen. Dieser Funktion des TestSal dient auch die Zukunftsansage in 15,8—12. Sie will nicht mehr eine ja gar nicht mehr vorhandene Verhaltensanweisung untermauern, sondern nur die Glaubwürdigkeit der Schrift und ihrer Geheimnisse unterstreichen.

Wenn auch Christus an manchen Stellen als der größte Bezwinger der Dämonen erscheint, so bleibt das doch mehr ein Zugeständnis an die christliche Dogmatik. Theologisches Gewicht bekommt diese Aussage nicht, geschweige denn, daß die theologische Korrektur des ganzen TestSal in Lk 10,20 auf- oder gar ernstgenommen wäre. Trotzdem geriet das TestSal nicht nach einiger Zeit wieder in Vergessenheit, sondern wurde im Gegenteil bis weit ins Mittelalter hinein überliefert und offensichtlich in interessierten Kreisen gern gelesen [13]. Eine ihm sehr verwandte Schrift, die „clavicula

---

[13] Das TestSal scheint eine breite Wirkungsgeschichte gehabt zu haben. Es gibt zwei äthiop. Zaubertexte, die offensichtlich auf dem TestSal aufbauen: S. Euringer, Das Netz Salomons. Ein äthiopischer Zaubertext. Nach der Hs. im ethnograph. Museum in München hersg., übersetzt und erläutert, in: ZS 6, 1928, S. 76—100. 178—199. 300—314; 7, 1929, S. 68—85; O. Löfgren, Der Spiegel des Salomo. Ein äthiopischer Zaubertext, in: Ex Orbe Religionum. Studia Geo Widengren oblata, Vol. I, Leiden, 1972, S. 208—223. Auch in den Texten aus Nag Hammadi wird das Thema „Salomo und die Dämonen" häufig erwähnt, einmal auch unter Verweis auf ein „Buch Salomos" (siehe S. Giversen, Solomon und die Dämonen, in: Essays on the Nag Hammadi texts in honour of Alexander Böhlig, Leiden, 1972, S. 16—21). Schließlich finden sich Anklänge auch in den Erzählungen aus 1001 Nacht („Die Geschichte von dem Fischer und dem Dämon", Ausgabe Insel-Verlag 1953, Bd. 1, S. 53, und „Die Abenteuer Bulûkijas", Bd. 3, S. 776) und im Talmud (vgl. G. Salzberger, Tempelbau). Überhaupt scheint der Kreis der Sagen und Legenden, die sich um Salomo rankten, sehr groß gewesen zu sein (siehe A.-M. Denis, Introduction, S. 68 f., und J. H. Charlesworth, Pseudepigrapha, S. 199 bis 201).

Salomonis", der „Schlüssel Salomos" [14], fand sogar Eingang in die Welt-
literatur:

> „Für diese halbe Höllenbrut
> ist Salomonis Schlüssel gut."

(Faust, I. Teil, Studierzimmer: Faust beschwört den Pudel.)

---

[14] S. Liddell MacGregor Mathers, The key of Solomon the king (clavicula Salomonis) now first translated and edited from ancient mss in the British Museum,
London, 1909.

§ 7. DAS TESTAMENT MOSES (ASSUMPTIO MOSIS) [1]

Text:

C. Clemen, Die Himmelfahrt des Mose, Bonn, 1904.

Übersetzung:

C. Clemen, Die Himmelfahrt Moses, in: E. Kautzsch, Apokryphen II, S. 311 bis 331.

E.-M. Laperrousaz, Le Testament de Moïse. Traduction avec introduction et notes, Paris, 1970.

E. Brandenburger, Himmelfahrt Moses, in: JSHRZ V,2, 1976, S. 57—84.

„Testament Moses" und „Testament Hiskias" sind Bezeichnungen, die wir nur aus der Überlieferung kennen. Die Schriften, die heute mit diesen Titeln identifiziert oder in Verbindung gebracht werden können, sind uns unter anderen Bezeichnungen bekannt. Trotzdem verbergen sich aber hinter dem TestMose und dem TestHis echte Testamente, die nur lange Zeit hindurch nicht als solche anerkannt wurden. Die Prüfung ihrer Form muß daher — im Gegensatz zu den bisher untersuchten Schriften — zunächst den Titel „Testament" unberücksichtigt lassen. Erst am Ende der Untersuchung können Schrift bzw. Schriftteil und Titel einander zugeordnet werden.

1861 gab A.-M. Ceriani in einer größeren Sammlung mit dem Titel „Monumenta Sacra et Profana..." auch einen kleinen Text heraus, ein Fragment nur, das er als Teil der bis dahin verloren geglaubten Assumptio Mosis identifizierte [2]. Er hatte dieses Fragment auf einem Palimpsest eines Mailänder Codex entdeckt und mit viel Mühe entziffert, da der Text sehr schlecht erhalten und obendrein noch fehlerhaft geschrieben war, was denn auch im Laufe der Zeit verschiedene Autoren veranlaßt hat, eine ganze Reihe von Korrekturen vorzuschlagen. Erstaunlicherweise war man sich nahezu von Anfang an über viele wichtige Fragen, die noch heute bei manchen viel besser erhaltenen und überlieferten pseudepigraphen Schriften strittig sind, weitgehend einig:

1) Der Verfasser konnte nur ein Jude, kein Christ gewesen sein.

2) Es lassen sich keine Spuren christlicher Bearbeitung feststellen.

---

[1] Kapitel- und Verseinteilung nach C. Clemen. Eine neue Textausgabe mit Übersetzung und Kommentar ist von A. Schalit für die Reihe ALGHJ angekündigt.

[2] A.-M. Ceriani, Fragmenta Assumptionis Mosis, in: Monumenta Sacra et Profana, t.I, f.I, Mailand, 1861, S. 55—62.

3) Das Latein des Palimpsestes ist nicht die Ursprache, sondern eine Übersetzung aus dem Griechischen. Diese wiederum geht auf ein semitisches Original zurück, sei es nun ein hebräisches oder aramäisches [3].

4) Hinsichtlich der zeitlichen Ansetzung der Schrift war man sich lange Zeit im großen und ganzen einig (1. Hälfte des 1. Jhdt. n. Chr.), jedoch wird neuerdings daneben auch ein sehr viel höheres Alter der Schrift (etwa die Verfolgungszeit unter Antiochus IV. Epiphanes) in Erwägung gezogen. Dabei muß man jedoch die Arbeit eines Redaktors und Interpolators der Schrift in herodianischer Zeit annehmen — eine These, die angesichts des, wie ich meine, sehr geschlossenen Charakters der Schrift wenig Wahrscheinlichkeit für sich hat [4].

5) Auch die inhaltliche Verwandtschaft der Schrift mit der Gedankenwelt der Gemeinde von Qumran sollte wohl feststehen, auch wenn K. Haacker neuerdings samaritanische Herkunft vermutet hat [5]. Uneinigkeit herrscht dagegen bis heute in der Frage der Identität der Schrift: Handelt es sich wirklich um die verschollene „Assumptio Mosis"? Hat man nicht vielmehr das gleichfalls nur dem Titel nach bekannte „Testament Moses" darin zu sehen? Oder gibt es Kombinationsmöglichkeiten bzw. wie verhalten sich die „Assumptio" und das „Testament" zueinander?

Ausgelöst wurde diese Schwierigkeit zum einen dadurch, daß in dem von Ceriani entdeckten Palimpsesttext sowohl Titel und Anfang wie auch Schluß fehlen — eine Tatsache, die auch unsere Untersuchung der Form sehr erschweren wird —, zum anderen durch Zitate in altkirchlichen Schriften und Aufführung beider Titel (AssMose und TestMose) in alten Listen

---

[3] A. Hilgenfeld, Die Psalmen Salomo's und die Himmelfahrt Moses, griechisch hergestellt und erklärt, in: ZWTh 11, 1868, S. 133—168. 273—309. 356, hat hier eine Rückübersetzung ins Griechische bewerkstelligt, da er Griechisch für die Originalsprache des Werkes hielt. Seine These fand aber zu keiner Zeit breite Anerkennung. Zu dieser Frage siehe D. H. Wallace, The semitic origin of the Assumption of Moses, in: ThZ 11/5, 1955, S. 321—328.

[4] Siehe hierzu die verschiedenen Ausführungen in dem Sammelband G. W. E. Nickelsburg Jr. (Hrsg.), Studies on the Testament of Moses, Seminar Papers, Cambridge/Mass., 1973 (SCS 4), spez. den Aufsatz von J. J. Collins, The date and provenance of the Testament of Moses, S. 15—32, und die Erwiderung darauf durch G. W. E. Nickelsburg, An Antiochan date for the Testament of Moses, S. 33—37; vgl. auch E. Brandenburger, Himmelfahrt, S. 62 f.

[5] K. Haacker, Assumptio Mosis — Eine samaritanische Schrift?, in: ThZ 25, 1969, S. 385—405; K. Haacker/P. Schäfer, Nachbiblische Traditionen vom Tod des Mose, in: Josephusstudien (FS O. Michel), Göttingen, 1974, S. 147—174. Näheres zu den Stellungnahmen verschiedener Forscher zu Abfassungszeit und Urheberschaft bei E.-M. Laperrousaz, Testament, Kap. IV: Le milieu d'origine et la date de composition du Testament de Moise, S. 88—99, und in dem o. e. Sammelband „Studies on the Testament of Moses". In letzterem findet sich auch eine kritische Auseinandersetzung mit der These Haackers bei J. D. Purvis, Samaritan traditions on the death of Moses, S. 93—117.

pseudepigrapher Werke [6]. Die Zitate, die teils eine Himmelfahrt Moses als Quelle nennen, teils ihre Herkunft verschweigen, beziehen sich mit einer einzigen Ausnahme alle auf mehr oder weniger wunderbare Ereignisse um das Lebensende Moses, dessen Schilderung im Palimpsest nicht mehr enthalten ist. Allein Gelasius Cyzicenus zitiert in seiner Kirchengeschichte [7] einen Satz aus der Rede Moses an Josua, der 1,14 des von Ceriani entdeckten Fragmentes wörtlich entspricht. Gelasius behauptet nun, diesen Satz der Ἀνάληψις Μωυσέως entnommen zu haben. Von den Listen führen die Liste der 60 Bücher, die Pseudo-Athanasianische Synopse und die mit ihr verbundene Stichometrie des Nicephorus und einige mittelalterliche slawische Listen, die wohl auf den ersteren beruhen, ein „Testament" und eine „Himmelfahrt" Moses hintereinander auf. Daß es sich dabei um zwei separate Werke handelt, unterstreicht Nicephorus dadurch, daß er dem „Testament" 1100 Stichen zuweist und der „Himmelfahrt" 1400.

Die Reihe von Zitaten und die Listenaufzählungen würden nun keinerlei Schwierigkeiten bereiten, wenn man dem von Ceriani entdeckten Text auch nur in groben Zügen den Charakter einer Assumptio zuerkennen könnte. Das ist aber nicht der Fall. Wäre das Gelasius-Zitat nicht gewesen, Ceriani hätte sicher niemals der Schrift den Titel „Assumptio Mosis" zugewiesen. Dagegen eignen ihr, wie allgemein anerkannt ist und auch unsere Untersuchung noch zeigen wird, wesentliche Merkmale eines Testamentes. Ein „Testament Moses" findet sich zwar in den Listen, wird aber nirgendwo zitiert. Welches Werk hat nun Ceriani wieder zu Tage gebracht: das „Testament" oder doch die „Himmelfahrt"? Eine ganze Reihe von Thesen wurden zu dieser Frage aufgestellt; nur die wichtigsten sollen hier kurz genannt werden:

1) Weit verbreitet ist die Ansicht, bei dem wieder aufgefundenen Fragment handle es sich tatsächlich um die Assumptio Mosis. Der verlorengegangene Schluß habe dann noch eine Himmelfahrt Moses enthalten, die die altkirchlichen Schriften zitierten [8]. Diese These wird jedoch dem Charakter des Cerianischen Fragmentes nicht gerecht.

2) Mehr Differenzierung und Einfühlungsvermögen verrät die Meinung, es habe sich ursprünglich um ein zusammengesetztes Werk gehandelt, dessen

---

[6] Ausführliche und exakte Zusammenstellungen aller Zitate, die sich entweder ausdrücklich auf eine assumptio, adscensio Mosis bzw. ἀνάληψις Μωυσέως beziehen oder von denen man es wenigstens vermuten kann, bei M. R. James, The lost Apocrypha of the Old Testament, London, 1920, S. 43—48, und bei A.-M. Denis, Introduction, Kap. XVI: Les fragments grecs de l'Assumption de Moise, S. 128 bis 141. Im gleichen Buch hat Denis auch alle existierenden, alten Pseudepigraphenlisten auf den Seiten XIV—XV nebeneinander gestellt. Abdruck aller auf die Assumptio Mosis bezüglichen Zitate beim gleichen Autor, Fragmenta Pseudepigraphorum quae supersunt Graeca, Leiden, 1970, S. 63—67.

[7] J.-P. Migne, PG, Bd. 85, Paris, 1860, col. 1265, wieder abgedruckt bei E.-M. Laperrousaz, Testament, S. 30.

[8] O. Eißfeldt, Einleitung in das Alte Testament, Tübingen, 1964, S. 844; J. Jeremias, Art. Μωυσῆς in: ThW 4, S.852—878, spez. S. 856. 859 Anm. 95.

beide Teile aber deutlich voneinander abgehoben seien: Teil 1 sei das Testament Mose gewesen, das uns nun zum größten Teil wieder bekannt geworden sei; Teil 2 die verlorengegangene Assumptio, auf die die Zitate verwiesen [9]. Wenn auch diese These eine befriedigende Antwort auf die Aufzählung der Pseudepigraphenlisten gibt, so bleiben doch manche Fragen offen, besonders die, warum Gelasius aus dem Testamentteil zitiert, aber die Himmelfahrt als Quelle nennt.

3) Um dieser crux auszuweichen, hat Charles die obige Hypothese zwar aufgegriffen, aber in modifizierter Form: Ursprünglich habe es sich um zwei verschiedene Werke gehandelt („two originally distinct books"), das TestMose und die AssMose, die später zu einem Buch zusammengefaßt worden seien mit dem Testament als erstem und der Assumptio als zweitem Teil. Die letztere habe dann aber dem ganzen Buch ihren Namen aufgeprägt [10].

4) Von einer ganz anderen Sicht her versucht Clemen der Probleme Herr zu werden, wenn er annimmt, ursprünglich habe nur das TestMose existiert, das irgendwann später auf- und umgearbeitet worden sei zu einer AssMose. Aus diesem Werk hätten die altkirchlichen Schriften zitiert. Die Grundschrift, das TestMose, sei jedoch neben dieser erweiterten Fassung auch selbständig weiter überliefert worden ähnlich der ascensio Isaiae und der visio (ebenfalls nach Clemens' Quellentheorie) [11]. Diese Grundschrift nun habe Ceriani wiederentdeckt. Die erweiterte Fassung sei verlorengegangen.

Die beiden letzten Thesen bringen tatsächlich den Charakter des Cerianischen Fragmentes, den Inhalt der altkirchlichen Zitate und die Aufzählung der Listen unter einen Hut, obwohl sie beide grundverschieden sind. Man kann sich des Eindruckes nicht erwehren, als handle es sich bei beiden Hypothesen letztlich doch nur um Gedankenspielereien, da klare Anhaltspunkte aus der Tradition in keinem Fall vorhanden sind [12]. Solange diese weiterhin fehlen, wird eine zweifelsfreie Festlegung der Identität des aufgefundenen Fragmentes und des Verhältnisses von TestMose und AssMose zueinander nicht möglich sein.

Die folgende Untersuchung wird sich daher auf eine Analyse der Form des Fragmentes beschränken, so wie es uns heute vorliegt, ohne eine endgültige Lösung des Problems anbieten zu wollen. Das Ergebnis dieser Prüfung kann dann allerdings als Argument für die eine und gegen die anderen Thesen gewendet werden.

---

[9] E. Schürer, Geschichte des jüdischen Volkes im Zeitalter Jesu Christi, Band 3, Leipzig, 1898, S. 221 f.; 3⁴, 1909, S. 303; P. Rießler, Schrifttum, S. 1301.

[10] R. H. Charles, The Assumption of Moses, in: R. H. Charles, Apocrypha II, S. 407—424, spez. S. 408 f.

[11] C. Clemen, Himmelfahrt (Übers.), S. 312.

[12] E.-M. Laperrousaz hat es unternommen, die Argumente von Charles gründlich und ausführlich auf ihre Stichhaltigkeit nachzuprüfen mit dem Ergebnis, daß sie insgesamt doch auf recht wackligen Füßen stünden (Testament, S. 41—62). Zur Kritik der These von Charles siehe auch G. Lohfink, Die Himmelfahrt Jesu, München, 1971, S. 64—68.

a) *Anfangsrahmen*

Die ersten drei Zeilen des Palimpsestes sind vollkommen verblichen, so daß auch nicht ein Buchstabe mehr zu lesen ist. Sie waren vermutlich — als Buchanfang — in roter Tinte geschrieben und nicht in schwarzer wie das restliche Werk. Viele Rekonstruktionsversuche wurden unternommen[13], aber es ist letztlich müßig, sich Gedanken über die Wortfolge dieser drei ersten Zeilen zu machen, da die Tradition keinerlei Anhaltspunkte an die Hand gibt. Was man jedoch zum Inhalt mit Sicherheit vermuten darf aufgrund der nachfolgenden Verse, sind ein Titel zu Anfang, wie auch immer er gelautet haben mag, dann der Name des Redenden, Mose, und eine Datierung der Rede, d. h. mit großer Wahrscheinlichkeit eine Altersangabe Moses. In den beiden letzten Elementen stimmen alle Rekonstruktionsversuche überein. Es dürfte demnach wohl legitim sein anzunehmen, daß der nicht mehr leserliche Anfangsrahmen zwei Formmerkmale der Test.-Form enthalten hat: *Titel und Name* — wobei offen bleiben muß, ob hier διαθήκη stand — und eine *Altersangabe*. Auch der Fortgang der Verse 2—5 erinnert an den schon bekannten überschriftartigen Teil des Anfangsrahmens: Die Datierung wird fortgesetzt und an anderen Richtpunkten der Zeitrechnung gemessen (Erschaffung der Welt, Auszug aus Phönizien). Dem schließt sich eine kurze Standortorientierung an entsprechend Dt 1,1.5 und ein ausdrücklicher Verweis auf das, was Mose schon „in libro Deuteronomio" gesagt habe[14]. Die Schrift gibt also vor, nicht mehr und nichts anderes zu sein als ein Anhang zum Buch Deuteronomium: Alles, was dort gesagt sei, sei richtig und gut, nur müsse noch einiges nachgetragen werden — eine Art der Autoritätssuche, wie sie ja schon von den anonymen Partien des AT her bekannt ist.

T. + N.
Altersang.

Der erzählende Teil (v. 6—9), der hier allerdings nicht so deutlich abgesetzt ist wie etwa in den TestXIIPatr., beginnt mit einer *Situationsbeschreibung*: Mose ruft Josua zu sich, um ihn zu seinem Nachfolger einzusetzen, damit er das Volk in das von Gott verheißene Land führe gemäß der Verheißung Gottes — ein erneuter Rückbezug auf das Dt, und zwar auf sein Ende (Kap. 31). Die vorherigen Worte Moses in den Kap. 1—30 sollen also schon als gesprochen gelten. Danach beginnt nun Mose (erneut), zu Josua zu sprechen.

Sit.

Adr.

b) *Mittelteil*

Die Rede Moses beginnt mit einer Art Präludium (1,10—18), in der es um Herkunft und Bestimmung des im Buch Deuteromonium niedergelegten und durch Mose dem Volk vermittelten Bundes Gottes mit Israel geht[15].

---

[13] Zusammengestellt bei C. Clemen, Himmelfahrt (Übers.), S. 317 Anm. a, und bei E.-M. Laperrousaz, Testament, S. 113 Anm. zu v. 1.

[14] Bezeichnend für apokalyptische Literatur ist es, wenn hier der Verfasser den Inhalt des ganzen Dt zusammenfaßt unter dem Oberbegriff „profetiae"!

[15] Erkennt man dieses Generalthema an, dann braucht man auch nicht mit C. Clemen in v. 12 („Denn er hat die Welt um seines Volkes willen erschaffen") das Wort plebem durch legem zu ersetzen. Das Volk Israel als Inbegriff der Schöpfung

Zuerst zitiert Mose — ein wenig frei zwar, aber doch erkennbar [16] — in einem erneuten, dritten Rückbezug auf die Situation des Deuteronomiums Dt 31,23, die Aufforderung Gottes an Josua, in der Leitung Israels an Moses Stelle zu treten und damit, so darf man hier sinngemäß ergänzen, auch Sorge für den Bund zu tragen. Nun folgt ein Abriß der Geschichte dieses Bundes: Um Israels willen ist die Welt geschaffen worden (v. 12), aber Israel wurde in seiner Eigenschaft als Erstling der Schöpfung nicht von Anfang an allen Völkern offenbart, damit nicht die Heiden in Anerkennung Israels sich selbst gegenseitig ihrer Sünden überführten (v. 13). Gott ersah sich hingegen von Anfang der Welt an Mose als den zukünftigen Mittler seines besonderen Verhältnisses zu seinem Volk, des Bundes (v. 14). Da Mose nun aber stirbt — er kündigt jetzt Josua selbst seinen *unmittelbar bevorstehenden Tod* an (v. 15) —, muß sich dieser als sein Nachfolger um das weitere Schicksal des Bundes kümmern (hier bereits als Schriftrolle, als Bundes- und Gesetzesurkunde gedacht, da die mündliche Verkündigung an das Volk ja schon durch Mose geschehen ist). Zu diesem Zweck gibt Mose Anweisungen, wie die Schriftrollen zu konservieren und wo sie aufzubewahren seien (am Zion natürlich) bis zum Tag der Buße, dem Tag der großen Heimsuchung Gottes in „consummatione exitus dierum" (v. 16 bis 18) [17].

Hinw. a. d. bev. Tod (pers.)

Daß dieses Präludium durchaus einen sinnvollen Platz in der Gesamtkonzeption des Werkes einnimmt, zeigt schon ein grober Überblick über den weiteren Gedankengang: Mose sagt Josua nun im Stil apokalyptischer Geschichtsschau die wesentlichen weiteren Ereignisse der Geschichte Israels voraus bis hin zum „Ende der Tage" (Kap. 2—10), d. h. Mose redet nicht mehr eigentlich Josua an, sondern er schlägt die Brücke zum Leser und zu dessen Zeit, der das Weltgericht unmittelbar bevorsteht. Alle diese Geschehnisse müssen und werden eintreten; denn sie sind von Gott vor allen Zeiten vorherbestimmt (12,4—9). *Nicht* determiniert dagegen ist das Herz der Menschen, die unter dem Bund leben. Ihnen ist die Beobachtung und Bewahrung der Gebote des Bundes, des Gesetzes also, aufgetragen. Tun sie das, so werden sie le-

---

— das ist Ausdruck der gleichen Vorrangstellung, die auch im Begriff des Bundes enthalten ist. Die Erkenntnis, daß Clemens Emendation den Sinn dieser Textstelle verfälscht, verdanke ich einer brieflichen Mitteilung Prof. A. Schalits, dem ich dafür herzlich danke.

Das Generalthema „Geschichte des Bundes, des Gesetzes und seiner Verwirklichung in Israel" (ganz ähnlich im LibAntBibl) erklärt auch den Einsatz des Geschichtsabrisses zunächst beim Einzug in das Land — wie im Dt auch. Doch in 1,12 ff. wird dann der Anfang der Geschichte des Bundes in die Schöpfung vorverlegt. Der Bereich der Schöpfung bleibt also auch im Geschichtsabriß des Test-Mose nicht ausgespart, wie es E. Janssen, Das Gottesvolk und seine Geschichte, Neukirchen, 1971, meinte (S. 101 f.).

[16] Für Vers 10 ist die Wiederherstellung des Textes bei R. H. Charles, Assumption (Apocrypha II), S. 415, und bei E.-M. Laperrousaz, Testament, S. 114, der von C. Clemen, Himmelfahrt (Übers.), S. 319, und E. Brandenburger, Himmelfahrt, S. 68, vorgeschlagenen vorzuziehen, da die letztere im Zusammenhang keinen Sinn gibt.

[17] Das Gericht und die (allgemeine) Umkehr fallen hier zusammen.

ben. Vernachlässigen sie das Gesetz jedoch, so werden sie von den Heiden übel heimgesucht werden (12,10—11) [18]. Schlußfolgerung des Verfassers: Da diese Plagen eingetreten sind, hat Israel also tatsächlich in seiner Mehrzahl das Gesetz Gottes schändlich mißachtet, und zwar sowohl vor dem Exil (2,7b—9) wie auch danach (Kap. 5) [19]. Doch es sind nicht alle vom Herrn und seinen Geboten abgefallen. So wie sich die Väter (Abraham, Isaak, Jakob) einst rein vor Gott bewahrten (9,4), so gibt es auch in der Endzeit, der Zeit der großen Drangsal vor dem Hereinbrechen des Weltgerichtes, einige wenige, die lieber sterben wollen als die Vorschriften des Herrn übertreten. Als Beispiele dieser Minderheit werden der Levit Taxo und seine sieben Söhne vorgeführt (Kap. 9). Doch auch der abgefallene Teil Israels wird nicht der ewigen Verdammnis anheimfallen. Gott wird sich des Bundes erinnern, den er einst mit ihren Vätern schloß [20] (12,12—13; vorher schon in 4,5 bei der Rückkehr aus dem Exil), und Israel bis an den Sternenhimmel erhöhen (10,9), weit über alle seine Feinde. So wird der Bund letztlich endgültig erfüllt — öffentlich und vor den Augen aller Welt. Was schon bei der Schöpfung im geheimen angelegt war, tritt nun offen und für alle erkennbar hervor: Der einzige und wahre Gott bekennt sich — trotz aller Verfehlungen Israels — aus lauter Barmherzigkeit zu seinem Volk und erhöht es über alle anderen Völker. Alles war längst vorherbestimmt. Nun — am Ende der Tage — tritt es ein.

Der schlechte Erhaltungszustand des Textes mag den Leser leicht dazu verleiten, die logische Zusammengehörigkeit der einzelnen Kapitel und den Fortschritt der Gedanken zu übersehen. Und doch führt der Verfasser hier seinen Lesern ein durchaus abgerundetes, sinnvoll durchdachtes, ja ein imposantes Bild vor Augen. Auch die Tatsache, daß sein Werk nur als ein Fragment auf uns gekommen ist, ändert daran nichts. Der Gedankengang ist deutlich zum Abschluß gekommen, bevor die Schrift abbricht. Es kann nicht viel gewesen sein, was nach 12,13, der Ankündigung der endgültigen Erlösung Israels, noch folgte, vielleicht nur noch der Schlußrahmen.

Dieser grobe Durchzug durch das Werk, der allein dazu dienen sollte, den Gedankenfortschritt innerhalb der einzelnen Abschnitte aufzuzeigen, soll jedoch eine genauere Betrachtung des ganzen Mittelteiles nicht ersetzen, die auch für die Untersuchung der Form noch interessante Hinweise liefern kann.

Zuk. Mit Kap. 2 beginnt die große Reihe der *Zukunftsansagen* — vaticinia ex eventu —, die den meisten Platz in dieser Schrift einnehmen. Mose weissagt Josua zuerst natürlich die bevorstehende Landnahme und beauftragt ihn, im neugewonnenen Land alles der Ordnung nach zu regeln (2,1—2). Dann folgen der Aufzählung nach die Richter- und die erste Königszeit, die Reichsteilung und die Königszeit bis zum Exil mit dem Abfall Israels (2,3—9). Kap. 3 schildert die Gefangenschaft in Babylon, die Klage der

---

[18] Siehe hierzu den Exkurs „Der Dualismus in den TestXIIPatr." S. 66—71.

[19] S. Mowinckel, The hebrew equivalent of Taxo in Ass. Mos. IX, S. 95, vergleicht die Charakterisierung des abgefallenen Israel mit den Anklagen der Damaskusschrift.

[20] Israels Rettung gründet sich auf die uralten, hohen, unwiderrufbaren Verheißungen Gottes für sein Volk, vgl. dazu auch S. 28 f., 105.

zwölf Stämme über ihr schweres Los und ihre Reue, ihr Bittgebet zu Gott um Errettung aufgrund des Väterbundes und ihr Gedenken an die Ankündigung ihres Schicksals im Dt (Segen- und Fluchteil). Ein Retter tritt nun auf, der fürbittend für das Volk eintritt (Daniel), so daß der Herr sich wieder seines Volkes erbarmt (4,1—5). Er bewegt das Herz des Königs (Cyrus), und dieser entläßt das Volk Israel wieder in seine Heimat. Doch nicht alle ergreifen auch diese Möglichkeit: Zehn Stämme bleiben für immer in der Diaspora; nur zwei kehren zurück, jedoch voll Trauer, weil sie dem Herrn ihrer Väter keine (d. h. keine reinen) [21] Opfer mehr darbringen können (4,6—9). Doch auch sie werden „in der Wahrheit uneins sein". Das ganze Volk samt Königen, Priestern und Schriftgelehrten [22] wird von Wort und Gebot des Herrn abweichen, so daß das ganze Land mit Verbrechen und Freveltat angefüllt ist (Kap. 5). Als Strafe kündigt Mose das Auftreten des hasmonäischen Königtums und den Einfall römischer Kohorten an. Beide werden dem Volk übel mitspielen, es hart bedrücken (Kap. 6). Von da ab werden die Zeiten ihrem Ende entgegengehen (7,1) [23]; denn Selbstgerechtigkeit, Ausbeutung der Armen, Fressen und Saufen nehmen überhand, vor allem bei den Oberen des Volkes, den Fürsten und den Priestern (7,3—10). Als Strafe wird der König der Könige über das Land herfallen und es mit Terror von noch nie dagewesenem Ausmaß schrecken. Er wird seine Leute anweisen, zu foltern, zu kreuzigen, zu rauben und zu plündern. Besonders wird jeder verfolgt werden, der am Gesetz und der Beschneidung festhält (Kap. 8). Mitten in dieser Drangsal wird ein Mann vom Stamm Levi aufstehen mit Namen Taxo, der mit seinen sieben Söhnen lieber in die Wüste geht, um dort in einer Höhle zu sterben, als daß er unter Zwang die Gebote des Herrn übertritt (Kap. 9). Taxo und seine Söhne werden zu den ganz wenigen in Israel gehören, die das Gesetz des Herrn ohne Abstriche bewahren und selbst Folter und Tod auf sich nehmen — wie die Mutter mit ihren sieben Söhnen in 2. Makk 7—, um nur nicht von den Geboten abzufallen [24]. Taxo ist im Sinne des Verfassers auch ein Zeichen der

---

[21] So zu vermuten nach äthHen 89,73.

[22] Schriftgelehrte, die aufgrund von Schrifterforschung Recht sprechen, siehe TestAss 2;4/S. 64.

[23] v. 2 ist völlig verstümmelt und unleserlich.

[24] Über die Gestalt des Taxo wurde schon viel gerätselt. Soviel sollte heute allerdings feststehen, daß Taxo weder der Messias ist noch dessen Vorläufer. S. Mowinckel hat in seinem viel beachteten Aufsatz „The hebrew equivalent of Taxo in Ass. Mos. IX" den Vorschlag gemacht, in dem Namen Taxo die Übersetzung eines Titels zu sehen, τάξων im Griechischen, das auf das hebr. מחקק zurückgehe. Diese Ableitung ist vom Sprachlichen her gesehen logisch und ohne allzu große Spekulation. Trotzdem bleibt m. E. völlig offen, ob Taxo wirklich ein מחקק gewesen sein muß in gedanklicher Nähe zu einem „messianic forerunner". Die Parallelität mit der Mutter und den sieben Söhnen weist eher in eine andere Richtung: Es sind die wenigen aufrechten Leute inmitten aller Ungerechtigkeit, die sie umbrandet, als ein Zeichen des gesetzestreuen Restes in Israel (so auch E. Brandenburger, Himmelfahrt, S. 64). Zwar tritt Taxo auf „am Ende der Zeiten", doch muß er deswegen durchaus noch nicht ein „messianic forerunner" sein. A. Schalit vermutet hinter dem Namen Taxo eine Zahlenspekulation, die auf Mose verweist (mündl. Mitteilung).

Zeit: Anfangs, am Beginn der Geschichte Israels, lebten die Väter in völliger Eintracht mit Gott. Sie hatten niemals Gott durch Übertretung seiner Gebote versucht (9,4). Doch danach gings bergab. Zwar wird der Tempel gebaut — David, der nahezu vollkommene Held des dtn. wie des chron. Geschichtswerkes, bleibt unerwähnt! —, doch bald wird auch das Haus des Herrn besudelt. Das Volk, kaum der verdienten Strafe des Exils entronnen, frevelt schlimmer als zuvor. In der dann hereinbrechenden Heimsuchung wird fast das ganze Volk durch den fremden König gezwungen, dem Herrn und seinen Geboten abzusagen. Nur noch ganz, ganz wenige Ausnahmen, solche Männer wie Taxo und seine Söhne, bleiben standhaft, aber sie müssen sterben. So unhaltbar sind die Zustände in Israel also geworden — wer das Gesetz bewahrt, stirbt —, daß Gott endlich eingreifen muß, um durch ein umfassendes Läuterungsgericht die Ordnung in Israel und der ganzen Welt wiederherzustellen. Es ist die typische, abgrundtief pessimistische Geschichtsschau des Apokalyptikers, die uns hier entgegentritt. Wären die alten Verheißungen nicht, der Bund, den Gott mit den Vätern einst schloß (1,9; 2,1.7; 3,9; 4,2.5; 11,17; 12,13; siehe auch 2. Makk 8,15), Gott würde sich sicher von seinen Geschöpfen lossagen und die ganze Welt vernichten. So aber besteht noch Hoffnung; denn Gottes Wort ist unwandelbar.

Nicht lange kann also die große Drangsal anhalten. Bald wird Gott in sein Königreich eintreten; überall in der Natur werden Theophaniezeichen erscheinen, wenn Gott zum großen Endgericht antritt. Er wird Israel zu sich erhöhen und dessen Feinde in die Hölle stürzen (10,1—10).

Verh.

Mit dieser großen Schlußvision endet der Abriß der Geschichte Israels, den Mose als Weissagung vor Josua ausbreitet. Mose *ermahnt* seinen Nachfolger dann, diese Worte und dies — eingangs erwähnte — Buch zu bewahren, und gibt ihm, d. h. dem Leser, noch eine Zahlenspekulation an die Hand, wann die Zeiten ihrem Ende entgegengehen werden (10,11—13).

Hinw. a. d.
bev. Tod
(pers.)
Verh.

Noch einmal weist Mose dann auf seinen nun *unmittelbar bevorstehenden Tod* hin (v. 14) und *ermahnt* Josua, voll Vertrauen auf die Erwählung durch Gott in seine Nachfolge einzutreten (v. 15).

Zwischen diese Gedankenfolge, die zu einem gewissen Abschluß gekommen ist, und den zu erwartenden Schlußrahmen schaltet der Verfasser eine kurze Passage ein, die im Rahmen eines Testamentes ungewöhnlich ist [25]: Josua unterbricht Mose. Er beklagt dessen baldigen Tod und erklärt sich für unfähig, Moses Stellung in der Leitung des Volkes einzunehmen (Kap. 11) [26].

Doch Mose tröstet ihn: Alles sei von Gott wohl berechnet und vorausgeplant. Alle Welt sei nach seinem Willen geschaffen, und zu allen Zeiten

---

[25] Vgl. den einleitenden Dialog im hebr. TestNaph (S. 109 f., 113) und in der AscIs (S. 212), auch slavHen 56 (S. 222) und LibAntBibl 33,4 (S. 227).

[26] Bei 11,17 dürfte es sich um einen Einschub handeln, die einzige bisher erkennbare Spur von Bearbeitung. Zwei Argumente sprechen dafür: Einmal ist der Zusammenhang gestört: v.18 schließt an v.16 nahtlos an, während v.17 einen Subjektwechsel einträgt. Zum anderen ist von Mose in v.17 plötzlich in 3. pers. die Rede, obwohl doch Josua Mose in Kap. 11 direkt anspricht.

geschehe ausschließlich das, was er längst vorausgesehen und bestimmt habe (12,1—9). Dem Menschen obliege es nun, diesen Willen Gottes, diese göttliche Ordnung, in räumlicher und zeitlicher Erstreckung [27] zu achten und zu ehren. Gehorsam führe zum Leben, Mißachtung zu Plagen und Heimsuchung durch die Heiden (v. 10—11). Diese Tröstung, die ja im strengen Sinn weder eine Tröstung ist noch eigentlich an Josua mehr gerichtet, gewinnt im Verein mit dem großen, pessimistischen Geschichtsabriß eher den Charakter einer *Schlußmahnung*: Der Leser, mit einer äußerst negativen Bewertung der Vergangenheit seines Volkes konfrontiert, wird aufgerufen, für sich selbst zumindest das Ruder herumzureißen, in Gottes heilige Ordnung einzuwilligen, sein Gesetz zu bewahren. Wer das aber ablehne, habe mannigfaltige Plagen durch die Heiden zu gewärtigen — eine Situation, die der Leser um sich herum offenbar in bedrückender Weise vorfindet (Kap. 8).

Verh.

Doch der Verfasser kann nicht und will nicht mit diesem trostlosen Ausblick sein Werk beenden. Er erwartet nicht den völligen Untergang des in seiner großen Mehrzahl abgefallenen Israel, sondern aufgrund des Bundes Gottes mit den Vätern und seines Schwures (v. 12—13) — hier bricht leider die Textüberlieferung ab, man darf jedoch mit 10,8—10 erwarten: erhofft er sich eine endgültige Restitution Israels.

c) *Schlußrahmen*

Der Schluß dieser bemerkenswerten Schrift, die andringend wie kaum eine andere ein Stimmungsbild der frühen Zeit der römischen Besetzung präsentiert, das zumindest die Meinung eines Teiles des jüdischen Volkes damals beherrscht haben wird, dieser Schluß ist leider verlorengegangen. Es hat nicht an Versuchen gefehlt, ihn zu rekonstruieren. Der Fehler der meisten dieser Versuche aber besteht darin, daß sie von den Zitaten in den altkirchlichen Schriften ausgingen und sie zu harmonisieren, in einen systematischen Ablauf zu pressen versuchten. Da jedoch nicht einmal feststeht, ob die Zitate, die ja nicht in allen Fällen ihre Quellen angeben, aus einer Schrift stammen, die aus den zwei Teilen TestMose und AssMose kombiniert wurde, oder aus zwei völlig unabhängigen Werken TestMose und AssMose, denen man also auch zwei getrennte, voneinander nicht abhängige Schlüsse zuerkennen muß, oder aus uns heute gänzlich unbekannten, verlorengegangenen Moseschriften, hat es auch keinen Zweck, und ist vor allen Dingen nicht nachprüfbar, auf diesen Zitaten aufzubauen. Der einzig sinnvolle Weg kann nur sein, aus dem erhaltenen Hauptteil der Schrift, seinem Charakter, seiner Form und seinen Gedankengängen auf einen möglichen Abschluß zu schließen. Hier sahen wir nun, daß sich im Anfangsrahmen des Werkes trotz des Fehlens der ersten drei Zeilen einige Elemente der Test.-Form nachweisen lassen, weiterhin, daß der ganze Mittelteil [28] als die Abschiedsrede eines Sterbenden nun zwar nicht

---

[27] Darum geht es hier streng genommen, und nicht um strikten Determinismus. Die göttliche Ordnung in Raum und Zeit steht dem Menschen gegenüber. Er kann sich für Gehorsam oder Mißachtung entscheiden.

[28] Mit Ausnahme der bereits erwähnten Unterbrechung in Kap. 11.

an seinen Sohn oder seine Söhne sondern an seinen Nachfolger in der Leitung des Volkes gerichtet ist [29], schließlich, daß die ganze Rede beherrscht wird von einer Kette von Zukunftsansagen, die aber typischerweise nicht um ihrer selbst willen vorgebracht werden, sondern in einer Verhaltensanweisung, der Aufforderung zum Gesetzesgehorsam (12,10 f.), gipfeln, die sich ihrerseits auf das Präludium in 1,10—18 rückbezieht und so die ganze Schrift zusammenfaßt [30]. Da auch der Ablauf der Gedankengänge zu einem sinnvollen, der Exposition und Durchführung durchaus entsprechenden Ziel gelangt ist, lassen sich mit einiger Wahrscheinlichkeit zwei Schlußfolgerungen ziehen:

1) Ausgehend von dem Charakter der Schrift als Testament sollte man auch einen Schlußrahmen im Testamentsstil erwarten.

2) Da die Gedankenfolge des Mittelteiles zu einem sinnvollen Ende gekommen ist, dürfte nicht sehr viel mehr verlorengegangen sein als dieser Schlußrahmen und dazu einige kurze Sätze, die die in 12,12 f. angedeutete endliche Restitution Israels zum Inhalt hätten.

Jetzt erst, aufbauend auf einer solchen, möglichst exakten Prüfung des erhaltenen Teiles des Ceriani-Fragmentes, erscheint es legitim, die uns überlieferten Zitate zu befragen, ob sie nicht in diesem Sinn zu einer Wiederherstellung des verlorengegangenen Abschlusses beitragen könnten. Dem Testamentscharakter entsprechend sollte dieser Schlußrahmen enthalten: möglicherweise Bestattungsanweisungen, sicherlich Tod und Bestattung [31] des Redenden, vielleicht Trauer.

Tatsächlich gibt uns die Tradition eine Stelle an die Hand, die — deutlich geschieden von den anderen Zitaten — diesen geforderten Kriterien sehr nahekommt. Es ist ein Abschnitt aus einer griechischen Schrift namens „Palaea historica" [32], die einen Abriß der Geschichte des Volkes Israel von Adam bis Daniel enthält. Dort wird über das Lebensende Moses folgendes berichtet:

---

[29] Diese Variante ist von der Abzweckung eines Testamentes her, der Weitergabe von Lebenserfahrung, ohne weiteres denkbar.

[30] Daß im Mittelteil ein Rückblick auf die Vergangenheit fehlt, sollte nicht überraschen; denn wie der Anfang wiederholt zum Ausdruck bringt, gibt die Schrift vor, von Mose direkt im Anschluß an das Deuteronomium gesprochen worden zu sein. Das Gesetz gilt als gerade verkündigt, und nun kommt es darauf an, wie das Volk mit dem Gesetz zu leben vermag. Mose hat also gar nicht nötig, auf die Vergangenheit eigens zu sprechen zu kommen, da die ganze Rahmensituation von dieser Vergangenheit, der Verkündigung des Bundes und des Gesetzes, lebt.

[31] Hier naturgemäß nicht durch die Söhne und nicht in einem Grab seiner Väter.

[32] Enthalten in A. Vassiliev, Anecdota Graeco-Byzantina. Pars prior, Moskau, 1893, S. 257—258. Diese Geschichtsdarstellung ist insgesamt ohne Zweifel verhältnismäßig jung. Es ist jedoch durchaus vorstellbar, daß sie die oben wiedergegebene Darstellung des Lebensendes Moses auch erst zu dieser späten Zeit der griech. Vorlage des lat. Palimpsesttextes entlehnt hat.

„Περὶ τῆς τελευτῆς Μωυσέως. Καὶ εἶπεν Μωυσῆς πρὸς Ἰησοῦν τοῦ Ναυί·
ἀνέλθωμεν ἐν τῷ ὄρει. καὶ ἀνελθόντων αὐτῶν εἶδεν Μωυσῆς τὴν γῆν τῆς
ἐπαγγελίας καὶ εἶπεν πρὸς αὐτόν· κάθελθε πρὸς τὸν λαὸν καὶ ἀνάγγειλον
αὐτοῖς ὅτι Μωυσῆς ἐτελεύτησεν. καὶ κατῆλθεν Ἰησοῦς πρὸς τὸν λαόν, ὁ
δὲ Μωυσῆς τὰ τέλη τοῦ βίου ἐκτήσατο. Καὶ ἐπειρᾶτο Σαμουὴλ (lege
Σαμαὴλ) ὡς ἂν καταβάσῃ τὸ σκύνωμα (= σκήνωμα) αὐτοῦ τῷ λαῷ ἵνα
θεοποιηθῶσιν (lege -σωσιν) αὐτόν, Μιχαὴλ δὲ ὁ ἀρχιστράτηγος προστάξει
θεοῦ ἦλθεν λαβεῖν αὐτὸν καὶ συνστεῖλαι, καὶ ἀνθίστατο αὐτῷ Σαμουὴλ
(lege Σαμαὴλ), καὶ διεμάχοντο. ἀγανακτήσας οὖν ὁ ἀρχιστράτηγος ἐπετί-
μησεν αὐτὸν εἰπών· ἐπιτιμᾷ σε Κύριος, διάβολε. καὶ οὕτως ἡττήθη ὁ
ἀντικείμενος καὶ φυγὴν (lege-ῇ) ἐχρήσατο, ὁ δὲ ἀρχάγγελος Μιχαὴλ
συνέστειλεν τὸ σκύνωμα (= σκήνωμα) Μωυσῆ ὅπου προσετάχθη παρὰ
θεοῦ τοῦ Χριστοῦ." [33]

Hier stirbt Mose einen normalen *Tod* wie alle Menschen. Weder von   Tod
einer Leib-Seele-Trennung und einer Aufnahme der Seele in den Himmel
wie in den TestIIIPatr. und im TestHiob ist die Rede noch von einer echten Entrückung, wie ja auch jeder Hinweis darauf im Palimpsesttext fehlt.
Der tote Mose wird von einem Engel *bestattet* getreu der Überlieferung   Best.
(Dt 34,6), daß kein Mensch Moses Grab je gesehen habe. Bestattungsanweisungen kann es bei einer Beerdigung durch Michael naturgemäß nicht gegeben haben; von Trauer Josuas oder des Volkes wird allerdings nichts berichtet. Sie ist jedoch auch kein konstitutives Element der Test.-Form. Das
Überraschende an dieser Darstellung des Lebensendes Moses in der „Palaea
historica" ist mehr noch als dieser ihr Testamentscharakter die exakte und
wörtliche Übereinstimmung mit dem Zitat in Judas 9. Diese beiden voneinander völlig unabhängigen Argumente liefern einen hinreichenden Grund
für die Annahme, daß der Abschnitt aus der „Palaea historica", obwohl er
geringfügige Spuren christlicher Bearbeitung aufweist, doch seiner Substanz
nach den alten, verloren geglaubten Schluß dieses Testamentes des Mose
aufbewahrt hat — es sei denn, man wollte annehmen, der uns unbekannte
Geschichtsschreiber habe aufgrund seiner Kenntnis von Judas 9 einen Testa-
mentsschluß frei erfunden, doch für welche Schrift sollte er das getan haben? Nur der lat. Text der Handschrift, die Ceriani gefunden hat, ist fragmentarisch — und das nur dank seiner Palimpsestnatur. Die griechische Vorlage und der hebräische oder aramäische Urtext waren zweifellos vollständige Schriften, für die einen Schluß zu erdenken, keine Notwendigkeit bestand. Also dürfen wir wohl — mit einiger Wahrscheinlichkeit zumindest —
davon ausgehen, daß die „Palaea historica" uns den vermißten Abschluß
erhalten hat [34].

---

[33] Zusatz in einer Handschrift nach A. Vassiliev:
„καὶ οὐδεὶς εἶδεν τὴν τάφην Μωυσέως."

[34] Ein anderer Rekonstruktionsversuch des verlorenen Schlusses, der seriöseste
m. E., soll doch nicht unerwähnt bleiben: R. H. Charles, Aprocrypha II, S. 408 f.,
zitiert ebenfalls den Abschnitt der „Palaea historica", bewertet ihn jedoch anders.
Er setzt zuerst eine Zäsur nach „... ὁ δὲ Μωυσῆς τὰ τέλη τοῦ βίου ἐκτήσατο".
Dann weist er den ersten Teil gemäß seiner Theorie der Entstehung des Ceriani-
Fragmentes dem ursprünglichen TestMose zu, und zwar als „a fitting close", den

Zusammenfassung

Von ihren formalen Kennzeichen her ist die vorliegende Schrift unzweideutig unter die Gattung der „Testamente" einzuordnen. Daß sie auch in der Form von Dt 31—34 abhängig ist, spielt dabei zunächst keine Rolle. Die Form ist ja — auch im Fall der literarischen Abhängigkeit — bewußt gewählt. Aber nicht nur die äußeren, formalen Kriterien sondern auch die *Intention* des Inhaltes, die Abzweckung der ganzen Schrift weisen auf die Gattung „Testament": Die ganze ausführliche Zukunftsansage in Form der vat. ex ev. und der echten vaticinia dient ja nur dazu, den gegenwärtigen Standpunkt des Lesers zu bestimmen und zu bewerten, um ihn dann zu einem bestimmten Verhalten anzuleiten: Das vergangene wie das gegenwärtige Übel geschieht nicht ohne den Willen Gottes. Der Lauf der Geschichte ist längst vorherbestimmt. Es gilt nun, in aller Ungerechtigkeit ringsum auszuhalten, treu den Bund und seine Gebote zu bewahren, um so für die hereinbrechende Endzeit gerüstet zu sein (12,10 f.). Der Zweck der ganzen Schrift ist damit nicht die Offenbarung des Zukünftigen an sich sondern die Anleitung zu einem dementsprechenden Verhalten.

Die Prüfung des literarischen Charakters der vorliegenden Schrift anhand aller zur Verfügung stehenden Kriterien hat also ergeben, daß Ceriani das von ihm gefundene Fragment wohl fälschlicherweise als die Assumptio Mosis identifiziert hat. Es dürfte sich mit großer Wahrscheinlichkeit um das Testament Moses handeln, das die Pseudepigraphenlisten aufführen. Diese Meinung vertreten ebenfalls S. Mowinckel, M. Delcor, E.-M. Laperrousaz und E. Cortès [35]. Doch absolute Sicherheit ist auch bei dieser Identifikation

---

zweiten hingegen der ursprünglichen AssMose. In seinem früheren Werk „The Assumption of Moses . . .", London, 1897, S. XLVII—L (zitiert nach E.-M. Laperrousaz, Testament, S. 36—38) gibt er als Begründung an: Der erste Teil kenne nur einen ganz normalen Tod Moses. Er lege Mose keinerlei persönliche Bedeutung bei, wie es auch in dem Fragment = TestMose der Fall sei, das sich als Testament ausschließlich für das Schicksal des auserwählten Volkes interessiere. Der zweite sei ausgesprochen individuell geprägt, da er nur die Ereignisse um Moses Tod berichte. Das sei typisch für eine Assumptio. Dazu ist kritisch anzumerken:

1) Die von R. H. Charles vorgeschlagene Zäsur zerreißt den Zusammenhang; denn Tod und Bestattung gehören in der Test.-Form unbedingt zusammen.

2) Die Unterscheidung von individuell und kollektiv wird der Test.-Form ebenfalls nicht gerecht. Gerade der Rahmen eines Testamentes ist ganz der jeweiligen Person reserviert.

E.-M. Laperrousaz, dessen Buch nahezu eine einzige Auseinandersetzung mit R. H. Charles ist, folgt ihm eigentümlicherweise in dieser seiner These bedingungslos (S. 61).

[35] S. Mowinckel, Equivalent, S. 88; M. Delcor, Contribution à l'étude de la législation des sectaires de Damas et de Qumrân IV, in: RB 62, 1955, S. 60—66; E.-M. Laperrousaz, Testament, S. 62; E. Cortès, Discursos, S. 141 f.

Auch A. B. Kolenkow, The Assumption of Moses as a testament, in: G. W. E. Nickelsburg Jr. (ed.), Studies on the Testament of Moses, S. 71—77, nennt wie die Mehrzahl der Autoren dieses Sammelbandes die Schrift ein Testament. Sie wählt diese Gattungsbestimmung allerdings allein deshalb, weil für sie das Charakte-

nicht zu erreichen; denn es bleibt ungeklärt, wieso einige altkirchliche Kommentare und Handschriftenmarginalien zu Judas 9 [36] — einem Vers, der nach der hier vorgeschlagenen Rekonstruktion den Schluß des TestMose zitiert, — und Gelasius Cyzicenus bei seinem exakten Zitat von 1,14 auf eine assumptio bzw. ἀνάληψις des Mose als Quelle verweisen. Sollte es sich in beiden Fällen um eine zufällige Täuschung handeln?

Fest steht jedenfalls, daß das von Ceriani aufgefundene Fragment eindeutig Test.-Form besitzt und keinen Hinweis auf eine assumptio enthält. Ob es das TestMose der Listen ist und in welchem Verhältnis es zu der nur noch in Zitaten erhaltenen AssMose steht, darüber wird es wohl erst dann endgültige Klarheit geben, wenn es nicht bei dem singulären Fund Cerianis bleibt, sondern eines Tages neue, inhaltlich verwandte Schriften entdeckt werden.

---

ristische eines Testamentes die Prophezeiungen auf dem Totenbett sind („deathbed prophecies"). Zur Kritik dieser Gattungsbestimmung siehe die Einleitung S. 4 f. und den Schluß S. 238.

Gerade wegen dieser ausführlichen Zukunftsschilderungen aber lehnt E. Brandenburger, Himmelfahrt, S. 61, die Gattungsbezeichnung „Testament" für diese Schrift ab: „Die Gattung Testament ist hier im Sinne einer Apokalypse, eben als Offenbarung verborgener Zukunft umgeprägt worden..." Die Offenbarung zukünftigen Geschehens scheint ihm in einem Testament fehl am Platze zu sein.

[36] Siehe bei A.-M. Denis, Introduction, S. 129 f.

§ 8. DAS TESTAMENT HISKIAS (ASCENSIO ISAIAE) [1]

Text:

A. Dillmann, Ascensio Isaiae aethiopice et latine, Leipzig, 1877.

R. H. Charles, The Ascension of Isaiah. Translated from the ethiopic version, London, 1900.

Übersetzung:

J. Flemming — H. Duensing, Die Himmelfahrt des Jesaja, in: E. Hennecke — W. Schneemelcher, Neutestamentliche Apokryphen in deutscher Übersetzung II, Tübingen, 1964, S. 454—468.

Der griechische Geschichtsschreiber Georgius Cedrenus, der um 1100 n. Chr. in Byzanz lebte und arbeitete, zitiert an einer Stelle seines Werkes aus einer διαθήκη Ἐζεκίου. Dies ist das einzige Zeugnis für die Existenz eines Testamentes des Hiskia; keine andere jüdische oder christliche Schrift erwähnt je ein solches Buch. Nun läßt uns allerdings Cedrenus auf der Suche nach der Identität dieses Testamentes nicht ganz im Stich. Der Inhalt seines Zitates gibt schon einen ersten Fingerzeig:

„Ὅτι ἐν τῇ διαθήκῃ Ἐζεκίου βασιλέως Ἰούδα λέγει Ἡσαίας ὁ προφήτης κρατῆσαι τὸν Ἀντίχριστον ἔτη γ′ καὶ μῆνας ἑπτά, γινόμενα ἡμέρας ασϙ′. καὶ μετὰ τὸ τὸν Ἀντίχριστον βληθῆναι ἐν τῷ Ταρτάρῳ ἐλθεῖν τὸν δεσπότην τῶν ὅλων, Χριστὸν τὸν θεὸν ἡμῶν, γενέσθαι δὲ καὶ ἀνάστασιν καὶ ἀνταπόδοσιν καλῶν τε καὶ κακῶν.“ [2]

Diese zwei Sätze, für die Cedrenus ein TestHis als Quelle angibt, finden sich jedoch teils exakt wörtlich teils sinngemäß wieder in der AscIs 4,12.14.18b. Damit stellt sich die Frage, in welchem Verhältnis TestHis und AscIs zueinander stehen. Sind es nur zwei verschiedene Namen für einunddieselbe Schrift? Ist das TestHis in die Ascensio ein- und in ihr aufgegangen, oder gibt es noch andere Lösungsmöglichkeiten für dieses Problem?

Lohmeyer [3] und Rost [4] behaupten in kurzen, dürren Sätzen ohne nähere Begründung, Cedrenus habe hier lediglich der Ascensio einen anderen Na-

---

[1] Kapitel- und Verseinteilung nach J. Flemming — H. Duensing, zurückgehend auf A. Dillmann; Textzitate ebenfalls nach J. Flemming — H. Duensing; Lit. bei E. Hammershaimb, Das Martyrium Jesajas, in: JSHRZ II, 1, Gütersloh, 1973, S. 15—34, und A. Caquot, Bref commentaire du „Martyre d'Isaïe", in: Semitica 23, 1973, S. 65—93.

[2] I. Bekker, Georgius Cedrenus Ioannis Scylitzae ope, Band I, Bonn, 1838, S. 120—121.

[3] E. Lohmeyer, Diatheke, S. 36 Anm. 4.

[4] L. Rost, Einleitung, S. 113.

men gegeben; beide Titel bezeichneten die gleiche Schrift. Beer [5] äußert sich schon viel vorsichtiger. Er vermutet lediglich unter Berufung auf Dillmann [6], Cedrenus könnte mit seiner eigenartigen Benennung die Kapitel 1—5 der Ascensio gemeint haben, also den gesamten ersten Teil, der sich vom zweiten, der visio Isaiae, Kap. 6—11, deutlich abhebt. Genauso votiert auch E. Hammershaimb [7]. Positive Anhaltspunkte für diese These, die der bisherigen Untersuchung der Test.-Form gerecht werden könnten, gibt es jedoch nicht.

James, der diesem Problem wiederholt Aufmerksamkeit geschenkt hat, kam im Laufe der Zeit zu recht unterschiedlichen Ergebnissen: 1892 behauptete er noch kategorisch: „The term „διαθήκη Ἐζεκίου" is applied by Cedrenus (...) to the ‚Ascension of Isaiah'" [8]. Fünf Jahre später steht er dieser Frage eher ratlos gegenüber: „The Testament of Hezekiah. Cedrenus uses this name when he quotes a passage from the book which we know as the Ascension of Isaiah. It is a curious name and seemingly an inappropriate one...". „We must therefore, I think, leave this item on one side as an anomaly" [9]. 1920 schließlich erwägt er noch einmal die Möglichkeit, daß das „Testament Hiskias" nur ein anderer Titel für die Ascensio sei, verwirft diesen Gedanken jedoch endgültig, weil er keinen Grund ausfindig machen kann, warum Cedrenus diese Titeländerung vorgenommen haben sollte. Er nähert sich dann der Position Beers, wenn er vermutet, es habe einmal ein selbständiges Buch unter dem Namen „Testament Hiskias" gegeben, das aber in den ersten fünf Kapiteln der Ascensio aufgegangen sei, ohne daß man heute seine Grenzen genau herausarbeiten könne [10]. Charles [11] schlägt einen doppelten Weg ein: Einmal ist auch er der Meinung, Cedrenus habe die ganze Ascensio „διαθήκη Ἐζεκίου" genannt, zum anderen aber vermutet er, unter diesem Titel habe eine eigenständige Schrift existiert, die in die Ascensio eingegangen und in dem Abschnitt 3,13b — 4,18 greifbar sei; denn das Zitat des Cedrenus beziehe sich ausschließlich auf diese Passage [12]. Hierbei handle es sich um die in 1,2b—5a angekündigte und kurz zusammengefaßte Vision Hiskias, Offenbarungen über die Zukunft und das Weltgericht enthaltend, die der König im Laufe seines

---

[5] G. Beer, Das Martyrium des Propheten Jesaja, in: E. Kautzsch, Apokryphen II, S. 119.

[6] A. Dillmann, Ascensio, S. XVIII und 68.

[7] E. Hammershaimb, Martyrium, S. 17.

[8] M. R. James, Abraham, S. 9 Anm. 1.

[9] Ders., Apocrypha anecdota II, S. LXXXIV.

[10] Ders., The lost Apocrypha, S. 84—85.

[11] R. H. Charles, The Martyrdom of Isaiah, in: ders., Apocrypha II, S. 155.

[12] Seine Argumentation ist hier etwas konfus; denn die beiden Thesen vertragen sich nicht miteinander, zumindest nicht ohne Erläuterung. Entweder hat Cedrenus das ganze Buch „TestHis" genannt, dann ist es ohne Belang, aus welchem Kapitel er zitiert, oder nur ein Teil der Ascensio verkörpert dieses Testament, dann hat Cedrenus eben nur diesen Teil bzw. eine ursprünglich selbständige Schrift dieses Namens gekannt und zitiert.

Lebens empfangen habe und nun, kurz vor seinem Tod, an seinen Sohn weitergebe. Diese Begründung aber ist oberflächlich und unzulänglich:

1) Der Anfangsrahmen (Hiskia ruft seinen Sohn Manasse zu sich — am Ende seines Lebens, ist sinngemäß zu erschließen — in Gegenwart des Propheten Jesaja und dessen Sohnes Jasub), dieser Anfangsrahmen gehört nach Charles' eigener Analyse [13] zum alten, jüdischen Martyrium Isaiae und nicht zum TestHis.

2) Offenbarungen über die Zukunft bis hin zum Weltgericht sind nicht *das* konstitutive Element der Test.-Form schlechthin, sondern eine gern und häufig benutzte Stilform in der gesamten apokalyptischen Literatur.

3) In 3,13b—4,18 spricht gar nicht Hiskia sondern Jesaja, wie sich aus 3,31 und 4,1 unzweideutig ergibt [14]. Dieser Abschnitt kann also niemals die Überschrift „Testament Hiskias" getragen haben, sondern allenfalls „Testament Jesajas".

Es finden sich also keine stichhaltigen Anhaltspunkte dafür, daß der Abschnitt 3,13b — 4,18 der Ascensio einst als selbständiges Werk existiert und den Titel „TestHis" getragen hat. Denis und Philonenko halten diese These heute trotzdem noch aufrecht, jedoch ohne Angabe von Gründen [15].

Wenn demnach der Titel „Testament Hiskias" weder Kap. 1—5 noch 3,13b — 4,18 der Ascensio bezeichnet, kann er dann aber vielleicht für die ganze Schrift stehen? James wollte das ja gerne annehmen, wenn er nur einen Grund dafür hätte finden können. Dieser Grund läßt sich vermuten, wenn man von der typischen Form eines Testamentes ausgeht. Zwar zeigt die AscIs insgesamt nicht die Formelemente, die für die Test.-Form konstitutiv sind, — dann wäre die Sache einfach und längst entschieden —, aber einige bemerkenswerte Anklänge finden sich doch. Betrachten wir einmal die Eingangs- und Schlußverse der Ascensio:

---

[13] Ein christlicher Redaktor habe drei ursprünglich selbständige Schriften: das jüdische Martyrium Isaiae (nur noch fragmentarisch erhalten in 1,1—2a. 6b—13a; 2,1—8; 2,10—3,12; 5,1c—14), das christliche TestHis (3,13b—4,18) und die gleichfalls christliche Visio Isaiae (6—11,40) zusammengestellt und mit redaktionellen Übergängen versehen.

[14] Charles gelang es vermutlich nur aufgrund seines sehr freien Umganges mit Konjekturen, zu dem er sich bei seiner Edition der Ascensio hinreißen ließ, diese Klippe zu umschiffen.

[15] A.-M. Denis, Introduction, S. 173 f.; M. Philonenko, Le Martyre d'Ésaïe et l'histoire de la secte de Qoumrân, in: Pseudépigraphes de l'Ancien Testament et Manuscrits de la Mer Morte, Vol. I, Paris 1967, S. 1—10. A. Caquot, Commentaire, S. 69 f., vermutete aufgrund der an sich richtigen Erkenntnis, daß der Anfang des Kap. 1 sich wie die Einleitung eines Testamentes des Hiskia an seinen Sohn Manasse darbiete und daß die Gattung „Testament" ihrem Wesen und ihrer Geschichte nach jüdisch sei, daß ein christlicher Autor ein jüdisches „Testament Hiskias" radikal christianisiert, der christlichen Apokalypse des Jesaja angepaßt und mit ihr vermengt habe, doch gibt es für ein solches „Testament Hiskias" keinerlei Anhaltspunkte in der Tradition.

1,1 : „Es geschah im 26. Jahre der Herrschaft Hiskias, des Königs von Juda, da berief er den Manasse, seinen Sohn; denn er war der einzige, den er hatte.

2 : Und er berief ihn in Gegenwart des Propheten Jesaja, des Sohnes des Amoz, und in Gegenwart Jasubs, des Sohnes des Jesaja, um ihm die Worte der Gerechtigkeit zu überliefern, die er, der König, selbst gesehen hatte,"

11,42: „Und dieses alles überlieferte Hiskia dem Manasse im 26. Jahre.

43: Aber Manasse dachte nicht daran und nahm es nicht zu Herzen, sondern, nachdem er dem Satan untertan geworden war, ging er zugrunde.

(Hier ist zu Ende das Gesicht des Propheten Jesaja samt seiner Himmelfahrt.)"

Wenn wir einmal von der eingeklammerten Schlußunterschrift absehen, dann hat also der christliche Redaktor, der zwei ehedem selbständige Schriften zu der uns vorliegenden Ascensio zusammengestellt hat, wie noch zu zeigen sein wird, den ganzen Mittelteil seines Werkes als eine Rede Hiskias an seinen Sohn stilisiert, was jedoch durchaus nicht zutrifft. Und daß Hiskia diese Worte nicht irgendwann einmal sprach sondern am Ende seiner Regierungszeit und seines Lebens, ist zwar nicht ausdrücklich vermerkt, doch darf man es aus der in Kap. 1 geschilderten Situation entnehmen, die so ganz den Eindruck einer Amtsübergabe mit damit verbundenen Verhaltensmaßregeln [16] für den Nachfolger erweckt [17]. In 2,1 werden dann ja auch der Tod Hiskias und der Regierungswechsel berichtet.

Der Redaktor stilisiert also die ganze Ascensio als eine lange Rede eines Sterbenden an seinen Sohn und Nachfolger, Anweisungen für dessen Zukunft enthaltend, die dieser aber nicht beherzigt. Ist es nun sehr verwunderlich, wenn Cedrenus dieser Stilisierung folgt und das ganze Werk als „Testament Hiskias" bezeichnet? Wenn man bedenkt, wie wenig zutreffend oft die Titel pseudepigrapher Schriften sind (man kann sie mitunter direkt austauschen), dann ist die Titelzuweisung des byzantinischen Geschichtsschreibers durchaus nicht ungewöhnlich, zumindest aber verständlich.

Wenn Cedrenus vom TestHis spricht, meint er also wohl die AscIs; doch bleibt noch eine Möglichkeit zu erwägen: Könnte er den Titel „Testament Hiskias" schon vorgefunden haben, ohne allerdings das zugehörige Werk

[16] Daß tatsächlich aber, auch in Kap. 1 schon, nur von Visionen und Offenbarungen die Rede ist, geht auf das Konto des christlichen Redaktors, doch dazu siehe später.

[17] Im Unterschied zu 1,1 weisen 2. Kön 18,1—2 und 2. Chron 29,1 dem Hiskia nicht 26, sondern 29 Regierungsjahre zu. Ein Grund für diese Differenz läßt sich nicht erkennen, außer man wollte annehmen, daß zwischen Kap. 1 und 2 der AscIs 3 Jahre Zwischenraum lägen, doch das ist ganz unwahrscheinlich; denn dann wäre die einführende Situation zerrissen, auf die sich auch 11,42 bezieht. Die Zeitangaben „16." (kopt. Übers.) bzw. „25. Regierungsjahr" (sog. griech. Legende) sind wohl sekundär (gegen M. Philonenko, Le Martyre, S. 2 Anm. 7, mit A. Caquot, Commentaire, S. 67 f.).

14*

zu kennen? Er hätte dann diejenige Schrift als TestHis identifiziert, die ihm am ehesten danach aussah, die AscIs.

Einen Fingerzeig in diese Richtung gibt das Opus imperfectum in Matthaeum, Hom. I [18]. Dort heißt es:

> „Denique cum aegrotasset Ezechias in tempore quodam, et venisset ad eum Isaias propheta visitandum, vocavit Ezechias filium suum Manassen, et coepit ei mandare, quod debeat Deum timere, quomodo regere regnum, et alia multa.
>
> Et dixit ad eum Isaias: Vere quia non descendunt verba tua in cor eius, sed et meipsum oportet per manum eius interfici. Quod audiens Ezechias, volebat filium suum interficere, dicens: Quia melius est me sine filio mori, quam talem filium relinquere, qui et Deum exasperet et sanctos eius persequatur. Tenuit autem eum vix Isaias propheta, dicens: Irritum faciat Deus consilium tuum hoc; videns Ezechiae religionem, quia plus amabat Deum, quam filium suum."

Wenngleich der zweite Teil des ersten Satzes (et coepit ei mandare...) lediglich eine Inhaltsangabe darstellt und nicht die eigentliche Ausführung der Quelle, aus der der Verfasser des Opus imperf. hier sein Wissen schöpft, so läßt sich doch die Form dieses Stückes gut wiedererkennen:

Anfangsrahmen

Hiskia wird (sterbens- [19]) krank/Zeitangabe, allerdings sehr allgemein gehalten/Situation: Der Sterbende ruft seinen (einzigen) Sohn zu sich.

Mittelteil

Ermahnungen zu Gottesfurcht, hinsichtlich der Reichsregierung und „alia multa" [20]. Als Anhang dazu ein Dialog mit Jesaja.

Schlußrahmen nicht mitgeteilt.

Es fällt sogleich auf, daß der Quelle, auf die sich der Verfasser des Opus imperf. hier bezieht, wesentliche Elemente der Test.-Form zu eigen waren, obwohl ein Schlußrahmen fehlt und auch der ausführliche Dialog mit Jesaja über den Rahmen eines Testamentes hinausgeht [21]. Doch so schnell ist der Schluß auf ein eigenständiges „Testament Hiskias", das dem Verfasser des Opus imperf. vorgelegen hätte, noch nicht erlaubt. Zuvor ist erst

---

[18] Mit den Werken des Chrysostomus abgedruckt bei J.-P. Migne, PG, Band 56 (= 6. Band des Chrysostomus), Sp. 626.

[19] Hier ist sicher nicht an Hiskias Erkrankung in seinem 15. Regierungsjahr gemäß 2. Kön 20 zu denken, sondern an eine Krankheit zum Tode, wie sich aus „quia melius est me sine filio mori, quam talem filium relinquere" sinngemäß ergibt.

[20] Sicherlich weitere Verhaltensanweisungen, keinesfalls aber Visionen!

[21] Vgl. AssMose 11 (S. 202) und hebr. TestNaph 1 (S. 109 f., 113).

die Ähnlichkeit mit dem ersten Kapitel der AscIs zu prüfen, die ja ebenfalls sogleich ins Auge fällt.

Stellt man beide Texte nebeneinander, so ergibt sich eine ganze Reihe
von Entsprechungen:

1) Die handelnden Personen sind bis auf eine Ausnahme, den Jesajasohn
Jasub, den allein AscIs 1 erwähnt, ohne ihm aber eine Funktion zu übertragen, die gleichen: Hiskia, Manasse, Jesaja.

2) Der Ort der Handlung ist jeweils nicht näher spezifiziert, aber man
hat in beiden Fällen ganz selbstverständlich an den Königspalast zu denken.

3) Schließlich unterscheidet sich auch die Rahmensituation in nichts: Der
König Hiskia ist krank bzw. fühlt seinen baldigen Tod herannahen [22]. Da
ruft er seinen Sohn zu sich, um mit ihm zu sprechen. Er tut dies in Gegenwart des Propheten Jesaja, in AscIs 1 auch des Sohnes Jesajas, Jasub.

4) Als stärkstes Kennzeichen der Gemeinsamkeit aber, die zwischen beiden Texten herrscht, ist wohl der Aufriß der kurzen Auseinandersetzung
Jesajas mit Hiskia am Ende von dessen Rede zu werten: Der Prophet weissagt dem König, daß seine Worte bei Manasse nichts fruchten werden, daß
vielmehr er selbst durch dessen Hand umkommen werde. Um das zu verhindern, faßt Hiskia den Entschluß, seinen Sohn zu töten, doch Jesaja weist
ihn auf die Aussichtslosigkeit dieses Unterfangens hin. Zwar ist diese kurze
Episode jeweils mit anderen Worten dargestellt, doch der Handlungsablauf
erfährt dadurch keine Änderung.

Gegenüberstellung von AscIs 1 und Opus Imperf.

AscIs 1

v. 1: „Es geschah im 26. Jahr der
Herrschaft Hiskias, des Königs von Juda, da berief er
den Manasse, seinen Sohn;
denn er war der einzige,
den er hatte.

v. 2: Und er berief ihn in Gegenwart des Propheten Jesaja,
des Sohnes des Amoz, und
in Gegenwart Jasubs, des
Sohnes des Jesaja,

um ihm die Worte der Ge-
rechtigkeit (Wahrheit?) zu
überliefern, die er, der König, selbst gesehen hatte,

Opus imperf.

„Denique cum aegrotasset Ezechias
in tempore quodam, et venisset ad
eum Isaias propheta visitandum,
vocavit Ezechias filium suum Ma-
nassen,

et coepit ei mandare, quod debeat
Deum timere, quomodo regere regnum, et alia multa.
(im weiteren vermutlich Ausfüh-

---

[22] Das ließ sich in beiden Texten erschließen, siehe S. 211 und S. 212 Anm. 19.

v. 3: und die ewigen Gerichte und die Strafen der Hölle und des Fürsten dieser Welt und seiner Engel, Herrschaften und Mächte,

v. 4: und die Worte des Glaubens an den Geliebten, den er selbst gesehen hatte im 15. Jahr seiner Herrschaft während seiner Krankheit.

v. 5: Und er überlieferte ihm die aufgezeichneten Worte, die Sebna, der Schreiber, geschrieben hatte, und auch das, was ihm samt den Propheten Jesaja, der Sohn des Amoz, übergeben hatte, daß sie es aufschreiben und bei ihm niederlegen sollten, was er selbst (d. h. Jesaja) im Hause des Königs über das Gericht der Engel und über die Vernichtung dieser Welt und über die Kleider der Gerechten und über den Ausgang, die Verwandlung, Verfolgung und Himmelfahrt des Geliebten gesehen hatte.

v. 6: Und im 20. Jahre der Herrschaft Hiskias hatte Jesaja die Worte dieser Weissagung gesehen und sie seinem Sohne Jasub überliefert.

Und während jener (d. h. Hiskia) Befehl gab im Beisein Jasubs, des Sohnes Jesajas,

v. 7: sagte Jesaja zum König Hiskia, aber nicht in Gegenwart Manasses allein sagte er zu ihm: ‚So wahr der Herr lebt, dessen Name nicht in diese Welt gesandt worden ist, und so wahr der Geliebte meines Herrn

rung dieser Dreiteilung)

Et dixit ad eum Isaias:

lebt und so wahr der Geist
lebt, der in mir redet: alle
diese Befehle und diese
Worte werden keine Gel-
tung haben bei deinem Sohn
Manasse, und durch die
Freveltat seiner Hände werde ich unter Martern meines
Leibes dahingehen.

Vere quia non descendunt verba
tua in cor eius, sed et meipsum
oportet per manum eius interfici.

v. 8: Und Sammael Malkira wird
dem Manasse dienen und
allen seinen Willen tun,
und er wird mehr Beliars
als mein Nachfolger sein.

v. 9: Und viele in Jerusalem und
Juda wird er vom wahren
Glauben abtrünnig machen
und Beliar wird in Manasse
wohnen und durch seine
Hand werde ich zersägt
werden.'

v. 10: Und als Hiskia dieses Wort
hörte, weinte er sehr heftig,
zerriß seine Kleider, warf
Staub auf sein Haupt und
fiel auf sein Angesicht.

Quod audiens Ezechias,

v. 11: Und Jesaja sprach zu ihm:
,Der Plan Sammaels gegen
Manasse ist (schon) abge-
macht, nichts wird dir helfen.'

v. 12: An jenem Tage erwog Hiskia bei sich, seinen Sohn
Manasse zu töten.

volebat filium suum interficere dicens: Quia melius est me sine filio
mori, quam talem filium relinquere, qui et Deum exasperet et sanc-
tos eius persequatur. Tenuit autem
eum vix Isaias propheta, dicens:
Irritum faciat Deus consilium tu-
um hoc;

v. 13: Aber Jesaja sprach zu Hiskia: Der Geliebte wird deinen Plan vereiteln, und die
Gedanken deines Herzens
werden nicht geschehen;
denn mit dieser Berufung
bin ich berufen worden, und
am Erbe des Geliebten soll
ich mein Erbteil haben."

videns Ezechiae religionem, quia
plus amabat Deum, quam filium
suum."

Diesen Gemeinsamkeiten beider Texte stehen jedoch auch gewichtige Unterschiede gegenüber:

1) AscIs 1 vermerkt genau den Zeitpunkt der Handlung, das 26. Regierungsjahr Hiskias, während das Opus imperf. sich hier mit der ganz allgemein gehaltenen Angabe „in tempore quodam" zufriedengibt.

2) Dagegen erwähnt das Opus imperf. ausdrücklich die Krankheit des Königs, worauf AscIs 1 verzichtet. Das will jedoch nicht viel besagen, da beide Texte die Todesstunde Hiskias stillschweigend voraussetzen.

3) Der gewichtigste Unterschied aber ist der Inhalt der Rede Hiskias an Manasse. In AscIs 1 sind es Visionen, Offenbarungen über die Zukunft der Welt und der überirdischen Mächte; das Opus imperf. aber faßt die Ausführungen seiner Quelle zusammen in den Worten: „et coepit ei mandare, quod debeat Deum timere, quomodo regere regnum et alia multa." Als Ermahnungen zur Gottesfurcht lassen sich letzten Endes auch die Visionen verstehen, aber Regierungsanweisungen kommen in AscIs 1 schlechterdings nicht vor, ebensowenig wie alia multa, weitere, von den beiden ersten verschiedene Anweisungen.

4) Schließlich ist auch nicht zu übersehen, daß generell die Wortwahl in den beiden Texten verschieden ist, sich nur gelegentliche Anklänge feststellen lassen.

Das Fazit aus diesen Beobachtungen ist zunächst nicht leicht zu ziehen. Auf der einen Seite sind sich beide Passagen zu ähnlich, als daß es sich um zwei völlig eigenständige Werke handeln könnte; auf der anderen Seite verbieten die großen Unterschiede eine voreilige Gleichsetzung. Hier kann nun eine Beobachtung besonderer Art weiterhelfen: Während AscIs 1 aus seinem Interesse heraus, die Ankunft Christi schon durch den Mund Jesajas und Hiskias verkündigen zu lassen, deutlich christliches Gepräge trägt, fehlt beim Opus imperf. jeglicher christliche Anklang. Mit seiner Betonung der Gottesfurcht und Gottesliebe reiht es sich dagegen gut ein in die erbauliche, jüdische Literatur der hellenistisch-römischen Epoche, wie sie etwa auch durch die TestXIIPatr. verkörpert wird.

Versteht man nun den christlichen Text als eine Bearbeitung des jüdischen, dann erklärt sich nicht nur das eigenartige, zwischen Fremdheit und Verwandtschaft schwankende Verhältnis beider, sondern es löst sich auch eine Unstimmigkeit innerhalb des Anfanges der AscIs selbst: Dort ist in 1,6.7; 2,1 von Befehlen und Geboten die Rede, die Manasse von seinem sterbenden Vater empfangen habe, während doch Hiskia gemäß AscIs 1 ausschließlich Enthüllungen über die Endzeit an seinen Sohn weitergibt. Das sind Diskrepanzen, anhand deren man gut die Arbeit des Redaktors erkennen kann; denn mit „Befehlen und Geboten" läßt sich durchaus sachentsprechend zusammenfassen, was das Opus imperf. bzw. seine Quelle bieten.

Zwei grundlegende Erkenntnisse sind von daher möglich:

1) Die Schrift, auf die sich das Opus imperf. bezieht, kann nur das alte jüdische, von christlichen Bearbeitungen freie Martyrium Isaiae gewesen

sein [23]. Schon immer wurde ja dieses Werk als eine der Quellen der AscIs angesehen, nur konnte man nie seinen Anfang sicher herausarbeiten, da AscIs 1 deutlich und durchgängig christliche Züge trägt. Das Opus imperf. dürfte diesen Anfang bewahrt haben, nur daß sein Verfasser den Inhalt der Anweisungen Hiskias zusammengefaßt hat (Deum timere, quomodo regere regnum, et alia multa), statt ihn ausführlich zu überliefern.

Ein weiteres Indiz spricht ebenfalls dafür, daß der Verfasser des Opus imperf. das jüdische Martyrium Isaiae gekannt hat: In Hom. 33 [24] findet sich ein deutlicher Bezug auf AscIs 3,8—10 und 5,1, zwei Stellen, die keinerlei christliche Charakteristika zeigen und allgemein dem Martyrium zugewiesen werden.

2) Auch Absicht und Ziel der christlichen Redaktion lassen sich nun erkennen: Anweisungen des jüdischen Königs Hiskia an seinen Sohn Manasse zur Gottesfurcht, Verhaltensmaßregeln für die Reichsregierung und dergleichen waren für den christlichen Redaktor ohne Interesse. Er ließ diese mahnenden Worte aus und ersetzte sie durch Weissagungen über Ereignisse der Zukunft (1,3—4a: die ewigen Gerichte; die Strafen der Hölle und des Fürsten dieser Welt und seiner Engel, Herrschaften und Mächte; Worte des Glaubens an den Geliebten; 1,5b: das Gericht der Engel; die Vernichtung dieser Welt; die Kleider der Gerechten; den Ausgang, die Verwandlung, Verfolgung und Himmelfahrt des Geliebten). Es geht dem christlichen Redaktor also einmal um den Schriftbeweis — schon Hiskia und besonders Jesaja (Verheißung des Immanuel) wußten um die Ankunft Christi — zum anderen um die Ansage des Endes der Welt mit all ihren schrecklichen wie heilbringenden Geschehnissen. Diese Ankündigungen in Kap. 1 der AscIs werden nun in den Kap. 6—11, der Vision Jesajas, breit ausgeführt.

Damit liegt auch der Grund der Überarbeitung des 1. Kapitels am Tage: Der Redaktor will die ihm schon fertig vorliegende, christliche Visio Isaiae [25] in das jüdische Martyrium einarbeiten. Da auf der Visio sein Hauptinteresse ruht, zieht er das Martyrium lediglich als Basis heran, als Ausgangssituation, in die er die Offenbarungen über die Zukunft, die nur

---

[23] So auch schon R. H. Charles, Martyrdom, S. 157, ohne daß er doch die Konsequenzen dieser seiner Entdeckung für die Zusammensetzung des Martyriums Isaiae wie für den, von ihm „TestHis" genannten Abschnitt 3,13b — 4,18 der AscIs gezogen hätte. Die Vermutung E. Hammershaimbs, Martyrium, S. 20, das Opus imperf. habe die Urform der griech. Übersetzung des Martyriums Isaiae in seiner redaktionell in die AscIs eingearbeiteten Form gekannt, kann nicht zutreffen, da im Opus imperf. keine Züge der christl. Redaktion zutage treten.

[24] Auf diese Stelle hat als erster M. R. James, The lost Apocrypha, S. 83, hingewiesen, jedoch zog er daraus die Schlußfolgerung, das Opus imperf. habe die ganze christliche Ascensio gekannt.

[25] Der christliche Redaktor hat sicherlich nicht die Visio selbst verfaßt. Dazu kann man zu Beginn der Visio, in Kap. 6, noch zu deutlich den Neueinsatz herausspüren. Außerdem gibt es Hinweise auf eine Überlieferung der Visio als einer eigenständigen Schrift (siehe dazu G. Beer, Martyrium, S. 119; R. H. Charles, Martyrdom, S. 155; E. Hammershaimb, Martyrium, S. 20).

für einen christlichen Leser relevant sein können, hineinverwebt. Um den Bruch zwischen beiden Schriften nicht allzu offenkundig werden zu lassen, schafft er nun Übergänge, Angleichungen, Einfügungen, die aber natürlich nur das Martyrium der Visio anpassen, nicht umgekehrt.

Drei dieser Zufügungen bzw. Angleichungen verdienen eine besondere Erwähnung:

a) AscIs 1 nennt im Gegensatz zum Opus imperf. als eine weitere Person, die bei der Rede Hiskias zugegen war, den Sohn Jesajas, Jasub, obwohl ihm keinerlei Funktion beigemessen wird. Der Redaktor sah sich zu dieser Einfügung veranlaßt, weil Jasub auch in der Visio mehrfach angesprochen wird und an der Handlung beteiligt ist.

b) Auffällig ist auch der dreifache Schluß der Ascensio. Es heißt dort:

11,41: „Wegen dieser Gesichte und Weissagungen zersägte Sammael Satan durch die Hand Manasses den Propheten Jesaja, den Sohn des Amoz.

42: Und dieses alles überlieferte Hiskia dem Manasse im 26. Jahr.

43: Aber Manasse dachte nicht daran und nahm es nicht zu Herzen, sondern nachdem er dem Satan untertan geworden war, ging er zugrunde.
Hier ist zu Ende das Gesicht des Propheten Jesaja samt seiner Himmelfahrt."

In v. 43b dürfte es sich um den ursprünglichen Schluß der Visio handeln (entsprechend der Überschrift in Kap. 6), in v. 42 und 43a um den des Martyriums; v. 41 stammt von der Hand des Redaktors und verknüpft beides.

c) Der Abschnitt 3,13—4,18 vermittelt einen so geschlossenen Eindruck, daß Charles sich veranlaßt sah, in ihm eine eigene Schrift und Quelle der Ascensio wiederzuerkennen. Bei genauerem Zusehen lassen sich aber drei Teile unterscheiden: Der erste, 3,13—20, fungiert — nach den Einfügungen in Kap. 1 — als ein zweiter Hinweis auf die Visio. Dabei fällt jedoch auf, daß er ihr gegenüber einige Erweiterungen zeigt. Er geht teilweise über sie hinaus, wohl um sie von der Sicht des Redaktors her zu ergänzen. Als solche Ergänzungen kann man dann auch die Teile II (3,21—31) und III (4,1—18) verstehen: Sie führen das näher aus, was in der Visio nicht oder nur in Andeutungen enthalten ist, aber nach Meinung des Redaktors in diesem Zusammenhang unbedingt noch gesagt werden muß: eine genauere Beschreibung des Abfalls in den letzten Tagen und des Gerichtes mit Strafe und Heil. Damit erschließt sich uns hier in besonders deutlicher und beeindruckender Weise die eigene Anschauung des Redaktors, die ihn trotz der Affinität, die er zu beiden, von ihm verarbeiteten Schriften hegt, doch von diesen unterscheidet.

Damit läßt sich zur Text- und Überlieferungsgeschichte der Ascensio Isaiae folgendes feststellen:

Ein christlicher Redaktor hat zwei ursprünglich selbständige Schriften zusammengearbeitet, das jüdische Martyrium Isaiae und die christliche Visio
Isaiae, und dabei redaktionelle Änderungen vorgenommen.

1) Das *jüdische Martyrium* läßt sich rekonstruieren aus dem Eingangsteil,
wie ihn das Opus imperf. aufbewahrt hat [26]. (Er trägt der Test.-Form äh-
nelnde Züge.) Ferner gehören dazu 2—3,12; 5,1—15a; 11,42—43a, wobei
kleinere Bearbeitungsspuren nicht mehr recht auszuscheiden sind, ohne den
Kontext zu zerstören.

2) Zur *christlichen Visio Isaiae* zählen die Kap. 6—11 ohne die Schlußverse 41—43a.

3) Der *christlichen Redaktion* sind, von kleineren Änderungen und Ergänzungen abgesehen, die Umarbeitung des Kap. 1, der Abschnitt 3,13 bis
4,18 und der Abschluß in 11,41 zuzuschreiben.

4) Irgendwann in späterer Zeit müssen die Verse 4,19—22 hinzugekommen sein. Sie verändern ihren Kontext nicht, erwecken vielmehr den Eindruck einer *Glosse*: Sie wollen Schriftstellen als Beleg für die vorhergehenden Ausführungen beibringen.

Da der Eingangsteil des Martyriums der Test.-Form sehr nahe kommt,
könnte es möglich sein, daß neben dem Namen „Martyrium Isaiae" auch
der Titel „Testament Hiskias" im Umlauf war. Die Tradition gibt dafür
allerdings keine Hinweise.

Es ist auch unwahrscheinlich, daß Cedrenus von daher auf seine Benennung der Ascensio gekommen ist; denn sein Zitat entstammt dem Teil, der
der christlichen Redaktion zuzuschreiben ist und nicht dem ursprünglichen
Martyrium Isaiae zugehört. Nichts weist darauf hin, daß Cedrenus das un-
bearbeitete, jüdische Martyrium Isaiae gekannt hätte.

---

[26] AscIs 1 läßt sich nicht mehr in christliche und jüdische Bestandteile aufteilen,
wie es seit R. H. Charles immer wieder versucht worden ist, vielmehr hat dieses
Kapitel durch die christliche Redaktion ein ganz eigenes Gepräge erhalten (so auch
A. Caquot, Commentaire, S. 93). Die jüdische Vorlage läßt sich daher allein aus
dem erschließen, was das Opus imperf. aufbewahrt hat, nicht mehr hingegen aus
AscIs 1.

§ 9. DAS „TESTAMENT"
ALS TEILFORM INNERHALB GRÖSSERER SCHRIFTEN

Wie sich schon bei der Behandlung des TestAdam und auch der Ascls ergeben hatte, tritt die Test.-Form nicht nur als Gattung selbständiger Schriften auf, sondern kann sich auch in größere Einheiten eingliedern, so daß dann nur ein kleinerer oder größerer Teil von ihnen Testamentscharakter aufweist. Obwohl sich dadurch weder an der Form noch an ihrer Motivation oder ihrer Intention grundsätzlich etwas ändert, sind doch einige Modifikationen beachtenswert:

1) Die Test.-Form kann nun natürlich nicht mehr mit dem Element „Titel und Name" beginnen, da ja die ganze Schrift, von der das jeweilige Testament nur einen Teil bildet, schon einen Titel trägt.

2) Damit geht Hand in Hand, daß nun auch der Begriff διαθήκη nicht mehr zu erwarten ist. Das ist bedeutsam deswegen, weil unter dieser Voraussetzung der Begriff auch nicht mehr als tauglich erscheint, um die Geschichte der Gattung „Testament" zu erhellen. Alle Versuche, über den Begriff διαθήκη zum Ursprung der Test.-Form vorzustoßen, vernachlässigen notwendigerweise den Bereich des Testamentes als Unter- und Teilform, und müssen deswegen als nicht sachentsprechend zurückgewiesen werden [1].

3) Schließlich wird auch der überschriftartige Teil des Anfangsrahmens nicht mehr in Erscheinung treten. Das heißt nicht, daß auch die in ihm enthaltenen Formelemente unter den Tisch fallen, nur tragen sie eben nicht mehr den Charakter des Überschriftartigen. Der Grund hierfür ist derselbe wie für den Fortfall des Elementes „Titel und Name".

Im pseudepigraphen Schrifttum begegnet das Testament als Teilform innerhalb einer größeren Schrift verhältnismäßig häufig (z. B. im Buch der Jubiläen). Es würde hier zu weit führen, alle entsprechenden Textpassagen aufzuzählen oder gar zu behandeln. Zwei von ihnen, in denen die Test.-Form besonders deutlich wiederzuerkennen ist, sollen hier für alle stehen:

---

[1] Tastet man sich am Begriff διαθήκη entlang zurück, so gelangt man schon bald auf juristisches Gebiet: im AT durch die Septuaginta, die διαθήκη setzt, wo sie im Hebr. berît vorfindet; im hellenistischen Griechisch durch die Philosophentestamente, die wohl nur eine Sonderform des allgemeinen juristischen, testamentarischen Vermächtnisses darstellen (siehe J. Behm/G. Quell, Art. διαθήκη in: ThW 2, S. 106—137, bes. S. 127 f.). Mit dem Rechtsdenken aber stehen die Art und Weise der Argumentation im Rahmen der Test.-Form und ihre Abzweckung in keinerlei Verbindung (siehe auch zur Angabe der Motivation S. 35 f., 75 f., 88, 97 f., 153, weiterhin den Vergleich zwischen Bundesformular und Testament, masch. Diss. S. 414—442).

1) *Slav. Henoch 55—67* [2]

Text:

A. Vaillant, Le livre des secrets d'Hénoch. Texte slave et traduction française, Paris, 1952.

Übersetzung:

N. Bonwetsch, Die Bücher der Geheimnisse Henochs. Das sogenannte slavische Henochbuch, Leipzig, 1922.

A. Vaillant, wie oben.

a) *Anfangsrahmen*

Das ganze slav. Henochbuch ist als eine Rede Henochs gestaltet (1,1: „Zu jener Zeit, sprach Henoch, als . . .“). Daß er diese Ansprache am Ende seines Lebens hielt, geht eingangs (1,1) nur indirekt aus der *Angabe seines Alters* hervor: 365 Jahre, das Lebensalter Henochs nach Gen 5,23. In Kap. 55 und 57 verkündet dann jedoch der Patriarch selbst seinen *unmittelbar bevorstehenden Tod:*

     Altersang.

     Hinw. a. d.
     bev. Tod
     (pers.)

55,1: „Denn siehe, meine Kinder, es ist genaht der Tag meines Termins, und die bestimmte Zeit nötigt mich, die Engel, die mit mir gehen, stehen vor meinem Angesicht;

  2: und ich werde morgen hinaufgehen in den höchsten Himmel in mein ewiges Erbteil.

  3: Deshalb gebiete ich euch, meine Kinder, daß ihr tut alles Wohlgefällige vor dem Angesicht des Herrn.“

57,1: „aber rufe deine Brüder und alle Kinder unseres Hauses und die Ältesten des Volkes, damit ich zu ihnen rede und hinweggehe.

---

[2]a) Für die Arbeit am slavHen sind allein die Textausgabe von A. Vaillant und seine Übersetzung und die Übersetzung von N. Bonwetsch verwendbar, weil nur sie die ganze Breite der handschriftlichen Überlieferung für die Textherstellung herangezogen haben. Die bekannten Übersetzungen von N. Forbes — R. H. Charles, The Book of the Secrets of Henoch, in: R. H. Charles, Apocrypha II, S. 425 bis 469, und von P. Rießler, Schrifttum, S. 452—473, sind durch die beiden obigen Arbeiten überholt, da sie — für die kürzere Version — nur auf einer einzigen Handschrift beruhen, die nicht unbeträchtliche Lücken aufweist. Die Kapitel- und Verseinteilung richtet sich daher auch nach N. Bonwetsch. (A. Vaillant hat auf eine Verseinteilung verzichtet.)

b) Die folgende Untersuchung bezieht sich ausschließlich auf die kürzere Version des slavHen, da sie der slav. Übersetzung des griech. Originals näher steht als die längere Version (A.-M. Denis, Introduction, S. 28), soferen sie nicht gar mit jener identisch ist (A. Vaillant, Hénoch, S. IV—V).

c) A. Vaillant behauptet judenchristlichen Ursprung des slavHen (S. VIII bis XIII). Seine Beweisführung für diese These ist jedoch wenig überzeugend. Dem Charakter des slavHen werden sicherlich die eingehenden Analysen H. Odebergs, Art. „Ἐνώχ A. Henoch im Judentum“, in: ThW 2, S. 553—555, und O. Plögers, Art. „Henochbücher“, in RGG 3, Sp. 222—225, eher gerecht, die den jüd. Ursprung des griechischen Originals des slavHen nicht in Zweifel ziehen.

2: Und es eilte Methusalom und rief seine Brüder Regim und Rim
und Azuchan und Chermion und alle Ältesten des Volkes
und brachte sie vor das Angesicht seines Vaters Henoch,
und sie verneigten sich vor ihm zu Boden [3],
und Henoch nahm sie auf und segnete sie.
Und er antwortete, zu ihnen sprechend:

Das in den Anfangsrahmen hineingeschobene Kap. 56 sprengt eigentlich
die Test.-Form, hat auch zum Inhalt des Abschnittes 55—67 keinerlei Beziehung [4]. Es enthält ein kurzes Zwiegespräch Henochs mit seinem Sohn
Methusalem (Methusalom), das nur dazu dient zu zeigen, daß Henoch seit
seiner Himmelsreise dem Irdischen schon so weit entwachsen ist, daß er
nicht einmal mehr Nahrung zu sich zu nehmen braucht.

Den Hinweis auf seinen baldigen Abschied von den Seinen spricht Henoch
sehr deutlich aus, nur die Situation ist etwas verwirrt: Während der Patriarch in 55,1 bereits seine Söhne anspricht, veranlaßt er in 57,1 Methusalem noch einmal, alle seine Brüder, das Hausgesinde und die Ältesten des
Adr.   Volkes zusammenzurufen. Dieses Mißverhältnis in der Angabe der *Adres-*
Sit.   *saten* und der *Situation* ist hier formbedingt: Einerseits verlangt die Test.-
Form nach einer ausdrücklichen Benennung der Zuhörer und auch der Situation, andererseits ist der ganze slavHen ja schon als eine Rede des Patriarchen an seine Kinder stilisiert.

In 58,1 beginnt Henoch seine Ansprache an seine Kinder mit einer ein-
Redeeinl. gliedrigen, kurzen *Redeeinleitungsformel:* „Höret, Kinder:"

Bevor Henoch aber mit seiner eigentlichen Rede beginnt, hat er diese
schon vorneweg zusammengefaßt:

55,3: „Deshalb gebiete ich euch, meine Kinder, daß ihr tut alles
Wohlgefällige vor dem Angesicht des Herrn."

Eine ähnliche Zusammenfassung — nur ein wenig ausführlicher — begegnet noch einmal am Ende seiner Rede:

66,1: „Jetzt nun, meine Kinder, bewahret eure Seelen vor jeder Ungerechtigkeit, so viel der Herr haßt. Vor dem Angesicht des Herrn
wandelt und ihm allein dienet, und jedes Opfer bringt vor das
Angesicht des Herrn."

Und nach zwei begründenden Sätzen:

„In Langmut und Sanftmut und in der Anfechtung eurer Leiden
geht aus diesem schmerzvollen Äon."

Henoch beginnt und beschließt also seine Rede mit kurzen Verhaltensanweisungen, die alle seine Worte in einer knappen, klaren Aussage über den
Wandel vor Gott und den Menschen zusammenfassen. Formal gesehen ist
Verh.   damit die Ansprache Henochs von je einer *Anfangs-* und einer *Schlußmah-*
nung umschlossen, d. h. die dominierende Rolle der Verhaltensanweisung,

---

[3] So A. Vaillant. N. Bonwetsch übersetzt: „und sie beteten ihn an."
[4] Ob es als ein späterer Einschub zu betrachten ist, sei dahingestellt.

die den Rückblick auf die Vergangenheit und die Zukunftsansage sich unterordnet, tritt deutlich hervor [5]. Dieser Beobachtung der Umrahmung der beiden anderen Elemente durch die Verhaltensanweisung wird noch besondere Bedeutung zukommen bei der Beurteilung des Verhältnisses von Test.-Form und Bundesformular.

b) *Mittelteil*

Henoch hält eigentlich zwei Reden, von denen die eine mehr an der Gegenwart, die andere mehr an der Zukunft orientiert ist. Beide sind voneinander abgehoben und getrennt durch einen kurzen erzählenden Teil (Kap. 64). Die erste Rede (Kap. 58—63) setzt ein mit einem *Rückblick auf die Vergangenheit* (58,1—3), der nicht weiter ausholen könnte, als er es tut: Er beginnt bei Adam. Sein Skopus: Gott hat bei seiner Schöpfung den Menschen zum Herrn über alle Tiere eingesetzt. Ihm allein ist die vernünftige Rede verliehen worden. Die logische Fortsetzung dieses Gedankens: Deswegen wird auch der Mensch allein zur Verantwortung gezogen werden. Er wird Rechenschaft ablegen müssen über sein Verhalten den Tieren gegenüber (58,4—5).   (R. a. d. V.)   Zuk.

Aus beidem, dem Rückblick auf die Vergangenheit und dem Ausblick in die Zukunft, folgen *Anweisungen* und Erkenntnisse über den von Gott gewollten und ihm angenehmen Umgang mit den Tieren. Sie gipfeln in dem Satz: Wer ein Tier übel behandelt, der schadet seiner eigenen Seele (59,1). Ausgenommen davon ist natürlich das Tieropfer: Wer es ordnungsgemäß darbringt, „heilt seine eigene Seele" (59,2a).   Verh.

Was für das Tier gilt, gilt erst recht für den Menschen: Verführung, Mord, Freiheitsberaubung werden ein unbarmherziges Gericht empfangen (60). Aber nicht nur diese Hauptvergehen sondern generell alle Ungerechtigkeiten sind dem Herrn verhaßt. Jeder Mensch lebt dann vor Gott gerecht, wenn er seinem Nächsten tut, was er für sich selbst auch erbittet (vgl. Mt 7,12). Sein Lohn wird es sein, in den guten Wohnungen wohnen zu dürfen, die der Herr den Gerechten bereitet hat (61,1—3). Zum Schluß gibt Henoch noch Anweisungen zur rechten inneren Einstellung sowohl dem Herrn gegenüber, beim Opfer, wie dem Nächsten bei Hilfe in „allen Leibesnöten" (61,4 — 63).

Diese erste Ansprache Henochs an seine Söhne und an die Ältesten des Volkes erweckt beim Leser ganz den Eindruck einer Lehrrede: Einsetzend beim Beginn der Welt, der Schöpfung, wird alles logisch deduziert, eins folgt aus dem andern. Nichts wird aufoktroyiert, alles wird rational begründet. Es ist die Ordnung der Welt, die Henoch hier vor seinen Zuhörern ausbreitet. Sie ist von Gott gesetzt und liegt zugleich jedem Einsichtigen offen zu Tage. Wer ihr zuwiderhandelt, schadet seiner eigenen Seele [6].

---

[5] Vgl. die Beurteilung der Schlußmahnung bei den TestXIIPatr. S. 95—99, beim TestHiob S. 123, 130, beim TestIsaak S. 157 und beim TestMose (AssMose) S. 203.

[6] Vgl. S. 33. Dort begegnet die gleiche Geisteshaltung bei den TestXIIPatr. Sie scheint spezifisch für die Test.-Form zu sein.

Kap. 64 unterbricht die Rede Henochs — sie ist freilich inhaltlich bereits zu einem Ende gekommen. Das umstehende Volk drängt heran, um von Henoch Abschied zu nehmen und um ihn zu bitten, für ihre Sünden vor dem Herrn einzutreten [7].

R. a. d. V.
Ohne auf die Bitte des Volkes einzugehen, beginnt Henoch seine zweite Rede. Wieder schickt er einen *Rückblick auf die Vergangenheit* voraus, der gleichfalls bei der Schöpfung einsetzt: Gott hat alle Kreatur in Ordnung erschaffen und für einen geregelten Ablauf aller Dinge Sorge getragen. In diese Schöpfung hinein hat er den Menschen gesetzt und ihn mit Verstand ausgestattet, damit er die Zielstrebigkeit alles Geschaffenen und seines eigenen Lebens erkenne und abwäge (65,1—4). Die Konsequenz daraus folgt auf dem Fuß: Wenn alle Kreatur enden und das große Gericht des Herrn über alle Menschen hereinbrechen wird, dann wird der Verständige unter der Zahl der Gerechten zu finden sein, die fortan ohne alle Not und Bedrängnis in dem neuen „Äon der Gerechten" leben und deren Angesichter leuchten werden wie die Sonne [8] (65,6—10).

Zuk.
Mit dieser großen *Zukunftsansage* verweist Henoch die ihn Umstehenden auf ihre eigene Verantwortlichkeit hier in dieser Zeit, wenn sie dereinst in jener vor Gott bestehen wollen. Ist dies der unausgesprochene Skopus der Zukunftsansage, so faßt Henoch diesen Gedanken in der Schlußmahnung (66) noch einmal unüberhörbar in Worte:

> „Jetzt nun, meine Kinder, bewahrt eure Seelen vor jeder Ungerechtigkeit, so viel der Herr haßt. Vor dem Angesicht des Herrn wandelt und ihm allein dienet..." [9]

Damit greift der sterbende Patriarch zurück auf seine Eingangsworte (55,3) und faßt in dieser Verhaltensanweisung sein Testament zusammen.

c) *Schlußrahmen*

Redeabschl.
Henoch ist mit seiner Rede zu Ende gekommen. Eine entsprechende *formelhafte Wendung* zeigt das auch an (67,1a). Nun sendet Gott seine Engel auf die Erde, die Henoch — unter der Begleitung eines typischen Theophaniezeichens (Finsternis hüllt alle Umstehenden ein) — in den obersten Himmel erheben, wo Henoch einen Platz vor dem Angesicht des Herrn zugewiesen bekommt. Alles Volk jubelt und preist Gott, der sie solches miterleben ließ. Formal entspricht diese Hinaufnahme in den Himmel im Rahmen der Test.-Form dem *Tod* des Redenden. Da es eine leibliche Auf-

Tod

---

[7] Auch diese kurze Zwischenhandlung unterbricht die Test.-Form. Wieder, wie bei Kap. 56, läßt es sich nicht entscheiden, ob es sich möglicherweise um einen Einschub handelt. Dafür spricht, daß die Bitte des Volkes um Fürsprache vor dem Herrn von Henoch ignoriert wird. Ja, seine zweite Rede steht dem sogar entgegen; denn von Fürbitte ist dort nicht die Rede, vielmehr preist Henoch den, der auf Erden in Gerechtigkeit lebt. Er wird dem himmlischen Gericht entgehen. Ein Mittler hat hier also keine Funktion. Von Vergebung einmal geschehener Sünden verlautet nichts.

[8] Vgl. Mt 13,43.

[9] Siehe S. 222 f.

nahme in den Himmel [10] ist, fällt eine Bestattung naturgemäß unter den Tisch ebenso wie auch die Trauer der Hinterbliebenen, die hier ja in Freude umschlägt.

Zusammenfassung

Trotz der beiden Unterbrechungen ließ sich doch die in den bisherigen Untersuchungen gewonnene Test.-Form deutlich wiedererkennen, und zwar sowohl im Rahmen wie im Hauptteil des Testamentes Henochs. Klar stellte sich auch wieder das Verhältnis der drei Formelemente Rückblick, Verhaltensanweisung, Zukunftsansage zueinander dar: der dominierende Charakter der Verhaltensanweisung, die die eigentliche Aussage des Testamentes beinhaltet, — in beiden Punkten gestützt durch die Anfangs- und Schlußmahnung —, der Rückblick als Ausgangspunkt der Argumentation und die Zukunftsansage als Aufzeigen der Konsequenzen für die Zukunft [11].

In all diesen Formcharakteristika ist die Test.-Form also unabhängig davon, ob nach ihr eine eigenständige Schrift gestaltet ist oder nur ein Teil im Rahmen eines größeren Werkes. Das soll noch an einem weiteren Beispiel, dem Testament Deborahs, belegt werden.

2) Liber Antiquitatum Biblicarum 33 [12]

Text:

G. Kisch, Pseudo-Philo's Liber Antiquitatum Biblicarum, Notre Dame, 1949.

Pseudo-Philon. Les Antiquités Bibliques. Tome I: Introduction et texte critiques par D. J. Harrington, traduction par J. Cazeaux, Paris, 1976 (SC 229).

Übersetzung:

M. R. James, The Biblical Antiquities of Philo, London, 1917, New York, 1971 (repr.).

---

[10] Von Henoch wird also mehr ausgesagt als selbst von Mose (TestMose), Hiob (TestHiob), Abraham (TestAbr), Isaak (TestIsaak) und Jakob (TestJak), deren Körper immerhin auf der Erde bestattet werden. Im TestIsaak fehlt diese Notiz, doch heißt es dort, daß nur die Seele Isaaks in den Himmel aufgenommen worden sei.

[11] Siehe S. 99—106.

[12] Kapitel- und Verseinteilung nach G. Kisch.
Eine ausführliche Charakteristik des erst im Mittelalter dem Philo zugeschriebenen Werkes findet sich bei Chr. Dietzfelbinger, Pseudo-Philo, S. 91—99. Hier genügt es zu vermerken, daß das Buch die Arbeit eines jüdischen Verfassers aus dem 1. Jahrhundert n. Chr. ist. Es wurde vermutlich in Hebräisch geschrieben, ins Griechische übersetzt, ist heute aber nur noch in lateinischer Form erhalten. Spuren christlicher Bearbeitung finden sich nicht.
Das Kap. 24 enthält ein Testament Josuas, das aber Jos 23—24 so stark nachempfunden ist, daß es nicht als selbständiger Zeuge für die Test.-Form gewertet werden kann. Ein echtes Testament hingegen, allerdings in der extremen Kurzfassung von nur einem Vers, findet sich in 29,4, den letzten Worten des Richters Zebul.

Chr. Dietzfelbinger, Pseudo-Philo: Antiquitates Biblicae, Gütersloh, 1975 (JSHRZ II, 2).

Pseudo-Philon (wie oben).

a) *Anfangsrahmen*

Nachdem die drei voraufgehenden Kapitel Baraks und Deborahs Kampf mit Sisera und Deborahs Siegeslied ausführlich und im Vergleich mit dem biblischen Bericht mit vielen Ausschmückungen wiedergegeben haben, folgt nun in Kap. 33 eine Überlieferung, die dem biblischen Bericht gänzlich fremd ist: die letzten Worte Deborahs.

Der Erzähler leitet diese Abschiedsrede der Prophetin ein mit einem *Hinweis auf ihren bevorstehenden Tod* und einer Angabe der *Situation* und der *Adressaten* ihrer Rede:

Hinw. a. d. bev. Tod (bericht.) Sit., Adr.

> 33,1a: „Und es geschah, während sich die Tage ihres Todes nahten, sandte sie (aus) und versammelte alle Leute und sprach zu ihnen:" [13]

Redeeinl.

Mit einer längeren *Redeeinleitungsformel* bindet dann Deborah die Aufmerksamkeit ihrer Hörer an sich:

> 33,1b: „Hört jetzt, meine Leute!
> Siehe, ich ermahne euch als eine Frau Gottes und ich erleuchte euch als (eine) aus dem weiblichen Geschlecht.
> Gehorcht mir als eurer Mutter und merkt auf meine Worte als solche, die auch selbst sterben werden!"

b) *Mittelteil*

Elegant, ohne gedankliche Unterbrechung leitet die Prophetin sogleich über zu ihrem eigentlichen Anliegen, einem Aufruf zu einem gottgerechten Leben im Hinblick auf den Tod, den sie jetzt und ihre Zuhörer später erdulden müßten:

Hinw. a. d. bev. Tod (pers.)

> 33,2: „Siehe, ich breche auf, um zu sterben,
> auf den Weg der ganzen Erde,
> wohin auch ihr gehen werdet.
> Nur richtet euer Herz auf den Herrn,
> euren Gott, in der Zeit eures Lebens;
> denn nach eurem Tod werdet ihr für das,
> was ihr lebtet, nicht Buße tun können."

Verh.

Diese *Verhaltensanweisung* untermauert Deborah dann mit einigen gelehrten Ausführungen über den Tod (v. 3a). Sie beendet diese Belehrung

Verh.

mit einer kurzen, auf v. 2b zurückgreifenden *Anweisung*, in der sie ihren Hörern die Konsequenz des eben Gesagten vor Augen führt:

---

[13] Textzitate nach Chr. Dietzfelbinger.

33,3b: „Jetzt also, ihr meine Söhne, hört auf meine Stimme,
       solange ihr die Zeit des Lebens habt,
       und richtet eure Wege auf das Licht des Gesetzes!"

Hier unterbrechen die Umstehenden klagend die Prophetin und bitten sie,
doch nach ihrem Tod für sie fürbittend einzustehen, wenn sie ihr Volk jetzt
schon verlasse (v. 4). Das jedoch schlägt die Sterbende rundweg ab:

33,5: „Da antwortete Debora und sprach zu dem Volk:
    ,Solange der Mensch lebt,
    kann er beten für sich und seine Söhne;
    nach seinem Ende wird er nicht beten,
    vielmehr auch niemandes eingedenk sein können.
    Darum hofft nicht auf eure Väter!
    Sie werden euch nämlich nicht nützen,
    wenn ihr ihnen nicht ähnlich erfunden werdet.
    Es wird aber eure Gestalt dann sein
    wie die Gestirne des Himmels,
    die jetzt bei euch bekannt sind.'"

Mit dieser Warnung schlägt Deborah einer damals in jüdischen wie   Verh.
heute noch in christlichen Kreisen weitverbreiteten Überlieferung ins Gesicht: der Fürbitte der Heiligen. Abraham, Isaak und Jakob nützen dem
einzelnen Gläubigen gar nichts, solange er sich nur auf sie beruft, ohne ihr
Vorbild nachzuahmen (vgl. Mt 3,9). Was die Autoritäten der Vergangenheit ihrem Volk zu leisten vermögen, ist die Weitergabe der Erfahrungen
ihres Lebens. Darin liegt ihre unschätzbare Hilfe, nicht aber in einem direkten Eintreten vor Gott! Diese Meinung, die hier Deborah so radikal ver-
tritt, trifft zugleich den Kern der Test.-Form, die Motivation, aus der
heraus die Alten der Vergangenheit reden.

c) *Schlußrahmen*

Nach diesen Worten *stirbt* die Prophetin (v. 6a). Sie wird *bei ihren*   Tod
Vätern beigesetzt, und das Volk *trauert* um sie siebzig Tage, wobei man   Best., Trauer
ausruft:

33,6b: „Siehe, es ist vergangen die Mutter aus Israel
       und die Heilige, die ausübte die Führerschaft im Haus Jakob.
       Sie machte stark den Zaun um ihr Geschlecht [14],
       und ihr Geschlecht wird nach ihr verlangen."

Zusammenfassung

Wieder, wie auch im slavHen 55—67, wird die Rede des Sterbenden von
den Umstehenden unterbrochen, hier allerdings ganz zielbewußt und in
den Kontext integriert, um das bereits angesprochene Problem in einer bestimmten Richtung weiterzutreiben. Damit wird zwar auch die Test.-Form

---

[14] Diese Halbzeile folgt der Übersetzung von J. Cazeaux.

unterbrochen, doch ohne daß dabei ihr Skopus, ihre Abzweckung im mindesten gestört würde — eine Stilvariante also, aber keine Formveränderung.

Von dieser Abwandlung abgesehen ist aber die Test.-Form so erhalten, wie sie sich in der bisherigen Untersuchung herauskristallisiert hat. Daß der Rückblick auf die Vergangenheit und die Zukunftansage fehlen, ist sicher weniger der Kürze dieses Testamentes zuzuschreiben als vielmehr der überragenden Bedeutung, die in der Test.-Form der Verhaltensanweisung zukommt.

ERGEBNISSE UND THESEN

Die vorliegende Untersuchung ging von der Frage aus, ob die Form der TestXIIPatr. als eine ad hoc entworfene stilistische Besonderheit dieser Schrift oder ob sie nicht vielmehr als ein Vertreter und Repräsentant einer echten literarischen Gattung, des „Testamentes", anzusehen sei. Wenn das letztere zuträfe, sollten weiterhin die folgenden Teilfragen beantwortet werden, a) welches die äußeren, stilistischen Merkmale dieser Gattung seien, b) wie man die „inneren" Charakteristika der Gattung bestimmen könne (angestrebtes Ziel beim Leser/Hörer = Intention der Gattung; der Weg und die Mittel, dieses Ziel zu erreichen = Argumentationsweise der Gattung; Begründung und Rechtfertigung des Zieles = Motivation der Gattung), c) welches der „Sitz im Leben" dieser Gattung sei. Die anhand dieser Leitfragen im Verlauf der vorliegenden Untersuchung gewonnenen Ergebnisse sollen nun noch einmal kurz zusammengefaßt werden:

1. Die äußeren, stilistischen Kriterien der Gattung

Der Vergleich mit anderen Testamenten der pseudepigraphen Literatur der zwischentestamentlichen Zeit führte zu dem Ergebnis, daß die TestXII-Patr. hinsichtlich ihrer Form tatsächlich nicht allein auf weiter Flur stehen, sondern in eine Reihe mit anderen Schriften dieser Zeit gehören. Sie alle bilden eine echte Gattung „Testament", die sich zunächst formal-stilistisch beschreiben läßt:

In einem *Anfangsrahmen* finden sich in der Regel der *Titel* der Schrift *und* der *Name* ihres (fiktiven) Verfassers, die Nennung der *Adressaten*, die angesprochen werden, ein *Hinweis auf den bevorstehenden Tod* des Redenden in *berichtender* und/oder *persönlich* erzählender Form, eine *Altersangabe*, die mitunter durch eine *Vergleichsdatierung* ergänzt wird, die Beschreibung der *Situation*, d. h. der näheren Umstände, unter denen die Rede des sterbenden Patriarchen ergeht, und schließlich eine *Redeeinleitungsformel*.

T. + N.
Adr.
Hinw. a. d.
bev. Tod
(bericht./pers.)
Altersang.
Vergl.
Sit.
Redeeinl.

Der *Mittelteil* enthält eine, in manchen Schriften überaus in die Länge gehende Rede des Sterbenden an die um ihn Versammelten (Kinder und Enkel, Freunde, das Volk bzw. dessen Repräsentanten). Diese Rede ist charakterisiert durch drei Formelemente: *Rückblick auf die Vergangenheit*, *Verhaltensanweisung*, *Zukunftsansage*, die in der Reihenfolge austauschbar und auch jeweils beliebig wiederholbar sind [1].

R. a. d. V.
Verh.
Zuk.

Der *Schlußrahmen* korrespondiert dem Anfangsrahmen. Hier findet sich häufig zunächst eine *Redeabschlußformel*, der bestimmte *Bestattungsanweisungen* vorangehen oder folgen können. Daran schließt sich in allen Fällen eine Notiz über den *Tod* des Redenden an, der meistens noch eine Bemer-

Redeabschl.
Best.
Tod

---

[1] Siehe hierzu und generell zum Vorkommen der einzelnen Formelemente in den jeweiligen Schriften die Abkürzungen am Seitenrand; für die TestXIIPatr. vgl. die Tabelle S. 90.

kung folgt, die festhält, daß der Verstorbene *von seinen Söhnen,* so vorhanden, *bestattet* wurde. Nur selten wird auch die *Trauer* der Hinterbliebenen bzw. des Volkes vermerkt.

Nicht alle diese Formelemente müssen in jedem Testament erscheinen, obwohl einige in jedem Fall unverzichtbar sind: der Tod des Redenden und eine entsprechende Ankündigung; eine Rede, die auf die Todessituation Bezug nimmt und in deren Zentrum Anweisungen für die Hinterbliebenen, den Nachfolger, das Volk stehen. Doch diese Kriterien genügen noch nicht, um eine Schrift oder den Teil einer Schrift ein „Testament" zu nennen. Es müssen noch „innere", formimmanente Charakteristika hinzutreten, um eine solche Großgattung, wie es das Testament ist, genauer bestimmen zu können. Darauf soll später noch genauer eingegangen werden. Zuvor ist noch festzuhalten, daß es im Hinblick auf die große Variabilität der Gattung im einzelnen, im Detail, nicht angeht, eine „Grundform" herauszuarbeiten, die verschiedene „Entwicklungsstadien" aus sich herausgesetzt habe [2]. Trotzdem aber ist das „Testament" eine durchaus eigenständige Gattung, unabhängig etwa vom „Bundesformular" [3].

Die Variabilität der Gattung zeigt sich zunächst darin, daß einzelne Formelemente sehr überbetont, ausgedehnt werden können, andere dagegen fehlen. So ist das ganze TestHiob fast ausschließlich ein großer Rückblick auf die Vergangenheit, ohne daß doch die paränetische Abzweckung dabei fehlt. Eine irgendwie geartete Zukunftsansage dagegen findet sich nirgends. Umgekehrt enthält das TestMose nahezu ausschließlich Zukunftsansagen in Form von vaticinia ex eventu und echten vaticinia, aus denen sich dann jedoch Aufrufe zu einem bestimmten Verhalten (Treue gegenüber dem Gesetz) ableiten. Hier fehlt nun ganz das Formelement „Rückblick auf die Vergangenheit". Auch im Anfangs- und Schlußrahmen zeigt sich die Gattung variabel: Abgesehen davon, daß nicht in jedem Testament alle diesbezüglichen Formelemente auftreten müssen, wie schon gesagt, zeigen einige Testamente bestimmte stilistische Ausprägungen, die nur in dieser Schrift oder in ein oder zwei anderen anzutreffen sind. So fällt etwa in allen zwölf Einzelschriften der TestXIIPatr. der 1. Teil des Anfangsrahmens, hier „überschriftartiger Teil" genannt, in einer bestimmten Weise stereotyp aus, so daß man leicht versucht wäre, gerade dieses Element als besonders charakteristisch für die Testamentsform hervorzuheben, und doch taucht diese Gestaltung eines Teiles des Anfangsrahmens nur noch im Test'Amram auf und in schon stark abgeschwächter Form im TestMose. Ähnliches läßt sich auch beim Schlußrahmen beobachten: Bestattungsanweisungen — in den TestXIIPatr. relativ häufig — sind ansonsten nur noch im TestAdam anzutreffen. In beiden Schriften lassen sich die betreffenden Anordnungen der sterbenden Patriarchen vermutlich von einer besonderen Qualität der Grabstätten her erklären: der Höhle Machpela in Hebron und des Zions. In den anderen Testamenten ist die Grabstätte anscheinend unwichtig oder

---

[2] Wie J. Becker es für die TestXIIPatr. versucht hat (vgl. S. 25 Anm. 43, 38, 83 f., 92 f.).

[3] Gegen K. Baltzer, J. Becker und A. B. Kolenkow, siehe die Einleitung S. 3—5.

auch unbekannt. Es fehlen jedenfalls irgendwelche Anweisungen hinsichtlich des Ortes oder der Art und Weise der Bestattung.

Weiterhin zeigt sich die Variabilität der Testamentsform auch darin, daß sie andere Gattungen in sich aufnehmen kann. Das Testament wird so zur Rahmengattung. Solche aufgenommenen Gattungen sind: negative Bekenntnisreihen [4], weisheitliche Lehrreden [5], Rechtsentscheide [6], Bundesformular [7], Visionen [8], Träume [9], Himmelsreisen [10] und Hymnen [11]. Diese Fremdgattungen werden in der Regel in die Obergattung „Testament" so integriert, daß sie diese weder stören noch verändern [12]. Die Integrationsfähigkeit der Obergattung hat jedoch dann Grenzen, wenn die aufgenommenen Gattungen oder Formelemente den Grundcharakter des Testamentes mehr oder weniger stark beeinflussen. Das ist z. B. der Fall bei den eingeschobenen Dialogen im hebr. TestNaph (S. 109 f.), im TestMose (S. 202), im Martyrium Isaiae (S. 212), im slavHen 56 (S. 222) und im LibAntBibl 33,4 (S. 227). Solche Dialoge sind an sich in einem Testament nicht zu erwarten, da hier der Sterbende allein eine aktive Rolle spielt. Er ist es, der in Erwartung seines nahen Todes sein zurückliegendes Leben überdenkt und die Summe daraus, seine wichtigsten Lebenserfahrungen, den um ihn versammelten Jüngeren weitergibt. Diesen kommt also allein die passive Rolle der Zuhörer zu. Wenn sie trotzdem in den zwischengeschalteten Dialogen zu Wort kommen, so verschieben sich bereits dadurch etwas die Akzente. Inhaltlich jedoch haben in allen aufgeführten Fällen die Dialoge ausschließlich die Funktion, die Worte des Sterbenden zu untermauern oder seine Rede voranzutreiben. Da also den Einwürfen der Zuhörer keinerlei Eigengewicht beizumessen ist, stören sie zwar zunächst den Aufbau der Gattung, verändern sie aber im Kern nicht.

Anders ist es, wenn die Gattung des Testamentes insgesamt einer fremden Gattung angeglichen wird, wie das in den TestIIIPatr. zu beobachten ist. Hier ist zwar die Testamentsform noch zu erkennen, doch hat sie in allen drei Schriften deutlich erkennbar Züge des Romans angenommen. Dadurch wird die Testamentsform nicht mehr nur etwas tangiert wie beim Einschub der Dialoge, sondern bereits in ihren Grundzügen verändert. Das läßt sich an den äußeren, stilistischen Merkmalen ebenso erkennen wie an den inneren Kriterien der Gattung. Die Angleichung an den Roman beein-

---

[4] TestJuda (S. 27), TestIss (S. 33 f.), TestBen (S. 86 f.).

[5] TestNaph (S. 49), TestAss (S. 60 f.), TestBen (S. 87).

[6] TestAss (S. 62—65).

[7] TestLevi (S. 22).

[8] TestLevi (S. 17 f.), TestHiob (S. 124, S. 128), Test'Amram.

[9] TestNaph (S. 50—52), hebr. TestNaph (S. 111 f.), TestAbr (S. 145).

[10] TestLevi (S. 17 f.), TestAbr (S. 145—147), TestIsaak (S. 155—157), TestJak (S. 164—166).

[11] Test Hiob (S. 125, 126 f., 129 f.).

[12] Dieses Urteil gilt nur für die formkritische, nicht für die literarkritische Seite der Texte.

flußt das Testament wesentlich sowohl seinem äußeren Erscheinungsbild nach wie in seinem Wesen, seinem Grundcharakter[13].

Schließlich kann die Verbindung mit einer fremden Gattung so weit gehen, daß die andere Gattung klar dominiert und dem Testament nur noch eine ganz und gar untergeordnete Rolle zukommt, wie das beim TestSal der Fall ist. Das Testament wird hier als Gattung gar nicht mehr ernstgenommen. Das TestSal bleibt eine Erzählung mit legendenhaftem Charakter, die sich vom Testament wohl lediglich etwas Autorität dadurch leihen wollte, daß sie das berichtete Geschehen am Lebensende Salomos ansiedelt. Von den stilistischen Merkmalen der Testamentsform wird wenig, von den inneren Kriterien gar nichts übernommen[14]. Das „Testament" hat hier kaum mehr als die Funktion eines Deckmantels, der sich obendrein noch leicht als solcher zu erkennen gibt.

Es hat sich also gezeigt, daß die Gattung des Testamentes in weiten Grenzen variabel ist. Das ist sicher mit ein Grund für die verhältnismäßig weite Verbreitung dieser Gattung. Für denjenigen jedoch, der die Testamentsform definieren, ihr Wesen beschreiben will, ist diese große Variabilität eher problematisch; denn leicht kann er in Versuchung geraten, eine bestimmte Erscheinungsform dieser Gattung zur Grundform zu erheben, andere zu Weiterentwicklungen oder zu Vorstufen. Ein solches Verfahren muß im Grunde immer willkürlich bleiben; denn keines der untersuchten Testamente gleicht exakt dem anderen. Trotzdem bleibt die Definition, die Wesensbestimmung des Testamentes eine Notwendigkeit, vor allem dann, wenn es gilt, es gegen andere Gattungen abzugrenzen. Diese Aufgabe läßt sich bei einer Großgattung wie beim Testament nicht mehr nur allein mit Hilfe stilistischer Festlegungen erledigen. Der Charakter der Gattung muß darüberhinaus auch durch Prüfung ihrer inneren, formimmanenten Kriterien festgelegt werden. Welches diese Kriterien sind und wie sie sich darstellen, soll im folgenden noch einmal kurz umrissen werden.

2. Die inneren, formimmanenten Kriterien der Gattung

Im Verlauf der vorliegenden Untersuchung haben sich die Fragen nach der Intention des Testamentes, seiner Argumentationsweise und seiner Motivation als hilfreich herausgestellt, um das innere Wesen der Gattung „Testament" zu erfassen.

a) Die Frage nach der *Intention* soll klären, welches Ziel die Gattung des Testamentes beim Leser erreichen will. Hier gaben nun zunächst die Redeeinleitungs- und Redeabschlußformeln verschiedentlich einen Hinweis darauf, daß die ganze, von ihnen umschlossene Rede als Aufruf zu einem bestimmten Verhalten verstanden werden soll, obwohl Teile dieser Rede doch einen ganz anderen Charakter aufweisen konnten (z. B. Erinnerung

---

[13] Siehe S. 155 Anm. 42 und die Zusammenfassungen zu den drei Testamenten S. 149 f., 159 f., 169 f.

[14] Siehe die Zusammenfassung des TestSal S. 191—193.

an die Vergangenheit, Vorausschau in die Zukunft) [15]. Weiter fiel auf, daß in manchen Schriften am Ende des Mittelteils in einer kurzen Passage noch einmal der wesentliche Gehalt der vorangegangenen Rede zusammengefaßt wurde. Bezeichnenderweise charakterisierte diese Schlußzusammenfassung dann alles Vorhergehende insgesamt als Appell an den Leser zu einem bestimmten Verhalten [16], weswegen diesem Formelement dann hier in der vorliegenden Untersuchung der Name „Schlußmahnung" gegeben wurde. Die Art und Weise, wie Redeeinleitungs- und Redeabschlußformel und Schlußmahnung die ganze Rede des Sterbenden deuteten, ließ schon darauf schließen, daß der Skopus der Rede im Paränetischen zu suchen ist, die Intention der Gattung also in der Verhaltensanweisung liegt. Diese Vermutung bewahrheitete sich, als die drei Hauptelemente des Mittelteiles der Rede, der Rückblick auf die Vergangenheit, die Verhaltensanweisung und die Zukunftsansage, in ihrem Eigengehalt und in ihrem wechselseitigen Verhältnis zueinander eingehend untersucht wurden [17]. Dabei ergab sich zunächst, daß diese drei Elemente in ihrem Auftreten keinem festen Schema folgen: Der Rückblick auf die Vergangenheit muß nicht am Anfang, die Zukunftsansage muß nicht am Schluß stehen. Das betrifft nicht nur die TestXIIPatr. sondern auch die anderen Testamente. Diese drei Formelemente können also ihre Stellung tauschen, sie können sich in ihrer Abfolge auch beliebig wiederholen — beinahe wie ein Rad mit drei Speichen. Schließlich können der Rückblick auf die Vergangenheit und/oder die Zukunftsansage auch ganz ausfallen, in keinem Fall jedoch die Verhaltensanweisung. Ohne eine Anweisung zu einem bestimmten Verhalten ist also ein Testament kein Testament, nicht jedoch ohne die beiden anderen Elemente. Das Herz der Testamentsform schlägt also in der Verhaltensanweisung!

Das heißt nun aber keinesfalls, daß die anderen beiden großen Elemente des Mittelteiles der Rede etwa als sekundäre Anhängsel zu betrachten seien. Das sind sie keineswegs, doch kommt ihnen im Rahmen der Gattung kein Eigenwert zu. Ihre Aussageintention erschließt sich allein aus ihrer Ausrichtung auf die Verhaltensanweisung. Sie haben ihr gegenüber dienende Funktion.

Die Intention der Gattung „Testament" liegt also in dem Appell an den Leser, sich in einer bestimmten, vorher dargestellten Weise zu verhalten, die ihm eine Hilfestellung für die Bewältigung seines Lebens bieten will. Wie fügt sich dahinein die „dienende Funktion" des Rückblickes auf die Vergangenheit und der Zukunftsansage?

Wie stellt sie sich dar? Diese Fragen leiten über

b) zur *Argumentationsweise* der Gattung. Die Verhaltensanweisung hat in allen Testamenten im Grunde einen belehrenden Charakter. Sie tritt nicht

---

[15] Siehe S. 93 f. (TestXIIPatr.), 109 (hebr. TestNaph), 143 (TestIIIPatr.), 173, 175, 178 (TestAdam), 226 (LibAntBibl 33).

[16] Siehe S. 41, 95—99 (TestXIIPatr.), 123, 130 (TestHiob), 157, 159 (TestIsaak), 203 (TestMose), 222 f. (slavHen 66).

[17] Siehe S. 38, 99—106.

gesetzlich auf, selbst wenn sie in Imperativen einhergeht, sondern sie will
überreden, überzeugen, einsichtig machen. Da ein Testament also seine Lehren nicht aufzwingen will, bleibt nichts anderes übrig, als sie mit Argumenten zu belegen, um sie so den Lesern nahezubringen. Das kann so geschehen, daß sich die Richtigkeit und Zweckmäßigkeit des empfohlenen Verhaltens durch Analogien einer entsprechenden Ordnung in der Natur unterstreichen lassen [18]. Eine andere Möglichkeit ist die Beobachtung der Umwelt,
des mitmenschlichen Zusammenlebens. Der Verstand eines Einsichtigen kann
hier erkennen, ob und wie sich das empfohlene Verhalten im Umgang der
Menschen miteinander im täglichen Leben bewahrheitet [19]. Die Regel ist
jedoch, daß der Sterbende bestimmte Ereignisse seines eigenen Lebens heranzieht, um an ihnen die Richtigkeit seiner Verhaltensanweisungen zu demon-
strieren. Dabei ist es nun belanglos, ob diese Ereignisse bzw. Handlungen
in der Vergangenheit gut oder schlecht, positiv oder negativ ausgefallen
waren. Sie werden in beiden Fällen — einmal als Vorbild, einmal als Abschreckung — herangezogen, um ein bestimmtes Verhalten in der Gegenwart als sinnvoll und Gottes Willen entsprechend herauszustellen. Der
Rückblick auf die Vergangenheit dient also keinem Selbstzweck; er will
weder das Leben eines Sterbenden rühmen noch es in seinem chronologischen
Ablauf darstellen. Seine Funktion liegt vielmehr allein in der Untermauerung der Verhaltensanweisung. Was ein Sterbender, noch dazu eine anerkannte Autorität, in seinem vergangenen Leben als richtig und zweckmäßig
erfahren hat, das kann auch den Lebenden eine Richtschnur sein, um Fehl-
schritte zu vermeiden und vorbildliches Verhalten nachzuahmen.

Doch noch eine andere Möglichkeit der Argumentation steht dem Redenden offen: Weil er stets ein langes, an Erfahrungen reiches Leben hinter sich
hat, kann er auch gut abschätzen, welche Konsequenzen dieses oder jenes
Verhalten in der Zukunft zeitigen wird. Am Verhalten in der Gegenwart
entscheidet sich das Schicksal in der Zukunft — das ist der Grundtenor der
Zukunftsansagen in den Testamenten. Der Sterbende beläßt es nicht bei
nackten Ermahnungen an seine Nachkommen oder Freunde. Er demonstriert die Richtigkeit seiner Mahnworte zunächst anhand von Erfahrungen
seines eigenen Lebens und stellt sodann die Konsequenzen eines seinen
Worten entsprechenden wie auch widersprechenden Verhaltens seinen Zuhörern vor Augen. Jetzt erst sind sie in der Lage, die ganze Tragweite der
Anweisungen und Empfehlungen des Sterbenden abzuschätzen, nachdem sie
Belege dafür aus der Vergangenheit kennengelernt und die Konsequenzen
daraus für die Zukunft erfaßt haben. Erst das Verstehen der Auswirkungen
eines bestimmten Handelns in der Zukunft ermöglicht eine verantwortliche
Entscheidung in der Gegenwart [20].

Nun kommt allerdings noch ein zweites Moment hinzu: Der sterbende
Patriarch spricht zu seinen Söhnen bzw. Nachfolgern in der Vorzeit — das

---

[18] Siehe TestSeb 9,1—4 (S. 39 f.), TestNaph 2,2—10; 3,2—5 (S. 49), slavHen 58,1
bis 3; 65,1—4 (S. 223 f.).

[19] Z. B. TestAss 1,3—6,6 (S. 60—62).

[20] Ausführlich dargestellt auf S. 101—104.

ist die Fiktion des Testamentes. In Wirklichkeit redet der Verfasser der Testamentsschrift zu seinen Lesern in der Gegenwart. Diese große zeitliche Spanne muß nun überbrückt werden, damit die Leser der Schrift auch zweifelsfrei erkennen, daß in Wahrheit sie heute angeredet sind und nicht die Patriarchensöhne damals. Das wird nun in der Testamentsform so gelöst, daß der Sterbende diese Zeitspanne in weissagender Vorausschau überbrückt — in Form von vaticinia ex eventu natürlich. Die ganze Geschichte Israels wird mehr oder weniger ausführlich aufgerollt bis hin zu Zeit und Situation des Lesers. Nun ist auch der Leser in die Worte des Patriarchen mit hineingenommen; denn er kann nachverfolgen, ob und inwieweit seine Vorfahren in Israel von Anbeginn bis hin zu ihm sich an den Mahnworten des Ahnherrn ausgerichtet hatten. Da diese Sicht meist negativ ausfällt, ist der Leser nun also aufgerufen, es heute besser zu machen als seine Vorfahren gestern. So dienen die Zukunftsansagen in Form der vaticinia ex eventu ihrem Wesen nach der Aktualisierung der Verhaltensanweisung. Die Mahnworte des Patriarchen werden aus der Vergangenheit herübergeholt in die Gegenwart.

Nun finden sich aber im Anschluß an die vaticinia ex eventu auch echte Weissagungen. Deren Interesse liegt aber nie in der bloßen Spekulation oder in der Wissensvermittlung. Auch sie zielen stets auf den Leser; sie wollen ihn in Anbetracht der kommenden Ereignisse zu einem bestimmten Verhalten bewegen, das ihn dann in der Zukunft bzw. in der Endzeit auf die Seite der Erlösten und Gerechten bringt und nicht in Strafe und Vergeltung. Auch diese echten vaticinia dienen also keinem anderen Zweck im Blick auf den Leser, als ihn auf die Konsequenzen seines gegenwärtigen Verhaltens in der Zukunft hinzuweisen. Beide Formen und Funktionen der Zukunftsansage, das Ausziehen der Konsequenzen und die echten und unechten vaticinia, gehören demnach zusammen. Sie haben beide die gleiche Intention: den Leser zu einem bestimmten Verhalten aufzurufen. Dadurch unterstützen sie die Verhaltensanweisung. Das ist ihre „dienende Funktion" [21].

Betrachtet man die Argumentationsweise der Testamentsform im ganzen, so fällt auf, daß sie weitgehend rational vorgeht. Die Verhaltensanweisungen sollen nicht aufoktroyiert sondern einsichtig gemacht werden. Der Sterbende zieht Begebenheiten aus seinem eigenen Leben zur Untermauerung heran und er zeigt die Konsequenzen für die Zukunft auf. Das ist für den Leser alles verstehbar und nachprüfbar ebenso wie auch die vaticinia ex eventu. Der Leser soll nicht gezwungen sondern mit rationaler Argumentation überzeugt werden. Ziel der Testamentsform ist ein freiwilliges Befolgen der Anweisungen des Sterbenden, kein erzwungenes. Eine Ausnahme bilden hier in gewisser Weise die Himmelsreisen in den TestIIIPatr. Auch sie dienen der Legitimation, der Untermauerung des Appells an den Leser — nicht zufällig werden die Orte der Strafe viel ausführlicher und bildhafter ausgemalt als die Gefilde der Seligen —, doch sind sie nicht mehr rational überprüfbar. Sie können nur noch auf Autorität hin „geglaubt" werden [22].

---

[21] Vgl. hierzu S. 103—106 (TestXIIPatr.) und S. 206 (TestMose).
[22] Siehe hierzu S. 155 Anm. 42.

Damit ändert sich die Argumentationsweise nicht unwesentlich. Ihr entspricht in den TestIIIPatr. ja aber auch eine Veränderung der Gattung: die Annäherung der Testamentsform an den Roman. Es läßt sich hier gut erkennen, wie eine Änderung der Gattung sich nicht nur in den äußeren, stilistischen Merkmalen niederschlägt sondern auch in den „inneren" Kriterien. Die Wandlung der Gattung läßt auch ihre inneren Wesensmerkmale nicht unberührt.

c) Die *Motivation* der Gattung: Wie begründet, rechtfertigt sich die Intention der Gattung? Mit welchem Recht wird der Leser belehrt? Hier spielt nun die fiktive Situation jedes Testamentes eine Rolle. Der Sterbende versammelt seine Söhne (Freunde, Nachfolger, das Volk) um sich, um ihnen letzte Ratschläge für die Bewältigung ihrer Zukunft mit auf den Weg zu geben. Die Anweisungen werden nicht aufgezwungen, sondern anempfohlen. Sie entstammen auch keinem Gesetz sondern zunächst der Einsicht des Sterbenden, der seine Erkenntnisse aufgrund der Erfahrungen seines eigenen Lebens faßt und formuliert. Doch dem Sterbenden steht noch ein weit größerer Erkenntnisbereich zur Verfügung: Es ist der gesammelte Schatz der Erfahrungen der Alten, all derer, die vor ihm ebenfalls ein langes Leben gelebt und ihre Erfahrungen ihren Nachkommen überliefert hatten. Dieser Schatz an Lebenserfahrungen soll nicht untergehen, sondern den kommenden Generationen als Hilfe bei der Bewältigung ihres Lebens zur Verfügung stehen:

TestSim 7,3:

> „Darum befehle ich euch dieses,
> damit auch ihr es euren Kindern befehlt,
> damit sie es beachten in ihren Generationen."

Sollten die Nachkommen trotzdem sündigen, so gelten ihnen diese Verhaltensempfehlungen erst recht, damit sie nicht untergehen, sondern auf den rechten Weg zurückfinden können:

TestIss 6,3:

> „Und ihr nun sagt das euren Kindern,
> damit, wenn sie sündigen, sie sich schneller dem Herrn zuwenden."

Der Erfahrungsschatz gilt den Patriarchensöhnen jetzt aber auch ihren Nachkommen in der Zukunft. Damit schlägt auch die Angabe der Motivation der Gattung die Brücke von der fiktiven Situation in der Vorzeit hin zum Leser der Testamentsschriften in der Gegenwart. Sie tritt damit an die Seite der vaticinia ex eventu [23].

Die Intention der Gattung ist also die Belehrung, ihre Argumentationsweise ist weitgehend rational, deduzierend, ihre Motivation liegt in dem Interesse, den Schatz der Erfahrungen der Alten nicht untergehen, sondern ihn für die Nachkommen fruchtbar werden zu lassen. Diese inneren Kri-

---

[23] Zur Motivation ausführlich S. 97 f.; Motivationsangaben S. 16 (TestSim), 19 f. (TestLevi), 35 f. (TestIss), 52 (TestNaph), 75 f. (TestJos.), 88 (TestBen), 110 (hebr. TestNaph), 153 (TestIsaak), 227 (LibAntBibl 33,5).

terien wären aber auch bei jeder Weisheitsrede gegeben. Die besondere Situation der Rede unmittelbar vor dem Tod ist damit noch nicht erklärt. Diese spezielle Eigenheit des Testamentes ist also noch genauer in den Blick zu nehmen.

3. Die Funktion des Todes

Hier gilt es zunächst ein Mißverständnis auszuräumen. Mit Ausnahme des TestAbr [24] stand nirgendwo der Tod an sich im Mittelpunkt des Interesses. Es ging nicht darum, wie, unter welchen Umständen jemand gestorben ist oder was man aus dem Tod eines anderen für den eigenen Tod lernen könne [25]. Die Testamente wollen insgesamt — auch das TestAbr — keine Sterbehilfe sondern Lebenshilfe sein! Nicht der bevorstehende Tod des Redenden sondern das zukünftige Leben der Zuhörenden ist wichtig. Nicht die Person des Sterbenden sondern die Hörer und ihr Verhalten, an dem sich ihr Geschick in der Zukunft entscheiden wird, sind von Interesse. All das hatte sich schon bei der Untersuchung der Intention und der Motivation der Gattung herausgestellt. Es wurde hier nur wiederholt, um auf jeden Fall klarzustellen, daß jeder das Wesen des Testamentes verkennt, der es als ars moriendi begreift.

Welche Funktion hat aber dann der Tod, der ja doch für jedes Testament konstitutiv ist? Wenn die Motivation des Testamentes darin lag, den Schatz an Erfahrungen eines langen Lebens nicht nutzlos untergehen zu lassen, sondern ihn für die Nachfahren fruchtbar zu machen, dann bietet der unmittelbar bevorstehende Tod die letzte Möglichkeit dazu. Der Sterbende sieht, daß es ihm nun verwehrt ist, weitere Erfahrungen zu sammeln, daß es jetzt allerhöchste Zeit ist, die Summe seines Lebens an die Jüngeren weiterzugeben. Der bevorstehende Tod ist Anlaß zu einer letzten Belehrung, die zugleich auch die qualitativ beste ist, da ja alle früheren Erfahrungen und Einsichten durch den weiteren Lebensverlauf ergänzt, korrigiert oder gar teilweise wieder aufgehoben werden konnten. Das ist nun nicht mehr möglich, da das Ende des Lebens gekommen ist, und weitere Lebenserfahrungen nicht mehr zu erwarten sind. Will der Sterbende seinen Nachkommen die gesammelten Einsichten seines vergangenen Lebens als Hilfe für deren eigenes Leben weitergeben, dann ist jetzt der geeignetste Zeitpunkt dafür gekommen.

Noch ein weiteres Moment ist zu beachten: In keinem Testament stirbt ja irgendwer, vielmehr ist es stets eine anerkannte, herausragende Persönlichkeit. Genossen deren Worte schon zu Lebzeiten eine hohe Autorität, um wieviel mehr dann erst an ihrem Lebensende, wenn diese berühmte Person die Erfahrungen ihres ganzen Lebens überdenken, bewerten und zusammenfassen kann, um sie den Anwesenden anzuvertrauen. Die Todesstunde ver-

---

[24] Siehe hierzu S. 147.

[25] „Wie ging es zu bei seinem Sterben..., was wurde gesprochen und getan und wer war zugegen?" (Plato, Phaidon 58 C — zitiert nach E. Stauffer, Art. „Abschiedsreden", in: RAC Bd. 1, Sp. 34).

leiht also im Rahmen eines Testamentes eine doppelte Autorität: Einmal sind es wirklich und endgültig die letzten und daher auch besten Erfahrungen, die *Summe eines ganzen Lebens*. Zum anderen stirbt eine allseits anerkannte Person, eine Autorität. Was von ihr erwartet werden kann, ist die *Summe eines hochberühmten Lebens*. In diesen beiden Aspekten liegt die Funktion des Todes für die Testamentsform. Er soll nichts anderes, als den vorgetragenen Belehrungen und Verhaltensanweisungen besonderes Gewicht, besondere Legitimation verschaffen.

Mit dieser Funktionsbestimmung des Todes fällt eine weitverbreitete Meinung dahin, daß der status moriendi wie kein anderer für Weissagungen geeignet sei — das vielzitierte „divinare morientes" [26]. Im Rahmen eines Testamentes jedenfalls ist die Todesstunde nicht die Weissagungsstunde. Die Zukunftsansagen eines Testamentes waren stets auf die Verhaltensanweisungen bezogen als der eigentlichen Intention der Gattung. Sie konnten ja auch gänzlich fehlen wie z. B. im TestHiob, ohne daß dadurch die Gattung in ihrem Wesen beeinträchtigt worden wäre. Der Sterbende in einem Testament steht nicht mit einem Bein bereits im Jenseits sondern mit beiden noch im Diesseits. Sein ganzes Interesse ist ausschließlich auf die diesseitige Wirklichkeit konzentriert. Ihr gelten seine Anweisungen, seine Rückblenden in die eigene Vergangenheit und seine Zukunftsansagen. Weder Aufklärung über das Jenseits noch Prophezeiung des Zukünftigen als Offenbarung können Wesen und Kern eines Testamentes sein. Es ist daher irreführend, von „death-bed prophecies" zu sprechen oder das Testament zu definieren als „a last-words forecast of the future" [27]. Würde die Todesstunde an sich übernatürliche Einsichten ermöglichen, dann träfe das ja auf jede beliebige Person zu. Testamente werden aber nur allseits anerkannten Persönlichkeiten beigelegt. Also geht es nicht um Erfahrungen, die den Tod und das Jenseits betreffen, sondern um solche des Lebens. Sie sind es ja, die die Autorität dieser Personen erst begründet haben.

Einen sehr schönen Hinweis darauf, daß nicht die Todesstunde an sich dem Sterbenden zu höherer Einsicht verhilft und dadurch das Testament konstituiert, liefert die Abschiedsrede des Paulus, gerichtet an die Ältesten von Ephesus in Milet Apg 20,17—38, die in dieser Arbeit nicht untersucht wurde. Diese Rede ist ein vollgültiges Testament — sowohl nach ihren äußeren, stilistischen Merkmalen wie auch nach ihren inneren Kriterien. Und doch stirbt Paulus nicht im Anschluß an seine Worte. Sein Tod steht nicht unmittelbar bevor. Allerdings ahnt der Apostel wohl, daß er dem Ende sei-

---

[26] Cicero, De Divinatione I.XXX.64.

[27] So A. B. Kolenkow, The Assumption of Moses as a testament, S. 71. Auch sie verkennt die Funktion des Todes in einem Testament, wenn sie konstatiert: „... the death-bed reinforcing and connoting the final revelation" (S. 71); vgl. zu Kolenkows Gattungsbestimmung auch die Einleitung S. 4 f.

Daß die Todesstunde höhere Einsichten verleihe, hält auch E. Cortès, Discursos, fest, wenn er sagt: „La clarividencia del moribundo es por lo menos implícita en la mente de los autores de los discursos de adiós" (S. 369). Allerdings erkennt Cortès an, daß das Wesen des Testamentes in der Weitergabe von Lehre und Ermahnung liege.

ner Wirksamkeit und seines Lebens entgegengeht, und vermutet daher, daß er nie mehr nach Ephesus kommen werde. Gerade das aber ist das auslösende Moment für das Testament: Den Leuten von Ephesus wird er nie mehr begegnen. Daher ist es jetzt höchste Zeit, ihnen Anweisungen, abschließende Ratschläge für ihr Verhalten in der Zukunft mit auf den Weg zu geben. Er hat ihnen, den jungen Christen, als ein im Glauben Erfahrener viel voraus, das er ihnen vor seinem endgültigen Abschied noch anvertrauen möchte als Hilfe für die Zukunft der Gemeinde. Für die Leute von Ephesus stirbt Paulus, obwohl sein tatsächlicher Tod noch aussteht. Seine Rede ist gattungsmäßig ein Testament, ohne daß sie doch von der Todesstunde direkt geprägt wäre. Hier wird die Funktion des Todes in der Testamentsform besonders schön deutlich.

4. Der Sitz im Leben der Gattung

Der Sitz im Leben kann von den äußeren, stilistischen Formmerkmalen her, mehr aber noch aufgrund der inneren Kriterien bestimmt werden. Von der stilistischen Seite aus gibt die Tatsache, daß hier ein Vater zu seinen Kindern bzw. ein Älterer, Erfahrener zu Jüngeren (auch als Amtsnachfolger) spricht, schon einen Fingerzeig in die ungefähre Richtung, in der der Sitz im Leben zu suchen ist. Dazu gehören dann auch die Redeeinleitungsformel, für die auch die Bezeichnung „Lehreröffnungsruf" vorgeschlagen wurde [28], und die Schlußmahnung, die das ganze Testament als Anweisung, Empfehlung zu einem bestimmten Verhalten auffaßt und in wenigen Worten entsprechend zusammenfaßt. Noch deutlichere Hinweise geben aber die inneren Kriterien: die Intention des Testamentes als Aufruf zu einem jeweils näher beschriebenen Verhalten; die Art und Weise der Argumentation, die erstaunlich rational, logisch deduzierend vorgeht, die an die Einsicht des Lesers appelliert und ihn mit Argumenten zu überzeugen versucht; schließlich die Motivation der Gattung, die in dem Bestreben gründet, den Schatz der Lebenserfahrungen der Alten nicht untergehen zu lassen, sondern ihn für die Nachkommen fruchtbar zu machen. Alle diese Hinweise deuten auf einen *weisheitlichen* Grundcharakter der Gattung „Testament". Daß das Leben nur mit Hilfe von Einsicht und Erfahrung bewältigt werden kann und der ein Tor ist, der nicht danach strebt, daß man diese Erfahrungen von den Alten lernen kann, die ihr Wissen auch gerne den Jüngeren mitteilen [29], das sind Grundcharakteristika der israelitischen wie auch generell der altorientalischen Weisheit. Das Testament ist also eine weisheitliche Gattung, wohl am nächsten verwandt mit der weisheitlichen Lehr- und Mahnrede und von ihr hauptsächlich nur durch die spezielle Situation, die Ansiedlung in der Sterbestunde, die der Gattung eine besondere Autorität verleihen soll, unterschieden. Testament und Lehrrede gleichen sich ihren inneren Kriterien nach völlig. Vom Stilistischen her finden sich bei beiden: die Dreigliederung in Anfangs-, Schlußrahmen und Mittelteil; Verhaltens-

---

[28] Siehe S. 93 f.

[29] Nirgendwo war in einem Testament von Geheimwissen die Rede. Das würde der Intention der Gattung von Grund auf zuwiderlaufen.

anweisung; Rückblick auf die Vergangenheit; Zukunftsansage als Aufzeigen von Konsequenzen; Redeeinleitungsformel und auch sogar die Schlußmahnung [30]. Die Unterschiede im Stilistischen beziehen sich ausschließlich auf die Sterbesituation des Testamentes. Anders als die weisheitliche Lehr- und Mahnrede dürfte das Testament aber wohl eine echte *Literatur*gattung sein, d. h. daß es wohl von Anfang an eine literarische Gattung war ohne mündliche Vorstufe. Das wird sich aber erst dann genauer nachweisen lassen, wenn die Gattung des Testamentes in die kanonische Literatur des Alten Testamentes zurückverfolgt und auch Vorläufer im Bereich des Alten Orients festgestellt werden können [31].

Wenn die These zutrifft, daß das Testament als *Gattung* der israelitischen Weisheit zuzurechnen ist, dann heißt das jedoch nicht, daß auch alle *Inhalte* weisheitlich sein müssen. Es können bei einer Großgattung wie dieser durchaus auch nicht-weisheitliche Inhalte dazutreten (z. B. Himmelsreisen, Geisterspekulationen oder die Sin-Exile-Return-Stücke in den TestXII Patr.), doch dienen sie im Rahmen des ganzen Testamentes im Verein mit den anderen Inhalten insgesamt einem weisheitlichen Zweck und Ziel. Entscheidend ist also nicht, daß alle Inhalte weisheitlicher Art sind, sondern daß die „inneren Kriterien" gewahrt bleiben, d. h. daß die Art und Weise der Argumentation, die Motivation der Weitergabe der Belehrungen und die Intention des Testamentes in ihrem weisheitlichen Grundcharakter nicht beeinträchtigt werden. Wenn allerdings die nicht-weisheitlichen Inhalte überwiegen oder gar die ganze Schrift bestimmen, wie das beim TestSal der Fall ist, dann wird auch die Gattung in ihrem inneren Wesen gestört. Beim TestSal war denn auch die Testamentsform deutlich als nachträglich übergestülpt zu erkennen. Die Grundintention dieser Schrift hat mit einem Testament nichts gemein.

Sieht man all diese Ausführungen zur Charakterisierung der Gattung noch einmal zusammen, dann läßt sich abschließend feststellen, daß das Testament sich als eine vollgültige Gattung erwiesen hat, die sowohl nach ihren äußeren, stilistischen Merkmalen wie nach ihren formimmanenten, inneren Kriterien beschrieben werden kann und der sich ein in Israel wohlbekannter Sitz im Leben zuweisen läßt. Dabei kommt dem Verständnis und der Funktion des Todes im Rahmen der Gattung die wichtige Rolle zu, die Gattung insgesamt vor Fehldeutungen zu bewahren.

Zum Schluß sollen nun noch ein paar Beobachtungen zusammengetragen werden, die bei der Zurückverfolgung der Gattung in das Alte Testament hinein und bei der Suche nach Vorläufern im Raum des Alten Orients hilfreich sein können:

---

[30] Vgl. B. Lang, Die weisheitliche Lehrrede. Eine Untersuchung von Sprüche 1 bis 7, Stuttgart, 1972, bes. § 2 (3): Die Eigenart der weisheitlichen Lehrrede; siehe auch den Vergleich mit der Lehrrede Hiob 4 f. auf S. 102 f. in der vorliegenden Arbeit. Zum genuinen Ort der Schlußmahnung in der Weisheit vgl. B. S. Childs, Isaiah and the assyrian crisis, London, 1967, excursus I: The summary-appraisal form.

[31] Siehe „Die Lehre der Alten II. Das Testament als Literaturgattung im Alten Testament und im Alten Vorderen Orient".

1) Der Begriff διαθήκη ist nicht geeignet, um Hinweise auf die Entwicklung oder mögliche Vorläufer der Gattung zu geben. Die Testamentsform ist auf diesen Überschriften-Begriff nicht angewiesen aus drei Gründen:

a) διαθήκη erscheint nicht in jeder Schrift mit Testamentscharakter, auch schon nicht innerhalb der TestXIIPatr [32].

b) Die Gattung des Testamentes kann auch innerhalb größerer Schriften auftreten, so daß also nur ein bestimmter Teil einer Schrift Testamentscharakter besitzt, der Rest jedoch nicht (als Beispiel slavHen 55—67 und LibAntBibl 33). Hier ist von vornherein keine Überschrift zu erwarten. Der Begriff διαθήκη ist also nicht konstitutiv für die Gattung.

c) διαθήκη gehört von Haus aus der Rechtssprache an und bezeichnet dort ein Testament im Sinne einer letztwilligen Verfügung über eine Erbmasse [33]. Der Charakter eines Rechtstestamentes in einer vermögensrechtlichen Angelegenheit trat aber bei keinem der untersuchten Testamente zutage [34]. Der Begriff διαθήκη kam wohl erst sekundär zur Testamentsform hinzu, ohne ihr ein irgendwie geartetes Rechtsgepräge zu verleihen.

2) Überhaupt steht die Gattung des Testamentes in dem hier untersuchten Sinn dem juristischen Bereich fremd gegenüber. Zwar könnte die Intention des Testamentes dem Rechtsdenken verwandt erscheinen, da beide auf ein bestimmtes Verhalten abzielen, doch die Motivation des Testamentes und die Art und Weise seiner Argumentation stehen dem entgegen. Im rechtlichen Bereich wird geboten und verboten, das erstrebte Verhalten wird durch Sanktionen erzwungen. Ein Testament argumentiert und deduziert, es weist auf notwendige Konsequenzen dieses oder jenes Verhaltens hin und will im ganzen überzeugen, einsichtig machen, zu einem bestimmten Verhalten einladen. Grundlage und Ausgangspunkt dieses werbenden Redens sind die Erfahrungen der vergangenen Geschlechter, die — ob positiv oder negativ — nicht verlorengehen sollen, nicht aber etwa eine irgendwie geartete Rechtssetzung, eine Rechtsbasis. Das Testament hat keine verwandtschaftlichen Beziehungen zu Rechtsgattungen, auch nicht als zu Vorläufern, aus denen es sich dann als Sonderentwicklung herauskristallisiert hätte. Ausführlich begründet wurde diese These im Rahmen der Verhältnisbestimmung von Bundesformular und Testament [35].

3) Wenn also der hier untersuchten Gattung des Testamentes keinerlei Rechtscharakter eigen ist, dann kann auch die oft gehörte Vermutung nicht zutreffen, Vorläufer des israelitischen Testamentes seien die griechischen Philosophentestamente gewesen. Zunächst einmal lassen sich auf israeliti-

---

[32] Siehe S. 89.

[33] Siehe J. Behm/G. Quell, Art. διαθήκη, in: ThW 2, S. 106—137; E. Lohmeyer, Diatheke. Ein Beitrag zur Erklärung des neutestamentlichen Begriffs, Leipzig, 1913; D. Haupt, Das Testament des Levi, S. 91 Anm. 42; vgl. auch S. 220 Anm. 1 der vorliegenden Arbeit.

[34] Lediglich das hebr. TestNaph zeigt eine Annäherung hin zur juristischen letztwilligen Verfügung (vgl. S. 110 f., 114 — sicher ein weiterer Hinweis auf seine sehr viel spätere Entstehung als die anderen hier untersuchten Testamentsschriften.

[35] Siehe „Die Lehre der Alten II", masch. Diss. S. 414—442.

schem Boden gattungsgleiche Testamente aus viel älterer Zeit nachweisen [36], dann ist aber auch generell die Definition des Philosophentestamentes durch J. Behm als „des geistigen Vermächtnisses eines Weisen", das allerdings aus dem juristischen Begriff erwachsen sei, anzuzweifeln [37]. Die Testamente der Philosophen Platon, Aristoteles, Theophrast, Straton, Lykon und Epikur, die Diogenes Laertius überliefert [38], sind allesamt rein vermögensrechtlicher Natur. Sie enthalten letztwillige Verfügungen hinsichtlich des hinterlassenen Vermögens, der Dienerschaft, der Philosophenschule und der Umstände der eigenen Bestattung. Nichts unterscheidet diese Anordnungen von normalen juristischen Testamenten. Von weiteren Testamentsschriften gibt es nur Andeutungen: Der Kyniker Menippos habe neben anderen Schriften auch διαθῆκαι verfaßt [39], ebenso Apollonius von Tyana [40]. Peregrinus Proteus schließlich habe vor seinem Tod an beinahe alle bedeutenden griechischen Städte Briefe geschickt, charakterisiert als διαθήκας τινὰς καὶ παραινέσεις καὶ νόμους [41]. Von allen diesen Schriften sind uns nicht mehr als die Titel bekannt. Nur von diesen auf den Inhalt zu schließen („geistige Vermächtnisse"), wie E. Lohmeyer das tat [42], ist unmöglich und unerlaubt. Noch weniger läßt sich natürlich über die äußere Form dieser Testamente sagen. Die griechischen Philosophentestamente können also nicht als Vorläufer der Gattung „Testament" im israelitischen Bereich gewertet werden. Dazu sind sie entweder inhaltlich und gattungsmäßig zu andersartig oder sie sind uns jedenfalls, sofern es überhaupt vergleichbare Schriften waren, noch unbekannt.

Wenn man nun die Gattung „Testament" ins Alte Testament und von da aus auch weiter in den Raum des Alten Orients hinein zurückverfolgen will, so wird man sich aufgrund der bisher gewonnenen Beobachtungen (äußere wie innere Kriterien) auf Schriften konzentrieren müssen, die weisheitlich-belehrenden Charakter tragen, den Leser/Hörer zu einem bestimmten Verhalten anleiten wollen und dabei logisch-argumentierend vorgehen und deren Ergebnisse durch Verstand und Beobachtung nachprüfbar sind. Vom Äußeren her sollte es eine Rede oder eine Schrift einer anerkannten Autorität unmittelbar vor deren Tod sein, die an die Söhne oder die Schüler oder einen anderen abhängigen Kreis gerichtet ist. Dabei wäre der Tod nicht in erster Linie unter biologischen Gesichtspunkten sondern in der oben beschriebenen Funktion zu sehen. Es sollten insgesamt Reden bzw. Schriften sein, die man unter der gleichen Überschrift zusammenfassen könnte wie die hier untersuchten:

DIE LEHRE DER ALTEN.

---

[36] Siehe „Die Lehre der Alten II".

[37] J. Behm, ThW 2, S. 127. Ganz ähnlich schon E. Lohmeyer, Diatheke, S. 33.

[38] Leben und Meinungen berühmter Philosophen, Buch III, 41—43; V, 11—16. 51—57. 61—64. 69—74; X, 16—22.

[39] Diogenes Laertius, ebd., Buch VI, 101.

[40] Philostratus, Vita Apollonii, 7,35.

[41] Lukian, De morte Peregrini Protei, 41.

[42] Diatheke, S. 33.

LITERATURVERZEICHNIS

Es wird hier nur solche Literatur aufgeführt, die etwas zur Form der untersuchten Testamentsschriften beiträgt bzw. die in diesem Zusammenhang zitiert wurde.

Allgemeinere Literaturangaben finden sich für die TestXIIPatr. vor allem bei *J. Becker*, Untersuchungen, für die anderen Schriften bei *A.-M. Denis*, Introduction, und in den einzelnen Übersetzungen der Reihe *„Jüdische Schriften aus hellenistischrömischer Zeit"*. Vorzüglich für den gesamten Bereich der pseudepigraphen Schriften, aber leider schwer zugänglich ist die Zusammenstellung neuerer Literatur (bis 1975) bei *J. H. Charlesworth*, The Pseudepigrapha and modern research, Missoula/ Mont., 1976 (SCS 7).

Abd al-Rahmān Badawi, Ahmad Ibn Muhammad (genannt Ibn Miskawaih): Al-Hikmat al khālidah. Jāwīdān khirad. (A treatise on the philosophy of Persia, India, Arabia and Greece. With an introduction edited), Kairo, 1952.

Aescoly, A. Z., Recueil de textes Falachas. Introduction. Textes éthiopiens (édition critique et traduction). Index, Paris, 1951 (Travaux et mémoires de l'Institut d'Ethnologie 55).

Agourides, S., Diatheke Abraam, in: Deltion Biblikon Meleton Bd. 1, Athen, 1972, S. 238—248.

Andersson, E., Abraham's Vermächtnis aus dem Koptischen übersetzt, in: Sphinx 6, 1903, S. 220—236.

——, Isak's Vermächtnis aus dem Koptischen übersetzt, in: Sphinx 7, 1903, S. 77—94.

——, Jakob's Vermächtnis aus dem Koptischen übersetzt, in: Sphinx 7, 1903, S. 129—142.

Andresen, C., Zum Formular frühchristlicher Gemeindebriefe, in: ZNW 56, 1965, S. 233—259.

Aschermann, H., Die paränetischen Formen der „Testamente der zwölf Patriarchen" und ihr Nachwirken in der frühchristlichen Mahnung. Eine formgeschichtliche Untersuchung, masch. Diss. Berlin, 1955.

Baltzer, K., Das Bundesformular, Neukirchen, 1964². (WMANT 4).

——, Die Biographie der Propheten, Neukirchen, 1975.

Barnes, W. E., Appendix (zu M. R. James, The Testament of Abraham) containing extracts from the arabic version of the Testaments of Abraham, Isaac and Jacob.

Barth, Chr., Diesseits und Jenseits im Glauben des späten Israel, Stuttgart, 1974 (SBS 72).

Becker, J., Die Testamente der zwölf Patriarchen, Gütersloh, 1974 (JSHRZ III, 1).

——, Untersuchungen zur Entstehungsgeschichte der Testamente der zwölf Patriarchen, Leiden, 1970 (AGJU 8).

Behm, J., Quell, G., Art. „διαθήκη", in: ThW 2, S. 105—137.

Bekker, I., Georgius Cedrenus. Ioannis Scylitzae ope, Band I, Bonn, 1838 (CSHB).

Berger, K., Zur Diskussion über die Herkunft von I Kor. ii. 9, in: NTS 24, 1978, S. 270—283.

——, Zur Geschichte der Einleitungsformel „Amen, ich sage euch", in: ZNW 63, 1972, S. 45—75.

Bezold, C., Das arabisch-äthiopische Testamentum Adami, in: Orientalische Studien. Theodor Nöldeke zum 70. Geb. gewidmet von Freunden und Schülern und in ihrem Auftrag hrsg. von C. Bezold, Band 2, Gießen, 1906, S. 893 bis 912.

——, Die Schatzhöhle syrisch und deutsch herausgegeben, Leipzig, 1883.

Bickerman, E. J., The date of the Testaments of the Twelve Patriarchs, in: JBL 69, 1950, S. 245—260.

Böcher, O., Der johanneische Dualismus im Zusammenhang des nachbiblischen Judentums, Gütersloh, 1965.

Bonwetsch, N. G., Die Bücher der Geheimnisse Henochs. Das sogenannte slavische Henochbuch, Leipzig, 1922 (TU 44,2).

Bornemann, Fr. A., Das Testament des Salomo. Aus dem Griechischen übersetzt und mit Einleitung und Anmerkungen begleitet, in: ZHTh 14,3, 1844, S. 9 bis 56.

Bousset, W., Die Testamente der zwölf Patriarchen, in: ZNW 1, 1900, S. 141 bis 175. 187—209.

——, Ein aramäisches Fragment des Testamentum Levi, in: ZNW 1, 1900, S. 344—346.

Box, G. H., The Testament of Abraham. Translated from the greek text with introduction and notes, London, 1927 (TrED II).

Brandenburger, E., Fleisch und Geist. Paulus und die dualistische Weisheit, Neukirchen, 1968 (WMANT 29).

——, Himmelfahrt Moses, in: JSHRZ V, 2, 1976, S. 57—84.

Braun, F.-M., Les Testaments des XII Patriarches et le problème de leur origine, in: RB 67, 1960, S. 516—549.

Braun, M., History and romance in graeco-oriental literature, Oxford, 1938, S. 44—95.

Brock, S. P., Testamentum Iobi (zusammen mit J.-C. Picard, Apocalypsis Baruchi Graece), Leiden, 1967 (PsVTGr II).

Burchard, Chr., — Jervell, J., — Thomas, J., Studien zu den Testamenten der zwölf Patriarchen. Drei Aufsätze hrsg. von W. Eltester, Berlin, 1969 (BZNW 36).

Burrows, M., Mehr Klarheit über die Schriftrollen, München, 1958.

Caquot, A., Bref commentaire du „Martyre d'Isaïe", in: Semitica 23, 1973, S. 65—93.

——, La double investiture de Lévi (Brèves remarques sur Testament de Lévi, VIII), in: Ex Orbe Religionum. Studia Geo Widengren oblata, ed. J. Bergman — K. Drynjeff — H. Ringgren, Leiden, 1972 (SHR 21), S. 156—161.

Ceriani, A.-M., Fragmenta Assumptionis Mosis, in: Monumenta sacra et profana ex codicibus praesertim Bibliothecae Ambrosianae, opera Collegii Doctorum eiusdem, tom. I, fasc. I, Mailand, 1861, S. 55—62.

Charles, R. H., The Apocrypha and Pseudepigrapha of the Old Testament in english with introductions and critical and explanatory notes to the several books, Band I: Apocrypha, Band II: Pseudepigrapha, Oxford, 1913 (Nachdruck Oxford, 1968).

——, The Ascension of Isaiah. With an introduction by G. H. Box, London, 1919[2]. (TrED I, 7).

——, The Ascension of Isaiah. Translated from the ethiopic version, which, together with the new greek fragment, the latin versions and the latin translation of the slavonic, is here published in full. Edited with introduction, notes and indices, London, 1900.

——, The greek versions of the Testaments of the Twelve Patriarchs edited from nine MSS together with the variants of the armenian and slavonic versions and some hebrew fragments, Oxford, 1908 (Nachdruck Darmstadt 1960).

Charlesworth, J. H., The Pseudepigrapha and modern research, Missoula/Mont., 1976 (SCS 7).

Childs, B. S., Isaiah and the assyrian crisis, London, 1967 (Studies in Biblical Theology II, 3).

Clemen, C., Die Himmelfahrt des Mose, Bonn, 1904 (KlT 10).

Clemens, R., Die Offenbarungen der Propheten Henoch, Esra und Jesaja im Jahrhunderte des Heils. Dritter Theil: Die Himmelfahrt des Sehers Jesaias, Stuttgart, 1850.

Collins, J. J., Structure and meaning in the Testament of Job, in: G. MacRae (ed.), Society of Biblical Literature 1974 Seminar Papers Vol. I, Cambridge/Mass., S. 35—52.

——, The date and provenance of the Testament of Moses, in: G. W. E. Nickelsburg Jr. (ed.), Studies on the Testament of Moses. Seminar Papers, Cambridge/Mass., 1973 (SCS 4), S. 15—32.

Colpe, C., Parthische Religion und parthische Kunst, in: Kairos 17, 1975, S. 118 bis 123.

Conti Rossini, C., Nuovi appunti Falascia, in: RRAL.Cl.d.sc.mor., stor. e filol. V, 31, Rom, 1922, S. 227—240.

Conybeare, F. C., The Testament of Solomon, in: JQR 11, 1899, S. 1—45.

Cortès, E., Los discursos de adiós de Gn 49 a Jn 13—17. Pistas para la historia de un género literario en la antigua literatura judía, Barcelona, 1976 (Colectánea San Paciano 23).

Dautzenberg, G., Botschaft und Bedeutung der urchristlichen Prophetie nach dem ersten Korintherbrief (2:6—16; 12—14), in: Prophetic vocation in New Testament and today, J. Panagopoulos (ed.), Leiden, 1977, S. 131—161.

Delcor, M., Contribution à l'étude de la législation des sectaires de Damas et de Qumrân. IV: Le Mehôqeq du document de Damas et Taxo de l'„Assomption de Moise" IX, in: RB 62, 1955, S. 60—66.

——, De l'origine de quelques traditions contenues dans le Testament d'Abraham, in: Proceedings of the Fifth World Congress of Jewish Studies, Jerusalem, 1969, S. 192—200; wiederabgedruckt in: ders., Religion d'Israël et Proche Orient Ancien. Des Phéniciens aux Esséniens, Leiden, 1976, S. 241—250.

——, Le milieu d'origine et le développement de l'apocalyptique juive, in: W. C. van Unnik (ed.), La littérature juive entre Tenach et Mischna. Quelques problèmes, Leiden, 1974, S. 101—117.

——, Le Testament d'Abraham. Introduction, traduction du texte grec et commentaire de la recension grecque longue suivi de la traduction des Testaments d'Abraham, d'Isaac et de Jacob d'après les versions orientales, Leiden, 1973 (SVTP 2).

——, Le Testament de Job, la prière de Nabonide et les traditions targoumiques, in: Bibel und Qumran. Beiträge zur Erforschung der Beziehungen zwischen Bibel- und Qumranwissenschaft (H. Bardtke zum 22. 9. 1966), Berlin, 1968, S. 57—74; wiederabgedruckt in: ders., Religion d'Israël et Proche Orient Ancien. Des Phéniciens aux Esséniens, Leiden, 1976, S. 201—218.

Denis, A.-M., Fragmenta Pseudepigraphorum quae supersunt Graeca una cum historicorum et auctorum Judaeorum Hellenistarum fragmentis collegit et ordinavit, Leiden, 1970 (PsVTGr III).

——, Introduction aux pseudépigraphes grecs d'Ancien Testament, Leiden, 1970 (SVTP 1).

Dietzfelbinger, Chr., Pseudo-Philo: Antiquitates Biblicae (Liber Antiquitatum Biblicarum), Gütersloh, 1975 (JSHRZ II, 2).

Dillmann, A., Ascensio Isaiae aethiopice et latine cum prolegomenis, adnotationibus criticis et exegeticis additis versionum latinarium reliquiis edita, Leipzig, 1877.

Dindorf, W., Georgius Syncellus et Nicephorus CP., Band I, Bonn, 1829 (CSHB).

Eppel, R., Le piétisme juif dans les Testaments des Douze Pariarches, Paris, 1930 (EHPhR 22).

Die *Erzählungen* aus den tausendundein Nächten. Vollständige deutsche Ausgabe in sechs Bänden ... übertragen von E. Littmann, Wiesbaden, 1953.

Euringer, S., Das Netz Salomons. Ein äthiopischer Zaubertext. Nach der Hs. im ethnograph. Museum in München herausgegeben, übersetzt und erläutert, in: ZS 6, 1928, S. 76—100. 178—199. 300—314; 7, 1929, S. 68—85.

Ferrar, W. J., The Assumption of Moses, London, 1918 (TrED I, 12).

Flemming, J., — *Duensing, H.,* Die Himmelfahrt des Jesaja, in: E. Hennecke, Neutestamentliche Apokryphen, hrsg. von W. Schneemelcher, Band II: Apostolisches, Apokalypsen und Verwandtes, Tübingen, 1964³·, S. 454—468.

Flusser, D., Art. „Patriarchs, Testaments of the Twelve", in: EJ Vol. 13, Sp. 184 bis 186.

da Fonseca, L. G., Διαθήκη — foedus an testamentum?, in: Bibl. 8, 1927, S. 31—50. 161—181. 290—319. 418—441.

Frye, R. N., Iran und Israel, in: Festschrift für Wilhelm Eilers, hrsg. von G. Wießner, Wiesbaden, 1967, S. 74—84.

Gaguine, M., The Falasha version of the Testaments of Abraham, Isaac and Jacob. A critical study of five unpublished ms. with introduction, translation and notes, masch. Diss. Manchester, 1965.

Gaselee, S., Appendix (zu G. H. Box, The Testament of Abraham) containing a translation from the coptic version of the Testaments of Isaac and Jacob.

Gaster, M., The Apocalypse of Abraham. From the roumanian text discovered and translated, in: TrSBA 9, 1887, S. 195—226; wiederabgedruckt in: ders., Studies and texts in folk-lore, magic, medieval romance, hebrew apocrypha and samaritan archaeology, London, 1925, Vol. I, S. 92—123.

Gaster, Th. H., Myth, legend and custom in the Old Testament. A comparative study with chapters from Sir James G. Frazer's Folklore in the Old Testament, New York, 1969.

Gibson, M. D., Studia Sinaitica 8. Aprocrypha arabica, London, 1901.

Ginzberg, L., Art. „Abraham, Testament of", in: Jewish Encyclopedia I, 1901, S. 93—96.

Giversen, S., Solomon und die Dämonen, in: M. Krause (ed.), Essays on the Nag Hammadi texts in honour of Alexander Böhlig, Leiden, 1972 (Nag Hammadi Studies 3), S. 16—21.

Graf, G., Geschichte der christlichen arabischen Literatur, Bd. 1, Città del Vaticano, 1944 (Nachdruck 1959), (Studi e Testi 118).

Grelot, P., Notes sur le Testament araméen de Lévi, in: RB 63, 1956, S. 391 bis 406.

Grieshammer, R., Zum „Sitz im Leben" des negativen Sündenbekenntnisses, in: XVIII. Deutscher Orientalistentag 1972 in Lübeck. Vorträge, hrsg. von W. Voigt, Wiesbaden, 1974 (ZDMG Suppl. II), S. 19—25.

Guidi, I., Il Testamento di Isacco e il Testamento di Giacobbe, in: RRAL.Cl.d. sc.mor., stor. e filol. V, 9, 1900, S. 223—264.

——, Il testo copto del Testamento di Abramo, in: RRAL.Cl.d.sc.mor., stor. e filol. V, 9, 1900, S. 157—180.

Haacker, K., Assumptio Mosis — eine samaritanische Schrift?, in: ThZ 25, 1969, S. 385—405.

Haacker, K., — *Schäfer, P.,* Nachbiblische Traditionen vom Tod des Mose, in: Josephusstudien. Untersuchungen zu Josephus, dem antiken Judentum und dem Neuen Testament (Festschrift O. Michel), O. Betz — K. Haacker — M. Hengel (ed.), Göttingen, 1974, S. 147—174.

Habel, N. C., Appeal to ancient tradition as a literary form, in: ZAW 88, 1976, S. 253—272.

Hammershaimb, E., Das Martyrium Jesajas, in: JSHRZ II, 1, Gütersloh, 1973, S. 15—34.

Harrelson, W., Patient love in the Testament of Joseph, in: G. W. E. Nickelsburg Jr. (ed.), Studies on the Testament of Joseph, S. 29—36.

——, The significance of „Last Words" for intertestamental ethics, in: J. L. Crenshaw, J. T. Willis, (ed.), Essays in Old Testament ethics (FS J. P. Hyatt), New York, 1974, S. 203—213.

Harrington, D. J., Abraham traditions in the Testament of Abraham and in the „Rewritten Bible" of the intertestamental period, in: 1972 Proceedings, R. A. Kraft (ed.), 1972 (SCS 2), S. 155—164.

Haupt, D., Das Testament des Levi. Untersuchungen zu seiner Entstehung und Überlieferungsgeschichte, masch. Diss. Halle, 1970.

Helmbold, A. K., Gnostic elements in the ‚Ascension of Isaiah‘, in: NTS 18, 1972, S. 222—227.

Hengel, M., Judentum und Hellenismus, Tübingen, 1969, ²1973 (WUNT 10).

Hilgenfeld, A., Messias Judaeorum, libris eorum paulo ante et paulo post Christum natum conscriptis illustratus, Leipzig, 1869.

——, Die Psalmen Salomo's und die Himmelfahrt Moses, griech. hergestellt und erklärt, in: ZwTh 11, 1868, S. 133—168. 273—309. 356.

Hirth, V., Gottes Boten im Alten Testament, Berlin, 1975 (ThA 32).

Hultgård, A., Croyances messianiques des Test. XII Patr. Critique textuelle et commentaire des passages messianiques, Uppsala, 1971 (masch. Diss.).

——, L'eschatologie des Testaments de Douze Patriarches. I: Interpretation des textes, Uppsala/Stockholm, 1977 (acta universitatis upsaliensis. Historia religionum 6).

——, L'universalisme des Test. XII Patr., in: Ex Orbe Religionum. Studia Geo Widengren oblata, ed. J. Bergman — K. Drynjeff — H. Ringgren, Leiden, 1972 (SHR 21), S. 192—207.

Jacobs, I., Literary motifs in the Testament of Job, in: JJSt 21, 1970, S. 1—10.

James, M. R., Apocrypha anecdota. A collection of thirteen apocryphal books and fragments, now first edited from manuscripts, Cambridge, 1893 (TSt II, 3).

——, Apocrypha anecdota II, Cambridge, 1897 (TSt V, 1).

——, The Biblical Antiquities of Philo. Now first translated from the old latin version, London, 1917 (TrED I), New York, 1971 (repr.).

——, The lost Apocrypha of the Old Testament. Their titles and fragments, London, 1920 (TrED I, 14).

——, The Testament of Abraham. The greek text now first edited with an introduction and notes, Cambridge, 1892 (TSt II, 2).

Janssen, E., Das Gottesvolk und seine Geschichte. Geschichtsbild und Selbstverständnis im palästinensischen Schrifttum von Jesus Sirach bis Jehuda ha-Nasi, Neukirchen, 1971.

——, Testament Abrahams, in: JSHRZ III, 2, Gütersloh, 1975, S. 193—256.

Jeremias, J., Art. „Μωυσῆς", in: ThW 4, S. 852—878.

Jonge, H. J. de, Die Textüberlieferung der Testamente der zwölf Patriarchen, in: ZNW 63, 1972, S. 27—44, wiederabgedruckt in: M. de Jonge (ed.), Studies, S. 45—62.

——, The earliest traceable stage of the textual tradition of the Testaments of the Twelve Patriarchs, in: M. de Jonge (ed.), Studies, S. 63—86.

Jonge, M. de, Christian influence in the Testaments of the Twelve Patriarchs, in: NT 4, 1960, S. 182—235, wiederabgedruckt in: ders. (ed.), Studies, S. 193 bis 246.

——, Notes on Testament of Levi II—VII, in: Travels in the world of the Old Testament. Studies presented to Professor M. A. Beek ... ed. M. S. H. G. Heerma van Voss — Ph. H. J. Houwink ten Cate — N. A. van Uchelen, Assen, 1974 (SSN 16), S. 132—145, wiederabgedruckt in: ders. (ed.), Studies, S. 247—260.

—— (ed.), Studies on the Testaments of the Twelve Patriarchs. Text and interpretation, Leiden, 1975 (SVTP 3).

——, Testamenta XII Patriarcharum edited according to Cambridge University Library MS Ff. 1.24 fol. 203a—262b with short notes, Leiden, 1964, 1970². (PsVTGr I).

——, Textual criticism and the analysis of the composition of the Testament of Zebulun, in: ders. (ed.), Studies, S. 144—160.

—— (ed. in coop. with H. W. Hollander, H. J. de Jonge, Th. Korteweg), The Testaments of the Twelve Patriarchs. A critical edition of the greek text, Leiden, 1978 (PsVTGr I, 2)

——, The Testaments of the Twelve Patriarchs. A study of their text, composition and origin, Diss. Assen, 1953.

Käsemann, E., Der Ruf der Freiheit, Tübingen, 1968.

Kautzsch, E., Die Apokryphen und Pseudepigraphen des Alten Testaments, Band I: Die Apokryphen, Band II: Die Pseudepigraphen, Tübingen, 1900, (Darmstadt, 1962.)

Kee, H. C., Satan, magic, and salvation in the Testament of Job, in: G. MacRae (ed.), Society of Biblical Literature 1974 Seminar Papers, Vol. I, Cambridge/ Mass., S. 53—76.

Kisch, G., Pseudo-Philo's Liber Antiquitatum Biblicarum, Notre Dame/Indiana, 1949 (PMSt 10).

Kmosko, M., Testamentum Patris Nostri Adam praefatus est, textum syriacum vocalium signis instruxit, latine vertit, notis illustravit, in: Patrologia syriaca, accurante R. Graffin, Part I, Tomus II, Paris, 1907, S. 1307—1360.

Koch, K., Gibt es ein Vergeltungsdogma im Alten Testament?, in: ZThK 52, 1955, S. 1—42.

Köster, H., — Robinson, J. M., Entwicklungslinien durch die Welt des frühen Christentums, Tübingen, 1971.

Kohler, K., The Pre-Talmudic Haggada II. The Apocalypse of Abraham and its kindred, in: JQR 7, 1895, S. 581—606.

Kolenkow, A. B., The angelology of the Testament of Abraham, in: 1972 Proceedings, R. A. Kraft (ed.), 1972 (SCS 2), S. 228—245.

——, The Assumption of Moses as a testament, in: G. W. E. Nickelsburg Jr. (ed.), Studies on the Testament of Moses. Seminar Papers, Cambridge/Mass., 1973 (SCS 4), S. 71—77.

——, The genre testament and forecasts of the future in the hellenistic jewish milieu, in: JSJ 6, 1975, S. 57—71.

——, What is the role of testament in the Testament of Abraham?, in: HThR 67, 1974, S. 182—184.

Korteweg, Th., The meaning of Naphtali's visions, in: M. de Jonge (ed.), Studies, S. 261—290.

Kraft, R. A., — Attridge, H., — Spittler, R., — Timbie, J. (ed.), The Testament of Job according to the SV text. Greek text and english translation, Missoula/ Mont., 1974 (Texts and Translations 5, Pseudepigrapha Series 4).

Kuhn, K. G., Die beiden Messias Aarons und Israels, in: NTS 1, 1955, S. 168 bis 179.

Kuhn, K. H., An english translation of the sahidic version of the Testament of Isaac, in: JThSt 18, 1967, S. 325—336.

——, The sahidic version of the Testament of Isaac, in: JThSt 8, 1957, S. 225 bis 239.

Lang, B., Die weisheitliche Lehrrede. Eine Untersuchung von Sprüche 1—7, Stuttgart, 1972 (SBS 54).

Laperrousaz, E.-M., Le Testament de Moïse (généralement appelé „Assomption de Moïse"). Traduction avec introduction et notes, Paris, 1970 (Semitica 19).

„*Die Lehren des Silvanus*". Die vierte Schrift aus Nag-Hammadi-Codex VII eingeleitet und übersetzt vom Berliner Arbeitskreis für koptisch-gnostische Schriften, in: ThLZ 100, 1975, Sp. 7—23.

Leslau, W., Falasha anthology. Translated from ethiopic sources with an introduction, New Haven — London, 1951 (Yale Judaica Series 6), S. 92—102.

Liddell MacGregor Mathers, S., The Key of Solomon the king (clavicula Salomonis) now first translated and edited from ancient mss in the British Museum, London, 1909.

Löfgren, O., Der Spiegel des Salomo. Ein äthiopischer Zaubertext, in: Ex Orbe Religionum. Studia Geo Widengren oblata, Vol. I, Leiden, 1972 (SHR 21), S. 208—223.

Lohfink, G., Die Himmelfahrt Jesu. Untersuchungen zu den Himmelfahrts- und Erhöhungstexten bei Lukas, München, 1971 (StANT 26).

Lohmeyer, E., Diatheke. Ein Beitrag zur Erklärung des neutestamentlichen Begriffs, Leipzig, 1913 (UNT 2).

Lohse, E., Die Texte aus Qumran hebräisch und deutsch mit masoretischer Punktation. Übersetzung, Einführung und Anmerkungen, Darmstadt, 1964.

McCown, Ch. Ch., The Testament of Solomon. Edited from manuscripts at Mount Athos, Bologna, Holkham Hall, Jerusalem, London, Milan, Paris and Vienna, with introduction, Leipzig, 1922 (UNT 9).

Meyer, W., Vita Adae et Evae herausgegeben und erläutert, in: AAM, philos.-philol. Kl. 14,3, 1878, S. 185—250.

Michel, H.-J., Die Abschiedsrede des Paulus an die Kirche Apg 20,17—38. Motivgeschichte und theologische Bedeutung, München, 1973 (StANT 35).

Migne, J.-P., Dictionnaire des Apocryphes, Tome I, Paris, 1856 (Encyclopédie Théologique III, Vol. 23), Sp. 290—294.

——, Patrologia cursus completus. Series Graeca, Series Latina, Paris, 1857 ff.

Milik, J. T., 4QVisions de 'Amram et une citation d'Origène, in: RB 79, 1972, S. 77—97.

Mowinckel, S., The hebrew equivalent of Taxo in Ass. Mos. IX, in: SVT 1 (Congress Volume Copenhagen 1953), 1953, S. 88—96.

Mozley, J. H., The ‚Vita Adae', in: JThSt 30, 1929 (Nachdruck London, 1965), S. 121—149.

Munck, J., Discours d'adieu dans le Nouveau Testament et dans la littérature biblique, in: Aux sources de la tradition chrétienne. Mélanges offerts à M. M. Goguel, Neuchâtel — Paris, 1950, S. 155—170.

Nagel, P., Zur sahidischen Version des Testamentes Isaaks, in: WZ (H). GS XII, 3/4, 1963, S. 259—263.

Nau, F., ΑΠΟΛΛΩΝΙΟΥ ΤΟΥ ΤΥΑΝΕΩΣ ΑΠΟΤΕΛΕΣΜΑΤΑ. Apotelesmata Apollonii Tyanensis edidit, latine vertit, in: Patrologia syriaca, accurante R. Graffin, Pars I, Tomus II, Paris, 1907, S. 1362—1392.

Nickelsburg Jr., G. W. E., An Antiochan date for the Testament of Moses, in: ders. (ed.), Studies on the Testament of Moses, S. 33—37.

——, Eschatology in the Testament of Abraham: A study of the judgement scenes in the two recensions, in: 1972 Proceedings, R. A. Kraft (ed.), 1972 (SCS 2), S. 180—227.

——, (ed.), Studies on the Testament of Joseph, Missoula/Mont., 1975 (SCS 5).

——, (ed.), Studies on the Testament of Moses. Seminar Papers, Cambridge/Mass., 1973 (SCS 4).

Nissen, A., Gott und der Nächste im antiken Judentum. Untersuchungen zum Doppelgebot der Liebe, Tübingen, 1974 (WUNT 15).

Odeberg, H., Art. „Ἐνώχ, A. Henoch im Judentum", in: ThW 2, S. 553—555.

Osten-Sacken, P. von der, Gott und Belial. Traditionsgeschichtliche Untersuchungen zum Dualismus in den Texten aus Qumran, Göttingen, 1969 (StUNT 6).

Otzen, B., Die neugefundenen hebräischen Sektenschriften und die Testamente der zwölf Patriarchen, in: StTh 7, 1953/54, S. 125—157.

——, Old Testament wisdom literature and dualistic thinking in late judaism, in: SVT 28, 1975, S. 146—157.

Palmer, E. H., The eastern origin of the christian pseudepigraphic writings, in: JPh 3, 1870, S. 223—231.

Paul, S. M., Heavenly tablets and the book of life, in: The Gaster Festschrift. The Journal of the Ancient Near Eastern Society of Columbia University Vol. 5, 1973, S. 345—353.

Philonenko, M., Art. „Testament 3.", in: BHH 3, Sp. 1954 f.

——, Juda et Héraklès, in: RHPhR 50, 1970, S. 61 f.

——, Le Martyre d'Ésaïe et l'histoire de la secte de Qoumrân, in: Pseudépigraphes de l'Ancien Testament et manuscrits de la Mer Morte, Vol. I, Paris, 1967 (CRHPhR 41), S. 1—10.

——, Les interpolations chrétiennes des Testaments des Douze Patriarches et les manuscrits de Qoumrân, Paris, 1960 (CRHPhR 35).

——, Le Testament de Job. Introduction, traduction et notes, Paris, 1968 (Semitica 18).

——, Le „Testament de Job" et les Therapeutes, in: Semitica 8, 1958, S. 41—53.

——, Quod oculus non vidit, I Cor. 2,9, in: ThZ 15, 1959, S. 51 f.

Piatelli, E., Vita Adae et Evae, in: Annuario di Studi Ebraici, Rom, 1969, S. 9—23.

Plöger, O., Art. „Henochbücher", in: RGG 3, Sp. 222—225.

Preisendanz, K., Art. „Salomo. Testament des S.", in: RE Suppl. 8, Sp. 684—690.

Preuschen, E., Die apokryphen gnostischen Adamschriften aus dem Armenischen übersetzt und untersucht, in: Festgruß für B. Stade, Gießen, 1900, S. 163—252.

Preuß, H. D., Verspottung fremder Religionen im Alten Testament, Stuttgart, 1971 (BWANT 5,12).

Pseudo-Philon, Les Antiquités Bibliques, Tome I: Introduction et texte critiques par D. J. Harrington, traduction par J. Cazeaux (SC 229), Tome II: Introduction littéraire, commentaire et index par Ch. Perrot et P.-M. Bogaert (SC 230), Paris, 1976.

Purvis, J. D., Samaritan traditions on the death of Moses, in: G. W. E. Nickelsburg Jr. (ed.), Studies on the Testament of Moses. Seminar Papers, Cambridge/Mass., 1973 (SCS 4), S. 93—117.

Rad, G. v., Die Stadt auf dem Berge, in: GeSt, München, 1961², S. 214—224.

——, Die Vorgeschichte der Gattung von 1. Kor 13,4—7, in: GesSt, München, 1961², S. 281—296.

——, Hiob 38 und die altägyptische Weisheit, in: GeSt, München, 1961², S. 261 bis 271.

——, Weisheit in Israel, Neukirchen, 1970.

Rahnenführer, D., Das Testament des Hiob in seinem Verhältnis zum Neuen Testament, masch. Diss. Halle, 1967.

——, Das Testament Hiob und das Neue Testament, in: ZNW 62, 1971, S. 68—93.

Renan, M. E., Fragments du livre gnostique intitulé Apocalypse d'Adam, ou Pénitence d'Adam ou Testament d'Adam. Publiés d'après deux versions syriaques, in: JA 5,2, 1853, S. 427—471.

Rengstorf, K. H., Herkunft und Sinn der Patriarchen-Reden in den Testamenten der zwölf Patriarchen, in: W. C. van Unnik (ed.), La littérature juive entre Tenach et Mischna. Quelques problèmes, Leiden, 1974, S. 29—47.

Rießler, P., Altjüdisches Schrifttum außerhalb der Bibel, Heidelberg, 1928 (Nachdruck Darmstadt 1966).

Roeder, G., Urkunden zur Religion des Alten Ägypten, Jena, 1923 (RStV).

Rönsch, H., Das Buch der Jubiläen oder die Kleine Genesis. Unter Beifügung des revidierten Textes der in der Ambrosiana aufgefundenen lateinischen Fragmente... herausgegeben, Leipzig, 1874.

Rordorf, W., Un chapitre d'éthique judéo-chrétienne: les deux voies, in: RSR 60, 1972, S. 109—128.

Rosenthal, F., Vier apokryphische Bücher aus der Zeit und Schule Rabbi Akibas: Assumptio Mosis, das vierte Buch Esra, die Apokalypse Baruch, das Buch Tobi, Leipzig, 1885.

Rost, L., Einleitung in die alttestamentlichen Apokryphen und Pseudepigraphen einschließlich der großen Qumran-Handschriften, Heidelberg, 1971.

Rowley, H. H., Apokalyptik. Ihre Form und Bedeutung zur biblischen Zeit, Einsiedeln, 1965³.

Salzberger, G., Die Salomosage in der semitischen Literatur: ein Beitrag zur vergleichenden Sagenkunde. I. Teil: Salomo bis zur Höhe seines Ruhmes (Diss. Heidelberg), Berlin, 1907.

——, Salomos Tempelbau und Thron in der semitischen Sagenliteratur, Berlin, 1912.

Schmidt, Francis, Le Testament d'Abraham. Introduction, édition de la recension courte, traduction et notes, 2 Bände, masch. Diss. Straßburg, 1971.

Schnapp, Fr., Die Testamente der zwölf Patriarchen, Halle, 1884.

Schürer, E., Geschichte des jüdischen Volkes im Zeitalter Jesu Christi, 3. Band: Das Judenthum in der Zerstreuung und die jüdische Literatur, Leipzig, 1898³., 1909⁴.

Spittler, R., The Testament of Job: introduction, translation, and notes, masch. Diss. Harvard, 1971.

Stauffer, E., Art. „Abschiedsreden", in: RAC 1, Sp. 29—35.

Steck, O. H., Israel und das gewaltsame Geschick der Propheten, Neukirchen, 1967 (WMANT 23).

Stone, M. E., Art. „Jacob, Testament of", in: EJ Vol. 9, Sp. 1213.

——, The Testament of Abraham. The greek recensions translated, Missoula/Mont., 1972 (Texts and Translations 2, Pseudepigrapha Series 2).

——, The Testament of Levi. A first study of the armenian MSS of the Testaments of the XII Patriarchs in the Convent of St. James, Jerusalem, with text, critical apparatus, notes and translation, Jerusalem, 1969.

Turner, N., The Testament of Abraham: A study of the original language, place of origin, authorship, and relevance, masch. Diss. London, 1952.

——, The ‚Testament of Abraham': Problems in biblical greek, in: NTS 1, 1955, S. 219—223.

Vaillant, A., Le Livre des Secrets d'Hénoch. Texte slave et traduction française, Paris, 1952 (Textes publiés par l'Institut d'Études slaves IV).

Vassiliev, A., Anecdota Graeco-Byzantina. Pars prior, Moskau, 1893.

Wallace, D. H., The semitic origin of the Assumption of Moses, in: ThZ 11,5, 1955, S.321—328.

Wallis Budge, E. A., The Book of the Cave of Treasures, London, 1927.

Walter, N., Der Thoraausleger Aristobulos. Untersuchungen zu seinen Fragmenten und zu pseudepigraphischen Resten der jüdisch-hellenistischen Literatur, Berlin, 1964 (TU 86).

Weinel, H., Die spätere christliche Apokalyptik, in: Eucharisterion für H. Gunkel, dargebracht von seinen Schülern und Freunden, 2. Teil: Zur Religion und Literatur des Neuen Testamentes, Göttingen, 1923 (FRLANT N. F. 19,2), S. 141—173.

Widengren, G., Iranisch-semitische Kulturbegegnung in parthischer Zeit, Köln—Opladen, 1960 (AFLNW 70).

Winston, D., The iranian component in the Bible, Apocrypha, and Qumran: a review of evidence, in: HR 5,2, 1966, S. 183—216.

Wolff, H. W., Dodekapropheton I: Hosea, Neukirchen, 1965 (BK XIV/1).

Woude, A. S. van der, Die messianischen Vorstellungen der Gemeinde von Qumrân, Assen, 1957 (SSN 3).

Nachtrag:

Charlesworth, J. H., Translating the Apocrypha and Pseudepigrapha: A Report of International Projects, in: Bulletin of the International Organization for Septuagint and Cognate Studies, Toronto/Ont., Vol. 10, 1977, S. 11—21.

——, New Developments in the Study of the *Ecrits intertestamentaires,* in: ebd., Vol. 11, 1978, S. 14—18.

Nickelsburg Jr., G. W. E., (ed.), Studies on the Testament of Abraham, Missoula/Mont., 1976 (SCS 6).

ABKÜRZUNGSVERZEICHNIS

(Aufgeführt sind nur solche Abkürzungen, die nicht bei O. Eißfeldt, Einleitung in das Alte Testament, Tübingen, 1964, 3. Aufl., verzeichnet sind bzw. von den dort genannten abweichen.)

AGJU	Arbeiten zur Geschichte des antiken Judentums und des Urchristentums, Leiden
ALGHJ	Arbeiten zur Literatur und Geschichte des hellenistischen Judentums, Leiden
CRHPhR	Cahiers de la Revue d'Histoire et de Philosophie Religieuses, Paris
CSHB	Corpus Scriptorum Historiae Byzantinae, Bonn
EHPhR	Études d'Histoire et de Philosophie Religieuses, Paris
EJ	Encyclopaedia Judaica, Jerusalem
GesSt	Gesammelte Studien zum Alten Testament
HR	History of Religions, Chicago
JPh	The Journal of Philology, London
JSHRZ	Jüdische Schriften aus hellenistisch-römischer Zeit, Gütersloh
JSJ	Journal for the Study of Judaism in the Persian, Hellenistic and Roman Period, Leiden
PG, PL	J.-P. Migne, Patrologia Graeca, Patrologia Latina, Paris
PMSt	Publications in Mediaeval Studies, Notre Dame/Indiana
PsVTGr	Pseudepigrapha Veteris Testamenti Graece, Leiden
RAC	Reallexikon für Antike und Christentum, Stuttgart
RRAL.Cl.d.sc.mor., stor. e filol.	Rendiconti della Reale Accademia dei Lincei. Classe di scienze morali, storiche e filologiche, Rom
RStV	Religiöse Stimmen der Völker, Jena
SBS	Stuttgarter Bibelstudien, Stuttgart
SC	Sources Chrétiennes, Paris
SCS	Septuagint and Cognate Studies, Society of Biblical Literature
Semitica	Semitica, Paris
SHR	Studies in the History of Religions, Leiden
Sphinx	Sphinx, Uppsala
SSN	Studia Semitica Neerlandica, Assen
StUNT	Studien zur Umwelt des Neuen Testamentes, Göttingen
SVTP	Studia in Veteris Testamenti Pseudepigrapha, Leiden
ThA	Theologische Arbeiten, Berlin
ThW	Theologisches Wörterbuch zum Neuen Testament, Stuttgart
TrED	Translations of Early Documents, London Series I: Palestinian-Jewish Texts (Pre-Rabbinic), Series II: Hellenistic-Jewish Texts

TrSBA   Transactions of the Society of Biblical Archaeology, London
UNT   Untersuchungen zum Neuen Testament, Leipzig
WUNT   Wissenschaftliche Untersuchungen zum Neuen Testament, Tübingen
WZ(H).GS   Wissenschaftliche Zeitschrift der Martin-Luther-Universität Halle-Wittenberg, gesellschafts- und sprachwissenschaftliche Reihe
ZHTh   Zeitschrift für historische Theologie, Leipzig
ZwTh   Zeitschrift für wissenschaftliche Theologie, Jena

Die Marginalien werden S. 229 f. erklärt.